거리의 인문학

거리의 인문학

2012년 11월 13일 초판 1쇄 펴냄
2022년 12월 20일 초판 3쇄 펴냄

펴낸곳 (주)도서출판 삼인

엮은이 성프란시스대학 인문학 과정
펴낸이 신길순

등록 1996.9.16 제 25100-2012-000046호
주소 03716 서울시 서대문구 성산로 312 북산빌딩 1층
전화 (02) 322-1845
팩스 (02) 322-1846
이메일 saminbooks@naver.com

제판 문형사
인쇄 수이북스
제책 은정제책

ISBN 978-89-6436-054-5 03330

값 18,000원

성프란시스대학 인문학 과정 엮음

거리의
인문학

삼인

발간사

자신을 둘러싼 벽을 허무는 과정

여재훈 성프란시스대학 학장

영화 〈빠삐용〉(1973)에서 주인공 빠삐용은 악마의 섬이라 불리는 외딴섬에 종신수로 감옥에 갇혀 있습니다. 빠삐용은 여러 번 탈출을 시도했지만 번번이 실패하는데, 그가 탈출을 시도하는 가장 큰 이유는 누명을 썼기 때문입니다. 빠삐용은 때때로 억울함에 하늘을 향해 외칩니다.

"전 결백합니다. 사람을 죽이지 않았어요. 증거도 없이 저에게 뒤집어씌운 겁니다.",

"그건 사실이다. 넌 살인과는 상관없어."

"그렇다면 무슨 죄로?"

"인간으로서 가장 중죄, 즉 인생을 낭비한 죄!"

"그렇다면 유죄요, 유죄…… 유죄…… 유죄…… 유죄……"

어느 날 그에게 찾아온 이 깨달음은 그에게 자유에 대한 열망과 삶에 대한 의지를 더욱 더 굳건히 하여 마지막 순간까지 포기하지 않고 속박으로부터 탈출을 시도하게 합니다.

노숙인들과 처음 만나면 그들이 거대한 벽에 둘러싸여 있다는 것과, 감옥 같은 자기만의 성에 갇혀 있기에 외부와의 접촉에 극도로 민감하게 반응한다는 것을 느낄 수 있습니다. 이는 스스로를 구속해 그 안에서 세상이 주는 상처를 받지 않기 위한 자구책입니다. 실패한 모습, 못나고 부족한 모습을 자신의 '죄'로 판단하고 세상의 정죄로부터 도망치기 위해서입니다. 급속한 경제 발전과 획일화된 자본주의는 수많은 사람들을 외줄 위에 올려놓았습니다. 이 사회에는 그곳에서 비틀대다 떨어지는 사람들을 받아 줄 안전망조차 존재하지 않는 것이 현실입니다. 그리고 여기 아예 줄 위에 올라가지도 못한 수많은 사람들이 '노숙인'이라는 이름으로 불리며 사회의 밑바닥에 웅크리며 살아갑니다. 그래서 그들은 자신들이 떨어졌다는 인식조차 없고, 올라가야 한다는 희망은 사치라고 여깁니다.

사회는 노숙인들에게 빵과 잠자리를 제공하면 에너지를 충전시킨 로봇처럼 다시 일어나 열심히 일을 하며 일반적인 사람들과 똑같아 질 것이라 생각했습니다. 그래서 그들을 꾸준히 먹이고, 입히고, 재워 왔습니다. 그러나 일단 사회 밑바닥에 던져져 주저앉은 사람들, 혹은 애초에 일어서 본 적조차 없던 사람들은 앉은뱅이처럼 일어날 수가 없었습니다. 일어나야 할 이유와 희망이 없기 때문입니다. 그래서 우리는

8년 전 그들과 함께 일어나야 할 이유를 생각해 보려고 했습니다. 이는 단순히 노숙 생활을 탈피하기 위한 수단이 아니라 무엇이 스스로 진정 원하는 것인지 알아보고자 한 몸부림이었습니다. 우리가 처음 하기 시작한 일은 각자 둘러싼 벽돌을 한 장씩 내려놓는 일이었습니다. 벽 너머 다른 이들의 벽을 바라보고, 그 틈 사이로 자신을 바라보는 타인의 눈빛을 확인하는 일입니다.

경쟁 사회에서 개인으로서의 인간은 누구나 실패하고 넘어질 가능성을 안고 살아갑니다. 줄 위에서 떨어졌을 때 수많은 사람들은 자신에게 닥친 상황을 어떻게 보아야 하는지 알지 못한 채 스스로를 탓하고 체념하며 주저앉아 버리고 맙니다. 지난 8년 동안 성프란시스대학은 그런 이들이 세상을 보는 시야를 넓히고 자신을 찍어 누르던 사회적 낙인의 원인을 올바르게 인식하는 길을 함께 찾아왔습니다. 그들과 함께 겪었던 작은 변화, 그 변화를 통한 감동, 그리고 함께함으로써 느꼈던 행복까지. 무엇보다도 자신들을 둘러싼 벽이 하나씩 허물어져 가면서 회복되는 일상과 인간관계는 함께 현실을 극복하는 사람들에게 매우 큰 격려가 되었습니다. 빠삐용이 자신을 둘러싼 강박의 정체를 깨닫고 끝없는 자유를 향해 몸을 던지듯, 성프란시스대학 졸업생들 또한 험난하지만 돌아가야 하는 세상 속으로 자신을 용감하게 드러내는 자유를 얻었습니다.

안타깝게도 우리가 성프란시스대학에서 짧은 인연을 통해 무언가를 이루어 보고자 했던 열망보다 세상의 두꺼운 벽은 훨씬 넘어서기 힘든 것이었습니다. 8년이라는 시간이 흐르는 동안 많은 분들이 세상과

작별했지만, 그들을 보내며 함께 울어 줄 동문이 있음에 감사했습니다. 비록 높은 벽에 좌절할지라도 포기하지 않는 성프란시스대학 동문들의 눈물겨운 삶의 도전에 큰 박수를 보냅니다. 항상 그렇지만 애정과 수고를 아끼지 않았던 교수님들과 자원활동가들, 이곳을 거쳐 간 학무실장들, 그리고 묵묵히 선생님들의 후견인을 해 주었던 다시서기종합지원센터(이하 다시서기센터) 활동가들에게 감사의 말씀을 전합니다. 특별히 항상 우리 곁에서 아버지 역할을 해 주시며 격려를 아끼지 않으셨던 김성수 주교님과, 변함없는 지원과 배려로 우리를 든든하게 지지해 주셨던 삼성코닝정밀소재 임직원분들께도 깊은 감사의 말씀을 드립니다. 힘들고 어렵지만 끝까지 희망을 놓지 않았던 모든 동문들에게 감사함을 전합니다. 모두 행복하십시오.

2012년 10월

축사

작은 씨앗이 싹을 틔우기까지

김성수 성프란시스대학 명예총장

성프란시스대학 인문학 과정 재학생 및 동문, 이들을 가르치고 도움의 손길을 아끼지 않았던 교수님 이하 자원활동가 분들께 축하의 말씀을 드립니다. 벌써 8년의 시간을 보내고 그 시간 동안 여러분들이 함께 나누어 왔던 희노애락을 이 귀한 책에 담게 됨을 또한 기쁘게 생각합니다.《거리의 인문학》발간은 우리와 우리 사회에 매우 큰 의미를 가집니다. 처음 노숙인 인문학 과정을 시작할 때는 우리나라에서 인문학이 사양길을 걷던 시기였습니다. 대학에서는 인문학 과목이 줄어들고, 사회에서는 오직 발전과 성장 논리가 주도하는 경쟁 사회가 주축이 되어 이러다가 인문학이 이 땅의 교육과정에 들러리가 되지 않을까 하는 우려까지 나왔습니다. 대학마저 그런 상황에 속수무책이었습니다. 그런데 인문학의 발전은 전혀 새로운 곳에서 시작되었습니다.

1998년도 IMF 구제금융 시기부터 노숙인에 대한 정책 제안과 연구, 직접 서비스를 병행하던 다시서기센터는 시혜적인 차원에서 의식주 해결을 주로 지원하는 노숙인 서비스의 근본적인 문제를 고민했습니다. 이런 고민의 결과로 2005년 다시서기센터에 새로 부임한 임영인 신부님은 당시 미국의 가난한 사람들을 위한 인문학 강좌 '클레멘트코스'를 한국에 들여와 가난한 이들, 특히 노숙인들과 그 감동을 함께 나누는 '성프란시스대학 인문학 과정'을 시작했습니다. 성프란시스대학 인문학 과정은 이후 각계각층의 각별한 관심을 받으며 한국 사회의 소외계층을 위한 인문학 강좌로 전국에 퍼져 나갔고, 인문학을 새롭게 조명하는 계기가 되기도 했습니다. 결국 대학교에서도 인문학의 중요성을 인식했고, 다양한 방식으로 인문학 강좌가 발전해 나갈 수 있었습니다.

시민 인문학 강좌의 효시가 되었던 '성프란시스대학 인문학 과정'은 이후로 매년 그 교육 방법과 공동체 구성 방법, 접근 방식을 개발해 뚜렷한 한국형 '클레멘트코스'를 확립했고, 그로 인한 아름다운 결과물들을 만들어 왔습니다. 특이한 것은 이곳의 전문 강사진들과 현장전문가들, 자원활동가와 졸업생 등이 각자의 입장과 전문성을 바탕으로 프로그램을 발전시켜 왔다는 것입니다. 인문학 강좌 대부분이 일회적·단기적 성격을 가지는 반면 '성프란시스대학 인문학 과정'은 장기간 가장 최적화된 강의와 프로그램을 완성해 왔습니다. 그로 인해 이곳을 거쳐 간 동문들은 가장 큰 문제였던 인간관계를 회복하고, 자존감을 복구했으며, 삶의 의식을 고취시키고, 삶에 대한 새로운 비전도 갖게 되었습니다. 특별히 해가 거듭될수록 기수별 자조 조직을 통해 서로간의 지지

망을 굳건히 하는 것도 성프란시스대학만의 특징이라 할 수 있습니다.

지난 8년간 우리가 인문학을 위해 함께 흘렸던 땀방울들은 성프란시스대학에 직접적으로 관여했던 수많은 사람들에게만이 아니라 넓게 보면 이 사회 전반에 뿌린 작은 씨앗이었습니다. 그리고 그 결실들이 이제 이곳저곳에서 싹을 틔우고 있습니다. 비록 짧지 않은 기간이었지만 우리는 이 시간을 기쁨과 보람으로 채웠으며, 매우 큰 자부심과 사명감으로 이 일에 매진했습니다.

부디 성프란시스대학을 통해 '노숙인'이라는 '사람'에 대한 편견이 사라지고, 모든 이들이 좌절하지 않으며, 함께 희망을 이야기하는 귀한 경험이 더욱 늘어나는 세상이이 되길 바랍니다. 지난 8년간의 기록을 함께 나눌 수 있어 감사합니다. 이 기록을 공유하는 모든 이들이 성프란시스대학을 거쳐 간 이들의 좌절과 희망, 고통과 열정을 따뜻하고 애정 어린 눈길로 함께 보듬어 주시길 부탁드립니다. 이들이 있어 내가 있고 내가 있음으로 이들이 있음을 함께 고백하는 귀한 시간이 되시길 바랍니다.

2012년 10월 강화에서

축사

거리로 나선 인문학

송용준 서울대학교 인문학연구원장

　　서울대학교 인문학연구원과 노숙인을 위한 성프란시스대학 인문학 과정이 인문학이라는 고리를 매개로 인연을 맺은 지도 벌써 네 해째가 되었습니다. 3년여 전 성프란시스대학에서 1년의 정규과정을 수료한 노숙인들을 위해 심화 과정을 개설하려 하는데, 강의진을 구하지 못해 어려움을 겪는다는 소식이 들려왔습니다. 이 이야기를 전해 들은 김남두 전임 원장이 서울대학교 인문학연구원 HK문명연구사업단 소속 교수들을 중심으로 강의진을 구성해 '문명학교'라는 이름의 심화 과정을 개설한 것이 오랜 인연의 시작이었습니다.
　　2009년 4월 서울대학교 신양관에서 열린 첫 강의를 취재한 한 일간지 기자는 기사 제목을 〈인문학에 길을 묻고… 노숙인, 지하도 밖으로 행군하다〉라고 붙였습니다. 이 제목은 수강생들의 입장에서 본 것이고, 서울대학교 인문학연구원 교수들의 입장에서 본다면 인문학이 대학의 울타리를 벗어나 거리로 나선 것이라고 할 수 있습니다. 삶의 온갖 애환을 겪으며 서울역 부근에 머무는 분들과 서울대학교 교수들이 인문학에 대한 관심이라는 공통분모 위에서 서로 만난 것입니다. 그 이래로 우리는 매년 스무 차례의 만남을 지금까지 지속해 왔습니다.

　인문학은 안으로는 마음을 수양해 생각을 올바르게 하고, 밖으로는 정의를 실천해 도덕정치를 구현하는 것을 목표로 생겨난 학문입니다. 이 점에서 동양의 인문학과 서양의 인문학은 서로 다르지 않습니다. 지금으로부터 2500년 전 동양 인문학의 위대한 스승인 공자는 그러한 뜻을 실현하고자 천하를 주유하고 수많은 제자들을 모아 가르침을 펼쳤습니다. 비슷한 시기에 고대 서양의 위대한 철학자인 소크라테스도 같은 목적을 가지고 아테네의 시장 거리 아고라에서 사람들과 만나 토론을 벌이고 청년들을 가르쳤습니다. 이것이 동서양 인문학의 기원입니다. 공자와 소크라테스는 또한 인간은 서로 간의 만남을 통해 삶과 세상의 올바른 이치를 깨우쳐 나간다고 가르친 바 있습니다. 이 가르침처럼 문명학교에서 함께 만나는 모든 사람들이 서로를 통해 "매일매일 새로워지는(日新又日新)" 체험을 나누었으면 하는 것이 저의 바람입니다. 문명학교의 수강생 한 분이 "강의를 들을 때마다 더 나은 사람이 되는 것 같다"라고 고백했다는 인터뷰 기사를 보았을 때, 강의에 참여한 교수들이 강의 후에 "소중하고 의미 있는 체험을 했다"라고 말하는 것을 들었을 때, 저는 문명학교의 운영에 참여하면서 품은 소망이 이루어지는 것 같아 무척 기뻤습니다. 저 또한 인문학연구원장으로 부임한 첫해에 문명학교 강의에 직접 참여한 적이 있습니다. 당시 강의를 하면서 수강생들의 진지한 자세와 날카로운 질문에 깊은 인상을 받았고, 이 소중한 체험을 많은 사람들이 공유했으면 좋겠다는 생각을 했습니다.

이 점에서 이번에 성프란시스대학이 걸어온 여정이 《거리의 인문학》이라는 제목 아래 책 한 권으로 엮어져 나온 것은 저에게도 커다란 기쁨입니다. 이 책에는 성프란시스대학 인문학 과정에 참여해 온 교수·수강생·후원자·실무진·자원활동가 등 많은 분들의 체험이 담길 것입니다. 이 체험을 많은 분들이 공유해서 요즘 널리 확산되는 소외계층을 위한 인문학 강좌가 한 단계 더 성숙하고, 더 나아가 이를 통해 우리 사회가 동서양 인문학의 시조들이 꿈꾼 도덕정치의 이상에 한 발짝 더 다가가길 소망해 봅니다.

2012년 10월

축사

발간을 축하하며

이헌식 삼성코닝정밀소재 대표이사 사장

지난 2005년 9월 첫 과정부터 함께 참여한 이래 삼성코닝정밀소재와 성프란시스대학의 인연도 햇수로 어느덧 8년이 되어 갑니다. 이번에 그동안의 시간들을 엮어서 《거리의 인문학》이라는 이름으로 책을 발간한다는 소식을 듣고, 저희도 이 과정에 함께 참여해 온 보람을 느꼈습니다.

창업(創業)보다 수성(守成)이 어렵다는 말이 있습니다. 처음 시작도 쉽지는 않지만, 그것을 지키고 유지해 가는 것은 시작하는 것보다 더 많은 노력을 필요로 하기 때문입니다. 현실적인 어려움에도 도전과 발전을 거듭하여 의미 있고 훌륭한 책을 만들어 내신 모든 분들께 축하 말씀을 드립니다.

2013년 2월에 8기 과정 참가자 분들이 수료를 하면 모두 140여 분

이 성프란시스대학 인문학 과정을 거쳐 가게 됩니다. 이 과정에 함께한 노숙인 분들은 "무엇인지는 모르지만 내 삶을 변화시킬 계기를 만들어 보고 싶어서" 또는 "공부하는 것이 그저 좋아서" 인문학을 배운다고 하셨습니다. 한 분 한 분의 생각과 마음가짐은 저마다 다를 수 있겠지만, 1년여 동안의 과정을 통해 자부심과 보람이 마음속에 깊이 자리 잡았으리라고 생각합니다.

성프란시스대학 인문학 과정은 노숙인들이 자활과 자존감 회복을 통해 사회의 일원으로서 함께 살아가도록 하는 것이라 생각합니다. 그런 점에서 일회성이 아니라 꾸준히 이어지는 데 이 과정의 진정한 목표가 있습니다. 향후에도 많은 사람들이 참여해서 보람을 느끼고, 서로에게 힘이 되어 줄 수 있도록 성프란시스대학 인문학 과정의 지속적인 발전을 기원합니다. 그리고 저를 비롯한 삼성코닝정밀소재 임직원 모두는 사람이 중심이 되는 인문학의 개념처럼, 자존감의 회복을 통해 모두 함께 한 걸음 더 나아가자는 성프란시스대학의 창립 철학처럼, 이 책의 발간이 우리 사회에 새로운 희망의 불씨가 되어서 더 많은 발전이 시작되는 계기가 되리라 믿습니다.

과정을 마치는 수료식 때 항상 드리는 말씀입니다만, 저희가 성프란시스대학에 더 감사하고, 더 많은 배움을 얻습니다. 앞으로도 저희 삼성코닝정밀소재는 작게나마 보탬이 될 수 있도록 계속해서 최선을 다하겠습니다.

성프란시스대학 인문학 과정 재학생과 동문들, 가르침으로 참여하는 교수님들과 자원활동가 분들, 그리고 성프란시스대학을 훌륭히 이끄는 여재훈 신부님과 명예총장으로서 늘 깊은 가르침을 주시는 김성수 주교님께 저희 삼성코닝정밀소재 모든 임직원을 대표하여 다시 한 번 축하와 감사를 드립니다.

2012년 10월

발간사

자신을 둘러싼 벽을 허무는 과정_ 여재훈 4

축사

작은 씨앗이 싹을 틔우기까지_ 김성수 8
거리로 나선 인문학_ 송용준 11
발간을 축하하며_ 이헌식 14

제1부 성프란시스대학의 시작

인문학과 민주주의_ 얼 쇼리스 23
한국형 클레멘트코스의 탄생_ 임영인 57

제2부 앞에서 본 인문학: 교수들의 이야기

〈글쓰기〉 노숙인과 인문학, 어떻게 만날 것인가_ 박경장 101

〈문학〉 내 문학 강의의 도반들_ 안성찬   125
〈한국사〉 서울역에서 따라온 신발 한 켤레_ 박한용   151
〈예술사〉 주거의 권리와 인문학, 그리고 예술_ 김동훈   193
〈철학〉 자기치유와 자기실현으로서의 철학_ 박남희   239

제3부 뒤에서 본 인문학: 실무자들의 이야기

사회복지와 인문학의 만남_ 이종만   279
노숙인과 인문교육 운동, 그리고 성프란시스대학 인문학 과정_ 이선근   301

제4부 안에서 본 인문학: 수강생들의 이야기

우리에게 인문학이란   331
    인연_ 조영근 | 내가 만난 인문학_ 조영근 | 작심 30년!_ 이흥렬 |
    성프란시스대학 인문학을 돌아보며_ 김대영 | 내 인생은 항해 중_ 이대진

우리에게 삶이란   347
    빗물 그 바이압_ 권일혁 | 아멘_ 권일혁 | 서로의 집이 되고 싶었다_ 유창만 |
    모정_ 김영조 | 버스전용차선_ 서은미 | 나는 PC방에 간다_ 온종국 |
    서울역 광장_ 이재원 | 순환 코스_ 이기복 |《나르치스와 골드문트》를 읽고_ 양태욱 |
    눈사람_ 문재식 | 연탄, 삶, 추억, 그리고……_ 고형곤 | 지하철에서_ 이덕형 |
    깡통 같은 내 인생_ 정상복

제5부 《함께걸음》 글 모음

가난한 사람과 가난한 인문학이 만나다_ 박한용   379
반 토막 인생, 인문학을 통해 스스로의 주인이 되다_ 박한용   389
알코올중독자에서 이제는 사회복지사가 되어_ 박한용   399
'앓음다워' 아름다운 당신과 함께하는 우리, 성프란시스대학!_ 박한용   409
인문학은 손을 서로 내미는 것이다_박한용   419

제6부 옆에서 본 인문학: 자원활동가들의 이야기

왜 희망인가_ 김의태, 박혜진, 최은정   431

제1부

성프란시스대학의
시작

인문학과 민주주의

얼 쇼리스 Earl Shorris

이 글은 클레멘트코스의 창시자인 얼 쇼리스 교수가 2006년 경기문화재단, 다시서기상담보호센터(현재 다시서기종합지원센터), 성공회대학교 평생학습사회연구소 초청으로 내한해 행한 국제 세미나 〈가난한 이들을 위한 희망 수업〉 내용을 저자의 허락을 얻어 수록한 것입니다.

이번 국제 세미나에 저를 초대해 주시고, 또 분에 넘치는 소개를 해 주셔서 감사합니다. 공자는 《논어》의 서두에서 "벗이 멀리서 찾아오니 기쁘지 않은가"라고 말했습니다. 저 또한 이렇게 먼 곳에서도 친구들을 만나게 되니 기쁘기 그지없습니다. 여러분과 자리를 함께하게 되어 영광입니다.

우리 모두가 알다시피, 글이나 말은 아름다움 그 자체를 추구하기도 하는 반면 실용적인 목적으로 쓰이기도 합니다. 그런데 사실 '아름다움'의 용도는 매우 다양합니다. 그 다양한 용도 중에는 실용성도 포함됩니다. 그러니 오늘 여러분과 제가 함께 이 '아름다움'과 '실용성'이라는 두 마리 토끼를 모두 잡을 수 있었으면 좋겠습니다.

저는 가난한 사람들을 위한 국제적인 대학의 '맹아(萌芽)'라 할 수 있는, 가난에 대한 한 연구에 대해서 말씀드리려고 합니다. 그 연구가 제시했던 가난에 대한 대안적 개념이 무엇인지, 그것의 실용성과 한계점은 무엇이고, 개선 방향은 어떠해야 하는지 등에 대해서 여러분과 함께 진지하게 고민하는 시간이 되길 희망합니다. 저는 가난에 대한 이 대안적 개념은 다른 어떤 문화에서도 똑같이 적용될 수 있다고 확신합니다. 그래서 아시아 문화권에서 살아가는 사람들, 즉 예로부터 전해 내려와 지금의 삶까지 풍성하게 하는 멋진 정신문화에 뿌리내린 사람들에게 이것이 어떤 식으로 도움을 줄 수 있는지 확인하고 싶습니다. 이 부분은 여러분에게 도움을 청합니다.

저는 오늘 여러분에게 빈곤과 인문학, 민주주의에 대해서 말씀드리고자 이 자리에 섰습니다. 사실 이런 것들은 아시아에서는 전혀 낯선 개념이 아닙니다. 《논어》 제17편—《논어》가 15편까지만 공자의 말씀이라는 학설이 있는데, 제가 보기에는 나머지도 앞부분과 일맥상통한다고 생각합니다—을 보면 다음과 같은 대목이 나옵니다.

> 공자께서 말씀하셨다. "그대들은 어찌 시(詩)를 공부하지 않는가? 시 한 편이라 할지라도 사람에게 감흥을 돋우게 하고, 모든 사물을 보게 하며, 대중과 더불어 어울리고 화락하게 하며, 또한 은근히 정치를 비판하게 하는 것이다. 가깝게는 어버이를 섬기고, 나아가서는 임금을 섬기는 도리를 시에서 배울 수 있으며, 또한 시로써 새나 짐승, 초목들의 이름도 많이 배우게 될 것이다."

오늘 제가 드리고 싶은 말씀 가운데 많은 부분이 사실 이 인용문에 이미 다 포함되어 있습니다. 그래서 공자의 이 말씀을 여러분과 함께 한 구절씩 곱씹어 보려고 합니다.

공자께서 말씀하시길 "그대들은 어찌 시를 배우지 않는가?"라고 하셨습니다. 여기서 말하는 '시(詩)'란 무엇을 의미할까요? 그저 시 몇 편을 염두에 두고 하신 말씀일까요, 아니면 시라는 것 자체가 상징하는 그 어떤 것을 염두에 두고 하신 말씀일까요? 단지 중요한 시 몇 편을 의미한 것이라면 공자는 기껏해야 이류 학자에 지나지 않는다고 봐야 옳습니다. 그 말의 본뜻은 공자의 수제자들이 스승을 평한 말에서 찾아볼 수 있습니다. 그들은 "선생님께서는 하나를 들으시면 열을 아셨습니다"라고 했습니다. 그렇습니다. 공자께서는 우리가 시를 배운다는 것의 훨씬 더 깊은 의미를 깨치길 바라셨던 것입니다.

저는 공자가 '시'를 기원전 7세기 이래 아테네에서 부흥했던 인문학과 같은 개념으로 봤다고 생각합니다. 한 걸음 더 나아간다면 공자께서는 우리에게 인문학, 즉 예술·철학·역사·과학 등을 공부하라고 말씀하신 것이라 생각합니다. '시 한 편'라는 구절이 함축하는 의미가 무엇인지도 곰곰이 생각해 봅시다. 공자께서는 우리가 시를 수동적인 자세로 읽거나 듣는 것이 아니라, 시 한 편을 통해서도 많은 것을 깨닫길 원하셨고, 그럼으로써 단순히 시를 즐기는 독자(讀者)를 넘어서 예술가나 철학자가 되길 바라셨다는 사실을 분명히 알 수 있습니다. 공자는 수동적인 태도를 거부하고 배움에 매우 적극적인 분이었습니다.

여기서 잠시 공자와 소크라테스 두 사람이 사람들이 어떻게 배우게 되는지, 그리고 어떻게 사고할 수 있게 되는지에 대해서 서로 의견을 나누는 장면을 상상해 봅시다. 아마도 그 두 사람은 교수(敎授)라는 사람이 가르칠 내용을 정리해서 그것을 학생들에게 주입하는 식의 데카르트적 방법이 아니라, 적극적이고 자기판단에 기초하는 소크라테스적 방법에 바로 동의하지 않을까요?

단 한 줄의 문장만으로도 우리는 위대한 사상가들과 인간 문화의 창시자들은 지식을 생산하고 축적하는 일에 그리 연연해하지 않았다는 사실을 알 수 있습니다. 공자께서는 젊은이들의 상상력을 자극하길 원한다고 말씀하십니다. 팔베개를 하고 누워 물 탄 포도주를 마시며 젊은이들과 대화를 나누는 소크라테스와 공자가 무엇이 다르겠습니까? 그런데 공자와 소크라테스가 말하는 상상력이란 각각 무엇을 뜻할까요? 우리는 소크라테스의 제자 플라톤이 스승이 죽고 난 후 지은 책인 《국가론》에서 시인은 이상국가(理想國家)에서 추방되어야 한다고 말했던 사실을 기억할 필요가 있습니다. 이 점에서 플라톤과 공자는 분명 생각이 서로 다릅니다. 플라톤은 상상력이 사람들을 부패시킨다고 여겨 시를 부정적으로 생각한 반면, 공자는 시를 통해 상상력이 자극받아야 한다는 생각을 가졌습니다.

우리가 아는 바와 같이, 플라톤은 매우 힘든 시기를 거치면서 성장합니다. 아테네에서는 민주주의가 실패했고, 그것이 다시 복원됐을 때는 더 이상 소크라테스 시대의 그런 민주주의가 아니었습니다. 플라톤은 민주주의에 아무런 애정이 없었습니다. 바로 그 복원된 민주주의 아래에서 소크라테스가 유죄판결을 받았기 때문에, 플라톤은 스승의 생명을 앗아간 민주주의를 비난했던 것입니다.

공자의 말씀에서는 그런 비통한 정서를 찾기가 쉽지 않습니다. 공자는 플라톤보다는 소크라테스 쪽에 훨씬 가깝습니다. 물론 위계 사회에 대한 생각이 플라톤과 비슷하긴 했지만, 전반적으로는 플라톤보다 소크라테스에 가깝습니다. 특히 도덕적 삶에 대한 공자의 관심은 《소크라테스의 변명》에서 묘사된 재판 과정에서 소크라테스가 보여 준 태도와 정확하게 일치한다는 점을 알 수 있습니다.

서양에서는 그리스 철학 사상이 존재(being)와 생성(becoming)의 문제를 다룬다면, 한국에서는 천지인의 철학, 즉 '삼위일체 한(triadic Han)' 사상이 존재와 생성의 원리를 제시합니다. 그래서 오늘 여러분과 함께 생각해 보고 싶은 핵심적인 문제는 (고대 그리스 철학에 기초한 인문학 교육이 클레멘트코스로 꽃피운 것처럼 '한' 사상의 나라) 한국에서도 과연 인문학 교육이 가능할까 하는 것입니다. 지금 이곳에 그 대답이 울려 퍼진 것 같습니다. '가능하다'라고 말입니다.

그런데 왜 인문학을 가르치려고 하죠? 그리고 누구한테 가르치려는 거죠?

물론 부자들이겠지요. 부자들은 대학에 다니면서 철학을 배웁니다. 또한 훌륭한 문학작품들을 읽기도 하고, 위대한 예술에 대해 공부하기도 합니다. 그 대학이 정말 제대로 된 체계를 갖추었다면 그런 교육을 바탕으로 경영교육이나 직업교육을 이어 갑니다. 그러면 가난한 이들에게는 무엇을 가르쳐야 할까요? 가난한 사람들에게는 '교육'보다는 '훈련'이 필요하다고 생각하지는 않습니까? 이제부터 이 문제에 대해서 생각해 보도록 합시다.

    이야기를 몇 부분으로 나누어서 말씀드리도록 하겠습니다. 우선 우리는 가난의 본질에 대해 함께 분석해 볼 것입니다. 그다음 가난한 삶에서 벗어나고자 하는 사람들에게 어떤 해결책이 있는지 살펴보면서, 가난에서 벗어나는 것과 교육과 민주주의의 관계에 대해서 생각해 보도록 하겠습니다. 마지막으로는 지난 10년 동안 여러 국가와 다양한 언어권·문화권에서 행해졌던 인문학 교육의 실험 결과를 면밀히 검토해 보겠습니다. 그러고 나면 이제는 여러분께서 한국에서도 가난한 이들에게 인문학을 교육하는 것이 과연 효과가 있을지, 만일 그렇다면 무엇을 해야 하는지에 대해 결정을 내려야 합니다.

    이쯤 되면 눈치 빠른 분은 이미 깨달으셨겠지만, 오늘 이곳에 오셨다는 사실만으로도 여러분은 스스로 사서 고생길로 접어든 것입니다. 아직 시작도 하지 않았는데, 여러분은 두 시간도 채 안 되는 시간 안에 도덕적 결단을 내려야만 하는 상황에 직면했으니 말입니다. 여러분의 용기와 선의에 감사와 존경을 표합니다. 아울러 이렇듯 의미 있는 자리를 마련해 주신 경기문화재단과 다시서기센터, 성공회대학교 평생학습사회연구소 측에 깊이 감사드립니다.

    이제 우리가 오늘 무엇을 하게 될지 아셨으므로, 여러분께 더 많은 도움을 요청하려 합니다. 오스트레일리아나 캐나다, 멕시코, 프랑스 등의 국가에서는 제가 하는 일을 이야기해 본 적이 없습니다. 경험적으로 이들 국가에서는 강연 후에 강연 내용을 더 풍부하고 흥미롭게 해 주는 질문이 잘 나오지 않습니다. 한국에서는 손윗사람을 정중하게 대하는 것이 예의라고 들었습니다만, 부디 너무 정중하게 예의만 차리진 말아 주시기 바랍니다. 우리에게는 함께해야 할 일이 있으니까요.

저는 젊은 시절부터 빈곤 문제에 관심을 가져 왔습니다. 제 눈에는 미국처럼 부유한 국가에서 어떤 사람들은 부자인데 반해 어떤 사람들은 가난하다는 것이 잘못된 일로 보였습니다. 제가 한국에서 "평화 유지를 위한 군사행동"이라고 완곡하게 표현되는 군 생활을 마치고 돌아왔을 때였습니다. 군 생활을 전후해서 제가 공부했던 시카고대학교는 시카고에서 가장 가난한 지역에 위치해 있었습니다. 학생들은 잘 먹고 잘살면서 학교생활을 즐기는 반면, 학교 주변 사람들은 거의 모두가 굶주리고 가난했으며, 몇 세대에 걸쳐 가난을 대물림해 왔습니다.

가난은 제게도 새로운 것이 아니었습니다. 저는 주로 미국과 멕시코의 접경 지역에 있는 텍사스에서 성장기를 보냈기 때문에 중산층이나 심지어 부유층이라고 할지라도 형편이 그리 넉넉하지 않다는 것을 잘 알고 있었습니다. 저는 가난을 경제적인 문제로만 이해했습니다. 간단히 말해서 사람들이 가난한 이유는 충분한 돈이 없기 때문이라고 생각했던 것입니다. 그런데 성장을 하고 좀 더 높은 안목을 갖추면서 가난이 단지 경제적인 문제에만 국한되지 않는다는 사실을 깨달았습니다. 나중에는 '무력(force)'과 '힘(power)' 사이에는 결정적인 차이점이 있다는 데까지 생각이 미쳤고, 바로 그 차이점이 가난의 대물림과 밀접하게 연결된다는 결론에 도달했습니다.

저는 한 편집장을 찾아가서 가난에 대한 책을 쓰고 싶다고 이야기

했습니다. 그는 제게 몇 가지 요구 조건을 걸었는데, 그중에는 가난에 대한 해결책을 제시해야 한다는 조건도 있었습니다. 우리는 서로 합의했고, 그렇게 해서 저는 미국 전역에 퍼져 있는 가난한 사람들을 만나려고 여행을 떠났습니다. 통계적으로 유효한 표본 크기인 800가구를 면담했는데, 사실 저는 통계 수치에는 전혀 관심이 없었고, 그들이 왜 가난한지가 궁금할 뿐이었습니다.

가난한 사람들이 '무력(force)'의 장벽 안에서 살아간다는 사실이 제게 점점 뚜렷하게 보였습니다. 이러한 장벽, 즉 빠져나갈 곳이 전혀 없는 포위망은 '사람을 죽이기 위한 전략'입니다. 제2차 세계대전 당시 나치 전차 부대도 바로 그 전략을 썼습니다. 유럽인들이 이주해 오기 전 미국에서는 원주민들이 들소를 포위망 안으로 몰아넣어 사냥을 했습니다. 포위망 안에서 벌어지는 일은 그 안에 갇힌 것이 군대든, 도시든, 들소든, 가난한 사람이든, 무엇이든 상관없이 항상 똑같습니다. 자신이 처한 상황에 대해서 곰곰이 생각할 여유가 없어 즉각적으로 대응한다는 사실입니다. 공황 상태에서는 그것이 어떤 형태일지라도 이렇듯 단순 대응만이 가능할 뿐입니다. 그리고 포위망 안에서는 폭력이 난무하는데, 외부를 향한 폭력이 아니라 서로에 대한 폭력이 자행됩니다. 가난한 사람들이 부자들에게 저지르는 범죄보다 자기처럼 가난한 사람들에게 행하는 범죄가 더 많습니다.

미국에서는 그런 장벽 안에 다음과 같은 폭력들(forces)이 존재합니다. 말 그대로의 폭력, 나쁜 집주인, 술과 마약, 열악한 환경, 계급 간의 적개심, 형식적인 복지제도, 경찰의 무도함, 불쾌한 이웃, 질병, 광고의 홍수……. 게다가 우리 모두가 잘 알고 있는 끔찍한 폭력인 불운까지 있습니다. 그래서 이러한 폭력의 장벽을 어떻게 무너뜨릴 수 있는지, 사람들이 생각 없이 즉각적으로 반응하지 않고 반성적인 사고를 할 수 있도록 도울 수 있는 길은 무엇인지, 합법적이고 정당한 힘의 의미를 어떻게 사람들이 깨우치게 할 것인지 등이 제가 천착해야 할 화두가 됐습니다. 미국의 가난한 사람들은 사실상의 시민이 아니라 법률상의 시민에 불과합니다. 그들은 법에 의해 보장된 것들조차 가지지 못했습니다. 저는 가난한 사람들이 가족과 이웃, 지역공동체, 도시와 주(州), 국가 안에서 페리클레스 시대의 참여의식을 갖고 정치적인 삶을 살아갈 수 있는 길을 찾길 원했습니다.

하지만 '어떻게' 말입니까?

폭력 문제를 조사하던 중에 저는 중범죄를 저지른 여성들을 만나려고 교도소를 방문한 적이 있습니다. 교도소 내에 가정폭력 문제를 다루는 프로그램이 있는데 꽤 성공적이라는 소리를 들었기 때문입니다. 교도소에서 일하는 한 사회복지사가 저를 약간 젊어 보이는 여성 옆에 앉혔습니다. 나중에 알게 된 사실이지만, 그녀는 살인과 강도 사건에 연루되어 15년 형을 선고받고 8년 6개월째 복역 중이었습니다. 그런데 그녀는 살인을 하지 않았습니다. 살인은 그녀의 남자친구가 저지른 짓이었습니다.

뜬금없이 그녀에게 질문을 던졌습니다. "사람들은 왜 가난할까요?" 하고 말입니다. 그녀는 "시내 중심가 사람들이 누리는 정신적 삶이 우리에게는 없기 때문이죠" 하고 대답했습니다. 여기서 그녀가 말하는 '시내 중심가'란 뉴욕의 중산층과 부유층이 사는 지역을 뜻합니다.

그때 저는 그녀가 말하는 '정신적 삶'이 종교를 말하는 것이 아닐까 생각하기는 했지만 어쨌든 질문을 던져 보기로 했습니다. "정신적 삶이 무슨 뜻입니까?" 하고 묻자 그녀는 "극장과 연주회, 박물관, 강연 같은 거죠"라고 대답했습니다. 제가 "아하, 그러니까 인문학을 말하는 거군요" 하고 말하자 그녀는 제가 마치 이 지구상에서 가장 멍청한 사람이라도 되는 듯 쳐다보면서 "그래요. 얼, 인문학이요!" 하고 대꾸했습니다.

뉴욕에서 차로 한 시간 반 정도 걸리는 교도소에서 집으로 돌아오는 동안, 저는 그녀가 말한 것과 제가 받은 인문학 교육에 대해서 생각해 보았습니다. 인문학은 고대 아테네 사람들에게 반성적인 사고가 가능하도록 해 주었습니다. 그리스인들은 사회와 질서와 자유가 무엇인지, 그것들과 정반대되는 개념들이 무엇인지에 대해서 '반성적'으로 생각했습니다. 그리고 그들은 다시 습관처럼 물었습니다. "그러면 중도의 길은 무엇인가?" 그들이 찾은 해답은 'auto nomos', 'autonomy', 즉 우리가 민주주의라고 부르는 '자치'였습니다.

여러분께 분명히 말씀드리지만, 아테네의 민주주의는 하루아침에 이루어진 것이 아닙니다. 통치 체제는 인문학이 발전하면서 변화했습니다. 오레스테스(Orestes) 이야기로 끝나는 아이스킬로스(Aeschylus)의 3부작짜리 비극 《오레스테이아》를 읽어 보면, 복수라는 사고방식(즉, 단순히 반응하는 것)에 따라 살아가던 그리스 사람들에게 아테나 여신이 재판을 열라고 권고하는 장면이 나옵니다. 우리는 《오레스테이아》를 통해 위대한 극작가와 함께 사고방식이 어떻게 발전해 왔는지를 알 수 있습니다.

이제 여러분에게 다음과 같은 질문들을 드려 봅니다. 아테네의 경험이 가난한 이들에게도 적용될 수 있을까요? 인문학은 과연 그들이 단순한 반응을 보이며 살아가는 대신 반성적으로 사고하도록 도와줄 수 있을까요? 인문학은 그들을 '정치적'으로 변화시킬 수 있을까요? 민주주의는 오늘날에도 인문학과 어떤 관계가 있을까요, 아니면 미국이나 세계 여러 나라에서 그저 정부를 운영하기 위한 관료적인 방식에 지나지 않을까요? 민주주의는 어떤 식으로 개인에게 영향을 줄까요? 실패한 민주주의를 경험한 사람들에게 민주적 사고방식을 촉발할 수 있는 길은 무엇일까요?

저는 민주주의의 저력을 믿습니다. 하지만 플라톤과 아리스토텔레스가 두려워했던, 매우 단순화한 수리통계학적 민주주의를 말하는 것이 아닙니다. 그런 민주주의는 수명이 짧고, 쉽게 붕괴되어 중우정치(衆愚政治)를 초래합니다. 그리고 결국에는 대중을 구슬리는 법을 아는 독재자를 출현시킵니다. 제가 믿는 민주주의는 시민들의 욕구와 필요에 훨씬 더 민감하게 반응합니다. 그것은 입헌 민주주의로서, 정부를 가장 필요로 하는 그 사회의 약자 집단을 정부가 어떤 식으로 다루는지에 의해 평가받는 체제입니다.

저는 민주주의에 대한 이런 생각들을 오랫동안 해 왔습니다. 그런데 교도소의 한 여성 재소자에 의해 촉발된 생각이 현실에서 모습을 갖춰 가는 과정을 지켜보면서, 저는 이제 윤리적 민주주의(ethical democracy)가 제 화두의 해답일 수 있다는 결론에 이르렀습니다.

윤리적 민주주의는 '제3의 길'이 아니며, 공산주의나 파시즘 혹은 아나키즘과는 아무런 관계도 없습니다. 윤리적 민주주의는 그 구성원들을 돌보는 방식에서, 지구 위에서 함께 살아가는 이웃들과 관계를 맺는 방식에서 입헌 민주주의를 한 차원 넘어선 것입니다. 윤리적 민주주의는 모든 사람들이 합법적이고 정당한 힘을 가짐으로써 '위험한' 존재가 되는 민주주의입니다. 윤리적 민주주의는 실현 가능합니다. 그러나 미국처럼 한국에서도 실현하기가 쉽지 않을 수 있습니다. 다행히 한국에는 서양의 기독교가 들어오기 훨씬 전부터 이어져 오는 강력한 윤리적 전통이 있습니다. 그러므로 저는 한국에도 윤리적 민주주의가 미국만큼, 아니 그보다 더 훌륭하게 꽃필 수 있으리라고 믿습니다. 하지만 오늘 이 자리에서는 국가가 저마다 가지고 있는 윤리 체계는 가장 약한 시민들을 어떻게 대하는가에 따라 평가받는다는 사실을 강조하고자 하며, 실제 국가별 사례는 다루지 않겠습니다.

10년 전에 저는 민주주의와 인문학이 서로 관련 있다는 가설을 시험해 보기로 결심했습니다. 제 친구이자 '로베르토 클레멘트 가정상담 센터(Roberto Clemente Family Guidance Center)'의 소장인 제이미 잉클란(Jaime Inclan) 박사가 수업을 할 수 있는 장소를 마련해 주었습니다. 수업은 프란체스코 페트라르카(Francesco Petrarca)가 분류한 다섯 가지 학문 분야, 즉 도덕철학·문학·예술사·역사·논리학을 가르치기로 하고, 몇몇 친구들에게 강의를 맡아 주길 요청했습니다. 일부 학생들이 낮 시간에 직장에 다닐 수 있기 때문에 일주일에 두 번 저녁 시간에 수업을 하기로 했습니다. 수업은 과목을 순환적으로 바꿔 가며 진행했습니다. 월요일에는 도덕철학, 목요일에는 예술사, 그다음 월요일에는 논리학을 가르치는 식으로 말입니다. 순환식 수업을 했던 것은 학문 분야를 통합하기 위한 목적도 있지만, 일류 교수진 영입을 위한 목적도 있었습니다. 교수들은 2주 반마다 한 번씩 두 시간만 할애하면 되니까 수업이 그리 큰 부담이 되지 않았을 것입니다.

그러면 어떤 사람들이 가르쳐야 할까요? 시카고대학교의 교육과정을 만든 로버트 메이너드 허친스(Robert Maynard Hutchins)는 "최고의 학생들을 위한 최선의 교육은 어느 누구에게나 최선의 교육일 수 있다"라고 말했습니다. 우리도 같은 생각으로 가난한 사람들을 교육하려고 했고, 최고 수준의 교육이 아니라면 차라리 가르치지 않는 편이 낫다는 생각을 했습니다.

우리의 인문학 과정에서 문학을 가르치는 교수는 찰스 시몬스(Charles Simmons)로, 소설로 '펜 포크너 상(PEN Faulkner Prize)'을 수상했으며, 수년 동안 《뉴욕타임스 북 리뷰》에서 편집자로 일하기도 했습니다. 예술사 교수는 《뉴욕타임스》의 예술비평가였던 그레이스 글루엑(Grace Glueck)이었고, 역사학 교수는 《나를 운디드니에 묻어주오(Bury My Heart At Wounded Knee)》와 《쉰들러 리스트(Schindler's List)》를 포함해 유명한 역사 관련 작품들을 다수 편집한 톰 월러스(Tom Wallace)였습니다. 논리학 교수는 매사추세츠공과대학교(MIT)에서 놈 촘스키(Noam Chomsky)와 함께 논리학을 연구했고 수리논리학에 대한 논문을 발표했던 티머시 코란다(Timothy Koranda)였습니다. 나중에 사람들은 그들을 클레멘트코스의 "백만 불짜리 교수진"으로 불렀습니다. 그중 가장 취약했던 수업은 아마도 제가 가르쳤던 도덕철학이 아니었을까 합니다.

장소부터 교수진과 교과과정까지 준비가 다 끝났습니다. 남은 것은 학생과 돈이었습니다. 저는 여러 재단에 전화와 편지를 해서 클레멘트코스에 필요한 비용을 충당할 기부금을 요청했습니다. 우리에게는 교재비·교통비(학생들이 먼 길을 통학해야 하기 때문에)·식비(수업이 저녁 식사 시간에 시작하기 때문에)·잡비가 필요했고, 교수들에게 줄 봉급도 마련해야 했습니다. 교수 봉급은 졸업식 날 저녁 식사 모임에서 건네주었습니다. 재단들은 마치 입이라도 맞춘 듯 같은 말만 되풀이했습니다. "당신은 제 정신이 아니군요. 빈민들에게 대학 수준의 인문학을 가르치겠다니, 말도 안 되는 소리입니다"라고 말입니다. 하지만 저는 사재를 털 정도로 신념이 있었습니다.

드디어 학생을 모집해야 할 때가 다가왔습니다. 열일곱 살에서 서른다섯 살이나 마흔 살로 대학 교육을 받은 적이 없는 사람들이 적당하겠다고 생각했습니다. 고등학교 졸업장이 꼭 필요한 것은 아니었지만, 글을 읽을 줄은 알아야 했습니다. 미국 정부가 정한 빈곤 기준이라는 것이 있기는 하지만, 뉴욕은 미국에서 물가가 가장 높은 도시입니다. 국가 기준은 당시도 그랬고 지금도 여전히 현실성이 없어서, 저는 입학 가능한 경제력 수준을 조금 높여서 국가 기준의 150퍼센트로 정했습니다.

이제 본격적으로 학생 모집을 해야 했습니다. 그래서 제가 앞에서 말씀드렸던 책—이 책은 나중에 《미국을 우울하게 만드는 것들: 가난에서 민주주의로의 여정(New American Blues: A Journey Through Poverty to Democracy)》이라는 제목으로 출판됐습니다—을 집필하던 중에 방문한 적이 있었던 약물중독자 재활센터를 다시 찾았습니다. 이 센터는 뉴욕에서 가장 가난하고 위험한 지역인 사우스 브롱크스(South Bronx)에 위치해 있습니다. 그곳에서 코카인중독증을 치료하던 여자 두 명을 설득했습니다. 그중 한 명인 카르멘(Carmen)은 교도소에서 10년을 보냈으며, 버나데트(Bernadette)라는 다른 한 명은 거리의 성매매 여성이자 약물중독자였습니다.

몇몇 곳에서는 학생을 단 한 명도 모집하지 못한 경우도 있었습니다. 하지만 시간이 흐르면서 사람들에게 어떻게 이야기해야 하는지를 알게 됐습니다. 저는 인문학 말고는 다른 아무것도 약속할 수 없었습니다. 직업을 구해 주겠다거나, 돈을 벌게 해 주겠다거나, 혹은 대학 학점을 주겠다는 등의 약속 대신 인문학을 가르쳐 주고 수업에 쓰일 책 몇 권을 주겠다는 약속만 했습니다.

'더 도어(The Door)'라는 곳도 갔었는데, 거기서는 끼니를 해결하려고 도시 전역에서 몰려든 열여섯 살에서 스물한 살까지의 젊은이들에게 저녁 식사를 무료로 제공했습니다. 그곳 실무진이 그중 몇 명을 모아서 저와 이야기할 수 있도록 작은 방에 불러 놓았습니다. 인종이 매우 다양해서 아시아인·흑인·중남미인·백인 등이 섞여 있었고, 남성보다 여성이 몇 명 더 많았습니다. 유독 한 남성에게 눈길이 가서, 책상 달린 의자에 거의 눕다시피 앉아 있던 그에게 이름을 물었습니다.

"'슬리피(Sleepy)'라고 합니다. 졸린 눈을 하고 있어서 사람들이 다들 그렇게 부르죠."

그는 아래로 처진 눈꺼풀을 가리키며 대답했습니다.

"진짜 이름은 뭔가요?"
"헨리(Henry)요."
"성은요?"
"존스요. 헨리 존스(Henry Jones)요."
"좋아요, 이제 당신을 '존스 씨(Mr. Jones)'라고 부르겠습니다."

그는 놀라서 저를 쳐다보았습니다. 뉴욕의 슬럼가에서 가난하게 자란 흑인에게 '씨'라는 존칭을 붙여 준 사람이 이전에는 단 한 명도 없었습니다. 그는 자세를 고쳐 앉았고, 그때부터 존스 씨가 됐습니다. 저는 그때 수업을 정통적인 방식으로 진행하겠다는 결심을 했습니다. 모든 학생들은 '미스터(Mr.)'나 '미스(Miss)'라는 호칭으로 불릴 것입니다. 만약 그들이 옥스퍼드대학교에 다닌다면 그런 식으로 불릴 테니 말입니다.

존스 씨와 몇 마디 흥미로운 대화를 나누고 난 다음에 저는 학생들을 향해 이렇게 말했습니다.

"여러분들은 속아 왔습니다."

그들은 동의하는 의미로 고개를 끄덕였습니다. 학생들은 바보가 아니었고, 제가 자신들의 삶에 대해서 뭔가 제대로 이해했다고 느끼는 듯했습니다.

"저는 여러분을 록펠러(Rockefeller)만큼 부자로 만들어 드릴 것입니다."

학생들이 록펠러가 누구인지 잘 모르는 눈치여서 저는 다시 "빌 게이츠(Bill Gates)만큼이요" 하고 덧붙였습니다. 이 말에 다들 웃었지만, 도대체 제 머릿속에 어떤 그림이 들었는지, 자기들한테 어떤 사기를 치려는지 궁금해하고 있음이 그들의 표정에서 전해졌습니다.

"저는 여러분이 인문학에 대해 뭔가를 배울 수 있도록 도와 드리려고 합니다. 하버드·예일·콜롬비아·시카고 대학에 다니는 미국의 엘리트들은 인문학을 공부합니다. 여러분이 하려는 것도 바로 인문학 공부입니다. 그러면 여러분이 왜 인문학을 공부해야 할까요? 그것은 바로 여러분이 엘리트이기 때문입니다. 여러분은 이 모임에 오기 위해 특별히 선택됐습니다. 인문학은 여러분에게 다음과 같은 것들을 해 줍니다. 우선 미술·문학·역사·철학·논리학 같은 것들로 여러분의 삶을 풍요롭게 해 줄 것입니다. 여러분은 상상할 수 없는 아름다움과 위대한 사상들을 접할 것이고, 생각하는 법도 배울 것입니다. 여러분의 삶은 이런 것들로 풍성해져서 세상의 귀한 보배들을 접할 수 있을 것입니다."

저는 그들에게 정치나 민주주의에 대해서 말하지 않았습니다. 저는 단지 인문학을 가르치길 원했고, 과연 인문학이 그 사람들을 정치적 삶, 민주주의, 합법적인 힘(power)으로 이끌어 줄 수 있을지 알고 싶었을 뿐입니다.

'더 도어'와 다른 몇 군데 기관을 통해 31명의 학생을 모집했습니다. 그중 몇 명은 전과자였고, 몇 명은 노숙인이었으며, 미국에 온 지 얼마 되지 않아 영어에 어려움을 느끼는 학생들도 넷이나 됐습니다. 잉클란 박사와 몇몇 심리학자들이 모여 학생들이 반성적으로 사고할 수 있는지, 페리클레스가 말하는 의미에서의 '정치적인 사람들'인지를 판단하고자 종합심리검사를 실시했습니다. 첫 수업을 하기 전에 저는 다시 한 번 교도소를 방문했습니다. 거기서 두 가지 할 일이 있었기 때문입니다. 하나는 클레멘트센터에서 하는 수업을 녹화해서 교도소에서 가르칠 때 쓸 수 있는지를 알아보는 일이었고, 또 하나는 '도심 빈곤 지역에서의 도덕적 삶(the moral life of downtown)'에 대해 말했던 비니스 워커(Viniece Walker)를 다시 만나 이 프로젝트에 대한 그녀의 생각을 물어보는 일이었습니다.

그날은 무척이나 더웠는데, 중범죄자 수용 교도소 안에는 에어컨도 없었습니다. 더위로 푹푹 찌는 작은 방에서 비니스를 만났습니다. 이야기를 하는 중에도 그녀는 에이즈 치료를 위한 커다란 알약들을 삼켰습니다. 어떤 것들을 가르칠지 그녀가 물었고 저는 대답했습니다. 그다음으로는 도덕철학 수업에서 무엇을 가르칠지 물었습니다. 저는 그 질문에도 역시 대답했는데, 그 대답을 들은 그녀는 이렇게 말했습니다.

"빠진 게 있어요."

그동안 코스를 개설한다고 힘든 일이 많았던 데다, 그날따라 날씨가 더웠으며, 오로지 그녀를 만나려고 먼 길을 운전해야 했었기에 저는 솔직히 좀 짜증이 났습니다.

"아, 그래요……, 뭔데요?"
"동굴의 비유요. 무지에서 빠져나와 교육의 빛 가운데로 들어가는 것을 가난한 사람들은 그런 식으로 이해를 하거든요."

그때부터 도덕철학 수업 첫 시간에는, 그리고 다른 수업에서도 첫 시간에는 대부분 플라톤의 〈동굴의 비유〉를 읽고 있습니다.

클레멘트코스가 드디어 시작됐습니다. 우리는 소크라테스식 교육 방법을 택했습니다. 일방적인 강의는 없습니다. 대신 교수는 큰 탁자에 학생들과 함께 둘러앉아서 학생들이 자기 속에 있는 답을 스스로 찾을 수 있도록 도와주는 질문을 합니다. 학생들은 각자 집에서 과제물을 읽어 오고, 수업 시간에는 교수의 질문에 따라 과제물에 대해, 과제물을 어떻게 이해했는지에 대해 이야기를 합니다. 이런 방식을 소크라테스는 산파술이라고 불렀는데, 저 역시 항상 그렇게 설명을 합니다. 교수의 역할은 학생들이 옳은지 그른지를 판단하거나 일방적인 강의를 하는 것이 아니라, 적확하고 멋진 질문들을 통해 학생들이 이미 아는 것들을 밖

으로 끄집어내 주는 것입니다. 소크라테스가 그랬던 것처럼 교수들도 역시 뭔가에 대해 모르는 척해야 한다는 점에서 아이러니하다 하겠습니다. 당신이 어떤 학생에게 좋은 읽을거리를 하나 주면, 우리는 그가 거기에서 열 가지 좋은 점을 찾아낸다는 믿음이 있습니다. 소크라테스와 공자가 이런 식으로 결합하다니 참으로 절묘하지 않습니까? 이 믿음은 우리의 방법이 미국이나 캐나다에서 그랬던 것 이상으로, 아니면 최소한 그 정도만큼은 한국에서도 성공하리라는 점을 약속해 줍니다.

저는 우리 학생들이 정규 대학의 학점을 딸 수 있도록 하려고 애를 많이 썼습니다만, 대학 관계자들은 저의 생각을 비웃을 따름이었습니다. 그러다 마침내 뉴욕에 있는 훌륭한 인문대학인 바드대학(Bard College)에서 학생들을 가르치는 한 친구가 레온 보트스타인(Leon Botstein) 학장에게 클레멘트코스에 대해 말해 보겠다고 했습니다. 교향악단의 지휘자이자 바드대학을 오랫동안 성공적으로 잘 이끌어 온 레온은 매우 따뜻한 사람이었습니다. 특히 웃음과 재치를 무척이나 사랑하는 사람이라는 느낌을 받았습니다. 제가 코스에 대해 설명하자 그는 이렇게 말했습니다.

"좋습니다. 우리는 좋은 평판을 얻을 것이고, 당신들은 하느님 앞에서 칭찬을 받을 것입니다."

바드대학은 학생들에게 수료증을 주는 데에는 동의했지만, 학점수여는 학생들이 우리가 가르친 것을 충분히 소화했다고 판단할 때까지로 연기했습니다.

클레멘트코스를 진행하면서 멋진 순간들도 있었습니다. 학생들은 플라톤과 아리스토텔레스와 칸트를 읽는데, 처음에는 수업 시간에 과묵하게 앉아 있다가 나중에는 훌륭한 토론자가 됩니다.

코스를 시작한 첫해, 마약중독자를 위한 사회 복귀 프로그램에서 온 아리따운 젊은 여성 버나데트는 에이즈로 죽음을 맞이했습니다. 저는 그녀가 처음으로 결석한 날을 생생하게 기억합니다. 그녀는 폐렴에 걸려 누워 있던 병상에서 전화를 걸어 왔습니다.

"쇼리스 씨, 오늘 밤 수업에 갈 수 없을 것 같은데……, 혹시 카르멘에게 제 과제물을 갖다 달라고 말씀해 주시면 안 될까요? 뒤처지고 싶지 않아서 그러거든요."

버나데트 외에도 아파서 코스를 마치지 못했던 사람이 몇 명 있었고, 임신·우울증·정신병·악성빈혈로 중도 하차한 사람도 각각 한 명씩 있었습니다. 또 코스를 따라가기가 너무 어려워서 그만둔 사람도 있었습니다.

그해가 끝날 무렵, 저는 바드대학에 가서 교수행정위원회 위원들을 만났습니다. 위원들과 함께 코스의 교육과정을 면밀히 검토하고, 그들에게 학생들의 출결 상황도 알려 주었습니다. 인문학 외에는 학생들을 교실로 이끌어 줄 만한 어떤 것도 약속해 줄 수 없는 상황에서 어떻

게 학생들이 한겨울의 눈보라를 헤치고 여기까지 왔는지도 이야기했습니다. 그러고는 학생들이 《안티고네》를 읽고 쓴 에세이에 관해서, 그리스의 조각품이나 영국의 시에 플라톤을 연결시키는 학생들의 능력에 관해서 말했습니다. 저는 4학점을 요구했는데, 바드대학 측은 자격이 되는 학생들 모두에게 각각 6학점씩을 수여했습니다. 클레멘트코스는 아주 엄격한 과정이었고, 지금도 역시 그러합니다. 엄격하게 관리할수록 더 잘 유지되는 것 같습니다.

그해 말 학생 열일곱 명이 크레멘트 코스를 수료했고, 그중 열네 명이 바드대학의 학점을 취득했습니다. 졸업식은 정말로 근사했습니다. 전(前) 뉴욕 시장인 데이비드 딘킨스(David Dinkins)가 수료증을 획득한 학생들에게 졸업장을 수여하려고 클레멘트센터에 왔습니다. 노숙인, 전과자, 미혼모, 영어 사용에 어려움을 겪는 이민자들이 인문학 속에서 한 해를 마쳤습니다. 코스를 시작할 때 실시했던 종합심리검사를 학기가 끝날 무렵 다시 실시했습니다. 학생들은 처음 클레멘트코스에 왔을 때와 많이 달라졌습니다. 인문학이 그들을 변하게 한 것입니다.

검사가 하나 더 있었는데, 아마도 이것이 더 흥미로울 것입니다. 젊은이들에게 무료 급식을 하는 '더 도어'에서 '일자리를 위한 밤(career night)'이라는 행사를 개최했습니다. 다양한 직업에 종사하는 사람들이 자신의 직업에 관심을 가지는 젊은이들과 테이블에 둘러앉아 이야기를 나누고자 그곳에 찾아왔습니다. 그런데 '더 도어'가 안고 있던 문제는 그곳 젊은이들이 항상 자신들이 전혀 준비가 안 된 직업 영역에 관심을 가진다는 사실이었습니다. 그곳 청년들 가운데 4년제 대학에 진학한 사람은 아무도 없었습니다. 아내와 저는 청년 인파 수백 명을 바라보면서 한 가지 재미있는 현상을 발견했습니다. 우리가 그 많은 사람들 가운데서 클레멘트코스 학생들을 찾아낼 수 있었던 것입니다. 얼굴을 전혀 식별할 수 없는 상황이었는데도 말입니다. 그렇다고 그들이 다른 사람들보다 특별히 키가 크거나 작거나 뚱뚱한 것은 아니었습니다. 다만 그들이 서 있거나 앉아 있는 방식이 다른 사람들과 어딘지 모르게 달랐습니다. 움직임에도 자신감이 있었고, 모든 동작에도 확신이 서려 있었습니다.

어머니가 약물중독자이고 친오빠는 교도소에 간 한 젊은 여인이 있습니다. 그녀는 저의 아내에게 대학에 가서 계속 공부를 하는 것이 두렵다고 말한 적이 있습니다. 그녀의 이름은 서맨사(Samantha)인데, 한 해 동안 클레멘트코스를 통해서 참으로 많은 변화를 겪었습니다. 처음 그녀가 왔을 때는 눈을 반쯤 감은 채로 앞쪽으로 구부정하게 앉아 있어서 마치 자는 것처럼 보였고, 또 실제로 많이 졸기도 했습니다. 서맨사가 우울증을 앓고 있다는 것은 누가 보아도 금방 알아챌 수 있었습니다. 그러나 이제 그녀는 꼿꼿하고 의기양양하며 기대에 부풀어 있습니다.

코스를 마친 학생 열일곱 명 가운데 단 한 명만 제외하고는 모두 일자리를 구하거나, 대학에 진학하거나, 아니면 간호학교에 들어갔습니다. 그 나머지 여성 한 명은 맥도날드에 일자리를 구했었는데 2주일 일한 후에 쫓겨났다고 말했습니다. 제가 물었습니다.

"왜 그랬죠?"
"노조를 만들려고 했거든요."

그녀의 경우는 클레멘트코스의 실패 사례가 아니면 대단한 성공 사례, 아마도 둘 중 하나일 것입니다.

클레멘트코스는 염두에 두어야 하는 문제들이 많습니다. 그중 하나는 학생들이 단순한 반응(reaction)에서 반성적 사고(reflection)의 단계로, 무력(force)을 사용해서 문제를 해결하려는 단계에서 협상을 통해서 문제를 해결하고자 하는 의지와 능력이 있는 단계로 정말 발전했는가 하는 점이었습니다.

학생들 가운데 데이비드 하우얼스(David Howells)라는 스물여섯 살 청년이 있었습니다. 덩치가 매우 큰 흑인이었는데 늘 진한 색의 가죽옷만 입고 있어서 험상궂어 보였습니다. 그의 어머니는 그가 성질이 못됐으며 마약 판매로 교도소에 간 적도 있다고 말씀해 주셨습니다. 하루는 토요일 아침 꽤 이른 시간에 데이비드에게서 전화가 왔습니다. 그가 말했습니다.

"쇼리스 씨, 문제가 좀 있었어요."

그 순간 저는 이렇게 생각했습니다. 토요일 아침에 전화한 것을 보면, 그는 지금 교도소에 있고, 딱 한 번밖에 할 수 없다는 그 전화를 저한테 한 것이라고 말입니다.

"무슨 일인데요, 하우얼스(Howells) 씨?"

"내가 일하는 직장에 여자가 한 명 있는데요, 글쎄 사장한테 나에 대해서 거짓말을 했지 뭡니까? 그 여자는 인간관계가 안 좋아서 항상 나를 시기했었거든요. 정말 열 받더라고요."
"그래서 어떻게 했는데요?"

저는 걱정되기 시작했습니다.

"쇼리스 씨, 저는 당장에라도 그녀를 번쩍 들어서 벽에다 패대기치고 싶었어요."

'아, 이 친구가 자기 성질을 못 이겨서 끝내 사람을 죽였구나, 이젠 끝이다' 하는 생각이 퍼뜩 들었습니다. 그래서 불안에 떨며 물었습니다.

"그래서요, 하웰스 씨, 어떻게…… 했는데요?"
"쇼리스 씨, 나 자신한테 한번 물어봤지요. 소크라테스라면 어떻게 했을까 하고요."

학생들이 세상 속에서 어떻게 살고 있는지는 제가 항상 궁금해하는 문제입니다. 우리에게 올 당시 노숙인을 위한 쉼터에서 살았던 한 친구가 있었습니다. 그 친구는 강한 스페인 억양이 묻어나는 영어를 쓰는 데다 읽기장애까지 있었습니다. 그런데 지금 그는 바드대학에 진학해서 철학 박사학위 과정을 밟는 중입니다.

첫해에 코스를 수료한 학생 두 명은 치과의사가 됐습니다. 또한 다른 한 명은 간호사가 됐습니다. 10년을 교도소에서 보냈던 한 여성은 제가 그녀를 처음 만났던 '마약중독자 재활센터'에서 상담실장으로 활동 중입니다. 처음 만났을 때에는 심각한 우울증에 걸려 있었던 서맨사는 제 아내의 충고에 따라 '패션기술학교(Fashion Institute of Technology)'에 진학했습니다. 이 학교는 이름과는 달리 엄격한 교양 과정을 운영합니다. 첫해 수료생 가운데 또 다른 한 명은 영문학 박사과정에서 공부 중입니다.

이제 클레멘트코스에 대해 좀 더 자세하게 말씀드리도록 하겠습니다. 우리 학생들 가운데 많은 이들이 한부모 가정의 가장이기 때문에 자신의 아이들과 함께 올 수 있도록 보육시설을 운영해야 합니다. 그래서 항상 자원활동가가 필요한데, 대부분 대학생들이 그 일을 맡아서 합니다. 조금 큰 아이들에게는 자원활동가들이 책을 읽어 주는데, 여기에는 부모와 아이들을 동시에 교육하겠다는 의도가 담겨 있습니다. 우리는 이런 식으로 해야만 빈곤의 악순환을 끊을 수 있다고 생각합니다.

노숙인을 위한 쉼터에서 하는 클레멘트코스는 두 종류가 있습니다. 하나는 단기 과정으로 한 과목이나 많으면 두 과목 정도에 집중하는 것인데, 주로 도덕철학과 문학을 공부하게 됩니다. 또 다른 과정은 시카고에 있는 여성을 위한 장기입주쉼터에서 진행했던 것으로, 이 프로그램을 통해 좀 더 재미있는 생각을 하게 됐습니다. 그곳에 있는 여성들은 쉼터에 입주하는 첫 번째 단계에서 좀 더 안정적인 두 번째 단계로, 그리고 빈곤에서 빠져나와 생산적인 삶을 살아가는 세 번째 단계로 발전하는 과정을 거친다고 합니다. 우리가 처음 그곳에 클레멘트코스를 개설했을 때, 입주 단계의 여성들은 단지 신문에 난 살인이나 범죄 기사를 읽을 수 있도록 해 주길 원했습니다. 기관 실무자가 이 말을 전해 주었을 때 저는 다른 단계의 여성들도 그것을 원하는지 물었습니다. 그 실무자는 첫 번째 단계의 여성들에게만 해당된다고 했습니다. 이 문제에 대해 논의를 거친 다음 우리는 다음과 같은 결정을 내렸습니다. 우선 학생들로 하여금 어니스트 헤밍웨이의 소설《살인자들》을 읽게 하고, 윌리엄 포크너의 소설로 서서히 옮겨 간 다음, 마지막으로《죄와 벌》을 발췌해서 읽도록 하는 것입니다. 이 방법은 효과가 있었습니다. 뉴스보다는 진정한 문학작품이 주는 깊은 감동의 맛을 알게 됐고, 작품을 읽고 작품에 대해 이야기하면서 언어와 사상을 이해하기 시작했으며, 얼마 되지 않아 인문학에서 풍요로움을 찾을 수 있다는 사실을 깨달았습니다.

지금 우리는 미국의 몇몇 도시와 호주, 캐나다에서 노숙인들을 가르치고 있습니다. 여러분도 아시다시피 클레멘트코스는 성장했습니다. 현재 세 대륙, 다섯 도시에서 53개 코스를 운영 중입니다. 클레멘트코스는 본부가 따로 없으며, 따라서 본부에서 운영하는 홈페이지도 없습니다. 우리 소유로 구입한 책상이나 의자도 없습니다. 가진 것이라고는 정말로 하나도 없습니다. 클레멘트코스 운영에 필요한 재원은 53개 지역이 각기 마련하는데, 교수들 봉급을 마련하는 일도 벅차기 때문에 다른 곳에 쓸 돈은 거의 없습니다. 그러나 우리는 박사학위가 있거나 책을 많이 출판한 사람, 혹은 이 두 가지를 모두 겸비한 최고 수준의 교수만을 고집합니다. 우리가 교수들에게 봉급을 주는 이유는 그분들이 이 일을 자선으로 생각하지 않길, 오로지 교육하는 일로만 여기길 바라기 때문입니다. 교수에게 지급되는 돈을 자선에 대한 사례비로 생각하기 쉽지만, 우리는 그분들이 다른 명문 대학에서처럼 우리 학생들을 가르쳐 주길 바랍니다.

클레멘트코스에는 입학 기준이 따로 없고, 글을 읽을 수만 있으면 됩니다. 그런데 우리 학생들은 다른 중산층 학생들보다 가져오는 것이 더 많습니다. 무슨 이야기냐 하면, 우리 학생들은 교수들이나 중산층 학생들이 알지 못하는 세상의 일들을 많이 안다는 뜻입니다. 《안티고네》를 읽을 때, 우리 학생들은 가족과 전통이 따르는 법과 국가가 정한 법이 서로 충돌할 수 있다는 사실을 누구보다 잘 이해했습니다. 그들은 정말로 놀라운 통찰력을 보여 줍니다.

처음에는 클레멘트코스를 맡은 교수들이 딱 1년만 가르치고 그만둘 것처럼 보였습니다. 하지만 우리의 교수진 지속률은 놀라울 정도입니다. 그 이유는 단순하지만 참으로 놀랍습니다. 거의 모든 교수들이 자신들이 가르친 만큼 학생들로부터 똑같이 배우는 경험을 하기 때문에 가르치는 일을 지속한다는 것입니다.

클레멘트센터에서 첫해를 보낸 후 이듬해에도 계속 그곳에서 학생들을 가르쳤습니다. 그러는 와중에 교도소에 있는 여성들이 그곳에서 학업을 이어 가게 하고자 영화배우 글렌 클로즈(Glenn Close)의 도움을 받아 지역 대학 다섯 곳과 컨소시엄을 맺었습니다.

1997년에 우리는 클레멘트코스를 확산시키기 시작했습니다. 미국 밖에서 진행했던 첫 번째 클레멘트코스는 멕시코에서 마야족을 대상으로 한 것으로, '유엔발전프로그램(UN Development Program)' 측과 우리가 함께 이끌었습니다. 수업은 스페인어와 마야어로 진행됐습니다. 우리는 마야족 사람들이 자신들의 고대 문화와 언어를 되찾을 수 있도록 도와주었습니다. 서양식 교육과정은 전혀 포함되지 않았고, 마야의 철학과 문학 같은 것들을 가르쳤습니다. 보통은 1년 과정으로 하는데, 그곳에서는 2년을 계속했습니다.

우리는 베링 해(Bering Sea)에 있는 셰바크(Chevak) 마을에 클레멘트코스를 개설하려고 알래스카에도 갔습니다. 그곳에서는 알래스카의 에스키모들이 사용하는 언어인 큐픽어(Cup'ik)로만 수업을 진행했습니다. 마야족을 위한 클레멘트코스와 마찬가지로 이곳에서도 에스키모의 문화가 주된 교육 내용이었습니다. 과목은 다른 곳처럼 철학·문학·미술 등을 가르쳤습니다. 코스는 매우 전통적인 내용으로 구성됐고, 부족의 어른들이 학생들을 가르쳤습니다.

저는 최근에 새로 사귄 친구인 하워드 메러디스(Howard Meredith)와 함께 체로키(Cherokee) 사람들(미국 원주민)을 위한 클레멘트코스를 만들어서 체로키 문화와 서양 문화를 함께 가르치기도 했습니다. 이 과정은 얼마 지나지 않아 그 규모가 커졌습니다. 오클라호마예술과학대학교(University of Science and Arts of Oklahoma)의 도움으로 체로키·카이오와(Kiowa)·치커소(Chickasaw)·위치토(Wichita)의 언어와 문화를 가르치는 '메러디스 토착 인문학센터(Meredith Indigenous Humani ties Center)'로 발돋움한 것입니다.

우리는 미국의 더 많은 도시로, 캐나다로, 호주로 점차 발을 넓혀 나갔습니다. 다음 달에는 멕시코에 가서 아즈텍(the Aztecs) 부족의 언어인 나와틀어(Nahuatl)로 진행되는 클레멘트코스의 개강식에 참석할 예정입니다. 이 코스는 2년 과정으로 첫해에는 나와틀의 문화와 언어를, 이듬해에는 서양 문화를 가르칠 것입니다.

2006년 말이면 4천 명이 넘는 학생들이 인문학을 위한 클레멘트코스를 졸업합니다. 인문학과 민주주의 사이에 확실한 인과관계가 있음을 증명할 수 있는 양질의 사례들이 이제는 양적으로도 많이 축적됐습니다. 학자들에 의하면 아테네 사람들의 경험은 반복되거나 재생산될 수 있고, 어떤 문화에서나 가능하다고 합니다. 그렇다면 우리는 인문학이 인간을 완벽하게 만들어 주리라고 기대해도 될까요? 글쎄요, 저는 확신이 안 듭니다. 인간 사회에서 정의가 얼마나 쉽게 깨어지는지 역사가 증명해 주기 때문입니다. 수많은 전쟁이 벌어졌고, 수천만의 사람들이 억압으로 고통받아 왔습니다. 상황이 이럴진대 인문학이 도대체 뭘 할 수 있단 말인가요?

클레멘트코스를 시작하려고 처음으로 시카고에 왔을 때 저는 이 코스에 관심을 보이던 한 여성과 대면했습니다. 그녀는 미국에서 매우 뛰어난 젊은 학자들 가운데 한 명으로, 스물여덟 살에 하버드대학교와 캠브리지대학교의 박사학위를 소지하고 있었습니다. 그녀에게 클레멘트코스에 관해 이야기해 주었습니다. 지금 이 자리에서 여러분에게 하는 것처럼 말입니다. 제가 말을 마치자 그녀는 이렇게 말했습니다.

"아, 알겠어요. 그건 자유에 관한 거군요."

저는 그녀가 정확하게 이해했다고 생각합니다. 우리가 하는 일은 본질적으로 자유에 관한 것입니다. 인문학은 틀에 박힌 사고에 갇힌 지루한 일상에서 우리를 해방시킵니다. 인문학을 통해서 우리는 남들이 한 번도 생각해 보지 않은 방식으로 생각하는 법과 미술작품을 감상하는 법, 시를 음미하는 법, 교향곡을 즐기는 법을 새롭게 배웁니다. 그런데 같은 위대한 미술작품일지라도 그것을 바라보는 상황이 열 가지라면 그 작품을 이해하는 방식 또한 열 가지가 있습니다. 반복적인 생활, 즉 자유가 없는 '삶의 기계적인 측면'은, 동물들과 달리 스스로의 한계에 얽매이지 않고 자유로운 '삶의 인간적인 측면', 즉 인문학이 고양시키고자 하는 인간의 본성과 대척점에 놓여 있습니다. 인문학을 배운다는 것은 시작하는 일을 배우는 것입니다. 왜냐하면 훌륭한 시를 읽는 것, 위대한 미술작품을 보는 것 자체가 모두 시작하는 일이며 새로워지는 일이기 때문입니다. 우리는 이러한 '새롭게 시작하기'를 사업이나 학문을 하는 데에도 적용할 수 있습니다. 인문학은 우리에게 무언가를 시작하도록 가르칩니다. 자유로워지기, 우리가 부딪치는 일상을 새롭게 생각해 보기, 과거에 짓눌리지 않기, 되풀이하지 않기, 전통을 억압이 아닌 혁신의 동력으로 이해하기 같은 것들을 시작하도록 우리를 이끌어 줍니다.

이런 태도로 세상을 살아간다면, 우리는 '정치적인 삶'을 페리클레스식으로, 즉 사람들과 자유로운 관계를 맺을 수 있는 삶으로 이해하게 됩니다. 그리하여 밤하늘의 별만큼 수많은 생명을 탄생시키고 그들 사이에 한없는 자유가 가능하게 하는 이 세상을 진실로 사랑하게 될 것입니다. 이러한 '새롭게 시작하기'가 우리의 삶의 방식이 된다면, 우리는 이 세상이 가야 할 방향으로 갈 수 있도록 이 세상을 개혁하고 또 만들어 갈 수 있습니다. 우리가 이렇듯 늘 새롭게 시작한다면, 우리는 서로 다른 상황에서도 서로 다르게 대응할 수 있습니다. 민주주의 사회를 만들기 위해서는 국가를 운영하는 최선의 길이 무엇인지 늘 새롭게 생각할 수 있어야 합니다. 민주주의 사회라면 정치 지망생이나 정당에 대해서 늘 새롭게 판단할 수 있어야 합니다. 민주주의라는 것은 그 사회의 '변화할 수 있는 능력'에 의해 제대로 자리 잡을 수 있고, 그 사회 구성원들이 스스로를 새롭게 하는 것처럼 그 자체도 늘 자기혁신을 할 수 있을 때 가능한 것이기 때문입니다.

민주주의라는 것은 세계에 대해서 생각할 줄 아는 사람들의 힘으로 유지됩니다. 정치 세계에서는 '무력(force)'과 '힘(power)'이 서로 다른 뜻을 가집니다. '무력'은 즉각적으로 생각 없이 반응하는 것이며 폭력적인 성격을 지닌 반면, '힘'은 '무력'을 사용하고 싶은 충동을 거부하면서 서서히 움직이는 특징이 있습니다. 자유가 허용되고, 자유 위에 기초하며, 사회 스스로 늘 자신을 새롭게 하고, 그 사회 구성원들이 향유하는 자유에 기대어 자신을 안정시키는 그런 사회체제 안에서만 합법적이고 정당한 '힘'이 제 기능을 할 수 있습니다.

민주주의는 '위험한' 사람들로 유지됩니다. 그들은 자유롭기 때문에 '위험'하고, 자기 자신을 항상 새롭게 하기 때문에 '위험'하며, 여러

분과 저처럼 유권자이자 참여자이며 지금의 민주주의에 늘 새로운 생각을 더하는 사람들이기 때문에 '위험'합니다. 늘 되풀이되는 삶을 살게 하는 사회를 지탱하는 힘인 '억압'과 '무능력화(無能力化)'에 여러분과 저 같은 사람들은 참으로 '위험'한 존재들입니다. 우리는 시민입니다. 시민에는 법률적 의미에서의 시민과, 실제로 시민다운 삶을 산다는 의미에서의 시민이 있습니다. 가난한 이들은 자유롭지 못하고, 법보다 주먹이 앞서는 풍토 속에서 살아가며, 매사에 생각 없이 단순 반응만을 반복합니다. 마치 화학물질들이 규칙적으로 반응을 하거나, 어떤 사물이 외부 자극에 조건반사를 하는 것처럼 말입니다. 이처럼 가난한 이들은 진정한 시민이 아닙니다. 그래서 위험하지도 않습니다.

우리는 가난한 이들에게 인문학을 가르칩니다. 인문학이야말로 가난한 사람들을 '위험'한 사람들로 변화시키고, 그들로 하여금 합법적이고 정당한 '힘'을 갖게 해 주기 때문입니다. 합법적인 '힘'이라든가 민주주의와 같은 것들은 언제나 '위험'하다고 간주되어 왔습니다만, 그런 종류의 '위험'은 기꺼이 감수할 가치가 있습니다. 감사합니다.

한국형 클레멘트
코스의 탄생

임영인
전 성프란시스대학 학장

내가 노숙인에게 인문학을 가르치는 성프란시스대학을 시작하자 많은 곳에서 관심을 보였다. 서울의 빈민 지역에서 활동하는 단체는 물론 멀리 제주도에서도 연락이 왔다. 언론사에서도 자주 취재 요청이 왔다. 당시 '인문학의 위기'가 중요한 사회적 이슈가 됐던 터라 특히 이야깃거리가 됐던 것 같다. 내게는 뜻밖의 일이었다. 질문의 요지는 "도대체 어떻게 노숙인에게 인문학을 가르치려는 생각을 하게 됐냐"라는 것이었다.

내게는 이런 질문이 당혹스러웠다. 내가 인문학에 문외한이었기 때문이다. 나는 단지 책을 좋아하고 글 읽는 것을 좋아할 뿐이다. 논문 같은 학술적인 책은 잘 읽지 않는다. 역사책이나 철학책도 가벼운 것을 주로 읽고, 특히 소설을 즐겨 읽는다. 그런 의미에서 내가 인문학 강좌를 시작한 것은 '소 뒷걸음치다가 쥐 잡은 것'처럼 얼떨결에 예상하지 못한 일이 일어난 셈이다. 그런데 그런 나에게 "인문학이 무엇이라고 생각하느냐" 하는 어려운 질문을 하니 당혹스러울 수밖에 없었다. 적당히 에둘러 대답을 하기는 했지만 나의 밑천이 그대로 드러나는 것 같아 민망하기 그지없었다.

노숙인을 위한 인문학 강좌는 오랜 연구나 논리적인 추론을 통해서가 아니라 경험을 통해 시작했다. 그 전에 나는 오랫동안 빈곤계층을 만나 왔는데, 이 경험을 통해 빈곤계층이 이런 공부를 할 수 있는 기회가 있어야 한다는 생각을 하게 됐다. 처음부터 '인문학이 필요하다'고 생각했던 것도 아니다. '빈곤계층에게 철학이나 역사, 문학 같은 교육이 필요하다'고 막연히 생각했는데, 여러 사람들과 이야기를 나눈 끝에 이러한 교육을 '인문학 강의'라는 말로 정리할 수 있었다.

"어떻게 노숙인에게 인문학을 가르치려는 생각을 하게 됐냐"라는 질문이 당혹스러운 두 번째 이유는 내가 노숙인에게 직접 인문학을 가르치는 것은 아니기 때문이다. 나의 역할은 단지 인문학을 공부하겠다는 노숙인 학생들을 모으고, 교수님들을 모셔 오고, 공부할 공간을 마련하고, 수업에 필요한 것을 마련하고, 이를 지키는 울타리 노릇을 하는 것이다. 비록 학장이라는 호칭으로 불렸지만 그런 호칭도 여간 쑥스럽지 않았다. 신부이자 기관의 책임자이기 때문에 그런 직책을 맡게 된 셈이다. 그런 처지에 '인문학을 어떻게 해서 시작하게 됐는가'를 글로 적는 것이 내게는 가당찮아 보여 오랫동안 망설였다.

하지만 성프란시스대학이 사회적 주목을 받으면서 더 이상 그런 질문을 피할 수만은 없었다. 그래서 여기에 그런 질문들에 대한 대답으로 그동안 내가 생각하고 경험한 것을 적어 본다. 물론 이런 생각들을 나 자신만의 생각이라고 하기는 어렵다. 빈곤 현장에서 '자활사업'을 하는 '자활활동가'들과 함께한 이야기가 큰 도움이 됐고, 이후에 강의를 하는 교수님들이나 실무자들과 나눈 이야기 또한 큰 도움이 됐다. 이러한 경험을 통해서 사람의 생각과 마음은 다른 사람과 함께 나눌 때 더욱 깊어지고 발전한다는 사실도 체험했다. 이 글에서 성프란시스대학을 세우고 운영하며 갖게 된 생각과 경험을 이야기하는 것은 빈곤계층을 위한 인문학 강좌가 더욱 풍성해지고 깊어지길 기대하는 마음에서 나왔음을 이해해 주기 바란다.

  서두가 길어졌지만 한 가지 더 이야기하고 싶다. '인문학'이라는 말에 대해서이다. '인문학'이라는 말을 쓰기는 했지만 얼마쯤 지난 뒤에는 그 말이 왠지 거북해졌다. 가장 큰 이유는 성프란시스대학이 노숙인에게 '학(學)'이라고 표현할 만큼 거창한 것을 가르치는 않기 때문이다. 게다가 여기저기서 '소외계층을 위한 교육'을 하면서 '인문학'이라는 표현을 쓰는 것이 뭔가 어울리지 않는다는 느낌도 받았기 때문이다. 조금 더 소박했으면 하는 생각이 들곤 했다. 나중에 곰곰이 생각해 보니 '인문교양교육'이라는 표현이 더 적절할 것 같았다. 성프란시스대학은 빈곤계층을 위한 자활교육 문제를 계기로 시작되었기 때문이다. 그러나 여기서는 편의상 '인문학'이라는 표현을 그대로 사용하겠다. 그러니 인문학이란 말을 '인문교양교육'이라는 뜻으로 이해하고 읽어 주길 바란다.

앞에서 이야기했듯이 노숙인에게 인문학이 필요하다는 생각은 그동안 빈곤계층을 만나면서 겪은 경험에서 나왔다. 내가 노동 현장, 빈곤 지역, 노숙 현장에서 겪은 경험을 통해 그렇게 느끼고 생각하게 된 것이다. 그러므로 노숙인들에게 인문학을 가르치게 된 이유는 그동안 내가 빈곤계층을 만나면서 무엇을 어떻게 경험하고 느꼈는지에 대한 이야기가 될 것이다.

노동현장에서 어떻게 세상을 바꿀 것인가?

나는 신부가 되기 전 1986년부터 6년가량을 노동 현장에서 지냈다. 공장에 노동자로 취직하기도 했고, 노동단체에서 활동하기도 했다. 당시 노동자들의 삶은 참담했다. 1970년대에서 1980년대 한국 사회는 고도의 경제성장을 이루었지만, 그 성장의 결실이 노동자들에게 나누어지지는 않았다. 1986년 당시 내가 받았던 일당이 3,300원 정도였는데, 잔업과 철야까지 하면 한 달에 15만 원 정도를 받았다. 그런데 그 돈으로 월세·식대·교통비를 지출하고 나면 저축은 엄두도 내지 못하고 하루하루를 빠듯하게 살아야만 했다. 그러다가 병이라도 나면 그것은 곧바로 나락으로 떨어짐을 의미했다. 노동자들은 지옥문 입구에서 살아갔던 셈이다. 게다가 그들은 노동자로서의 권리마저 박탈당했다. 이 무렵 내가 골똘히 생각했던 것은 '어떻게 하면 노동자들이 주인답게 살아가는 세상을 만들 수 있을 것인가? 어떻게 이 세상을 바꿀 것인가?'

하는 것이었다.

　　마침내 1987년 6월 민주항쟁의 불길이 노동계에도 번져 '87년 노동자 대투쟁'으로 이어졌다. 그 뒤 몇 년에 걸쳐 많은 공장과 회사에서 노동조합이 만들어졌다. 그 결과 근로조건이 개선되었고 임금 인상도 이루어졌다. 짧은 시간 동안 급격한 변화가 나타났다. 그러한 변화가 노동의 사회적 가치에 대한 충분한 보상이라고 이야기하긴 어렵겠지만 과거보다 상황이 현저히 나아진 것만은 사실이었다. 특히 대기업 노동자들의 삶은 완전히 달라졌다. 일터에서 만나는 사람들이 조금 들떠 있다고 할 정도로 당당해졌고, 동료에 대한 배려·존중·신뢰, 자신의 정체성에 대한 자각이 생겨났다. 정말 큰 변화였다.

　　그런데 시간이 지나자 무언가 시들한 느낌이 들었다. 이제까지는 보이지 않았던 새로운 문제들이 드러났던 것이다. 노동자들이 임금을 비롯한 근로조건에만 집착하는 모습이 눈에 띄었다. 노동자들 사이에서 상대방에 대한 존중이나 배려는 사라지고, 지극히 이기적인 태도와 극단적인 선택이 적잖이 나타났다. 노동조합에서는 권력을 놓고 치졸하다고 할 정도의 싸움이 벌어지기도 했고, 노동조합의 간부가 또 다른 억압적 권력의 행태를 보이기도 했다. 물론 이것이 노동조합과 노동자들의 일상적인 모습이라는 것은 아니다. 다만 그러한 모습이 눈에 띄면서 새로운 숙제로 대두됐다는 이야기이다.

　　나는 사람들 사이의 갈등은 자연스럽다고 생각한다. 갈등이 없는 사회는 없고, 갈등 없이는 성숙해질 수도 없다. 그러나 그러한 갈등이 미성숙한 모습으로 지속된다면 그것은 문제라고 봐야 한다. 당시의 상황을 지켜보며 나는 점차 한 노동자로서의 성숙한 삶, 한 개인으로서의 행복한 삶에 대한 문제에 관심을 쏟게 됐다. 즉, "경제적 안락을 넘어 인간으로서 보다 성숙하고 행복한 삶을 영위하기 위한 조건은 무엇인가"라는 질문을 하게 됐던 것이다. 이것은 나만의 생각이 아니었다. 노동자들도 그런 이야기를 자주 했다. 그렇다면 무엇이 문제인가? 노동 현장에 있으면서 이 질문이 끊임없이 떠올랐다. 무엇이 문제인가? 분명히 무언가 빠진 것이 있었다. 그것이 무엇일까? 나는 이러한 질문을 끌어안고 있다가 신학대학원에 들어갔고 사제서품을 받아 신부가 됐다.

달동네 신부   어떻게 가난한 사람들을 바꿀 것인가?

성직자로서의 나의 첫 임지는 인천 송림4동에 있었던 '인천 나눔의 집'이었다. 인천 송림동은 6.25 전쟁 이후 피난민들이 시유지에 집을 짓고 살면서 형성된 동네였다. 야트막한 동산이 온통 허술한 집들로 뒤덮인 전형적인 달동네였다. 이곳은 내가 부임해 간 1996년 무렵에도 지번이 제대로 정리되어 있지 않았다. 나눔의 집은 사유지와 시유지를 함께 점유했는데 모두 한 필지로 되어 있었다. 이 한 필지의 대지 위에 150세대 정도가 함께 살았다. 판잣집이 곳곳에 있었고, 연탄 화덕으로 난방을 하는 집도 많이 있었다. 골목길은 좁아서 두 사람이 지나가려면 어깨가 부딪칠 정도였다. 그럼에도 그곳 사람들은 그 좁은 골목에서 리어카를 몰고 다녔다. 생존 본능은 불가능해 보이는 일조차 가능하게 했다.

한번은 당시 씨름판의 천하장사였던 강호동 씨가 이 동네를 찾아온 적이 있었다. 유명 인사들이 힘든 삶의 현장을 찾아 체험하는 모습을 보여 주는 텔레비전 프로그램을 촬영하기 위해서였다. 강호동 씨는 연탄을 지게로 나르는 일을 했다. 나는 우연히 그가 골목길 계단에 앉아 가쁜 숨을 몰아쉬던 모습을 보았다. 천하장사인 그도 그 일을 무척 힘들어했다. 얼마나 힘들었던지 그는 카메라 앞에서 비지땀을 흘리며 특유의 경상도 사투리로 말했다.

"쎄가 빠지게 힘드네요."

사람들을 웃기려고 한 말이었겠지만 나는 또 다른 생각이 들었다.

'천하장사 강호동도 저렇게 힘들어하는데, 이곳에서 살아가는 사람들의 삶의 무게는 도대체 얼마나 무거운 것일까?'

그 기억은 오래도록 남았다.

이 동네에서 만난 도시빈민의 삶은 우리 사회의 노동자들이 안고 있는 모든 문제를 보여 주었다. 일자리가 없어서 노는 사람이 많았고, 가족의 해체로 아이들은 방치되고 노인들은 소외되었다. 게다가 가정폭력·알코올중독·도박·성폭력·성매매까지 내게는 이 모든 것들이 빈곤에서 발생한 문제로 보였다.

그런데 과연 이들을 위해 내가 할 수 있는 일은 무엇일까? 골방에서의 기도만으로는 해결할 수 없는 일들이었다. 먼저 아이들과 노인들, 주부들을 위한 일을 여러 가지 시작했다. 그중에서도 가장 중심적으로 한 일은 '자활사업'이었다. 빈곤계층이 경제적 문제만 개선된다면 행복하게 살 것 같았기 때문이다.

이쯤에서 자활사업에 대한 소개가 약간 필요할 것 같다. 자활사업은 1980년대에서 1990년대에 활발하게 일어났던 도시빈민 운동이 발전된 형태라고 볼 수 있다. 1990년대 초반 무렵 주민들의 경제적인 자립을 위한 생산활동 사업에 관심이 높아지면서 자활사업이 시작됐다. 궁극적인 목표는 단순히 빈민들의 물질적인 삶을 개선하는 것만이 아니라, 가난한 이들이 자신이 하는 일로부터 소외되지 않고 삶의 의미와 노동의 의미를 느끼며 살아가게 하는 데 있었다. 이는 자신만을 위해서가 아니라 다른 가난한 사람들과 더불어 살아가기 위해 돈을 벌고, 일을 통해서 지역사회와 환경을 스스로 가꾸며 살자는 생각을 일깨우려고 했기 때문에 생산공동체 운동이라고도 했다.

자활사업이 '주민자활지원센터'라는 이름하에 정부의 시범사업으로 전개된 시기는 문민정부 마지막 무렵인 1996년이었다. 성공회 나눔의 집이 처음으로 자활사업을 시작해서 부업을 비롯한 봉제·건설용역·청소용역 등의 생산공동체를 만들었다. 자활사업은 IMF 시기 이후에 사회보장제도로 정착되고 전국적으로 확대되어 최근에는 240여 개소가 만들어졌다. 3년 뒤인 1999년 나는 수원의 세류동에 나눔의 집을 새로 열게 됐는데 여기서도 자활사업을 벌였다. 이곳 역시 빈민 지역으로서 자활사업이 필요한 곳이었다. 여기서는 인천에서보다 더 다양한 일을 해 보았다. 부업·청소·건설용역 등은 물론 간병·화초·재활용 등의 영역에서도 일자리를 만들었고, 김치공장을 운영하기도 했다.

이런 일들이 확대되어 가면서 빈곤계층 주민들의 삶은 확연히 나아졌다. 게다가 자활사업이 사회제도로 정착됨으로써 빈민들에게 새로운 희망을 안겨 주었다. 빈민들의 삶은 더 이상 무료하고 불안하지 않았다. 그들은 직장 생활을 하듯이 아침에 출근하고 오후에 퇴근했다. 경제적 삶이 한결 나아지고 안정되면서 일상생활에서도 과거보다 훨씬 여유가 생겼다. 그런데 시간이 지나자 처음에는 보이지 않았던 문제가 조금씩 드러났다.

자활사업은 대부분 생산공동체 창업을 목표로 했다. 개인의 창업은 효과적이지 못할 뿐만 아니라 성공 사례도 드물기 때문이다. 그래서 서로 간에 지지 관계를 형성하고 비록 적은 소득일지라도 함께 나눌 수 있는 공동체가 된다면 그것이 오히려 더 큰 의미가 있으리라고 생각했던 것이다. 이러한 생각은 스페인의 몬드라곤 공동체와, 일본의 노동자 협동조합이나 고령자 협동조합에서 큰 영향을 받았다. 이렇게 해서 만들어진 공동체는 기업이 지니는 사회적 책임과 역할을 강조했다. 참여자들이 이러한 취지를 잘 이해할 수 있도록 공동체 이론과 훈련, 인간관계 등에 관한 교육을 다양하게 시도했다. 나도 교육에 자주 참여해서 공동체적 삶의 가치를 설명하곤 했다. 때로는 교육을 통해서 참여자들에게 이런 제안을 하기도 했다.

"당신들의 회사가 더 잘되기 위해서는 이웃과 함께해야 합니다. 그것은 당신들의 회사가 지역사회의 도움을 받아 만들어졌고, 앞으로도 많은 도움을 받아야만 하기 때문입니다. 그러므로 이 회사는 단지 자신의 이익만을 추구해서는 안 됩니다. 이웃을 위해서 나눔을 실천하는 것이 좋습니다. 순수익의 10퍼센트, 그것이 많다면 5퍼센트도 좋고 1~2퍼센트도 좋습니다. 그것을 가난한 이웃을 위해 지출하도록 하세요. 그러면 기업 이미지가 더 좋아질 것이고, 그것을 통해 회사도 더 발전할 것입니다."

그들은 내 앞에서는 모두 좋은 생각이라며 적극적으로 동의했다. 그렇지만 내가 떠나고 난 뒷자리에서는 이야기가 달라졌다. 실무자가 참석한 자리에서 그들은 이렇게 이야기하곤 했다.

"왜 우리가 번 돈을 다른 이들에게 나누어 줘야 합니까?"

빈민들은 그들이 어렵게 살아왔던 세월만큼, 가난이 그들의 삶을 짓눌렀던 만큼 이웃과 나누는 것에 서툴렀다. 조지 오웰(George Orwell)은 "가난은 죄악이 아니라 불편함일 뿐이다"라고 말했지만, 불편함을 감수하는 일은 쉬운 일이 아니다. 조그만 불편함도 때로는 사람을 인색하게 만든다. 이러한 문제를 극복하기 위해서는 인성 계발이 필요하다는 생각을 했고, 이를 위한 다양한 프로그램도 마련했다. 희망과 전망을 함께 만들지 못했기 때문이라는 지적이 나와서 비전 만들기 프로그램을 도입하기도 했다. 참여자들의 대화와 소통에 문제가 발생하면 의사소통 능력을 개발하기 위한 프로그램이나 대인 관계 훈련 프로그램을 도입했다. 이러한 프로그램을 진행하고 나면 그 효과가 금방 나타나는 것 같았다. 훈련을 받았던 이들은 한결같이 "참 좋았다"라고 했다. 그래서 많은 프로그램을 진행했다. 그럼에도 실질적인 진전은 거의 이루어지지 않았다. 여전히 자신이 하는 일에 불성실한 모습을 많이 보였고, 갈등도 쉽게 해결되지 않았다. 이기적이고 인색한 모습도 변함없이 지속됐다. 물론 이것은 굳이 빈곤계층만이 아니라 누구에게나 나타날 수 있는 문제이다. 그러나 이는 자활공동체가 반드시 풀어야 할 숙제였다. 훈련이나 프로그램만으로는 해결되지 않을 것처럼 보였다. 무언가 중요한 어떤 것이 빠져 있었다. 그것이 무엇일까?

    자활공동체를 경제적으로 독립시키는 일도 쉽지 않았다. 가장 어려운 이유는 정부의 지원이 취약하다는 데 있었다. 그렇지만 정부만 바라보고 손을 놓을 수는 없는 일이었다. 자활사업에 참여하는 이들은 대부분 노동 능력이 취약한 상태였다. 상대적으로 능력이 있는 사람을 중심으로 공동체를 구성해 보기도 했지만 능력이 있는 사람은 고민과 갈등을 계속하다가 그만두는 경우가 허다했다. 혼자서도 경제적으로 독립을 할 수 있는데 구태여 능력이 부족한 사람들과 함께 일을 하는 것은 번거로울 뿐더러 손해를 보는 일이라고 생각했기 때문이다. 경제적으로 독립해서 잘 운영되는 공동체도 있었지만 대부분은 운영 자체가 힘겨웠다. 그런 모습을 보며 이런 의문들이 자주 떠올랐다.

'빈곤계층이 빈곤 생활을 벗어나는 일은 구조적으로 불가능하지 않을까?'

'과연 이들을 경쟁적인 노동시장으로 내보내는 것만이 자활의 목표인가?'

그리고 어떤 때는 이런 생각이 들기도 했다.

'경제적인 상황의 개선만이 빈곤계층에게 가치 있는 선택인가?'

서울역 노숙인들과 함께 어떻게 노숙인을 바꿀 것인가?

이러한 고민을 안고 있던 2004년 말 새로운 임지로 발령이 났다. 서울의 다시서기센터에서 노숙인 사목을 하게 된 것이다. 다시서기센터는 IMF 시기 직후 서울역 광장에 컨테이너 한 동을 놓고 노숙인 상담을 하기 위해 만들어진 기관이다. 그 후 10여 년이 지나면서 사업이 다양하게 확대됐다. 서울역과 영등포역에서는 상담소를 운영하고, 서울역 광장 한구석에서는 진료소도 운영하며, 서부역 한쪽에서는 노숙인이 옷을 갈아입도록 의류·신발·생필품을 제공하는 '나눔가게'도 운영하고, 염천교 뒤편 만리동에서는 고령이거나 장애가 있는 노숙인이 수급 지원을 받을 수 있도록 도와주는 쉼터도 운영했다. 게다가 내가 일하기 시작한 뒤로는 하루에 250명에게 식사와 숙소를 제공하는 시설까지 운영했다. 우리 센터는 먹거리·잠자리·일자리·의료·생필품 등 노숙인들이 필요로 하는 거의 모든 것을 제공했다. 우리는 언제나 분주했다. 노숙인들이 끊임없이 찾아왔기 때문이다. 또한 실무자들과 자원활동가들이 상대적으로 적었기 때문이기도 했다. 상담을 하면 사연도 많고 맺힌 것도 많아서 끝없이 이야기를 들어야 했다. 하루하루가 금방 지나갔다. 그러던 어느 날 문득 이런 생각이 들었다.

'의식주를 비롯해 필요로 하는 모든 것을 제공한다면 노숙인은 노숙 상황을 벗어날 수 있을까?'

그동안 빈곤계층과 노숙인을 만나 온 경험을 통해서 내린 결론은 '아니다'였다. 몇 번이고 되물어 보았지만 대답은 '아니다'였다. 그렇다면 과연 무엇이 필요할까? 정말 노숙인에게 필요한 것은 무엇인가? 이런 질문을 계속하다가 이제까지 노동 현장과 빈곤 현장에서 의문부호를 붙인 채 남겨 두었던 질문에 대한 대답이 선명하게 떠올랐다.

"자존감!"

노숙인에게 정말로 필요한 것은 다름 아닌 '자존감'이라는 생각이 들었다.

오해를 살 여지가 있기에 조금 설명을 덧붙이고자 한다. 나는 노숙인의 삶이 결코 나쁜 삶이거나 열등한 삶이라고 생각하지는 않는다.

다양한 삶의 방식 가운데 하나라고 생각한다. 오히려 노숙인이 자신이 가치 있다고 여기는 삶을 추구하려고 할 때 그것이 보장되지 않는 점이 문제라고 생각한다. 노숙 문제는 노숙인의 문제가 아니라 사회적 문제, 국가의 책임에 대한 문제이다. 누구나 최소한의 인간적 존엄성을 유지할 수 있어야 한다는 것이 헌법의 정신이라면 노숙인도 당연히 이것이 보장되어야 하지 않겠는가.

노숙인이 하루하루를 살아가려면 생필품을 비롯한 의식주가 절대적으로 필요하다. 노숙 현장에서는 이런 것들이 비록 충분하고 안정적으로 보장되지는 않지만 적어도 최소한은 제공된다. 노숙인들도 그들끼리 이렇게 이야기한다.

"부지런하기만 하면 하루에 다섯 끼도 먹을 수 있어."

그러나 노숙인이 단순한 생존을 넘어 인간으로서 살아가려면 의식주 말고 또 다른 어떤 것이 필요하다는 생각이 들었다. 그것이 바로 '자존감'이다.

'자존감'이라는 말에 대한 내 생각을 먼저 설명하고 이야기를 계속하는 편이 좋겠다. 나는 자존감이란 '자신의 존재 가치에 대한 긍정적인 견해'라고 생각한다. 또한 이는 '인간의 가장 근원적인 힘인 자신의 주체성을 깨닫고, 주변과 사회를 이해하고 그 변화의 흐름을 읽을 수 있는 능력'을 말한다. 그러나 나는 노숙인들에게는 그들이 쉽게 이해하도록 표현한다. 때로는 '자신은 세상에서 하나뿐인 소중한 존재라는 사실을 깨닫는 것'이라고 하기도 하고, 때로는 '자신이 사랑받을 만한 가치가 있으며 다른 사람을 사랑할 능력이 있다는 것을 느끼고 생각하며 살아가는 것'이라고 말하기도 한다.

　자존감은 자기 존재에 대한 성찰을 통해서 형성된다. 이는 자기 자신만이 아니라 타인과 세계, 역사에 대한 성찰을 필요로 한다. 그러므로 인지적인 측면에서 자신을 인식하는 '자아'라는 말과 구별해야 한다. 또한 '제 몸을 굽히지 않고 스스로 높이는 마음'을 뜻하는 '자존심'과도 구별해야 한다. 자존심은 개인적이고 이기적인 관점이 강조되어 성찰과는 무관한 뜻으로 사용되는 경우가 많기 때문이다. '자신이 있다' 또는 '어떤 일을 해낼 수 있다'는 의미인 '자신감'과도 구별해야 한다. "안 되면 되게 하라"라든지 "하면 된다"라는 성장제일주의 시대의 구호가 그 어감에 들어 있다는 점도 탐탁지 않다. 또한 심리학이나 사회복지학에서 사용하는 '자아존중감'이나 '자기효능감'이라는 말과도 차이를 두고 싶다. '자아존중감'은 자아에 대한 느낌 또는 감정적인 측면을 강조하는 개념이고, '자기효능감'은 자신이 바라는 목적을 이루고자 어떤 특정 행동을 성공적으로 수행할 수 있다는 신념이기 때문이다.

　나는 '자존감'이라는 말로 보다 넓고 넉넉한 어떤 것을 표현하고 싶다. 나는 자존감이 앞에서 열거한 다른 단어들보다 인간의 삶에 중요한 역할을 한다고 믿는다. 자존감이 높은 사람은 자존심이나 자신감도 있고, 자아존중감과 자기효능감도 크게 느끼며, 자신을 가치 있고 유용한 사람이라고 생각한다. 이와 동시에 사회와 역사를 바라보는 안목도 있어야만 한다. 자존감이 높을수록 가치 있고 의미 있는 삶을 살아간다는 것이 내 생각이다.

　노숙인은 이러한 '자존감'이 상실된, 아니 짓밟힌 사람들이라고 할 수 있다. 문제는 노숙인이 이러한 비참한 상황에 계속 방치된다는 점이다. 노숙인 문제야말로 정부가 나서서 풀어야 할 중요한 과제 가운데 하나이다. 그런데 정부는 사실상 뒷짐을 지고 있다. 나중에 다시 이야기하겠지만 노숙인은 주거가 없다는 이유로 최소한의 사회보장에서도 배제된다. 게다가 일반인들이 노숙인을 바라보는 시선도 이들의 자존감을 짓밟는 중요한 요인 가운데 하나이다. 사람들이 대부분 노숙인을 혐오의 시선으로 바라볼 뿐만 아니라 어떤 이들은 노숙인이기 때문에 함부로 대해도 된다고 생각한다. 노숙인을 동정하는 사람 역시 이들의 자존감을 훼손하기는 마찬가지이다. 이런 문제는 노숙인들을 위한 급식 현장에서 그대로 드러난다.

　서울역 주변에서 무료 급식을 제공하는 현장은 주로 서울역 광장이나 지하도이다. 노숙인들은 이곳에서 급식 봉사단체들이 제공하는 식사를 하는데 문제는 이들이 밥을 받아 바닥에 쭈그리고 앉거나 선 채로 먹어야만 한다는 것이다. 오가는 사람들이 빤히 쳐다보는 곳에서 말이다. 노숙인들은 이를 "개밥 먹는다"라고 표현한다. 이런 상황이 10년 이상 계속되었다. 이제는 실내 공간에서 의자에 앉아 식사를 할 수 있도록 '최소한의 인간적인 식탁'이 마련되어야 하지 않겠냐고 말해 보기도 했지만 노숙인 선교단체는 식사 환경을 개선하는 데에는 별 관심이 없어 보인다. 거리에서 밥을 나누어 주는 어느 교회는 노숙인 급식으로 유명해져 교회 건물도 짓고 수련관도 지었지만 여전히 거리급식을 한다.

물론 의도한 바는 아니겠지만 노숙인의 자존감을 떨어트리는 데 그들도 한몫을 해 온 셈이다.

노숙인이 필요로 하는 물품을 제공하는 방식에도 문제가 있다. 어느 교회는 겨울에 서울역 광장에서 파카를 나누어 주었는데, 그 파카에는 "하나님은 당신을 사랑하십니다. ○○○교회 ○○○ 목사 증"이라고 새겨져 있었다. 물론 이튿날 신문에는 사진과 함께 "○○○교회 ○○○ 목사, 노숙인에게 1천여 벌의 파카를 나누어 주었다"라고 보도됐다. 또 다른 단체는 영자로 크게 자신의 단체 이름을 새긴 파카를 나누어 주기도 했다. 며칠간은 서울역 일대에 그 파카를 입은 사람들이 득실거렸다. 그런데 얼마 지나지 않아 그 많던 파카가 거의 다 사라져 버렸다. 왜일까? 이 파카를 입고 다니면 다른 사람들이 노숙인이라는 것을 금세 알아차렸기 때문이다. 자신들이 하는 일을 돋보이게 하려고 파카에 새긴 글자가 노숙인에게는 '낙인'이 되어 이들에게 굴욕감을 안겨 준다는 생각을 왜 하지 못하는 것일까?

두 가지 사례만 들었지만 그 외에도 노숙인에 대한 많은 봉사가 이들의 인간으로서의 자존감에 대한 존중과 배려 없이 행해진다.

어떻게 하면 사회의 낙인과 혐오스러운 시선에 의해 손상된 이들의 자존감을 '회복'시킬 수 있을까? 여기에서 '회복'이라는 표현을 쓴 까닭은 원래 없었던 자존감을 새로 만드는 것이 아니기 때문이다. 인간이라면 누구나 태어나면서부터 자존감이 있다. 그러나 상처받고 좌절하는 과정에서 그 자존감이 저하되거나 상실된다. 따라서 자존감은 '회복'되어야 하는 것이다.

결국 "노숙인의 자존감을 어떻게 회복시킬 수 있을까?" 하는 질문이 나의 숙제가 됐다. 과연 무엇으로 그 자존감이 회복되게 할 수 있을까? 대답을 찾는 데 그리 시간이 오래 걸리지는 않았다. 그것은 '성찰'이었다. 당시 성찰이라는 말이 새로운 화두가 되었는데 자존감의 회복을 위해서도 성찰이 필요하다고 생각했다. 성찰이란 '자신의 내면을 살피고 반성하는 것'이다. 그러나 성찰을 위해서는 자신과의 대화뿐 아니라 타인과의 대화, 세계와의 대화도 필요하다. '성찰'의 이면에는 '소통'이 자리 잡고 있다. 소통이란 사람 사이에 생각과 감정이 막힘없이 잘 통하는 것을 말한다. 따라서 자신 안에만 갇힌 성찰은 참된 성찰이 되지 못한다. 좌정관천(坐井觀天), 곧 우물 속에 앉아 하늘을 쳐다보는 '우물 안의 개구리'가 되는 것이다. 진정한 깨달음은 사람과의 소통과 관계, 그리고 그 관계에 대한 성찰을 통해서 얻어진다고 생각한다. 문제는 노숙인이 바로 이 소통의 세계에서 소외되었다는 점이다. 그 결과 자신의 모습을 살펴볼 기회가 없었던 것이다.

그렇다면 어떻게 노숙인이 성찰을 하도록 이끌 수 있을까? 이 질문에 대한 대답은 더 쉽고 자연스럽게 찾았다. 그것은 '기도'였다. 다시 말해서 나는 그들이 신앙생활을 함으로써 성찰을 하고 자존감도 회복하리라고 보았다. 이런 내 생각이 성직자의 한계를 벗어나지 못한 것이라고 지적할지도 모르겠다. 물론 그렇다. 그러나 내가 여기에서 말하는 기도는 일반인들이 생각하는 것과는 조금 다른 의미를 지닌다. 사람들은 대개 '기도'라는 말을 들으면 "해 주십시오" 하는 청원 기도만을 생각한다. 그래서 그렇게 일방통행으로 이루어진 기도가 어떻게 노숙인을 성찰로 이끌 수 있는지 의문이 들 것이다. 하지만 진실한 기도는 청원에 앞서 '경청'할 때 이루어진다. "무엇을 해 주십시오" 하는 청원을 하기 전에 저 위에서 들려오는 소리, 진리의 소리를 들어야 한다. 그 진리의 소리와 대화하는 것이 참된 기도이다. 진정한 기도는 '대화'라고 할 수 있다. 그리고 진정한 신앙인은 그 진리의 소리에 따라 몸을 움직여 살아가는 사람이다. 나는 이것이 신앙인의 삶의 방식이라고 믿는다. 따라서 참된 신앙인은 기도를 통해 "나는 누구인가? 사람은 어떻게 살아야 가치 있게 사는 것인가?" 하는 질문을 하고 그 답을 찾아가는 사람이 되어야 한다. 이러한 생각에서 나는 신앙생활이 자존감 회복에 도움이 된다는 결론에 이르렀다.

하지만 현실은 난감했다. 노숙인에게 "신앙생활을 하십시오. 그것이 당신을 가치 있는 삶으로 이끌어 줄 것입니다"라고 이야기한다면 열에 아홉은 부정적으로 생각할 것 같았다. 노숙 현장에서 신앙인은 "예수천국 불신지옥"을 외치는 이들과 마찬가지로 자신의 신앙만을 절대적인 것으로 생각하고 타인과 타인의 신앙을 존중하지 못하는 모습으로 비쳐졌기 때문이었다. 이처럼 신앙의 편협성은 사람 사이의 소통보다는 벽을 만들 뿐이다. 도대체 이 문제를 어떻게 해결한단 말인가?

고민을 하던 와중에 떠오르는 생각이 있었다. 바로 인문학이었다! 인문학의 근본적인 질문은 신앙인이 던지는 질문과 마찬가지로 "어떻게 살 것인가, 어떤 삶이 가치 있는 삶인가?"를 묻는 것이다. 인문학은 신학의 반대편에 서 있는 것처럼 보이기도 하지만 사실은 같은 질문을 서로 다른 방식으로 하고 있을 뿐이다. 이렇게 해서 결국 나는 노숙인의 자존감을 회복하도록 돕는 데 인문학 강좌가 필요하다는 결론을 내렸다.

    이렇게 생각을 굳히게 된 데에는 빈곤층의 현실도 한몫을 했다. 우리나라에서 빈곤계층이 빈곤으로부터 벗어나는 것은 낙타가 바늘귀를 통과하는 것보다 더 어렵다. 지극히 소수의 예외적인 사례가 있기는 하지만 이는 그야말로 예외일 뿐이다. 이것이 내가 15년 이상 빈곤계층과 만난 경험을 통해서 갖게 된 생각이다. 하지만 빈곤으로부터 벗어날 수 없다고 해서 절망하거나 자포자기한 채로 살아야 할까? 또는 아무 생각도 없이 하루하루를 살아가야 할까? 그럴 수는 없다. 그렇다면 어떻게 해야 하나? 자신에게 의미 있고 가치 있다고 생각하는 삶! 비록 가난할지라도 자신의 삶에 적극적인 태도를 취하고, 때로는 자신을 억눌러 왔던 세상에 저항하기도 하고, 세상을 바꾸어 보겠다는 꿈도 꾸며 당당하게 살 수 있는 길이 있다. 먼 길처럼 보이지만 이것이 궁극적으로 가야 할 길이고, 나는 인문학이 사람들을 그 길로 안내하리라고 믿는다.

    결론에 다다르기까지 무척 먼 길을 걸어온 듯한 느낌이 들었다. 그런데 되돌아보니 그렇게 멀리 돌아온 것도 아니었다. 가슴이 뜨거웠던 20대부터 "어떻게 살아야 할까?" 하는 질문을 계속하며 살아왔지만 아직도 나는 제대로 대답을 하지 못한다. 그러나 한 걸음 한 걸음씩 앞으로 나아가는 것만은 틀림없다. 그리고 그 길이 행복의 길임을 온몸으로 느낀다. 가난한 사람들에게 이 길을 함께 가자고 권하고 싶을 뿐이다. 먼 길이지만 함께 걷는 사람이 있다면 이 또한 즐거운 일이 아니겠는가!

성프란시스대학의 출범 너는 꿈이 무엇이냐?

　이렇게 해서 나는 노숙인을 위한 인문학 과정을 세우는 일에 착수했다. 나는 이 인문학 과정에 '성프란시스대학'이라는 이름을 붙였다. 여기서 이러한 이름을 사용하게 된 배경에 대해서 잠시 이야기하고 넘어가겠다. '성프란시스대학'이라는 이름은 한마디로 프란시스 성인의 정신을 배우자는 뜻이다. 프란시스 성인은 12세기에 이탈리아 아시시(Asisi)에서 부유한 포목상의 아들로 태어났지만 노숙인을 만나 깨달음을 얻었고 평생을 옷 단 한 벌과 맨발로 가난하게 살면서도 '참 자유'를 얻은 분이다. 프란시스 성인은 "나는 청빈이라는 부인과 결혼했다"라고 말하면서 몸소 청빈을 실천했다. 프란시스 성인의 삶을 본받아 '비록 가난하지만 자기의 삶을 추구하고 참된 자유를 얻을 수 있는 길을 찾자'라는 의미에서 '성프란시스대학'이라는 이름을 붙인 것이다. 뒤에서 더 설명하겠지만 나는 노숙인들이 인문학 과정을 통해 빈곤으로부터 벗어나고 또 자신의 삶을 찾길 바랐다. 인문학을 공부하다 보면 자연스럽게 "나는 누구인가, 어떻게 살 것인가?" 하는 질문을 통해 자신의 삶을 보다 성숙한 모습으로 가꾸어 갈 수 있을 테고, 빈곤을 뛰어넘어 타인과 더불어 스스로 가치 있는 삶을 찾아갈 수 있으리라고 믿었다.

　2005년 9월 21일, 성프란시스대학의 첫 신입생을 맞이하는 입학식이 열렸다. 구름이 조금 많았지만 초가을답게 선선한 바람이 부는 날이었다. 행사를 하다 보면 언제나 부산하기 마련이고 혹여 실수라도 하지 않을까 긴장도 됐지만 살랑살랑 부는 바람이 그런 마음을 녹여 주는 것 같았다. 입학식에 참석하는 손님을 맞이하고자 우리는 다시서기센터 3층을 입학식장으로 꾸몄다. 바닥에 부직포를 깔고 줄 맞춰 의자를 배치하고 현수막도 내걸었다. 꽃으로 현관 입구와 식장을 장식해서 분위기는 제법 그럴 듯했다. 그러나 신입생이라고 해 봐야 고작 스무 명밖에 안 되고 교수님도 세 분밖에 없는 조촐한 '대학 아닌 대학'의 입학식이었다. 입학을 축하하고자 20여 명의 동료 노숙인들이 찾아왔고, 후원사인 삼성코닝정밀소재에서도 20여 명의 임직원들이 참석했다. 그런데 뜻밖의 손님들이 대거 몰려왔다. 기자들이 찾아왔던 것이다. 30여 명은 된 것 같다. 정말 뜻밖이었다. 성공회 정철범 주교님과 삼성코닝정밀소재 송용로 사장님이 인사말을 하려고 단상에 올라서자 텔레비전 카메라맨들은 여기저기 옮겨 다니느라 부산했고, 카메라 플래시도 여기저기서 터져 정신을 못 차릴 정도였다. 언론에 노출되는 것을 끔찍하게도 싫어하는 노숙인들이지만 이날만은 그런 분위기에 얼떨떨한 표정이었다.

행사 마지막 무렵에 입학생 대표로 박천환(가명, 당시 38세) 씨가 소개됐다. 머리는 덥수룩하고 몸은 바싹 마른 모습이었다. 뺨에는 칼자국 흉터가 있어 평범하지 않은 삶을 살아왔음을 한눈에 알아볼 수 있었다. 그렇지만 외모와는 달리 사람들과 이야기하기를 좋아하는 잔정 많은 사람이었다. 그는 가난한 가정에 태어나 중학교밖에 못 다녔다고 했다. 중국집에서 주방보조원으로 일하기도 했고, 어부로 일하기도 했다. IMF 시기 직전에는 용역으로 일했지만 회사가 부도가 나는 바람에 돈 한 푼 못 받고 거리에 나앉게 되어 노숙 생활을 시작했다. IMF 시기부터 노숙을 했으니 그는 노숙 경력이 7년이나 된 전형적인 노숙인이었다. 그는 입학생 대표로 입학 소감을 이야기했다.

박천환 씨는 미리 써 온 원고를 들고 마이크 앞에 섰다. 그는 "살아오는 동안 이렇게 많은 사람 앞에서 이야기하는 것이 처음이라서 무척 떨린다"라는 인사말로 이야기를 시작했다. 그는 적어 온 원고를 읽으려고 했다. 그러다가 마른 침을 한 번 삼키고는 "이 원고에는 의례적인 소감과 인사말이 적혀 있는데 이것을 읽기보다는 솔직한 내 심정을 이야기하겠다"라고 했다. 그는 목소리가 작았고 말의 앞뒤가 자주 어긋나기도 했지만 찬찬히 이야기를 이어 갔다.

"예전에 어떤 분이 저에게 물었습니다. 너는 꿈이 무엇이냐? 당시에는 저에게 꿈이 없었습니다. 그 뒤로 노숙 생활을 하게 됐습니다. 노숙 생활은 일반인들이 생각하는 것보다 무척 힘든 생활입니다. 언제가 가장 힘이 드느냐면, …… '내가 인간이라고 생각할 때'입니다. 그런 때는 자괴감이 듭니다. 그런 감정을 없애려고 상상을 합니다. 저는 대학생이 되어 공부를 하는 상상을 해 보았습니다. 그런 상상을 하는 동안에는 행복합니다. 그러나 그 상상을 언제까지나 계속할 수는 없습니다. 상상이 끝나고 현실로 돌아오면 그만큼 더 큰 불행이 다가옵니다. 그런데 상상으로만 생각하던 일이 저에게 현실이 됐습니다. 인문학을 공부하게 된 것입니다. 저에게는 충격이자 기쁨입니다. 이 인문학 과정이 무엇인지는 잘 모릅니다. 그러나 말라비틀어진 제 가슴에 어떤 열매가 열릴 수 있으리라는 생각이 들었습니다. 어떤 나무가 될지, 어떤 꽃이 될지, 어떤 열매가 맺힐지는 모릅니다. 그러나 이제는 제가 주인공이라고 생각하고 시작해 보겠습니다."

그는 가끔 벅찬 감정을 가누려고 깊이 숨을 들이쉬기도 했다. 그러고는 목이 메는지 몇 번이나 진정을 한 끝에 소감을 마칠 수 있었다. 그의 이야기에 입학식장의 분위기가 숙연해졌다. 하루하루를 간신히 살아가는 이들이 성프란시스대학 인문학 과정에 거는 기대는 "희망을 찾고 싶다"라는 것이었다. 참석한 내빈들도 그의 이야기에 진지하게 귀를 기울였다. 그 자리에서는 가난한 이들이 느끼는 자신의 삶에 대한 변화의 갈망, 바로 그것이 전해졌다.

나중에 삼성코닝정밀소재 직원 대표로 참석했던 한 분은 자신의 불우했던 시절이 기억나 눈물이 나왔다고 했다. 삼성코닝정밀소재 송용로 사장님도 "처음에는 노숙인들에게 인문학이 필요할까 하는 의문이 들었는데 박천환 씨의 이야기를 듣고 보니 정말 노숙인에게 필요한 것이 이런 것이겠구나" 하는 생각을 확인했다고 했다. 입학식이 끝나자 함께 참석한 노숙인들은 그의 어깨를 다독거리며 자신들이 하고 싶었던 이야기를 속 시원하게 잘해 주어서 고맙다고 했다. 나와 인문학 담당 실무자도 마음 한구석이 묵직해짐을 느끼며 지난 몇 달 동안 준비해 온 일들이 공연한 노력이 아니라는 확신을 가졌다. 그의 이야기는 우리가 준비 과정에서 겪었던 어려움을 충분히 보상하고도 남았다. 정말 잘 시작했다는 생각이 들었다. 학생 모집 홍보를 하느라 지난 한 달 동안 거리와 쪽방을 돌아다니느라 지쳤던 몸이 가뿐해지는 느낌이었다.

마지막에 우리가 다 함께 불렀던 성프란시스대학의 교가는 가슴을 더욱 뭉클하게 해 주었다. 성프란시스대학의 교가는 〈모두 한 걸음 더 나가자〉라는 노래로 정했는데, 가사는 간단하고 짧지만 그 노래는 부를 때마다 가슴 뭉클하게 전해져 오는 어떤 것이 있었다. 가사 내용을 소개하면 다음과 같다.

모두 한 걸음 더 나가자. 모두 한 걸음 더 나가자.
낡은 것은 버리고 손에 손을 잡고 나가자.

온 세상을 두루 다니며 더욱 많은 것을 배운다.
새로 만난 많은 것 마음으로 함께 배운다.

세상 냉정하고 거치나 내게 힘과 사랑주소서.
노래하며 춤추며 이 길 따라가게 하소서.

(후렴) 낡은 것은 모두 벗어 버리고 손에 손을 잡고 나가자.

〈모두 한 걸음 더 나가자〉는 1970~1980년대에 기독 학생들 사이에서 불렀던 노래인데, 가사가 성프란시스대학의 취지를 잘 표현한다는 생각이 들어서 교가로 정했다. 후일담이지만 3기 과정의 철학을 맡아 주셨던 서울대학교 김문환 교수님이 젊은 시절 크리스천아카데미에서 일할 때 가사를 썼다고 한다. 그는 이 노래가 성프란시스대학에서 불

리는 것을 알고 놀랍고 반가웠다고 했다. 인연이란 이렇게도 얽히고설키는 것인가 보다.

　과연 인문학은 박천환 씨가 이야기했던 것처럼 메마른 그들의 가슴에 꽃을 피우고 열매를 맺을 수 있을까? 노숙인들을 자신의 삶의 주인공으로 이끌어 줄 수 있을까? 쉽게 단정하기 어려운 질문이다. 그러나 나는 이에 대한 확신이 있었다. 그래서 입학식 때면 어김없이 이렇게 이야기했다.

　"절망 속에서 희망을 찾는 당신들에게 정작 필요한 것은 바로 인문학 교육입니다. 여러분들이 인문학을 공부하겠다고 찾아온 일은 정말 잘한 선택입니다. 인문학을 공부하면 돈을 벌거나 취직자리가 보장되는 것은 아니지만 행복해질 수 있습니다. 부자들보다, 권력을 가진 정치인보다, 인기가 많은 연예인들보다 더 잘 살 수 있습니다."

　성프란시스대학 입학생들은 인문학이 무엇인지 모르는 사람들이었다. 단지 "글을 쓰고 책을 읽으며 자신의 삶을 생각해 보자. 대학에서 가르치는 인문학을 노숙인도 배울 수 있다"라는 홍보 문구에 이끌려 왔을 뿐이다. 처음에는 막연했지만 그들은 점차 자신이 삶의 주인이 되고자 하는 의지를 분명하게 확인해 나갔다. 그렇다면 이들은 어떠한 계기로 성프란시스대학에 오게 됐을까? 그들은 모두 직접적인 접촉을 통해서 모이게 됐다. 먼저, 다시서기센터 실무자들이 학생들을 적극적으로 찾아 나섰다. 인문학을 공부하고 싶은 사람을 모집하고자 한 달 동안 직접 쪽방 지역을 돌고 노숙인들에게 전단지를 나누어 주며 이야기를 했다. 밤에는 서울역·을지로·종로·회현동·남산공원·서소문공원 등을 돌면서 노숙인들을 만났다. 그들에게 인문학이 무엇을 공부하는 것인지 설명했다. 대부분은 시큰둥한 반응이었다. 그렇지만 진지하게 이야기를 듣는 사람도 많았다. 때로는 나누어 준 전단지를 곱게 접어 가슴 안쪽에 넣으며 센터를 찾아오겠다고 하는 이도 있었다. 바로 이런 이들이 성프란시스대학을 찾아왔던 것이다.

그들 중에는 전단지를 받아 들고 한참을 망설이다가 "저 같은 사람도 공부할 수 있나요?"라고 조심스럽게 물었던 사람이 있다. 첫 기수로 입학해서 감동적인 글쓰기를 시작한 석재순(당시 38세) 씨이다. 그는 오래전부터 하고 싶었던 일이 바로 글쓰기였다고 했다. 이항주 씨는 당시 69세로 고령임에도 불구하고 동료 노숙인에게 들었다며 센터를 찾아왔다. 그러고는 자신이 원하는 공부가 바로 이런 공부라며 입학시켜 달라고 했다. 나이가 많아 괜찮을까 하는 생각이 들어 망설였는데 세 번씩이나 찾아와 하소연을 해서 결국은 입학을 허락했다. 나중에 텔레비전에 출연해서 "책이 나를 살렸다", "공부가 나를 거리에서 구해 냈다"라고 말한 이태원(당시 56세) 씨도 접수하던 첫날 찾아왔던 사람이다. 그는 홍보 전단지를 받아 들고는 "바로 이런 것이 내 인생을 위해 필요한 것이다"라는 생각이 들었다고 한다.

첫해에 입학 신청서를 낸 노숙인은 45명이었다. 이들은 평범한 신청자들이 아니었다. 나는 성프란시스대학은 노숙인 가운데 자발적으로 참여해 공부하려는 사람만 받아들여야 한다고 생각했다. 그래서 그것을 확인하고자 직접 성프란시스대학을 찾아와 입학 신청서를 쓰도록 했다. 입학 신청서에는 "왜 공부를 하고자 하는가?"에 대한 글도 써야만 했다. 이는 최소한의 문해 능력을 확인하기 위한 과정이기도 했다. 그러고 난 뒤 다시 날짜를 정해 신청서를 제출한 노숙인들을 불러 모아 인문학 과정에서 어떤 공부를 하는지 소개했다. 공부할 과목도 소개하고, 어떻게 공부하는지도 소개했다. 미국에서 진행하는 인문학 교육을 소개하는 비디오도 틀어 주었다. 이 과정을 통해 자신들이 무엇을 공부할지 알고, 정말로 공부하고 싶은지를 스스로 점검하게 했다. 그 뒤 다시 개별 면접을 해서 입학 여부를 결정했다. 물론 면접에서도 가장 중요하게 고려했던 사항은 자발성과 최소한의 문해 능력이었다. '꾸준히 성실하게 공부할 사람'을 가려내는 것이 중요하다고 생각했기 때문이다. 처음으로 입학 신청서를 낸 45명은 그 번거롭고 수고스러운 과정을 거친 사람들이었다. 여러 사람이 찾아와 문의를 했지만 이런 번거로운 과정이 있다는 사실을 알고는 포기한 사람도 많았다.

면접 과정에서도 놀라운 일들이 있었다. 이들은 대부분이 박천환 씨와 비슷한 이야기를 했다.

"무엇인가 내 삶을 변화시킬 계기를 찾고 싶었어요."
"공부를 하는 것이 저의 오랜 꿈이었습니다."

그들의 이야기를 듣고 나는 내 생각이 옳다는 확신을 갖게 됐다. 일반인들의 생각과는 달리 노숙인도 여느 사람들과 마찬가지로 보다 의미 있고 가치 있는 삶을 추구한다. 그들은 결코 게으르거나 열등한 사람, 낙오된 사람이 아니었다. 또 이해하기 어려운 특별한 사람도 아니었다. 그들도 다른 이들처럼 삶에 대한 꿈을 꾸고, 자신의 삶의 문제를 고민한다. 단지 그들에게는 기회가 없었을 뿐이다.

몇 차례에 걸친 입학 사정 과정을 거쳐 첫 기수로 입학이 허용된 사람은 21명이었다. 우리는 이들이 과연 어떤 사람들일지 궁금했다. 그래서 질문지를 통해 기초적인 통계를 내 보았다. 이들의 평균 학력은 중학교 졸업, 평균 나이는 43세였다. 당시 노숙인의 평균 나이가 48세 정도였음을 고려하면 평균보다 조금 젊은 셈이다. 젊은 계층인 30대가 많이 참여했으면 하는 기대를 가졌지만 현실은 그런 기대와는 달랐다. 이러한 통계는 그 이후에 입학한 학생들에게서도 비슷하게 나타났다. 입학생들은 2기와 3기에 입학한 여성 한 명씩을 제외하고는 모두 남성이었다. 이는 성프란시스대학의 모태인 다시서기센터가 남성 노숙인을 지원하는 기관이기 때문에 나타난 특성일 것이다.

입학생들 중에는 이혼 가정에서 성장한 사람들이 많았고, 고아원 출신으로 학교도 제대로 못 다닌 채 힘들게 살아왔던 사람도 있었다. 한마디로 대부분 불우한 환경에서 성장을 한 사람들, 빈곤이 대물림된 사람들이었다. 이들의 과거 직업은 다양했다. 건설일용직이나 요식업 계통에서 일한 사람들이 많았는데, 이는 노숙인의 평균적인 과거 직업 통계와 비슷했다. 이 점에서 인문학을 공부하겠다고 나선 이들은 특별한 사람들이 아니라 전형적인 노숙인이라고 할 수 있다.

이렇게 입학한 학생들은 두 학기에 걸쳐 철학·역사·문학·예술사·글쓰기를 공부했다. 그러나 단지 공부만 한 것은 아니다. 우리는 함께 울고 웃으며 삶을 나누어 왔다. 여행을 함께 가기도 하고, 축구를 함께하기도 했다. 동료가 입원했을 때 함께 문병을 가기도 하고, 등산을 함께 가기도 했다. 때로는 다투기도 하고, 때로는 그들이 내 속을 썩이기도 하며 살아왔다. 이들은 그동안 무엇을 공부하고 무엇을 느꼈을까? 그것이 이제부터 할 이야기이다.

성프란시스대학의 강의들 글쓰기가 인문학인가요?

내가 일했던 다시서기센터는 규모가 꽤 크다. 300명 이상이 잠자고 식사할 수 있는 센터 숙소가 있고, 서울역과 영등포역에는 상담소가 있으며, 서울역 근처에는 무료 진료소가 있다. 또한 노숙인이 자활사업을 하는 작업장까지 갖추었으며, 성프란시스대학도 별도의 공간에 마련되어 있다. 여러 공간이 모두 분리되어 있기 때문에 이 모든 곳들을 둘러보는 일이 내 일과에서 중요한 부분이었다. 게다가 노숙인의 생활 터전인 역사나 공원 같은 곳도 가끔 둘러보아야 한다. 그러다 보니 낮 시간에는 사무실보다 밖에서 지내는 시간이 더 많은 편이다. 그러다가 사무실에서 책이라도 보며 망중한을 즐기려 하면 여지없이 느긋한 한때를 깨는 사람이 나타난다.

"어, 신부님이 사무실에서 노는 날도 있네요."

이렇게 너스레를 떨며 내 방에 들어온 사람은 인문학 4기생인 문일섭(가명, 당시 50세) 씨였다. 그는 조금 작은 체구에 얼굴마저 조그마해서 나이보다 10년은 젊어 보인다. 수줍음을 잘 타고 언어장애가 있어서 말을 조금 더듬지만 인문학 공부를 하고 나서 놀라운 변화를 보인 사람이다. 강의 시간에 적극적으로 질문도 하고 동료들과도 잘 어울렸다. 가끔 자신의 아픈 과거 이야기도 꺼냈다. 자신의 아픈 과거를 남에게 이야기한다는 것은 상처가 아물어 가고 성장하고 있음을 말해 준다. 그가 나와 이야기를 하고 싶어 하는 눈치였다. 혼자만의 시간을 기대했지만 포기해야만 했다. 노숙인에게는 자신의 이야기를 들어 주는 사람이 있다는 사실이 희망이기 때문이다. 자신의 이야기를 할 수 없을 때 현실은 절망으로 변해 간다. 그가 한 30분간 이런저런 이야기를 하다가 화제를 바꾸었다.

"저, 신부님한테 물어볼 것이 있는데요. …… 글쓰기가 인문학인가요? 글쓰기를 두 학기 동안이나 가르치는 이유가 뭔가요?"

그의 얼굴을 보니 이것이 정작 오늘 찾아온 이유이자 벼러 왔던 질문 같았다. 뜻밖이었지만 그가 자신이 공부하는 과목의 개설 취지를 묻는 것이기에 무척 반가웠다. 이러한 질문 또한 그가 성장했다는 의미가 아닌가?

성프란시스대학 인문학 과정에서는 1년 동안 철학·역사·문학·예술사·글쓰기 다섯 과목을 가르친다. 강의는 과목별로 일주일에 한

번씩 두 시간 반 동안 15회에 걸쳐 진행된다. 2학기제로 운영되기 때문에 학기마다 세 과목씩 가르치게 되는데, 글쓰기는 두 학기 동안 계속해서 가르친다. 인문학의 영역은 다양하고 폭넓어서 다양한 과목이나 주제를 다룰 수 있을 텐데도 불구하고 글쓰기를 두 학기 동안 가르친다는 것이 의외일지 모르겠다. 물론 그렇게 보일 수도 있지만 나름대로 생각한 바가 있었다.

현대사회를 '지식 기반 사회'라고 한다. 과거에는 자본이나 노동에 기초한 산업사회였던 반면 현대는 지식이 가장 큰 생산요소로서 세계 경제를 이끌어 간다. 정부도 지식 기반이 튼튼한 국가가 경제 강국이 될 것이라며 지식이나 기술을 잘 익힌 사람들을 많이 길러 내고자 이공계 대학을 집중적으로 지원한다. 그런데 국가가 아무리 부유해진다고 하더라도 개인이 행복하지 않다면 그 부유함이 무슨 소용이겠는가. 주변을 찬찬히 살펴보면 지식이 많고 기술이 뛰어난 사람이라고 다 성공하고 잘 사는 것은 아니다. 일류 대학을 나와 아는 것이 많은 사람이라고 할지라도 모두 성공해서 행복하게 살지는 않는다. 왜 그럴까? 여러 이유가 있겠지만 나는 가장 결정적인 까닭은 의사소통 능력의 문제라고 생각한다. 아무리 지식이 많고 기술이 뛰어나더라도 의사소통에 문제가 있으면 인생이 실패한다. 그래서 나는 공부만 하라고 아이들에게 채근하는 부모들에게 이렇게 충고한다. "아이들이 행복하게 잘 살기를 바란다면 '공부만 해라, 좋은 성적 받으라'라고 채근하기보다 '아이들이 다른 사람들과 의사소통을 잘하게 돕는 것이 중요하다'"라고. 나는 자신의 생각·느낌·감정을 잘 이해하고 표현하며, 다른 사람의 생각·느낌·감정을 잘 이해하는 사람이 자존감이 높은 사람이라고 본다. 그리고 이런 사람이 행복하고 성공적인 삶을 산다고 생각한다.

자신의 생각·느낌·감정을 객관적이고 논리적으로 정리하고 의사소통을 하는 데에는 글쓰기가 큰 도움이 된다. 게다가 글쓰기는 자신을 되돌아보게 하는 성찰의 기능과 상처를 치유하는 효과까지 있다. 최근에는 '글쓰기 치료'라는 프로그램도 많이 보인다. 그래서 더더욱 글쓰기를 강조하고 싶은 것이다. 그런데 대부분의 노숙인은 글쓰기를 무척 어려워한다. 일생 동안 글쓰기를 한 번도 해 보지 않은 경우가 대부분이기 때문이다. 문일섭 씨도 "이름과 주소, 주민등록을 적으려고 글쓴 것 외에는 써 본 경험이 없다"라고 했다. 자신의 생각·느낌·감정을 글로 담아내 본 경험이 전무하다는 이야기이다. 노숙인에게 글쓰기를 가르치려면 기초적인 글쓰기 교육부터 시작해야 했다. 교육에서 중요한 것은 무엇보다 격려와 칭찬이라고 생각한다. 칭찬은 고래도 춤추게 한다지 않는가! 그 덕분인지 몇몇 노숙인은 글쓰기를 즐기게 됐고, 뛰어난 자질을 보여 준 이들도 있었다. 글쓰기는 지속적이고 개인적인 지도가 중요한데, 이를 위해서 자원활동가를 개별적으로 연결하는 것도 좋은 방법이었다. 성프란시스대학은 4기부터 자원활동가들이 노숙인들의 글쓰기를 도왔는데, 이들 덕분에 노숙인들 사이에서 글쓰기 열기가 높아졌다.

성프란시스대학에서 글쓰기 이상으로 강조되는 과목은 철학이다. 철학이야말로 자신의 삶의 목표를 살피고 논리적인 사고와 비판적인 사고를 키우는 데 도움이 되기 때문이다. 일반적으로 노숙인은 자신의 생

각을 정리해 내는 데 무척 서툴다. 예를 들면 이런 식이다.

참여정부 시절에 있었던 일이다. 서울역 광장에서 노숙인 네댓 명이 둥그렇게 모여 앉아 햇살을 안주 삼아 소주를 기울이며 한마디씩 한다.

"대한민국은 세금이 많아서 살기가 힘들어."
"그게 다 좌파 정권 때문이야! 이 무능한 좌파 정부 때문에 우리가 이렇게 살기 힘든 거야!"
"에이 나도 미국으로 이민이나 갈까?"

이런 이야기는 자신들의 이야기가 아니다. 주변에서 주워들은 이야기에 불과하다. 나는 노숙인이 자신의 문제를 보다 논리적이고 비판적으로 바라볼 수 있길 바란다. 강의 주제로는 시대를 넘어 보편적인 것, 심지어 진부하다고 여겨질지도 모르는 것들이 주로 다루어졌으면 좋겠다. 왜냐하면 삶은 바로 상식적이고 진부한 것에서 출발하기 때문이다. 그런 의미에서 고전적이거나 윤리적인 주제가 더 많이 나오길 바란다. 예를 들자면 도덕·선·정의·경건함·용기·우정·지혜·자유·정의·권리 등과 같은 주제들을 중심적으로 다루는 것이다. 그래서 이들이 네 가지 교육목표를 자신의 것으로 받아들였으면 한다. 네 가지 목표는 '성찰적인 삶을 사는 것', '도덕적인 삶을 추구하는 것', '선행하는 삶을 사는 것', '다른 사람의 행복을 최고의 선으로 받아들이는 것'이다.

성프란시스대학에서 예술사를 가르치는 이유는 예술을 통해 세상의 아름다움을 알고 느끼고 즐기길 바라기 때문이다. 비록 가난하게 살아가는 노숙인이지만 아름다움을 즐기고 그것을 통해 삶이 아름답다는 것을 느낄 수 있었으면 좋겠다. 어느 누구든 자신의 삶은 풍요롭게 만들 권리가 있지 않은가. 그래서 예술사 강의에서는 무엇보다 '아름다움에 눈뜨게 하는 것'을 강조한다. '아름다움에 눈뜨는 과정'이 강의실 안에 갇히지 않고 현장을 찾아가는 교육이 된다면 더 좋겠다. 노숙인도 미술관·전시관·화랑 같은 곳을 평소에도 드나들며 즐길 수 있길 바란다. 고궁이나 공연장을 찾아가는 것도 좋은 경험이 될 것이다. 그동안 성프란시스대학 교수님들은 매달 한두 번씩은 학생들과 함께 미술관이나 전시관을 찾았다. 특히 리움미술관이나 서울시립미술관 등에서 자세한 해설을 들으며 예술과 만났던 경험은 오래도록 기억에 남고 이야깃거리가 됐다. 한번은 미술작품을 실제로 제작해 보기도 했다. 그러한 체험학습은 모두가 좋아했고, 개성적이고 뛰어난 표현력을 보여 준 학생들도 있었다. 나는 성프란시스대학 인문학 강좌의 목적이 '세상을 바라보는 안목'을 기르고 성찰적 사고를 진작하는 데 있으므로 '보는 법 배우기'에 강의의 중점을 둬야 한다고 생각한다. 자신의 내면을 더욱 진중하게 살피려면 '보는 것'이 우선이기 때문이다.

    4기 학생들이 예술사 시간에 고흐의 작품 가운데 여러 자화상을 놓고 공부할 때의 이야기이다. 수업을 하던 중에 권일혁 씨가 던진 한마디는 보는 것이 얼마나 중요한지 예증해 주었다.

"이 그림 속 고흐는 40대이고, 저 그림 속 고흐는 30대입니다."
"어떻게 그런 것을 구분하지요?"

"그림의 눈을 보면 압니다."

나는 권일혁 씨가 그림을 그렇게 바라보며 자신의 눈빛도 들여다보고 자신의 삶도 들여다보게 됐다고 믿는다.

이제 역사에 대해 이야기할 차례이다. 역사 과목의 목표도 다른 과목들과 마찬가지로 '역사를 바라보는 관점'을 정립하는 데 있다. 역사 과목은 현재, 특히 자신이 처한 현실을 성찰하도록 이끌어야 한다. 나는 역사 공부를 통해 학생들이 현실 속에서 무엇을 선택하는 것이 건강한 시민으로서 살아가는 데 더 적합한가를 판단할 수 있길 기대한다. 나는 노숙인을 비롯한 빈곤계층들이 극단적인 선택을 하는 것을 자주 봐 왔다. 예를 들면 재결합한 부부가 부부싸움을 하다가 "같이 살까, 죽을까?" 하는 질문을 한 뒤 죽음을 선택한 경우도 있었다. 그런 극단적인 선택을 볼 때마다 안타까웠다. 그래서 학생들이 역사 공부를 함으로써 자신에게 주어진 현실 안에서 보다 잘 살 수 있는 방법을 찾고, 삶을 더 잘 즐기는 방법을 배우길 바란다.

역사에 대해 조금 더 자세히 이야기해 보도록 하겠다. 이순신 장군은 명량해전에서 불과 12척의 배로 300여 척의 일본 해군을 대파했다. 그런데 학교에서는 "세계 3대 해전 가운데 하나인 명량해전으로 이순신 장군은 임진왜란을 승리로 이끌 수 있었다"라는 내용만 외우게 할 뿐이다. 정작 중요한 것이 빠졌다는 말이다. 제대로 된 공부라면 이러한 질문이 있어야 한다.

"네가 조선 수군 병졸인데 너에게 300여 척의 적과 싸우라는 명령이 내려진다면 어떻게 행동하겠는가, 그리고 어떻게 하는 것이 옳다고 생각하는가?"

지금이야 우리가 그 전쟁에서 승리했다는 사실을 알고 있지만, 당시의 수군은 이 전투는 지는 싸움이고 모두 죽을 것이라고 예상하지 않았을까? 그런데 "돌격 앞으로!" 하는 명령을 받았다. 과연 어떻게 할 것인가? 두고 온 가족들도 떠오를 것이다.

'어떻게 하면 살 수 있을까? 도망치면 살 수 있을까? 덩치 큰 녀석 뒤에 숨어 있으면 총알을 피할 수 있을까? 나중에 배가 침몰될 테니 살아남기 위해 노 젓는 시늉만 할까?'

병졸들은 이런 생각을 했을지도 모른다.

"바로 그 상황에 네가 있었다면 너는 어떻게 할 것인가, 그리고 어떻게 행동하는 것이 옳은 일인가?"

바로 이런 질문이 필요하다. 역사에서 "가정은 의미가 없다"라고 이야기한다. 그러나 나는 이러한 질문이야말로 역사를 공부하며 결코 피해서는 안 되는 것이라고 생각한다. 오늘 우리의 현실에서도 과거 역사의 현장에서와 마찬가지로 어느 순간에 어떠한 선택을 내려야만 하고 오늘 선택한 것이 내일 나의 삶과 역사가 된다. 지금 우리 앞에 놓인 해외 파병 문제, 제주 해군 기지 문제, 빈부 격차 문제, 북핵 문제, 통일 문제, 환경 문제 등이 바로 그러한 선택의 문제가 아닌가!

이라크에 한국군을 파견하려고 군인들을 모집할 때 들은 이야기이다. 당시 이라크는 여전히 전투가 진행 중인 상황이라서 "이라크에 가겠다고 나설 군인들이 있을까?" 하는 의문이 들기도 했는데, 이런 예상과는 달리 많은 군인들이 지원을 했다. 그런데 더 놀라운 것은 그들이 지원한 이유였다. 그들은 지원 이유로 "승진에 도움이 되기 때문에", "해외 경험을 할 수 있는 기회이기 때문에", "월급이 많기 때문에", "영어 공부에 도움이 되기 때문에"라고 대답했다고 한다. 그러나 이라크 전쟁이 어떠한 성격의 전쟁인지 한 번쯤 생각해 봤어야 하지 않았을까? 과연 어떤 선택이 올바르고 정의로운지 물어야 하지 않았을까? 개인적인 이해관계만을 선택하며 살아간다면 그 삶은 초라한 삶이라는 말밖에 할 수가 없다.

역사의식이 없는 선택, 이해관계에 의존한 선택은 박정희 전 대통령이 젊은 시절에 내렸던 선택을 떠올리게 한다. 박정희는 일제강점기에 만주군관학교에 들어가려고 "조국(일본)을 위해 죽음으로써 충성을 다하겠다"라는 편지를 혈서와 함께 보낼 정도였다. 결국 신경군관학교를 우수한 성적으로 졸업해서 일본육군사관학교에 들어갔고, 이를 마친 뒤에는 만주군 장교로 복무했다. 그런데 만주군의 역할이 무엇인가? 만주 지역을 점령한 일본군이 형식상 세운 괴뢰 국가가 만주국이고, 그 군대가 만주군이 아니었던가. 만주군은 일본 관동군을 도와 조선 독립군과 중국군을 상대로 전쟁을 벌이던 군대이다. 박정희는 그런 사실을 모르고 선택한 것일까? 진정으로 조국과 민족을 기억하고 살아가는 사람이라면 어떤 선택이 옳은지 잘 알지 않았을까? 그런 선택을 했던 이를 대통령으로 뽑아 조국과 민족의 미래를 맡긴 일 또한 옳았던 것일까?

물론 우리가 선택해야 하는 일상의 일들은 이렇게 거창하지만은 않다. 오히려 평범한 선택이 더 많다. 하지만 나는 개인의 일상적인 선택에서도 문제의 핵심은 마찬가지라고 생각한다. 우리는 매 순간 자신에게 주어진 현실 앞에서 "어떠한 선택과 판단이 올바르고 정의로운 것인가?"라고 물을 수밖에 없다. 나는 노숙인도 그들의 삶에서 "어떠한 선택과 판단이 올바르고 정의로운 것인가?"라고 물으며 살아가길 바란다. 그리고 역사 공부를 통해 보다 올바른 판단을 내릴 수 있길 바란다.

노숙인 학생들이 가장 선호하는 과목은 문학이다. 성프란시스대학의 문학 강의에서는 학생들이 직접 시·소설·희곡을 읽고 자신의 생각과 소감을 나누도록 한다. 문학작품에서 삶의 희노애락을 맛보고 다양한 삶의 모습들을 돌아보는 것은 매우 중요하다. 이를 통해 학생들이 생각의 외연을 넓히고 깊이를 더할 수 있기 때문이다. 나는 문학적 체험에서 얻은 폭과 깊이가 인간의 삶을 더욱 풍요롭게 해 준다고 믿는다.

교과과정을 마련하는 데에는 많은 고민이 있었다. 모든 과목을 한국인의 정서에 맞게 개설하고 싶었다. 철학과 예술사 같은 경우도 동양철학이나 한국예술사가 더 어울리지 않을까 하는 생각을 해 보았다. 현실적으로 교수진을 확보하기가 어려워서 포기하고 말았지만 말이다. 어떤 내용을 가르치는 것이 좋을지 고민도 많이 했다. 인문학은 그 영역이 너무 넓어서 노숙인을 위한 강의에서 무엇을 어떻게 가르쳐야 할지 정리하기가 쉽지 않았다. 그러나 자활 현장에서 빈곤계층을 오랫동안 만나 왔던 이들은 한결같이 이렇게 이야기했다. 앞에서 철학 과목을 이야기할 때 언급했듯이 너무도 자주 접해서 식상하게 여겨지는 주제가 실제로는 가장 중요하다는 것이다. 일반인들이라면 인문학 강의를 통해서 자신이 알지 못하는 새로운 세계에 대한 궁금증을 풀거나 지적 욕구를 충족시키려 할 수도 있다. 그러나 성프란시스대학에서는 진부하다고 생각되는 주제가 중요하다. 노숙인을 위한 인문학은 일상적이고 상식적인 것에서 출발해야 하기 때문이다. 일상적이고 상식적인 주제는 고전적인 주제이기도 하다. 그래서 교재도 가능한 한 고전을 사용했다. 고전은 그 안에 보편적인 가치가 담겨 있어 시대를 넘어 많은 사람들에게 감동을 전해 주는 책을 말하기 때문이다. 거듭 강조하지만 나는 빈곤계층을 위한 인문학은 이러한 보편적인 가치에 중점을 두어야 한다고 생각한다.

성프란시스대학 인문학 과정은 지식을 배우는 과정이 아니라 지혜를 배우는 과정이어야 한다. 지식은 어떤 대상에 대해 알게 된 단편적인 내용을 말하는 반면에, 지혜는 사물의 이치를 깨달아 옳고 그름을 판단할 수 있게 되어 그 이치에 맞게 삶을 살아가는 정신적 능력을 말한다. 가방끈이 길어 지식이 많은 사람이라고 해서 반드시 지혜로운 사람은 아니다. 학력과 지식이 짧은 사람도 지혜로운 사람이 될 수 있다. 나는 빈곤계층이 지혜로운 사람이 되기를 바라는 마음으로 성프란시스대학 인문학 강좌를 시작했던 셈이다.

제2부

앞에서 본 인문학
교수들의 이야기

글쓰기

노숙인과 인문학, 어떻게 만날 것인가

박경장
성프란시스대학 글쓰기 교수

우리 사회에서 노숙인이란 단순히 길에서 노숙하는 사람들을 칭하는 가치중립적인 용어가 아니다. 직업도 없고 어디에도 소속되지 못하며 오로지 남의 자선에 의지해야 살아갈 수 있는 비루한 사람들이라는, 다분히 비하하는 뜻에서 붙여진 호칭이다. 사회 어느 계급에도 속하지 못하는 노숙인이라는 분류는 자본주의 사회에서 효용을 상실해 버린 잉여 존재라는 일종의 사회적 낙인이다. 가만히 있어도 범죄자로 간주되기 쉽고, 건강해도 병자로 간주되기 십상인 노숙인이라는 존재는 있어도 보이지 않는, 실은 보기 싫어서 보지 않는 우리 사회의 '투명 인간(invisible men)'인 것이다.

이렇게 자본주의 사회에서 효용을 상실한 자로 낙인찍힌 노숙인이 '인문학을 배운다'는 말은 당연히 일반인들에게는 의아하게 들릴 것이다. 그것도 직업을 위한 자활교육이 아닌 대학 과정에 준하는 순수인문학을 배운다는 말은 더욱 이상하게 들린다. 마치 조선 시대에 쌍놈이 유생들이나 드나드는 서원에서 유학자 선비에게 육예(六藝)를 배운다는 말처럼 들릴 테니 말이다. 그만큼 우리 사회에서 노숙인과 인문학이라는 두 단어는 어울리기 힘든 조합이다.

"노숙인과 인문학은 어울리지 않는다"는 말 속에는 이미 굳어진 사회적 편견이 내포된다. 그 편견이란 노숙인에게 필요한 것은 당장 먹고 사는 의식주 문제인데, 인문학은 의식주를 해결하는 데 별 도움이 되지 못한다는 것이다. 인문학의 위기라며 학문의 전당인 상아탑에서도 인문학이 홀대받아 온 것이 어제오늘 이야기가 아닌데, 하루 살기도 힘든 노숙인이 인문학을 공부한다는 것은 말도 안 되는 사치라고 여긴다.

노숙인에 대한 편견만큼 우리 사회에서는 인문학을 경제적으로 효율이 적은 학문으로 간주하는 경향이 만연하다. 대학에서는 이미 순수인문학을 지원하는 학생 수가 1990년대 이후로 현저히 줄어들었다. 학교 도서관에서는 순수인문학 책을 보는 학생을 찾아보기가 힘들다. 전공을 불문하고 재학생이나 취업을 앞둔 학생 모두 전공 대신 영어회화나 토익 공부에 매달린다. 학교마다 일정한 기준의 토익 점수를 졸업 요건으로 내거는 실정이니 학생들을 탓할 수만은 없는 노릇이다. 이는 당연히 '경제적 가치'를 기준으로 모든 것을 평가하려는 자본주의 사회 풍조 때문이다. 최고의 효율을 찾아 끊임없이 움직이는 자본은 효율적이지 못하면 어떠한 장벽이라도 제거하며 자본을 증식한다. 이것이 자본주의 기본 체제인 자유시장 경제체제에서 자본이 지닌 생리이다. 이런 경쟁 체제에서 인문학은 당장 재화와 용역으로 상품화되기 힘든 비효율적인 학문이다.

그렇다면 노숙인과 인문학이라는 어색한 조합은 어떻게 이루어질 수 있을까? 역설적이게도 노숙인과 인문학은 자본주의 사회체제에서 모두 비효율적이라는 특성을 지녔기에 만날 수 있다. 노숙인과 인문학은 자본주의 상품으로서 교환가치가 없거나 떨어진다는 면에서 역설적이게도 서로 어울리는 조합이다. 바로 이 점에서 노숙인과 인문학의 만남이 이루어진다. 비효율적이고 상품화되기 힘든 자본주의의 사생아인 노숙인과, 자본주의 불온학(不穩學)인 인문학이 서로 어울려 만나는 것이다.

하지만 두 만남은 '비효율'이라는 자본주의의 부정적 가치로서 만나는 것이 아니다. 노숙인과 인문학은 모든 가치를 효율로만 값을 매기려는 자본주의 가치체제 자체를 부정하고 거부하는 지점에서 서로 만난다. 의식주 문제를 당장 해결하려는 경제적 차원이 아니라, 삶을 다시 처음부터, 보다 근본적이고 전체적으로 바라볼 수 있는 '철학적 관점'에서 서로 만난다. 유행을 소비하는 상품으로서의 옷이 아니라 지역의 풍토와 문화로 지어진 옷의 자연스러움과 멋을, 벌이로서의 밥이 아니라 나누는 힘으로서의 밥의 소중함을, 소유하는 집이 아니라 머무는 집으로서의 가치를 성찰할 줄 아는 인문학적 관점에서 서로 만난다. 이런 만남은 일상적인 인간 삶의 세목에까지 깊이 뿌리내린 전 방위적인 자본주의적 사고에 대한 근본적인 반성과 성찰을 요구한다. 바로 이 지점에서 노숙인과 인문학이 서로 어울려 만나는 것이다.

'문학·역사·철학'으로 대변되는 인문학은 무엇보다 인간과 삶에 대한 물음이다. 자연과학처럼 실험과 분석에 의해 사물의 어떤 고정된 실체를 밝히려는 것이 아니다. 감정이 없는 물체의 역학을 응용해 실용할 수 있는 기계를 만드는 기계공학은 더더욱 아니다. 인간을 총체적으로 보되 감성으로 호소하는 문학과 예술, 인류가 살아온 삶을 보되 관점을 가진 이야기로 보는 역사, 감성보다는 이성으로 인간과 삶을 성찰하려는 철학. 한마디로 인문학은 인간에 관한 물음과 성찰로서의 인간학이다. 이런 인간학으로서의 인문학이 노숙인과 만나는 것이다.

이렇게 노숙인이 인문학을 만나 무엇보다 삶을 바라보는 관점에서 근본적인 변화를 가져온다면, 비록 당면한 의식주 문제에서는 큰 변화가 없을지라도 의식주를 바라보는 관점과 그 문제를 해결해 가는 과정이 이전과 달라질 수 있다. 이는 삶을 보는 방식과 살아가는 방식에 근본적인 변화를 이끌어 낸다. 양적인 변화가 아니라 질적인 변화이다. 자본주의 경쟁에서 낙오한 실패자로서의 자신을 발견하는 것이 아니라, '참 나'를 찾는 데 게을렀거나 무심했던 인간으로서의 자신에 대한 성찰이며 재발견이다. 이렇게 '참 나'를 발견할 때에야 비로소 노숙인이라는 자신에게 덧씌워진 사회적 편견이나 낙인으로부터 자유로워질 수 있다. 그런 자유는 외부로부터 지원되는 물질적 도움으로 얻어지는 것이 아니다. 그것은 본인 스스로가 치열한 사고의 투쟁으로만 얻을 수 있는 의식의 변화이다. 인문학은 그런 '참 나'를 발견하는 데 어떤 학문보다도 적절한 도구이며 방편이다.

노숙인 글쓰기, 왜 해야 하나

　그렇다면 노숙인 인문학 교육에서 글쓰기는 왜 해야 하는가? 왜 꼭 써야 하는가? 그냥 읽고 듣고 생각하고 말하면 안 되는가? 이 물음들에 답하려면 노숙인과 인문학이 궁극적으로 만나는 지점을 다시 상기할 필요가 있다. 그 지점이란 사회 인습과 제도, 편견 등으로 자신에게 덧씌워진 실패자라는 낙인을 지워 버리고 '참 나'를 발견하는 지점이다. 자신과 세상을 바라보는 관점에서의 근본적인 전환이며, 자신과 삶에 대한 새로운 성찰이요, 다짐이다.

　그런데 이러한 전환은 쉽게 일어나지 않는다. 수년, 수십 년 동안 몸과 머리에 밴 생각과 습관은 쉽게 바뀌지 않는다. 설사 생각이 바뀌었다 하더라도 몸에 밴 습관을 바꾸기란 더더욱 힘들다. 반드시 자신의 살을 깎는 듯한 노력이 뒤따라야 한다. 인문학에서 글쓰기란 바로 학문 노동과 같은 힘듦을 요구하는 교육과정이다. 물론 글쓰기는 읽기나 생각하기와 동떨어져 이루어지는 것이 아니다. 읽기를 통해 글감이 떠오르고, 글을 쓰다 보면 미처 생각지 못했던 것들이 꼬리를 물고 떠오르는 경우가 자주 발생한다. 다만 배움의 단계적 과정으로서의 글쓰기는 읽은 것과 생각한 것을 확인하고 자기화해 정리하고 드러내는 일이다. 글쓰기는 배움 단계에서 가장 적극적이고 능동적인 참여가 요구되는 과정이다. 이런 점에서 글쓰기는 어렵고 힘들다. 하지만 이런 글쓰기를 통한 생각의 확인과 드러냄의 과정이 없다면 생각의 전환이 행동의 실천으로 이어지기는 어렵다.

인문학은 노숙인뿐 아니라 모든 사람들에게 단지 인문학적 교양과 지식만을 제공하는 학문이 아니다. 인문학은 허위와 거짓으로 덧씌워져 실체가 가려진 모든 인습·제도·사회·문화·정치·이념·종교·도덕 등 삶의 외부 조건들에 끊임없는 비판을 제기하는 학문이다. 이런 비판과 성찰을 바탕으로 개인과 사회 안팎의 삶의 조건들을 개선하고 변혁해 나가도록 자극하는 학문이 바로 인문학이다.

개인과 사회 안팎의 삶의 조건들을 성찰하고 변혁해 가는 방식으로서의 글쓰기는 단지 머릿속으로 생각하거나 말하는 것보다는 훨씬 효과적이다. 글쓰기는 개인적인 것이든 사회적인 것이든 삶의 과정에서 마주치는 여러 문제들을 깊이 사색하게 해 준다. 자신에게 부닥치는 수많은 문제들을 머리로만 생각하면 그냥 스쳐 지나가기 쉽다. 말이나 대화는 잠시 기분 풀이 정도는 될 수 있지만 곧 잊히기 쉬워 행동으로 실천되기가 힘들다. 반면 글쓰기는 고독하고 철저한 자기성찰이 동반돼야 하는 작업이라서 깊고 넓은 자기성찰이 없으면 단 한 줄도 쓸 수가 없다. 이렇게 힘든 만큼 글쓰기는 각 문제의 중요한 부분을 간추려 글로 정리함으로써 문제의 본질에 접근하게 할 뿐 아니라 그에 대한 극복 방법까지 모색하게 한다. 나아가서는 그것을 해결하기 위해 행동으로 실천하고자 하는 의지를 다지는 '결의'로서 더없이 중요한 기능을 한다. 이런 측면에서 넘어진 바닥을 짚고 다시 일어서야 하는 노숙인에게 글쓰기는 가장 기본적이고 효과적인 인문학 교육이라고 할 수 있다.

어떻게 해야 하나

　우리나라 중고등학교 정규 교과과정에는 작문 수업이 거의 없다시피 하다. 있다고 하더라도 이론 교육에 그치거나 거의 형식적 수업에 머무는 경우가 대부분이다. 그나마 배정된 수업 시간도 매우 적다. 초등학교 저학년 때 숙제로 제출하는 일기를 쓰거나 글짓기와 관련되어 원고지 쓰는 법을 지도하는 것을 제외하고는 중고등학교 정규 교과과정에는 이렇다 할 작문 수업이 없다. 본격적인 작문 수업이라 할 수 있는 것은 대학교 교양작문 정도이다. 그것도 학교마다 달라 필수교양과목으로 정해진 대학에서나 작문을 가르친다. 이렇게 기초 학문으로 글쓰기가 소홀히 취급되는 것은 아마도 입시 교육 위주로 학교교육이 이루어지기 때문일 것이다. 작문은 대학 입학시험에서 오랫동안 배제되어 왔고, 최근에서야 부분적으로 채택되는 실정이다. 결론적으로 글쓰기 교육의 문제는 우리나라 초중등 교육 전반에 걸친 기본 교육의 문제이다.

　교육과정 전반에 걸쳐 글쓰기 교육 실정이 이렇게 열악하다 보니 상대적으로 제도권 안팎에서 교육의 기회가 적었던 노숙인들은 작문 실력이 매우 떨어지는 것이 당연하다. 물론 노숙인들도 개인 간의 학력 편차에 따라 차이가 있다. 하지만 고학력일지라도 대부분 생활 형태상 오랜 기간 글을 쓰지 않아 서툴기는 마찬가지이다. 한 번도 해 보지 않은 삽질처럼 손에 펜을 들어도 어디서부터 어떻게 써야 할지 난감해하는 경우가 많다.

글쓰기는 "헤파이스토스(노동의 신)의 영역이며, 뮤즈(예술의 신)의 영역이 아니다"라고 말한다. 이는 글쓰기야말로 후천적인 노력과 반복적인 학습이 필요하다는 말이다. 당나라 문인 구양수(歐陽脩)는 인격 수양을 위해 '다독(多讀)·다작(多作)·다상량(多想量)'을 강조했다. 많이 읽고, 많이 쓰고, 많이 생각하라는 것이다. 결국 글쓰기 실력은 많이 읽고 많이 생각하는 것을 기초로 끊임없이 쓰는 훈련을 통해서만 길러질 수 있다. 이렇게 글쓰기는 인격 수양처럼 평생 동안 오랜 기간에 걸쳐 갈고 닦아야 되는 긴 과정이다. 하지만 노숙인 인문학 과정은 1년이라는 짧은 기간에 이루어지는 수업이다. 따라서 한정된 기간 동안 이룰 수 있는 목표를 정하고 그에 따른 효과적인 학습 방법을 개발해야 한다.

그렇다면 제한된 기간 안에 도달 가능한 노숙인 글쓰기의 현실적 목표는 무엇일까? '자기성찰을 위한 글쓰기', '치유적 글쓰기' 같은 말들이 어렵지 않게 떠오를 수 있다. 하지만 아무리 노숙인이 당면한 문제를 성찰하는 글쓰기를 한다고 해도, 글쓰기는 그냥 이루어지는 것이 아니다. 우선 자신이 처한 상황이나 문제를 분석해 낼 수 있는 인식의 깊이와 폭이 있어야 하고, 그것을 표현할 수 있는 어휘와 문장 구성력이 갖추어져야 한다. "언어는 존재의 집"이라는 하이데거의 말을 굳이 빌리지 않아도, 인식의 폭과 깊이가 없으면, 그리고 그런 인식과 사유가 논리적 언어로 표현되지 않으면 자기성찰을 통한 치유는 그만큼 얕을 수밖에 없다.

그렇다면 결국 일반인이든 노숙인이든 어떤 목적의 글쓰기라도 사유의 폭과 깊이, 표현 방법에 대한 많은 연습이 있어야 한다. 결국 사유의 폭을 넓히기 위해 많이 읽어야 하고, 사유의 깊이를 더하기 위해 많이 생각해야 하고, 문장력을 기르기 위해 많이 써 봐야 한다는 구양수의 말로 다시 돌아가게 된다. 결국 글쓰기는 목표가 무엇이든 읽기와 생각하기가 함께 이루어져야 한다. 따라서 인문학 과정에서 글쓰기 수업은 문학·역사·철학·예술사 과목들과 연계해 이루어져야 한다. 글쓰기 수업은 타 교과목에서 많이 읽고 보고 느끼고 생각한 내용과 주제들을 다양하고 알맞은 형식의 글로 써 낼 수 있도록 체계적인 훈련을 하는 수업이다. 다른 수업과의 효과적인 연계를 위해 타 과목 교안을 미리 참조해 글쓰기 수업 교안을 짰다.

어떻게 해 왔나

다음에 나오는 강의안은 2008년도 성프란시스대학 인문학 과정에서 가르쳤던 글쓰기 강의안이다. 수업에서는 일정한 주제에 관한 글들을 함께 읽고, 서로 의견을 교환하며, 생각하는 시간을 갖고, 글쓰기는 주로 과제로 내주었다. 하지만 과제를 제출하는 비율은 약 20~30퍼센트에 그쳤다. 무엇보다 글쓰기 강의안에 문제가 있었다. 글쓰기 수업에서 읽기·쓰기·생각하기 모두를 다루려다 보니, 배우는 사람과 가르치는 사람 양쪽 모두에게 부담이 과중됐다. 읽기와 생각하기의 많은 부분은 다른 과목에서 하는 것으로 만족했어야 했는데 욕심이 지나쳤다. 글쓰기 수업에서는 1, 2학기 모두 작문에 관한 기초 수업에 보다 많은 시

⟨2008년 1학기⟩

주	강의 주제와 도서 목록	비고
1	인문학과 글쓰기	
2	글쓰기 기초 1. 기초 국문법 (맞춤법, 띄어쓰기, 기초 문법)	
3	글쓰기 기초 2. 문장과 문단	
4	글쓰기 기초 3. 글의 종류	
5	글쓰기 기초 평가 (개별 과제 첨삭 및 수업 이해도 평가)	
6	글쓰기 실제 1. 가정을 주제로 글쓰기	《허삼관 매혈기》 또는 《눈길》 읽고 감상문 쓰기
7	글쓰기 실제 2. 사회를 주제로 글쓰기	《난장이가 쏘아 올린 작은 공》 읽고 감상문 쓰기
8	글쓰기 실제 3. 나를 주제로 글쓰기	《삼포로 가는 길》 읽고 감상문 쓰기
9	글쓰기 실제 평가 (개별 과제 면담 및 이해도 평가)	
10	인문적 글쓰기 1. 문학 주제에 대한 글쓰기	문학 강의 자료 참조
11	인문적 글쓰기 2. 역사 주제에 대한 글쓰기	역사 강의 자료 참조
12	인문적 글쓰기 3. 철학 주제에 대한 글쓰기	《그리스인 조르바》 읽고 자유에 관한 철학적 글쓰기
13	인문적 글쓰기 평가 (개별 과제 면담 및 이해도 평가)	
14	종합평가 및 토론 1.	
15	종합평가 및 토론 2. (한 학기 동안 쓴 글 발표회)	

제2부 **앞에서 본 인문학**
: 교수들의 이야기

〈2008년 2학기〉

주	강의 주제와 도서 목록	비고
1	1학기 강의 내용 리뷰 & 설득의 수사학 (시애틀 추장 연설문)	
2	나, 너, 그리고 우리 이해하기 (폴 빌라드의《이해의 선물》: 단편소설 장르 이해)	나를 이해한, 내가 이해한 그 사람에 대한 글쓰기
3	밥과 자본주의 (고정희의《모든 사라지는 것들은 뒤에 여백을 남긴다》: 시 장르 이해)	밥이란 주제로 시 쓰기
4	가슴에 묻은 이야기 하나 (유주현의《탈고 안 될 전설》: 수필 장르 이해)	
5	운명과 선택 (소포클레스의《오이디푸스 왕》: 희곡 장르 이해)	
6	주역의 운명론 (신영복의《강의》제3장〈『주역』의 관계론〉)	
7	오이디푸스와 주역의 운명론 비교	나의 운명관에 대한 글쓰기
8	각 장르에 대한 종합 토론과 개별 글 심층 첨삭	
9	인(仁)의 인간관계 (신영복의《강의》제4장〈『논어』, 인간관계론의 보고『논어』〉)	
10	의(義)의 인간관계 (신영복의《강의》제5장〈맹자의『논어』〉)	
11	도(道)와 자연 (신영복의《강의》제6장〈노자의 도와 자연『노자』〉)	
12	도(道)와 유(游) (신영복의《강의》제7장〈장자의 소요『장자』〉)	
13	유가와 도가 세계관 비교 토론	나의 세계관에 대해 글쓰기
14	종합 토론과 개별 글 심층 첨삭	
15	1, 2학기 강의 내용 총 리뷰	

간을 할애했어야 했다.

또 한 가지 문제점은 글쓰기의 가장 효과적인 방법은 무엇보다 교사와 일대일 첨삭 과정을 통해 자신의 문제점을 고쳐 나가야 한다는 것이다. 학기 초에 몇 번 개인 면담 첨삭을 시행했으나 계속 이루어지지 못했다. 처음부터 무리한 교안을 짰거니와, 노숙인 선생님들 간에도 글 쓰는 능력의 편차가 컸다. 기본적인 맞춤법과 띄어쓰기가 전혀 이루어지지 않는 분도 있었다. 자신의 사고를 논리적으로 표현할 수 있고 문장 구성력을 어느 정도 갖춘 분은 열대여섯 명 가운데 두세 분에 불과했다. 정도의 차이는 있어도 대부분이 기본적인 문장 구성력과 논리력이 많이 떨어졌다. 이렇게 노숙인 선생님들 사이에 편차가 있다 보니, 일대일 개인 첨삭을 심도 있게 하려면 많은 시간이 필요했다. 한 주제에 대한 글쓰기를 첨삭하는 데에도 두 시간 수업만으로는 부족했다. 이런 점을 보완하려면 특히 몇몇 노숙인 선생님에게는 글쓰기 멘토가 절실히 필요했다. 맞춤법·띄어쓰기·구두점·어휘 등 글쓰기 기초를 지도하고, 그 사람의 글쓰기 습관을 이해하며, 함께 생각하고, 글로 표현해 가는 과정을 곁에서 지켜볼 멘토가 필요했다. 이런 필요성에 공감해 성스란시스대학에서는 글쓰기 자원활동가를 모집했다. 모집 결과 노숙인 선생님 다섯 명 당 한 명꼴로 자원활동가가 1년 동안 글쓰기 멘토 역할을 수행할 수 있게 됐다.

글쓰기 멘토가 필요하다

자원활동가들은 글쓰기 수업뿐 아니라 문학·예술·역사·철학 수업을 노숙인 선생님들과 함께 듣는다. 글쓰기 수업을 타 수업과 연계해 진행하기 때문에 글쓰기 멘토 역할을 하려면 노숙인 선생님들이 배우는 전 교과과정에 대한 이해가 필요하다. 그리고 무엇보다 자원활동가이기 이전에 공동체의 한 구성원으로서 연대감이 중요하다. 연대감은 학생과 자원활동가 간에 신뢰를 쌓는다. 신뢰는 1년 동안 인문학 과정에 참여하는 구성원 모두에게 가장 중요한 요소이다. 특히 글쓰기처럼 어렵고 자발성이 요구되는 과목에서 멘토와의 친밀감과 신뢰감이 없으면 노숙인 선생님은 자신의 부족함을 쉽게 드러내려 하지 않는다.

이런 신뢰감과 친밀감을 바탕으로 2009년 자원활동가들은 글쓰기 멘토로서 여러 역할을 했다. 특히 여름방학과 겨울방학 동안 자원활동가들이 특별 프로그램을 짜서 노숙인 선생님들의 글쓰기를 개별 지도했다. 여름방학에는 자원활동가가 노숙인 선생님들 개인에 알맞은 책을 선정해 필사하도록 지도했다. 필사는 좋은 문장이나 표현 등을 팔뚝에 익힌다는 의미도 있지만 무엇보다 쓰는 것에 익숙해지도록 하려는 목적이었다. 수년, 수십 년 동안 글쓰기를 거의 멈추었던 노숙인 선생님들은 두툼한 공책 한 권에 빼곡히 채워진 자신의 글씨를 보고 뿌듯함을 느꼈다. 필사를 통해 글 쓰는 것 자체에 대한 매력과 재미를 새삼 느껴 본 것이다. 이는 필사가 주는 커다란 장점이다. 겨울방학에는 졸업문집과 연계해 독서 토론과 주제 토론을 하고 글 쓰는 것을 도왔다. 이런 과정 속에서 자원활동가는 노숙인 선생님 각 개인의 글 쓰는 습관과 문체, 표현 방식을 자연스럽게 알아 가면서 진정한 의미에서의 글쓰기 멘토가 된다. 이런 과정을 거치고 난 연후에야 비로소 수강생 각 개인의 글쓰기에 대한 장단점을 파악할 수 있고, 몇 마디 도움만으로도 글쓰기 향상에 좋은 효과를 거둘 수 있다.

인터넷 카페를 활용하라

　　노숙인 글쓰기를 지도하는 데 어려운 점은 무엇보다 자발성이 결여되어 있다는 점이다. 다른 과목도 마찬가지이겠지만, 특히 글쓰기는 자발성이 더욱 요구되는 과목이다. 읽고 말하기보다 쓰기가 훨씬 고된 노력을 요구하기 때문이다. 대학에서 글쓰기는 과제나 학점이라는 수단으로 강제성이라도 띨 수 있지만 노숙인 선생님들에게는 그런 강제성을 동원할 수 없어 지도하는 데 더욱 어려움을 겪는다. 그렇다면 문제는 강제성을 띠지 않고 어떻게 자발적으로 글쓰기를 유도하느냐에 달려 있다. 자발성을 끌어내는 데 매우 효과적인 방법은 인터넷 카페를 통한 글쓰기였다.

　　인터넷 카페는 노숙인 선생님들에게 특별한 의미를 갖는다. 일종의 그들만의 공간으로 자신들의 글로 만들고 꾸며 가는 '글방'이다. 그곳에는 자신들의 이야기를 들어 줄 한 식구 같은 동료와 자원활동가가 있다. 기능 면에서는 다른 인터넷 카페와 특별한 차이점이 없겠으나, 이들에게 이 방의 의미는 각별하다. 노숙인은 집(가정)을 잃어버린 자, 즉 '홈리스(homeless)'라는 사회적 낙인으로 붙여진 호칭이다. 다분히 비하적인 이런 사회적 낙인 속에서 거리 노숙인들은 있어도 보이지 않는 '투명 인간(invisible men)'인 셈이다. 사람들의 눈과 관심 밖에 벗어난 이들에게는 오랫동안 자신들의 말에 귀 기울여 주는 사람이 없었다. '가정(home)'은 전적으로 이들이 잃어버린 것이 아니다. 자본주의 사회의 여러 요소가 각 사람마다 복합적으로 다르게 작용해 이들에게서 가정을 빼앗아 갔다고 하는 편이 더 맞는 말이다. 자본주의 경쟁 사회에서는 구조적으로 누구에게나 가정을 빼앗길 가능성이 항상 존재한다. 우리 사회가 빼앗은 가정을 다시 이들에게 되돌려 주어야 한다. 단순히 물리적 공간으로서의 집이나, 정신적 공간으로서의 가정만을 일컫는 것이 아니다. 크게는 국가나 사회, 작게는 회사·직장·가족·친구 등등 자신의 정체성을 알려 주고 인정해 줄 '소속'이다. 사회의 관심이고 이웃의 사랑이다. 인터넷 카페는 이들에게 '소속'을 알려 주는 일종의 '가정'이다. 자신들의 방에 쓴 글을 눈과 귀로 읽고 들으며 댓글을 다는 관심과 사랑이 있는 집인 셈이다. 이곳에서 이들은 더 이상 홈리스가 아니다.

성프란시스대학에서는 기수마다 노숙인 선생님들이 직접 인터넷 카페를 운영한다. 인터넷 카페에는 대학 구성원 각자의 독립적인 방이 있고 함께 공유하는 공간도 있다. 풍물 동아리, 영화 동아리 같은 소모임 방도 있다. 이 방들 모두 회원 가입만 하면 누구든 볼 수 있도록 열어 놓았다. 때로는 글쓰기 수업 과제도 각자 인터넷 카페 방에 올려놓도록 했다. 이 공간에서 노숙인 선생님은 일상의 자잘한 경험에서 자신의 깊은 내면 고백까지 다양한 이야기를 풀어 놓는다. 이곳에서도 자원활동가들의 역할은 크다. 바로 노숙인 선생님이 자신의 방에 올린 글을 열심히 읽는 것이다. 그리고 마음 가는 글에 댓글을 다는 일이다. 댓글은 이들의 말에 기울이는 일종의 '귀'이다. 듣는 귀야말로 노숙인의 마음을 열게 하는 가장 효과적인 수단이다. 카페의 댓글은 이분들이 자발적으로 글을 쓰게 하는 가장 효과적인 '마음의 귀'인 셈이다.

노숙인 선생님에게 맞춤법·띄어쓰기와 같은 기본 문법에서 글의 짜임새와 구성, 논리적인 기술 방법, 문체와 수사의 선택 등에 이르기까지 글쓰기 전반에 관해 지도하는 것은 물론 중요하다. 그러나 노숙인 글쓰기에는 이보다 더 중요한 것이 있다. 그것은 자신들의 체험이 글쓰기의 원재료로서 얼마나 소중한 것인가를 스스로 깨달아 가도록 하는 것이다. 인터넷 카페는 바로 그런 깨달음을 서로 나누는 글쓰기 공간으로서 의미가 크다.

"우리들 가운데 자살 한번 기도 안 해 본 사람 없어요. 유서 한번 안 써 본 사람 없다니까요. 한때는 주머니에 유서 두세 통씩 담고 다닌 적도 있었죠."

솔직한 성격의 한 노숙인 선생님이 2009년 학기 초에 한 말이다. 이분은 수업 시간에 배운 내용이나 교실에서 나눈 생각을 실마리로 자신이 겪은 삶의 체험과 관련된 글들을 인터넷 카페에 올렸다. 이분이 인문학 과정 1년 동안 형식에 구애 없이 인터넷 카페에 올린 글은 거의 100편에 가까웠다. 졸업문집에 실린 그의 글 가운데 하나를 소개한다.

해 담아 마시는 노래

권일혁

비 갠 날 한가한 길을 가다
듬성듬성 물 고인 곳에
파란 하늘이 내려앉아 있는 것을 본적이 있니
없다고? 그럼 여유가 없는 인간이군
한번 봐. 하늘만 있는 것이 아니라 그 속에 태양이 있지

산의 긴 나무 그 사이에 덩그러니 굴러가는 해를
마냥 그 해를 쳐다봐
하루쯤은 투자해도 괜찮을 것 같아

고개를 들고 해를 봐도 볼 수는 없어
눈이 시려서
혹은 고개가 아파서
그러나 듬성듬성 파인 그곳에 뜨는 하늘과 해를 마냥 보고 있노라면

하늘에 해가 내 가슴에 담겨

옹달샘이든 약수터든
페트병이든 조랑박이든
하늘을 담아 봐. 그 속엔 태양이 있으니
담아 마시는 거야
그냥 마시는 거야
그냥 하늘을 마시는 거지 뭐
하늘 속에 노란 계란을 담아 마시는 거지 뭐
커피를 마실 때도
술을 마실 때도 그 빛나는 하늘을 담아 마시는 거지 뭐

초등학교 마당 가운데
움푹 파인 작은 연못을 만들고 싶어
까만 하늘과 별들이 내려앉고
새벽과 함께 하늘이 내려와 태양이 굴러가게
가끔은 고추잠자리와 멋진 날개를 한 나비도

물살이 일면 일그러졌다
새롭게 새롭게 펴지는
비는 개여도
서울역 움푹한 그곳엔
옹기종기 둘둘 말린 그 속엔 하늘이 없어

그러기에 노란 알도 없지
별도, 잠자리도, 나비도……
태양이 굴러가지 않아

　　이 글은 글쓰기 수업 시간에 들려주었던 북미 인디언의 〈물 뜨러 가는 노래〉에 영감을 받아 쓴 글이라고 했다. 기억하기도 싫은 칙칙하고 어두운 노숙의 삶에서 그는 밝고 아름다운 이미지를 길어 올렸다. 글을 매개로 자신의 과거와 화해했다. 아니, 화해를 뛰어넘어 바닥의 삶에서 귀중한 보물을 건져 낸 것이다. 그것은 치유 이상의 의미를 지닌다. 커피 한 잔이 담긴, 소주 한 잔이 담긴, 물 한 잔이 담긴 종이컵 속에서 해를 담아 마시는 그는 이미 자유인이다. 어느 도시인도 쉽게 느낄 수 없는 자유를 마시는 행복한 사람이다. 나아가 그것을 시로 표현할 수 있는 그는 누구보다 영혼이 부자인 사람이다. 누가 그를 사회의 낙오자요, 인생의 실패자라 할 수 있겠는가. 그를 노숙인이라 부르며 그에게 갖다 댄 세상의 잣대가 실은 엉터리이며 기만임을 그는 자신의 글쓰기를 통해 폭로하고 입증했다. 그 폭로를 통해 자신의 '참 나'를 찾아가는 것이다.

　　인터넷 카페에 올라온 다른 분의 글을 하나 더 소개한다.

저승사자가 사는 법

1. 분당에 있는 KT 본사 안내 로봇 음성 녹음 (시간당 2만 원)
2. 미국 대사관 비자 신청 대신 줄 서기 (하룻밤 10만 원)
3. 부천프린스관광호텔 '빠찡꼬' 가짜 손님 (시간당 8천 원)
4. 강원랜드 카지노 대신 예약해 주기 (15만 원, 200번 안쪽 순번)
5. 대치동 행복교회 신자 머릿수 채우기 (3만 원, 일요일만)
6. 부천 시상동 참야콘 갈빗집 시식 손님 (1만 5천 원, 갈비 실컷 먹고)
7. 내비게이션 행사 '야매' 고객 (4만 원)
8. 노량진 공인중개사 학원 가짜 수강생 (3만 5천 원)
9. 월드종합라이센스 피라미드 회사 가짜 사업자 (3만 원)
10. 코스닥 상장 기업 소프트 주주 대행 (7만 원)
11. 화양동 국시원(의사 면허 시험 주관) 환자 대행 (6만 원, 연기력 필요하고 사흘 교육)
12. 고대구로병원 피부 임상 실험 (7만 원, 신체 부위별 본뜨는 것)
13. 수원여대 치의대 스케일링 환자 대행 (1만 5천 원, 도랑 치고 가재 잡고)
14. 서울대병원 비뇨기과 임상 실험 (?????)
15. 인천공항 외국 항공사 전용 탑승동 가상 여객 실험 (하룻밤 3만 원, 해외여행 경험자)
16. 일산 킨텍스 자격증 소양 교육 대리 참석 (5만 원)
17. 부평역 동방뷔페 예식장 하객 대리 참석 (3만 원, 뷔페 배 터지게 먹고)

제2부 앞에서 본 인문학
: 교수들의 이야기

18. 강남성모병원 영안실 상주 대행 (18만 원, 밤새)
19. 한강예술 엑스트라 (A: 4만 2천 원, N: 7만 원, 〈바람의 나라〉 〈대왕세종〉 등등)

이외에도 많지만 저는 이것을 직업으로 생각하지 않고 시간 날 때마다 고정적인 일자리를 꾸준히 노크하고 있습니다. 몸은 아파도 오늘도 열심히 공부하면서 힘차게 살아가려고 합니다. 화이팅!!!

이 글은 '저승사자'라는 아이디를 쓰는 노숙인 선생님이 자신이 몇 개월 동안 일한 아르바이트 목록을 〈저승사자가 사는 법〉이라는 제목으로 인터넷 카페에 올린 글이다. 이 글을 처음 읽었을 때 내가 받았던 충격과 감동은 한동안 쉽게 가라앉지 않았다. 어떤 형식의 글보다 신선하고 생동감이 넘치는 형식이요 내용이었다.

학기가 진행될수록 노숙인 선생님들은 자신들이 겪은 정신적·신체적 외상이 부끄러워 감추어야 될 흉이 아니라, 진주 같은 '상처꽃'으로 피어날 수 있다는 깨달음을 다양한 형식의 글에 담아 카페에 올리기 시작했다. 그 글들은 '자신들의 바닥 삶은 의식주의 결핍으로부터 오는 것이라기보다는, 정신과 영혼의 무기력한 삶에서 오는 것'이라는 일종의 깨달음이었다. 인문학 수업이 이들에게 자신의 삶을 진지하게 돌아볼 수 있는 계기를 준 것은 분명하다.

돌아보면서

　이렇듯 인문학 수업이 삶에 대한 근본적인 성찰과 지나온 삶을 돌아보는 계기를 제공하기는 하지만, 그렇다고 해서 모든 것을 해결해 주는 것은 분명 아니다. 이들이 넘어져 내려가 본 바닥은 어쩌면 인간이면 언젠가는 떨어져야 할 삶의 끝, 심연의 언저리인지도 모른다. 그 바닥을 짚고 다시 일어설 수만 있다면 이들은 이미 삶의 실체 가운데 반쪽을 경험한 셈이 된다. 그런 경험은 다른 무엇으로도 얻을 수 없다. 인문학 수업으로도 훌륭한 인문학 고전으로도 얻을 수 없다. 인문학은 상처가 옹이처럼 박힌 이들의 경험이 진주가 될 수 있음을 문학·역사·철학·예술을 통해 간접적으로 알려 줄 뿐이다. 인문학 글쓰기는 상처로 여문 진주를 자신의 손으로 직접 캐내도록 방법만 가르쳐 줄 뿐이다. 모든 상처가 진주가 되는 것은 아니다. 결국 진주가 되느냐 담석이 되느냐는 노숙인 선생님들의 노력에 달려 있다.

　다만 노숙인 선생님들이 노력할 수 있도록 적당한 자극과 스트레스를 주는 일도 필요하다는 생각이다. 교수진은 학생으로서 노숙인을 대하는 데 너무 조심스러운 경향이 있다. 내 경우도 예외는 아니어서 첫 두 해 동안 노숙인 선생님들이 신체적으로나 정신적으로 너무 약하다고만 생각했다. 육체든 정신이든 기본적인 노동력이 많이 부족할 것이라는 편견에서 1년 내내 벗어나지 못했다. 그래서 글쓰기라는 힘든 정신노동의 강도를 최소한으로 줄이려 애썼다. 물론 내 편견이 사실일 수도 있다. 하지만 학기가 끝날 무렵에는 그렇기 때문에 더욱 글쓰기라는 힘든 정신

노동 훈련을 요구했어야 했다는 후회가 들곤 했다. 힘든 만큼 그것을 극복했을 때 이들이 느끼는 자신감과 보람이 훨씬 컸으리라는 후회이다.

넘어지기는 쉬워도 일어서기는 어려운 것이 인생과 사회의 현실인데, 적어도 인문학 과정에서 그 힘듦의 장을 마련해 주고 극복의 의미를 스스로 느낄 수 있도록 하고 싶었다. 어쩌면 내색은 하지 않았지만 이들도 마음속으로는 자신의 나약함을 극복할 수 있도록 도와 달라고 소리쳤는지 모른다. 인문학 과정 1년 동안은 자신들이 뿌리쳐도 꽉 잡아 달라고, 술과 도박 유혹에 빠지거나 모든 일이 짜증 나고 지겹고 의미 없다고 느껴져 자꾸만 눕고 싶어 해도 "안 돼, 안 돼"라고 소리치고 강제로라도 끌어내 교실 의자에 앉혀 달라고 간절히 요구했는지도 모르겠다. 적어도 1년 동안은 말이다. 그래야 졸업식 때 "나는 이제 혼자 일어설 수 있어"라고 자신 있게 말할 수 있지 않을까.

신입생 25명 가운데 20명 안팎이 졸업을 한다. 그중 지난 1년간의 인문학 과정이 자신의 삶을 바꾸어 놓았다고 생각하는 사람은 열 분 정도 되는 것 같다. 나머지 열 분에게 나는 너무 조심스러웠다. 1년 과정을 마치고 교사를 떠나는 그 열 분을 보면서 교수로서 내 역할을 다하지 못했다는 생각에 노숙인 선생님들에게 미안하고 나 자신에게 화가 나기도 했다. 다시 마음을 다잡으며 신입생을 맞는다.

문학

내 문학 강의의 도반들

안성찬
성프란시스대학 문학 교수

노숙계에 입문하다

2007년 초봄 뜻밖의 전화가 걸려 왔다. 전화를 걸어 온 이는 자신을 다시서기센터 소장 임영인 신부라고 소개했다. 노숙인을 위해 일하는 신부님이 도대체 내게 전화를 걸어 온 이유가 무엇일까?

"네, 사회를 위해 의미 있는 일을 하시군요. 그런데 무슨 일로?"
"우리 센터에서는 2년 전부터 노숙인을 대상으로 하는 인문학 강좌를 개설해 왔습니다. 미국인 얼 쇼리스라는 분이 뉴욕에 세운 클레멘트코스를 우리나라에 도입한 것이지요. 신문이나 방송에도 여러 차례 보도됐는데 혹시 아시는지 모르겠습니다."

그래, 어디에선가 본 기억이 났다. 미국의 어느 사회운동가가 가난한 사람들을 위한 인문학 과정을 개설해 의미 있는 결실을 거두었다는 사례를 담은 다큐멘터리 방송이었던 것 같다. 그리고 이를 계기로 국내에서도 몇몇 사회기관이 노숙인이나 소외계층을 대상으로 하는 인문학 과정을 열었으며, 이들 기관에서 그 창시자인 미국 사회운동가를 초청하여, 그가 직접 한국에 와서 강연도 하고 강의 시범을 보이기도 했다는 기사를 읽었던 기억이 떠올랐다. 나는 대개 신문의 머리기사만 훑어보는 편인데, 이 기사는 내가 몸담고 있는 인문학 분야와 관련된 일인 데다가 가난한 사람들에게 인문학을 가르쳐 이들의 삶을 변화시킨다는 독특한 발상이 흥미를 끌어 꼼꼼히 읽어 보았다. 하지만 그것이 전부였다. 이 일이 나와 무슨 상관이 있기에 내게 전화를 걸어 왔는지 이해할 수 없었다.

"네. 그런데요?"

임영인 신부님은 에두르지 않고, 단도직입적으로 용건을 이야기했다.

"우리 인문학 과정에서 강의를 해 달라는 부탁을 드리려고 전화했습니다."

나는 하나의 주제를 놓고 한 차례 강연을 해 달라는 것으로 알아들었다. 잠시 생각해 보았다. 노숙인을 대상으로 어떤 주제에 대해 어떻게 강연을 해 달라는 것인지 막연했지만, 못할 것도 없다는 생각이 들었다.

"어떤 주제에 대해 이야기하면 되나요? 시간은 언제구요?"

"지금 우리 과정에 예술사를 강의하는 자리가 비었는데, 이 강의를 맡아 주셨으면 합니다. 강의는 대학과 마찬가지로 학기제로 진행되고 강의 시간은 매주 두 시간입니다."

"네?"

당혹스러웠다. 당시 나는 연구 프로젝트 일로 바빠서 대학에서의 강의도 줄여 가던 참이었다. 게다가 노숙인을 대상으로 강의를 한다는 것은 내게 너무나도 생소하게 느껴졌고, 더구나 예술사는 내 전공 분야도 아니었다.

"어떤 계기로 제게 이런 고마운 제안을 하게 됐는지는 모르지만, 제가 이런 중요한 강의의 적임자는 못되는 것 같습니다."

"번역하신 책을 읽고, 책에 소개된 약력을 보고 나서 적임자라고 생각해 전화했습니다. 대학에서 강의하고 계시지 않나요? 이것이 우리 인문학 강좌에서 요구하는 경험의 전부입니다."

"어떤 책을 말씀하시는 건가요?"

임영인 신부님은 내가 번역한 《이야기 윤리학》을 최근에 읽었는데, 그 내용이 노숙인을 위한 인문학 강좌에서 가르쳐야 할 것들과 거의 일치하고, 또 그 책의 옮긴이 약력에서 내가 문학·철학·예술사를 공부했다고 소개된 것을 보고는, 바로 이 사람에게 강의를 부탁해야겠다고 생각해 전화를 하게 됐다고 설명했다. 나를 잘 아는 사람의 추천을 받은 것도 아니고, 단지 내가 번역한 책을 읽고 강의를 부탁하다니 다소 막무가내라는 생각이 들었다. 그러나 신부님의 목소리에는 사람을 편안하게 하면서도 자신감이 배어 있어 왠지 쉽게 거부할 수 없는 어떤 힘이 느껴졌다. 그렇다고는 해도 아무런 마음의 준비가 되어 있지 않은 상황에서 이런 뜻밖의 제안을 선뜻 받아들일 수는 없었다. 나는 그 책이 내가 번역한 책들 중에서도 특별히 좋아하는 책이기는 하지만 그 책의 저자가 아니라 번역자일 뿐이고, 또 예술사를 공부하기는 했지만 그 분야의 전문가라고는 할 수 없어 강의의 적임자가 아니라고 설명했다. 신부님은 다시서기센터와 성프란시스대학 인문학 과정에 대해 자세히 소개하고 싶으니, 센터를 한번 방문해서 이곳에서 하는 일들을 직접 보고 이야기를 나누자고 했다. 인문학이 사회적 실천의 현장과 만나는 모습을 직접 둘러보고 싶다는 생각에 선뜻 방문을 약속했다.

임영인 신부님과 만나기 전 며칠 동안 성프란시스대학에서 강의를 맡는 일에 대해 진지하게 고민해 보았다. 대학에서 강의 한 강좌를 더 맡는 것과는 비교할 수 없는 커다란 책임감을 가지고 결정을 내려야 하는 일이라는 생각이 들었다. 하지만 그런 책임을 맡기에는 대학 밖에서 일반인을 대상으로 한 강의 경험이 내게 너무 부족하고, 무엇보다도 예술사가 내 전공 분야가 아니라는 것 때문에 선뜻 강의를 맡겠다는 결정을 내릴 수 없었다. 여러 사정을 돌아볼수록 내가 이 강의에 적임자가 아니라는 사실만은 분명해졌다. 결국 성프란시스대학의 예술사 강의에 나보다 더 적합한 사람이 많을 테니 나는 강의를 맡지 않는 편이 옳다는 결론을 내렸다. 임영인 신부님을 만나면 내가 예술사 강의의 적임자가 아님을 설명하고, 그 대신 어떤 방식으로건 성프란시스대학에 도움을 줄 수 있는 방안이 있는지 알아보기로 생각을 정리했다.

그 순간 성프란시스대학 인문학 강좌에서 예술사 강의를 맡을 적임자가 머릿속에 떠올랐다. 당시 서울대학교 미학과에서 강의하던 김동훈 교수였다. 김동훈 교수는 서울대학교 법학과를 졸업한 후 뜻한 바가 있어 신학대학원에 진학하여 목사가 됐다가, 다시 학문으로 방향을 돌려 서울대학교 미학과를 졸업하고 독일 브레멘대학교로 유학 가서 하이데거 연구로 박사학위를 취득한 폭넓은 이력을 지닌 학자로서 당시 서울대학교와 홍익대학교 등의 미학과에서 주로 예술에 대해 강의를 했다. 김동훈 교수는 영어·프랑스어·독일어 등 현대 서양의 중요한 언어와 그리스어·라틴어·히브리어 등 고대의 중요한 학문 언어에 모두 능통한 뛰어난 소양을 지닌 학자일 뿐 아니라, 대학 시절부터 지금까지 우리 사회의 소외계층을 위한 봉사활동에도 적극적인 관심과 열정을 쏟아 온 사람이었다. 나는 그가 수십 년 동안 줄곧 주말 시간을 장애인과 독거노인들을 돌보는 일에 바쳐 왔다는 사실을 알고 있었다. 성프란시스대학 인문학 강좌의 예술사 강의에 김동훈 교수보다 더 적합한 인물은 없으리라는 확신이 들었다. 강의를 맡지는 않더라도 적임자를 소개하면 임영인 신부님의 고마운 제안에 대한 보답은 되리라는 생각에 마음이 가벼워졌다.

며칠 후 약속된 시간에 갈월동에 있는 다시서기센터를 찾아가 임영인 신부님을 만났다. 신부님은 직접 숙박시설·식당·강의실 등을 안

내했다. 샤워실과 독서실 등을 갖춘 잘 정비된 숙박시설에 나는 깊은 인상을 받았다. 지하에 있는 식당에서는 마침 점심시간이라 배식 준비가 한창이었다. 식당은 매우 청결했고 위생적으로 운영되었다. 강의실은 식당 안쪽에 있었다. 강의실도 웬만한 대학의 세미나실보다 더 나은 시설을 갖추고 있었다. 신부님은 내게 식사를 함께하며 이야기를 나누고 싶어 약속 시간을 점심때로 잡았다고 이야기하면서, 나만 괜찮다면 이곳 식당에서 식사를 하는 것은 어떻겠냐고 제안했다. 나는 그날 점심 배식의 첫 손님이 되어 신부님과 함께 그곳에서 식사를 했다. 음식은 대학 학생식당의 수준에 못지않았다. 시설이 매우 훌륭하게 운영된다는 데에 놀라움을 느꼈다고 소감을 이야기하자 신부님은 내게 이렇게 설명했다.

"사람은 누구나 구속받는 것을 싫어하고 인간적인 배려를 원합니다. 이곳을 찾는 노숙인들도 마찬가지입니다. 그래서 질서를 위해 필요한 만큼만 통제하고, 숙박시설과 식사를 보다 낫게 제공하는 것이 이곳의 기본 운영 방침입니다. 구호사업은 인간의 기본적인 권리를 고려할 때만 제대로 이루어질 수 있습니다."

식사 후 신부님은 여러 자료와 책들로 둘러싸인 매우 검소하게 꾸며진 소장실로 나를 안내했다. 이곳에서 신부님은 잘 정리된 자료들을 내놓으며 성프란시스대학의 내력과 강의에 대해 이야기했다. 차분한 어조임에도 현장에서 일해 온 수많은 경험과 실천철학이 담긴 임영인 신부님의 이야기는 내 마음에 깊은 감동을 불러일으켰다. 사회사업과 인문학에 대해 이런저런 이야기를 나눈 후 신부님은 내게 예술사 강의를 맡아 주었으면 한다고 다시 부탁했다. 나는 그동안 정리한 생각을 신부님에게 솔직하게 이야기했다.

"전화로 말씀 드렸듯이 저는 분명히 적임자가 아닙니다. 무엇보다 제 전공 분야는 예술사가 아니라 문학입니다. 저보다 훨씬 뛰어난 다른 적임자를 추천해 드리지요."

나는 신부님에게 김동훈 교수에 대해 자세하게 소개했다. 김동훈 교수에게 내락은 받지 않았지만, 김동훈 교수라면 이 강의를 기꺼이 맡아 주리라는 확신이 있었다. 임영인 신부님은 지금 진행 중인 봄 학기 강의에는 역사·철학·글쓰기 세 강좌가 개설되었고, 가을 학기에는 문학·예술사·글쓰기 강의가 개설될 예정인데, 문학 담당 교수 자리도 지금 비어 있는 상태라며 문학 강의를 맡을 용의는 있는지 물어 왔다. 생각하지 못했던 상황이라서 다소 당혹스러웠다. 하지만 전공 분야를 이유로 김동훈 교수에게 강의를 넘기려 하면서 내 전공 분야인 문학 강의를 맡지 않는다는 것은 도리가 아니라는 생각이 들었다. 나는 문학 강의라면 맡을 용의가 있다고 말했다. 임영인 신부님은 현재 섭외 중인 분도 있고 하니 여러 상황을 고려해 결정을 내린 후 차후에 다시 연락을 주겠다고 했다. 그리고 소외계층을 위한 인문학 강좌를 이해하는 데 도움이 될 것이라며 얼 쇼리스의 《희망의 인문학(*Riches for the Poor: The*

Clemente Course in the Humanities》과 성프란시스대학 운영에 관한 자료집, 매년 발간해 온 졸업생들의 문집을 선물로 주었다.

얼마 후 임영인 신부님에게서 연락이 왔다.

"예술사 강의는 김동훈 교수께서 맡아 주시기로 했습니다. 문학 강의를 맡아 주실 수 있겠습니까?"

나는 그 제안을 담담히 수락했다. 노숙인들과 다시서기센터의 사람들은 자신들이 생활하고 활동하는 세계를 노숙계라고 부른다. 이제 나도 노숙계에 입문한 것이다.

강의 준비

강의를 수락했지만 어떻게 강의를 준비해야 할지 막연해 임영인 신부가 선물한 책과 자료들을 읽기 시작했다. 얼 쇼리스의 《희망의 인문학》은 오랜만에 만난 훌륭한 책이었다. 가난한 사람들에게 필요한 진정한 부(富)는 인문학에 있다는 이 책의 요지에서 나는 깊은 감명을 받았다. 인문학 교육이 가난한 사람들로 하여금 그들을 둘러싼 '무력의 포위'에서 스스로 벗어나도록 일깨울 수 있다는 이 책의 핵심 사상에, 그리고 그가 요청하는 '경제적 민주주의'와 '급진적 인문학'에 나는 깊이 공감했다. 그가 운영하는 클레멘트코스의 여러 사례들은 강의 준비를 하는 데 실질적인 도움이 됐다. 그동안의 강의안 등 강좌 운영에 관한 자료들과 졸업생들의 문집도 강의 준비를 하는 데 많은 도움이 됐다. 성프란시스대학에 관한 자료들을 통해 이 인문학 강좌가 교수들과 실무진의 헌신적인 노력을 바탕으로 매우 체계적으로 운영된다는 사실을 확인할 수 있었다. 졸업생들의 문집을 읽어 내려가면서는 이들의 진지한 삶의 체험이 담긴 글에서 잔잔한 감동을 느꼈으며, 수강생들의 지적 수준이 의외로 높음을 알 수 있었다. 그 외에 한 달에 한 번 열리는 운영위원회도 참석해 실제 운영 방식을 체험했고, 이미 이곳에서 강의하던 교수들과 운영 실무를 담당하던 김자옥 간사에게 강의 준비를 위한 실질적인 정보도 여러 가지 얻었다.

이런 준비를 바탕으로 그해 여름방학 동안 나름대로 강의 원칙을 정해 강의계획안을 마련했다. 당시 작성한 강의계획안을 보면 강의 목표가 다음과 같이 설정되어 있다.

주어진 상황에 즉흥적으로 반응함으로써 상황에 의해 규정되는 인간에서, 스스로 성찰하고 상황을 이성적으로 이해함으로써 자신의 행위와 삶에 대해 책임질 수 있는 주체적 인간으로 나아가게 하는 것이 성프란시스대학 인문학 강좌의 목표이다. 이러한 목표 안에서 문학 강의는 인문학의 가장 근본적인 질문인 '인간이란 무엇인가'에 대한 폭넓고 깊이 있는 성찰의 계기를 제공해 줄 수 있는 글들을 선정해 읽고 토론하는 시간이 되도록 한다.

'인간이란 무엇인가'라는 인문학의 근본 질문을 나는 다음 세 가지 질문으로 구체화하고, 이 질문에 다가가는 데 적합한 문학작품들을 선정하기로 했다.

1. 개인적 실존—나는 누구인가?
2. 사회적 실존—무엇이 나를 우리로 만드는가?
3. 대화적 실존—나 자신 그리고 타인과 올바른 관계를 맺기 위한 조건은 무엇인가?

이러한 기본 틀을 바탕으로 나는 매주 강의 주제를 정하고 이 주제와 특별히 깊은 연관이 있다고 생각되는 세계문학과 한국문학 고전들을 선정해 수업에서 다루기로 했다. 동서양의 수많은 고전들 가운데 10여 편을 선정하는 것은 쉬운 일이 아니었다. 고심 끝에 나는 다음과 같은 기준을 세워 작품을 선정했다.

1. 동서양의 고전과 여러 장르의 문학작품을 균형 있게 다룬다.
2. 대학 수준의 강의를 제공한다는 클레멘트코스의 원칙을 따라 강의 주제에 적합한 것이라면 난해한 작품도 선정에서 배제하지 않는다.
3. 너무 어려운 작품들만 계속해서 다루면 강의에 참여하려는 의욕이 저하될 수도 있으므로 쉽게 읽히면서도 깊이 있는 내용을 지닌 작품들을 어려운 작품과 교차해서 다룬다. 이런 맥락

에서 영화도 수업에서 다루기로 했다.

이런 원칙에 따라 나는 강의 주제와 작품을 정해 강의계획서를 마련했다. 그 이후로 지금까지 나는 이 강의계획서의 기본 틀을 유지하며 문학 강의를 해 왔다. 참고로 2010년 봄 학기 강의 주제와 도서 목록은 오른쪽 표와 같다. 플라톤의 〈동굴의 우화〉와 소포클레스의 《안티고네》는 얼 쇼리스가 《희망의 인문학》에서 가난한 이들을 위한 인문학 강좌에서 이 글들이 지니는 중요성에 대해 한 이야기를 받아들여 강의 목록에 집어넣었다. 황석영의 《아우를 위하여》, 조영래 변호사의 《전태일 평전》, 생텍쥐페리의 《어린 왕자》는 쉽게 읽히면서도 인간의 삶과 우리 사회에 대해 많은 성찰을 하게 하는 글이라고 생각해 강의에서 다룰 작품으로 선정했다. 두 편의 영화를 고른 것도 같은 맥락이었다. 셰익스피어의 '햄릿'과 괴테의 '파우스트'는 근대 서양의 인간상을 대표하는 인물로서 근대 세계의 정신을 주제로 토론해 보려는 목적으로 강의에서 다루기로 했다. 토마스 모어의 《유토피아》, 그리고 실러와 보르헤스의 시는 주제에 특별히 적합하다고 생각되어 선정했다. 루쉰의 《아Q정전》과 임어당의 《생활의 발견》은 현실 개혁과 전통 가치라고 하는 근대 동양의 두 대립적 가치를 대표하는 작품이라서 강의 목록에 집어넣었다.

남은 문제는 어떤 방식으로 강의를 진행할지였다. 대학에서의 문학 강의처럼 문학사에 대한 지식, 문학의 주요 개념들에 대한 지식, 해석 방법론에 대한 지식을 상세하게 가르치는 것은 성프란시스대학 인

⟨2010년⟩

주	강의 주제와 도서 목록
1	무엇을 알아야 하는가 (인문학이란 무엇인가? 인간이란 무엇인가?)
2	우리는 무엇에 의해 행위 하는가 : 플라톤의 〈동굴의 우화〉, 니체의 〈최대의 중량〉
3	나는 무엇을 원하는가: 셰익스피어의 《햄릿》
4	어떻게 살아야 하는가 1: 황석영의 《아우를 위하여》
5	어떻게 살아야 하는가 2: 영화 〈일 포스티노(IL Postino)〉
6	내 안의 희미한 소리: 소포클레스의 《안티고네》
7	나와 같은 그러나 나와 다른 사람들: 루쉰의 《아Q정전》
8	모두를 위한 한 사람과 한 사람을 위한 모두 1 : 토마스 모어의 《유토피아》
9	모두를 위한 한 사람과 한 사람을 위한 모두 2 : 실러의 〈환희의 송가〉, 보르헤스의 〈의로운 사람들〉
10	모두를 위한 한 사람과 한 사람을 위한 모두 3: 조영래의 《전태일 평전》
11	진정한 즐거움을 위해 1: 임어당의 《생활의 발견》
12	진정한 즐거움을 위해 2: 생텍쥐페리의 《어린 왕자》
13	진정한 즐거움을 위해 3: 영화 〈글루미 썬데이(Gloomy Sunday)〉
14	책임과 결단의 주체로: 괴테의 《파우스트》
15	종합 토론

제2부　**앞에서 본 인문학**
　　　　: 교수들의 이야기

문학 과정의 취지에 부합하지 않을 뿐 아니라, 가능한 일도 아니었다. 대학에서 강의하는 방식대로 한다면 강의를 위해 선정된 문학작품 하나를 가지고 한 학기 동안 강의해도 부족할 지경이었다. 나는 얼 쇼리스가 제안한 소크라테스식 문답법을 교수법의 기본 방식으로 하여 독서 체험과 토론에 중점을 두고 강의를 진행하기로 했다. 강의에서 다룰 작품을 미리 읽어 오고, 글을 읽으며 느낀 것을 수업에서 함께 이야기하도록 하는 것이다. 나의 역할은 토론에 필요한 만큼만 작가와 작품에 대해 설명하고, 수업에서 수강생들이 하는 이야기가 공동의 주제에서 너무 벗어나지 않도록 이끄는 데 국한하기로 했다.

인간의 실존에 대한 근본적인 물음을 주제로 하는 강의에서 가장 커다란 어려움은 이 물음에 궁극적인 해답이 없다는 점이다. 어려움의 핵심은 지식을 가르치는 것이 아니라 인간의 삶에 대해 성찰하는 것을 목표로 하는 수업에서 교수와 수강생의 관계를 어떻게 설정할지에 있었다. 나는 이 관계를 인생의 길에서 우연히 만나 인간에게 주어진 근본적 물음을 함께 나누는 도반(道伴)으로 규정하기로 했다. 이렇게 해서 강의 목표와 강의 방식을 정하고 강의안을 마련하고 난 후 긴장된 마음으로 첫 강의를 준비했다. 당시를 떠올리면 첫 강의를 앞두고 느낀 긴장감이 되살아난다. 대학에서 처음 강단에 섰을 때도 그만큼 긴장하지는 않았다. 그때만큼은 아니지만, 아직도 성프란시스대학에서의 강의는 항상 긴장감을 불러일으킨다.

도반들과 함께

성프란시스대학에서 교수진은 수강생들을 '선생님'이라고 부르고, 수강생들은 강의하는 사람을 '교수님'이라고 부른다. 수강생들도 서로를 '선생님'이라고 부른다. '김 아무개 선생님'. '임 아무개 선생님' 하는 식이다. 이런 호칭은 서로의 인격을 존중하는 바탕 위에서 강의가 이루어지도록 하고자 마련된 규정이다. 하지만 수강생들 대부분이 노숙계에서 오랜 이력을 쌓아 온 분들이라서 인문학 강좌에 참여하기 전부터 이미 잘 알고 지내는 사이인 경우가 많아 처음에는 대개 서로 이런 호칭으로 부르는 것을 무척 쑥스러워한다. 우리 사회에서 흔히 그렇듯이 서로 알고 지내는 경우 나이 차이가 나면 형님 동생 하고 또래이면 서로 이름을 부르며 터놓고 지내는지라 수업에서 처음 서로를 '선생님'이라는 호칭으로 부르도록 하면 무척 어색할 수밖에 없다. 하지만 시간이 지나면 점차 이 호칭에 익숙해진다. 물론 수업 시간이 끝나고 강의실을 벗어나 개인적인 관계로 되돌아가면 서로에 대한 호칭도 다시 원래대로 되돌아간다. 강의에는 수강생들 외에 자원활동가들도 참여하는데, 자원활동가들에 대한 호칭도 '선생님'이다.

처음에 나는 호칭을 완전히 통일해 교수를 포함한 모두가 서로를 '선생님'이라고 부르는 것이 더 낫지 않을까 하는 생각을 했다. '선생님'은 인격에 대한 존중이 담긴 호칭인데 반해 '교수님'이라는 호칭은 단순히 직업에 '님'이라는 존칭을 붙인 것일 뿐인 데다가 권위주의적인 냄새가 배어 있다는 느낌도 들기 때문이다. 성프란시스대학 강의에 참여한 후 얼마 되지 않아 운영위원회에서 한번 이런 생각을 이야기한 적이 있다. 그러자 강의에 오래 참여해 온 교수 한 분이 우리 '선생님들'이 '교수'에게 강의를 듣고, 또 사회에서 '교수님'이라고 불리는 사람들과 친분 관계를 맺게 된 것에 커다란 자부심을 느끼니, 수강생 선생님들을 위해서는 오히려 현재의 호칭 방식을 그대로 두는 것이 낫다고 말했다. 그 이야기를 들은 후로는 이 호칭제도에 별 이의 없이 따랐다.

'교수님'이건 '선생님'이건 이 호칭은 원래 가르침을 주는 사람이라는 동일한 의미를 지닌다. 성프란시스대학에서 6년째 문학 강의를 해오면서 나는 이런 호칭이 매우 적절하다는 생각을 하게 됐다. 성프란시스대학에서 교수진과 선생님들은 서로 가르침을 주고받는 관계이기 때문이다. 이러한 관계는 인문학의 근본과 밀접하게 닿아 있다. 성프란시스대학 인문학 과정의 궁극적 목표는 수강생인 '선생님'들을 '자신의 삶과 행위에 대해 책임질 줄 아는 주체적 인간'으로 만드는 데 있다. 그런 의미에서 성프란시스대학 인문학 과정은 윤리학을 토대로 한다. 하지만 이 목표는 근본적인 모순을 내포한다. 인간은 어느 누구도 다른 인간을 주체적 인간으로 '만들' 수 없다. 그러므로 엄밀한 의미에서 인문학은 가르칠 수 없는 학문이다. 인문학의 본래적 대상은 인간의 삶인데, 인간은 다른 사람에게 그의 삶에 대해 가르칠 수 없기 때문이다. 한 인간을 주체로 만들 수 있는 사람은 그 인간 자신뿐이다.

인문학의 관점에서 볼 때 인간의 본질은 자유이다. 장 폴 사르트르(Jean Paul Sartre)의 극단적인 표현을 빌리면 "인간은 자유롭도록 내던져진 존재"이며, 이 자유에 사면이란 없다. 이것이 의미하는 바는 인간은 그에게 숙명으로 주어진 자유를 선용하거나 악용하는 부단한 선택에 직면하며 살아간다는 것이다. '자신의 삶과 행위에 대해 책임질 줄 아는 주체적 인간'이 됐을 때 인간은 비로소 자신의 자유를 선용할 수 있다. 문제는 주체적 인간이 되는 것이 너무나도 어려운 일이라는 데 있다. 인류의 역사에서 성현의 반열에 오른 극히 소수의 사람들만이 아마도 참된 의미에서의 주체적 인간에 해당될 것이다. 오히려 이 부담스러운 자유로부터 도피함으로써 주어진 자유를 악용하며 살아가는 것이 인간들 대부분의 삶이다. 사회의 메커니즘이 강요하는 소외된 노동에 순응하는 노예 같은 삶이 인간들 대부분이 살아가는 방식인 셈이다. 그리고 여기에서 생겨나는 육체적 피로와 정신적 불만을 물질적 소비와 술·게임·오락을 통해 일시적으로 해소함으로써 자신에게 주어진 부담스러운 자유를 망각하려 한다. 그러나 "자유롭도록 내던져진 존재"로서의 인간은 자유로부터의 도피와 망각에 결코 완전히 성공할 수 없기에 인간은 "불행한 의식" 속에서 살아갈 수밖에 없다. 그러던 어느 날 가정과 직장이라는 일상의 안전망에 커다란 균열이 생겼을 때, 인간은 비로소 자신에게 주어진 부담스러운 자유 속에 다시 내던져진다. 더 이상 도피할 수 없을 때 자유로운 실존이 되는 것이 인간 존재의 역설이다.

성프란시스대학 인문학 과정에 참여하는 노숙인들은 인간의 이러한 존재론적 상황을 가장 절실하게 체험한 분들이라는 점에서 우리 교수진은 물론 우리 사회 모든 사람들의 '선생님'들이다. 성프란시스대학에서 강의하면서 내가 체험한 노숙인의 본질은 "자유롭도록 내던져진 존재", "자유롭도록 저주받은 사람들"이다. 그들은 '오늘은 어디에서 잘 것인가', '어디에서 밥을 먹을 것인가', '어디에서 일거리를 찾을 것인가' 등의 일상사를 부단히 선택해야 할 뿐만 아니라, 내가 '지금의 모습으로 살게 된 이유가 무엇인가', '다른 삶의 가능성을 찾으려면 무엇을 해야 할 것인가'에 대해 끊임없이 성찰해야 하는 상황에 처한다. 물론 그들도 그들에게 주어진 저주받은 자유로부터의 도피를 감행한다. 알코올중독, 노름중독 등은 노숙인 대부분이 거치는 과정이다. 그러나 중독은 더 처절한 절망감만을 안겨 줄 뿐이다. 이 절망 속에서 가장 절실한 구원에의 열망이 피어난다. 테어도어 아도르노(Theodor Wiesengrund Adorno)는 "절망만이 인간을 구원할 수 있다"라고 말한 바 있는데, 노숙인들은 본의 아니게 그의 절망구원론을 몸으로 체득하며 살아가는 실존주의자들이다. 그들이 1년 과정의 성프란시스대학 인문학 과정에 지원하는 근본 동기는 절망을 딛고 희망을 찾으려는 간절한 열망에 있다.

성프란시스대학에서는 정규 과정 외에도 외부 인사를 초빙하는 방학 특강 등을 여는데, 이런 기회로 그들에게 처음 강의를 한 강사들에게서 두 가지 점에서 놀랐다는 소감을 공통적으로 듣게 된다. 수강생들의 자세가 너무도 진지한 것에 놀랐고, 예상하지 못했던 날카로운 질문을 받아 놀랐다는 것이다. 처음 강의를 한 후 나도 같은 느낌을 받았다. 계속 강의를 해 오면서 나는 수강생들의 진지한 자세와 날카로운 질문이 매우 당연한 까닭을 깨달았다. 수강생들의 자세가 진지한 것은 자신의 삶을 바꿔 보겠다는 굳은 결심으로 인문학 강좌에 참여했는데, 이 기회를 놓치면 또 다시 절망의 구렁텅이에 빠지게 되고, 이제 다시는 기회가 없을지도 모른다는 절실함이 의식의 바탕에 깔려 있기 때문이다. 수강생들의 질문이 날카로운 것은 그들이 사회의 구조적 폭력과 몰가치적 세태를 경험하면서 진실과 거짓을 구별하는 감식안을 단련해 왔기 때문이다. 성프란시스대학 강의실은 대학 강의실보다도 분위기가 훨씬 진지하다. 대학에서의 강의는 필요한 지식을 얻거나 졸업에 필요한 학점을 따기 위한 수단인 경우가 많지만, 성프란시스대학 수강생들에게 강의는 그 자체가 목적이기 때문이다. '선생님들'은 그러한 절실함과 진지함을 가지고 수업에 임하는 만큼 강의하는 교수들에게도 진지하고 진실한 태도를 요구한다. 이러한 요구가 충족되지 않으면, 그들은 즉시 강의실을 떠난다. 충분히 성찰하지 않은 피상적인 견해를 이야기하면, 즉시 날카로운 질문이 날아온다.

성프란시스대학에서 강의하면서 수강생들과 어느 정도 친분이 깊어지면 항상 받게 되는 개인적인 질문이 있다. "어떤 계기로 이곳에서 강의를 하게 됐고, 이곳에서 강의를 계속하는 이유가 무엇인가?" 하는 질문이다. 이 질문에는 한 사람의 인간으로서 존중받지 못하고 단지 수단으로 취급되어 온 뼈저린 체험이 바탕에 깔려 있다. 성프란시스대학에서 강의를 시작한 무렵 수강생들의 이런 체험과 관련해 임영인 신부님이 내게 이야기해 준 한 가지 사례가 떠오른다. 서울역 부근에 가면 교회에서 나와 노숙인들에게 음식을 나누어 주는 풍경을 자주 목격하게 된다. 또 겨울이면 교회에서 방한복을 나누어 주는 경우도 흔히 볼 수 있다. 물론 고마운 선행이다. 하지만 이런 행사에 대한 노숙인들의 반응은 싸늘하다. 그 이유는 식사를 나누어 주기 전에 사람들에게 함께 모여 기도할 것을 요구하고, 방한복의 등판에는 대개 교회 이름이 크게 적혀 있기 때문이다. 노숙인들은 식사비 내는 셈 치고 기도에 참여하지만 고마워하기는커녕 뒤에서 욕을 하고, 방한복은 대개 "노숙인이라고 등짝에 써 붙이고 다니라는 거야!"라는 불평과 함께 즉시 쓰레기통에 처박힌다. 후에 수강생들에게서도 같은 이야기를 여러 차례 들었다. 이는 노숙인들에 대한 진정한 관심과 배려가 아니라 교회를 선전하기 위한 도구로 그들을 이용하려 드는 행사일 뿐임을 알 정도의 분별력은 노숙인들에게도 있다는 분노에 찬 비판을 들은 적도 있다. 이 자리를 빌려 오른손이 하는 일을 왼손이 모르게 하라는 성서 말씀을 교회에서 구호사업을 기획하는 사람들에게 다시 돌려주고 싶다.

자신들을 수단으로 이용하는 사람들과 행정적으로 처리해야 할 대상으로 여기는 기관들에 대한 노숙인들의 분노는 매우 크다. 그러나 바로 같은 이유로 누군가가 진정성을 가지고 자신들을 대한다는 것을 단 한 번이라도 체험하면 이들은 그 사람에게 과분할 만큼의 무한한 신뢰를 보낸다. 그런 만큼 성프란시스대학 강의의 성패 여부는 강의에서 노숙인 '선생님들'을 대하는 태도의 진지함과 진정성에 달려 있다. 이로 인해 성프란시스대학의 강의에는 항상 긴장감이 따른다. 개인적인 복잡한 사정이 있거나 그날의 심적 상태가 좋지 않아 강의에 임하는 자세에 약간의 소홀함이라도 있으면 그날 강의는 뼈저린 실패로 끝나고 만다. 어떤 의미에서 내가 성프란시스대학에서 강의해 온 역사는 실패의 역사라고 할 수 있다. 지천명을 넘긴 나이에도 인간의 삶에 주어진 하늘의 뜻을 잘 알지도 못하고, 제대로 실천하지도 못하기 때문이다. 놀라운 것은 그럼에도 성프란시스대학 졸업생들은 이곳을 통해 삶의 근본적인 변화를 경험했다며, 마음으로부터 우러나오는 감사의 인사를 전해 오는 일이 적지 않다는 사실이다. 나는 때로 이것이야말로 클레멘트 코스의 기적에 버금가는 성프란시스대학의 기적이 아닐까 생각한다.

얼마 전에 성프란시스대학 4기가 운영하는 인터넷 카페에 들렀다가 '한 줄 수다'라는 게시판에서 이런 글귀를 읽고 가슴이 뭉클한 감동을 받은 일이 있다.

> 간만에 들리니 카페가 썰렁하네요. 너무 갑갑해서 일부러 옛날 내 생활 터전이었던 을지로 지하도를 찾아가 일박했는데 엄청 추웠습니다. 지난 10년을 내가 어찌 겨울을 지냈는지 꿈만 같았습니다. 반은 쉼터를 이용했지만 당시 이 지하도에서 살았던 시절을 돌아보니 정말 희미한 꿈처럼 내가 아닌 다른 존재의 드라마를 보는 것 같았습니다. 술에 취해 자다가 새벽에 꽥꽥대며 물을 찾다가 바닥에 있는 비상 소방호수로 박박 기어가 물 마시던 모습에서 몸이 오싹해지며 눈물이 사정없이 흘러 정말 혼났습니다. 성프란시스대학을 만나지 않았다면 지금도 그때 그대로였을 것이라고 생각하니 학교가 너무 고마웠습니다. 날씨가 매우 춥습니다. 사랑합니다, 학우님들 그리고 교수님들. 좋은 날 되십시오.

이 글의 주인공 4기 권 선생님은 예순을 넘긴 나이에 성프란시스대학에 입학했다. 월부 책 판매원, 노점상, 칼 가는 일, 막노동 등 안 해 본 일이 없지만, 가혹한 운명의 굴레를 벗어나지 못하고 결국 10년 넘게 지하도 생활을 했다고 한다. 소문으로는 강퍅한 성격으로 인해 서울역에서 용산에 이르는 노숙계에서 유명한 분이었다고 한다. 하지만 나는 강의실에서나 개인적으로 만난 자리에서나 그런 강퍅한 모습을 본 적이 없다. 권 선생님은 성프란시스대학을 다니면서 임대주택을 얻어 노숙 생활을 청산했으며, 요즘은 최근 창간한 《빅이슈》 판매원으로 일하면서 어느 정도 안정된 생활을 하고 있다. 또한 여가 시간에는 성프란시스대학 풍물 동아리 '두드림'에서 음악 활동을 하기도 하고, 1000편의 시를 쓰는 것을 목표로 부지런히 글을 써서 카페에 올리기도 하며 열심히 살고 있다.

권 선생님 외에도 극심한 알코올중독자였다가 이제 중독에서 완전히 벗어났을 뿐만 아니라 수년간 열심히 공부해서 알코올중독 상담사 자격증을 취득하여 이제는 오히려 알코올중독으로 고통받는 사람들을 도와주는 문 선생님, 사회복지 상담사 자격증을 획득해 사회복지 수혜자에서 시혜자로 변모한 김 선생님, 장애 노인들을 돌보는 일에 헌신해 '거리의 천사'라는 이름으로 신문에 보도된 사 선생님, 사업 실패에서 알코올중독으로 이어진 아픈 과거의 족쇄를 벗어던지고 가족과 재결합해 고향으로 돌아간 박 선생님, 다시서기센터에서 힘든 세탁 일을 항상 웃음 띤 모습으로 맡아 하다가 이제는 대공원에 안정된 일자리를 얻어 삶의 보람을 느낀다고 말하는 이 선생님 등 많은 얼굴들이 떠오른다. 모두 한때는 좌절의 수렁에 빠졌던 분들이다.

내게는 이런 일들이 기적으로만 여겨진다. 이분들의 변화된 모습을 옆에서 지켜만 보았을 뿐 이런 변화가 진행된 과정을 잘 알지 못하기 때문이다. 다만 한 가지 내가 분명히 아는 사실은 그러한 변화의 주체가 노숙인 선생님들 자신이라는 것이다. 깊은 절망 속에서도 결코 시들지 않는 인간적 삶에 대한 갈망의 씨앗이 새 생명의 꽃을 피워 냈다. 또 한 가지 분명한 사실은 이 꽃이 피어나는 데는 성프란시스대학이라는 화단이 필요했다는 것이다. 다시서기센터의 임영인 신부님과 실무자들이 일구어 낸 이 기적의 화단에 얼떨결에 참여하게 된 것은 내게 주어진 행운이었다. 앞에서 내가 성프란시스대학에서 강의해 온 나날들이 실패의 역사라고 말했던 것은 단순한 겸양이 아니라 내가 항상 경험하는 일상사이다. 무엇보다도 강의에서 내가 의도했던 바가 원래의 뜻대로 이루어진 적이 거의 없기 때문이다. 그럼에도 나는 내가 의도하지 않았던 방식으로 놀라운 경험들을 하곤 한다. 이런 뜻밖의 경험들 가운데 몇 가지 사례를 이야기해 보겠다.

내가 강의에서 다루려고 선정한 작품들 가운데 《햄릿》과 《파우스트》는 세계문학사에서도 가장 심오하고 어려운 작품에 속한다. 특히 《파우스트》는 나 또한 많은 의구심을 느끼면서도 도전해 본다는 생각으로 강의계획서에 집어넣은 작품이었다. 한국연구재단의 시민인문강좌 지원사업에 신청해서 면접 심사를 받았을 때에도 심사자 가운데 한 분이 노숙인들에게 《파우스트》를 강의하는 것이 가능하냐는 질문을 던졌다. 하지만 뜻밖에도 《햄릿》과 《파우스트》는 그동안 문학 강의에 참여한 모든 기수의 선생님들이 가장 좋아하는 작품에 속한다. 어떤 선생님은 《햄릿》에서 자신의 마음에 깊은 감동으로 다가온 구절들을 직접 노트에 적어 항상 가지고 다니기도 했다. 이분의 학력은 초등학교 졸업이 전부이다. 또 다른 어떤 선생님은 《파우스트》를 자신이 평생 도전할 책으로 삼아 항상 곁에 두고 읽을 뿐만 아니라 잘 때에도 베고 잔다고 해서 나를 웃게 만든 일도 있다. 어느 해인가 《파우스트》 강의 시간에는 선생님 한 분이 이런 소감을 토로해 내게 깊은 감동을 느끼게 했다.

"이 책에서 내가 깨달은 것은 바로 내가 파우스트라는 것입니다. 이것을 내가 진작 깨달았다면 지금까지와는 다른 모습으로 살았으리라는 생각이 듭니다. 그런 의미에서 앞으로는 파우스트 강의를 학기 말이 아니라 학기 초에 했으면 합니다."

황석영의 《아우를 위하여》를 강의하면서 경험했던 일화도 기억에 남는다. 형이 동생에게 쓰는 편지 형식으로 된 이 작품은 주인공이 어린 시절 깊은 노깡에 들어갔다가 뼈다귀를 발견하고 기절한 후, 의기소침한 성격이 되어 소극적인 학교생활을 하던 중에 교생실습 나온 여선생님 한 분을 만나 깊은 감화를 받고 용기를 발휘하는 체험을 하여 적극적인 삶을 살게 된다는 내용의 단편이다. 황석영은 우리 시대의 대표적 작가로서 수많은 뛰어난 문학작품을 내놓았지만 나는 고등학교 시절에 읽은 이 작품을 특별히 좋아하여 성프란시스대학 문학 강의에 집어넣었다. 나는 이 글에서 "우리를 위압하고 공포로써 속박하는 어떤 대상이든지 면밀하게 관찰하고 그것의 본질을 알아챈 뒤, 훨씬 수준 높은 도전 방법을 취하면 반드시 이긴다"라는 구절과 이 글의 마지막에 나오는 다음 구절을 특별히 좋아한다. 다소 길지만 요즘의 상황과도 깊은 연관을 지닌다고 여겨져 그대로 인용해 보겠다.

여럿의 윤리적인 무관심으로 정의가 짓밟히는 일이 있어서는 안 될 거야. 걸인 한 사람이 이 겨울에 얼어 죽어도 그것은 우리 탓이어야 한다. 너는 저 깊고 수많은 안방들 속의 사생활 뒤에 음울하게 숨어 있는 우리를 상상해 보고 있을지도 모르겠구나. 생활에서 오는 피로의 일반화 때문인지, 저녁의 이 도시엔 쓸쓸한 찬바람만이 지나 간다. 그이가 봄과 함께 오셨으면 좋겠다. 보이지도 않고 만질 수도 없어, 그이가 오는 걸 재빨리 알진 못하겠으나, 얼음이 녹아 시냇물이 노래하고 먼 산이 가까워 올 때에 우리가 느껴듯이 그이는 은연중에 올 것이다. 그분에 대한 자각이 왔을 때 아직 가망은 있는 게 아니겠니. 너의 몸 송두리째가 그이에의 자각이 되어라. 형은 이제부터 그이를 그리는 뉘우침이 되리라. 우리는 너를 항상 기억하고 있으며, 너는 우리에게서 소외되어 버린 자가 결코 아니니까 말이야.

나는 내가 한국문학에서 특별히 좋아하는 이 두 구절을 성프란시스대학 선생님들과 함께 나누고 싶어 《아우를 위하여》를 강의에서 다루었다. 강의 중에 나는 노깡과 관련된 체험을 언급하면서 인문학에서 자주 다루는 용어를 알려 준다는 가벼운 생각으로 '트라우마'라는 개념에 대해 잠시 설명했다. 학기가 끝날 무렵 수강생들과 한 학기를 돌아보는 시간을 가졌을 때 나는 매우 흥미로운 이야기를 들었다. 트라우마가 그 학기의 화두가 되어, 수강생들이 "네 트라우마는 뭐냐?"라고 서로 묻곤 했다는 것이다. 그리고 이것이 수강생들로 하여금 자신의 과거와 현재의 삶을 보다 깊이 되돌아보게 해 주었을 뿐 아니라, 동기들을 잘 이해하게 되는 계기가 됐다고 한다. 나로서는 뜻하지 않은 성과였다. 내가 위에서 언급한 몇 가지 경험 사례들과 긍정적인 성과들은 성프란시스대학의 선생님들이 자신들의 삶 전체를 가지고 강의에 임하는 데에서 생겨난 것이다.

성프란시스대학의 선생님들은 이런 방식으로 책을 읽고 글을 쓰면서 자신의 삶을 돌아보고, 강의 시간에 세상에 대한 자신의 생각을 표현하며, 동료 간에 배려하는 새로운 인간관계를 맺음으로써 새로운 삶을 일구어 나간다. 성프란시스대학에서 내가 하는 일은 선생님들과 만나면서 인간의 삶에 대한 근본적인 성찰의 체험을 함께 나누는 것이다. 이곳에서 내가 지난 6년 동안 해 온 문학 강의를 간단히 결산해 보면 처음 구상한 강의계획대로 된 일이 별로 없다. 하지만 한 가지만은 틀리지 않았다. 성프란시스대학에서 만난 선생님들이 나와 같은 시대를 살아가면서 인간과 세상에 대한 체험을 함께 나누는 도반들이라는 사실이다.

한국사

서울역에서 따라온 신발 한 켤레

박한용
성프란시스대학 한국사 교수

과거의 인연 그리고 준비되지 않은 만남

2006년 1월 말에서 2월 초쯤의 일이다. 술집에서 한잔하는데 전화가 왔다.

"선생님, 저 준영인데요."

언제였던가. 연도도 아득한 1980년대 초반, 내가 다니던 대학의 동아리가 운영하던 '상록수의 집'이란 야학에서 고등부 수업을 들었던 친구였다. 홀어머니 밑에서 어렵게 자라 중학교를 마친 후 공장 생활을 하던 준영이와 서울 불암산 자락에 자리 잡은 '상록수의 집'에서 선생과 학생으로 인연을 맺었던 옛일이 생각났다.

나와 일대일 수업을 하던 중 근로기준법과 노동3권에 대한 이야기를 듣고 그런 것이 있었냐며 흥분하던 준영이의 모습에서 그 옛날 청계 피복 노동자 전태일이 근로기준법을 읽고 밤새 감격했다는 내용이 떠올랐다. 어려운 형편임에도 한국외국어대학교에 입학해 주위를 감동시켰고, 대학 시절 열렬한 운동권이 되어 나름의 인생을 살던 준영이 아니던가.

"어~, 참 오랜만이다."

오랜만이었다. 언젠가 시나리오 작가로 등단했다고 연락이 와서 만난 것이 마지막이었다. 잊지 않고 안부 전화를 주어 새삼 고마웠다. 그러나 안부 전화가 아니었다.

"선생님, 다시서기센터에서 노숙인을 모시고 인문학 강좌를 여는데, 선생님이 역사 수업을 꼭 맡아 주세요."

이야기인즉 지난해 9월 다시서기센터의 책임자인 임영인 신부님이 노숙인을 대상으로 한 성프란시스대학 인문학 과정을 열었는데, 자신도 교수진으로 참여한다는 것이다. 또한 2학기 강의에는 역사 과목이 있는데 나더러 이를 맡아 달라는 요청이었다. 나에게 가르침을 받던 야학 '학생'이 이제는 야학 '교수'가 되어 나를 끌어들이는 셈이었.

전화야 고마웠지만 제안은 사양했다. 내가 활동하던 민족문제연구소가 친일인명사전을 만드는 관계로 정신없이 바쁜 때였다. 더구나 노숙인을 대상으로 한 인문학 강좌라는 새로운 형태의 만남을 아무런 준비도 없는 내가 맡는다는 것이 너무 부담스러웠다. 나는 간곡하게 고사하고 다른 역사 교수를 추천했다. 그런데 준영이 왈, 이미 그분과 접촉했지만 그이가 사양하는 바람에 내게 마지막으로 부탁한다는 것이었다. 3월이면 2학기가 개강해야 하므로 더 이상 사람을 물색할 시간이 없다는 배수진을 치고서.

"선생님! 이제는 제가 부탁드리는 건데 꼭 해 주세요!"
'하, 야학의 업보가 20년이 지나서 부메랑처럼 돌아오는구나!'

학사 일정상 내가 거절하면 대안이 없다는 막무가내 배수진 때문에 과거의 묵은 인연이 또 새로운 인연으로 다가오는 것을 느끼면서 나는 그 요구에 무력하게 굴복하고 말았다. 이렇게 해서 성프란시스대학 인문학 과정의 교수로 첫발을 디뎠고, 잦은 출장으로 무심코 오르내리던 서울역 계단의 숱한 군상들이 내게 새로운 인연으로 다가왔다. 모든 것을 묵은 인연의 업으로 돌리며 아무것도 준비하지 않은 채 끌려들어 간, 참으로 무책임한 출발이었다.

왜 인문학을 하는가?

다시서기센터 산하 성프란시스대학은 2005년 9월 1기 신입 선생

님—여기에서는 노숙인들을 학생이라고 부르지 않고 선생님이라 부른다—들을 받으면서 학사 일정을 시작했다. 선생님들과의 수업도 중요했지만 교수운영위원회 참석도 중요했다. 과거 야학과 달리 참가하시는 분들이 나이도 많고 절대 빈곤만이 아니라 가정의 해체와 정신적 어려움도 안고 있기에 과연 어떠한 내용과 형식을 갖고 수업을 할지 감이 잡히지 않았다. 성프란시스대학을 만든 분들의 생각도 궁금했다. 그런 점에서 월 1회 열리는 교수운영위원회는 서로 정보를 교환하고 운영 방침을 정하며, 특히 노숙인 문제의 최일선에 있는 활동가들의 체험담과 설립 취지 등을 경청할 수 있는 소중한 자리였다.

왜 노숙인에게 빵보다 인문학이 절실한가는 금세 이해가 됐다. 서구의 경우 본디 인문학이란 아테네 '자유시민의 교양(liberal arts)'으로 출발했다. 아테네 시민들은 소규모 노예제 노동에 기초해 타인의 노동을 착취하는 대가로 여가를 획득했다. 그 여가 시간에 아테네인들은 시민—곧 자유인—의 자기실현으로서 문학·예술 등의 분야에서 자기 능력을 발휘했고, 나아가 인간의 본성과 이상적 인간의 실현을 위한 전문적 탐구도 꾀했다. 그러나 인간에 대한 탐구와 보다 높은 인간성의 실현을 추구하는 아테네 자유시민의 교양은 노예제를 기반으로 한다는 점에서 모순적이었다.

그러기에 인문학에는 인간과 사회에 대한 근원적 탐구를 통해 보다 나은 사회로 나아가는 혁명적 요소로 기능하는 측면과, 다른 한편 여유 있는 자들이 교양을 과시하는 액세서리로서 기능하는 측면이 함께 존재한다고 생각한다. 특히 영어·경영학 등 도구로서의 학문이 신자유주의 시대에 주류 학문으로 군림하는 풍조가 지배적이게 되면서, 인문학은 성공과 관계없는 액세서리형 교양으로 전락해 버렸다. 어쩌면 인문학은 본래의 목표와 정체성을 잃어버리지 않았나 하는 것이 그즈음 내가 하던 생각이기도 했다.

가장 가난한 학문이라는 인문학이 가장 배고픈 노숙인과 만나는 것은 어쩌면 인문학이 잃어버렸던 본래의 자리를 되찾는 계기가 될지도 모른다는 생각이 들었다. 예수가 가장 낮은 곳에 임해서 기독교의 존재 이유를 드러냈듯이, 인문학 또한 자유인의 액세서리 도구에서 벗어나 거리에서 사람들과 부대끼면서 자신의 길을 찾아야 한다는 생각마저 들었다(그렇다고 수업 참가자들이 인문학의 부활을 위한 소모품이나 대상이라는 뜻은 결코 아니다).

노숙인들에 대해 이야기하면 "사지가 멀쩡한 사람들이 일 안 하고 거리에서 뒹구는데 그것을 도와준들 무슨 효과가 있겠느냐"라고 말하는 사람들이 많다. 그러나 사지가 멀쩡한데 일하지 '않고' 거리에 '뒹구는' 이유가 궁금하지 않은가? 만일 당신의 자녀가 직장을 구해 줘도 곧 그만두고 거리로 다시 나선다면, 그렇게 단순하게 규정할 수 있는가?

사지가 멀쩡하다고? 겉으로 보기에 멀쩡해 보이는 노숙인들도 실은 '걸어 다니는 종합병원'이라 할 만큼 온갖 병을 앓는다. 설령 사지가 멀쩡한들 어느 회사가 흔쾌히 노숙인 출신을 받아들인단 말인가? 거리에서 고작 긴급 구호품이나 줄 세워 나눠 주면서 어떻게 감히 "똑바로 살아라"라고 말할 수 있는가. 스스로 자신을 포기하는 현실, 아니 포기할 수밖에 없는 현실에서, 거리의 '밥 한 그릇 자선'이 결코 해결책이 될 수 없음을 우리는 잘 알고 있지 않은가!

그분들이 '베푸는 자의 자선 행위를 돋보이게 하는 대상'이 아니라 자기 삶의 당당한 주체로 설 수 있는 '인간으로서의 자립화'와, 이들이 최소한의 삶을 떳떳하게 보장받을 수 있는 사회 인식과 구조의 변화가 병행되어야 한다는 생각이 들었다. 우선은 이들이 지푸라기처럼 바싹 말라 금세 부스러질 것 같은 자신의 속을 다시 단단히 채우고 일어서는 과정이 필요한데, 그러한 측면에서 인문학은 조금이라도 도움이 될 것 같았다. 인간으로서 자신의 존엄성과 긍지를 회복하는 것이야말로 인문학이 추구하는 근본 목표이기 때문이다.

동아시아 전통 사회에서 인문학의 바탕으로 꼽는 '문학·역사·철학'을 성프란시스대학의 기본 학과로 설정한 점은 내게 익숙한 과목이어서인지 크게 의문이 들지는 않았다(몇 년 뒤 예술사가 추가됐다). 인문학이란 '인간이 수단이 아니고 목적인 학문'이고 '사실의 배후에 있는 올바른 가치 지향'을 본령으로 한다. 이러한 목적에 충실하다면 어느 과목이든지 상관없다고 생각한다. 인문학을 엘리트들의 우월주의를 반영한 '자유시민의 교양(Liberal Arts)'으로 파악하지 않고 '인간 중심의 학문(humanitas)'으로 파악한다면 더욱 그러하다. 문제는 어떤 과목을 가르치느냐가 아니라 이러한 인문학의 이념을 어떻게 현장에서 구체화하느냐 일 것이다.

아무나 들어올 수 없는 대학?

어처구니없게도 아직까지 나는 성프란시스대학의 교수라는 용어(신분?)에 적응을 못하고 있다. 대학이라고 하기에는 오히려 야학에 가깝기 때문이다. 수업에 참여하는 선생님들의 학력도 대부분 고졸이나 중졸 이하인데, 대학이라니? 정말 대학에서 하는 강의 수준이 여기서도 실현 가능한가? 제도화된 교육의 서열과 운영에 익숙한 나로서는 대학이라는 용어도, 교수라는 용어도 어색했다.

선생님들의 학력 수준도 문제이지만, 대학이란 간판을 달다 보면 알게 모르게 정규 대학의 교육과정을 의식할 수밖에 없다는 점도 문제였다. 선생님들의 지식수준이나 수업 수용 능력이 과연 대학 수준의 교육을 따라갈까 하는 의문이 들었다. 무엇보다 노동자대학, 시민대학 등 '대학'이란 이름을 붙이는 것이 유행하던 시절이라 그 용어에 반감도 들었다. 따지고 보면 한국 사회는 학벌 사회이고 대학은 서열화된 출세 구조의 핵심 통로가 아니던가. '대학이 밥 먹여 주는 사회'에 대한 반감이라고나 할까? 교수라는 용어도 내가 괜히 쑥스러웠다. 일주일에 고작 한 번 나가니 나는 시간강사에 해당할 텐데, 대학에서 정규 교수와 강사는 사회 신분이나 처우 면에서 하늘과 땅 차이이므로 일종의 자격지심이 발동한 것인지도 모르겠다. 그냥 '성프란시스인문학교'라고 하면 좋을 텐데……. 그러면 나는 그저 역사 강사일 뿐이니 말이다. 이것이 솔직한 내 생각이었다.

성프란시스대학이 왜 세워졌는지, 우리는 왜 서로를 선생님과 교

수라고 부르는지, 허다한 학과목(교육영역)이 있는데 왜 배고픈 자에게 군이 배고픈 인문학을 가르치는지, 왜 학교라 하지 않고 대학이라 부르는지 치열하게 고민하지 않았다. 모르면 물어보거나 알려고 노력하지 않고 의견이 달라도 과감하게 토론해 보지도 않고 그냥 쑥스러운 마음으로 현실을 수용했다.

'대학'에 대한 '뜻밖의 깨달음'은 2009년 3월 5기 입학식 때 4기 졸업생인 권 선생님이 읽은 축사를 통해 얻었다. 축사의 내용은 대강 이러하다.

"우리 5기 선생님! 정말 입학을 축하합니다. 우리 대학은 조그맣고 사람도 많지 않지만 아무나 들어올 수 있는 대학이 아닙니다. 서울대학교니 뭐니 하는 대학과 비교조차 할 수 없습니다."

그다음 이어지는 말에 만인이 웃기도 하고 울기도 했다.

"성프란시스대학은 적어도 자살을 두어 번 시도해 본 사람만이 입학할 수 있는 대학입니다."

좌중에서는 폭소와 박수, 그리고 알 수 없는 감동의 물결이 일렁였다.

"사실 우리 노숙인 가운데는 대학 문턱은 고사하고 고등학교도 다

마치지 못한 분들이 많지 않습니까? 노숙 생활을 하면서 우리가 언제 사람 취급을 받아 봤습니까? 그런 우리가 대학생이 될 줄 누가 알았겠습니까? 우리가 거리에 있을 때 누가 알아주기라도 했습니까? 이런 훌륭한 교수님들과 함께 일주일에 몇 번씩 수업을 받을 것이라고 누가 상상이나 했겠습니까? 성프란시스대학이 없었더라면 이 일이 가능했겠습니까? 그러기에 우리들은 교수님들과 지하철을 함께 타고 갈 때 지하철 안이어도 큰소리로 '교수님!' 하고 부릅니다. 우리도 대학생이다, 우리도 교수님같이 훌륭한 분들과 함께 지낸다, 이 사실이 너무나 기쁘고 자랑스럽기 때문입니다. 적어도 우리는 그 순간 노숙인이 아니라 학생입니다. 그것이 자랑스러웠던 것입니다."

그 순간 분위기는 숙연해졌다. 과연 나는 스스로 그런 존재라고 생각해 본 적이 있었나. 노숙인들을 만나서 함께하기보다는 강의만 하고 허겁지겁 떠나기에 급급했지, 그들의 간절한 마음을 단 한 번이라도 제대로 읽어 낸 적이 있었던가.

2010년 12월 4기 송년회에서 선생님들이 말했다.

"교수님, 우리끼리 모이면 제일 많은 대화가 교수님들에 관한 겁니다. 그만큼 우리에게는 소중하고 자랑스럽고 고마운 분들이니까요."

노숙인들에게 성프란시스대학이란 대학으로 끝나지 않는다. 성프란시스대학은 가족과 헤어지고 사회로부터 고립된 채 소외의 파도에 떠

밀리다 만난 기항지였다. 갈가리 찢겨진 삶의 상처를 치유하는 위생 병원이기도 했다. 노숙인이 아닌 또 다른 자신을 확인하는 곳이었다. 그렇다! 이분들에게는 성프란시스대학이 단순한 수업 기관이 아니라 삶의 한 구성 요소로 자리 잡고 있었다. 대학보다 더 큰…….

그렇게 보자면 대학과 교수에 대한 나의 선입견은 제도권 교육 내에서의 대학과 교수 시스템을 그대로 반영한 것이라 하겠다. 참으로 문제가 많은 현행 대학 교육제도를 전형으로 삼고 제도 교육의 기준 속에 나를 가둬 두었던 셈이다. 대학이란 개념을 전복하면 될 것을, 공연히 제도 교육의 시스템에 대응하는 과오를 범했다. 더구나 인문은 지식을 측정하는 데에 쓰이는 도구가 아니지 않은가! 교육의 근본정신이 얼마나 투철하며, 전문적이고 질 높은 교육이 그에 걸맞게 이루어지는지가 핵심이지 대학이란 용어를 쓰는지 여부가 중요한 것은 아니기 때문이다. 인문학을 통해 자신의 존엄성을 회복하거나 자각하는 계기를 마련하고, 정치적으로 올바른 삶을 살도록 한다는 것이 어디 일반 대학에서 제대로 할 수 있는 일인가? 일반 대학보다 더욱 어려운 대학이라는 느낌이 들었다. 실제로 수업을 하면서 교재가 쉬운지 어려운지, 내용이 대학생 수준인지 고등학생 수준인지가 문제가 아니라 얼마나 그 목적에 치열하게 다가섰는지가 관건임을 깨달았다.

7년 동안의 어설픈 경험을 통해 나는 인문학이 가난한 자들 앞에서 비로소 자신의 존재 이유를 드러내고 있음을 보았다. 삶과 죽음의 벼랑 끝에 선 위기의 인간 앞에서 인문학은 벌거벗고 그 존재 이유를 검증받아야 했다. 어느 대학의 인문학이 이렇게 준열하게 검증을 받았던가! 그런 생각이 들면서 차차 나는 성프란시스대학 교수라는 명함을 자주 돌리게 됐다. 가끔은 "언제 미국 샌프란시스코 대학 교수가 됐느냐"라는 축하 인사를 받기도 했지만.

겉돌기만 한 역사 수업

첫해 나는 대학 교양학부 수준의 한국사 교과과정을 적용해 수업을 했다. 단군신화에서 시작해 일제강점기 시기의 주요 주제들을 뽑아서 강의하고 토론하는 식이었다. 역사를 30년이나 공부했고 그 가운데 15년은 대학에서 학생들을 가르쳤건만 나는 이곳에서 여전히 시행착오를 반복했다.

교과과정은 해마다 오락가락했다. 대학은 정해진 목표에 따라 강의 진도를 나가고 수업 평가를 하면 되지만, 이곳은 지식 전달을 목적으로 하는 곳이 아니기 때문이다. 노숙인이나 가난한 이들이 역사(학)와 관계를 맺고 역사적 사건에서 의미를 이끌어 낼 수 있게 하려면 무엇을 화두로 삼아서 출발해야 할지 정하기가 쉽지 않았다.

무엇보다 성프란시스대학의 설립 취지에 적합한 주제를 선정하거나 교재를 선택하는 일이 어려웠다. (지금도 고민이다!) 기존의 한국사 개설서에서든, 특정 주제를 대상으로 한 대중 역사책에서든 이분들에게 주제나 내용의 수준 면에서 딱 맞는 것을 찾기 어려웠다. 단군신화를 분석하고, 고려 시대 토지제도(전시과)를 이야기하고, 일제강점기 시기 민족해방운동사를 공부한들 과연 이분들에게 어떤 의미가 있을까 하는 회의가 먼저 들었다.

　그렇다고 과거 노동야학에서 다루던 사회구조 문제와 노동자계급의 자각과 관련된 역사 주제들을 다루는 것은 섣부르고 적합하지 않다는 생각이 들었다. 당장에 알코올중독, 가정 문제, 경제 문제, 정신적 방황 등으로 허물어진 분들에게 무턱대고 구조나 역사적 사실 자체만 이야기하는 것은 공허하거나 무책임한 일일 수 있었기 때문이다. 이른바 상처 입은 약자들을 치유하는 역사라는 것이 과연 무엇이며 어떻게 다루어야 하는지 알아내는 과정 자체가 너무 고통스러웠다. 빈민이라고 빈민의 역사를 가르치는 것이 맞는지 의심스러웠고, 그렇게 상처를 직접 대면하게 하는 것이 어떤 결과를 가져올지 예측하기 힘들었다. 무엇보다 나는 이분들을 잘 몰랐다.

　역사학이란 과목에 얽매이지 말고 역사적 사실을 수업 도구로 자유롭게 활용하고 역사라는 소재를 통해 윤리의식을 자각할 수 있도록 하는 것이 어떠냐는 조언을 받기도 했다. 그러나 역사 전공자로서 역사학을 체계 있게 시대순이나 분류사 또는 쟁점별로 가르치는 데 익숙한 나로서는 쉽게 수용하기 어려웠다. 역사학이 윤리로부터 자유로워지면서 [감계(鑑戒)의 학으로부터 독립함으로써] 근대 역사학이 성립됐다는 사학사의 한 대목이 떠오르기도 했다. 물론 철학의 실천은 궁극적으로 윤리적 삶과 연결되지만, 이미 이를 철학 수업에서 중점적으로 다루는데 모든 과목이 그런 경향을 띠어야 할 필요는 없다고 생각했다. 윤리 또는 이른바 일반적인 사회생활을 할 수 있는 덕성이란 수업(만)으로 획

제2부　**앞에서 본 인문학**
　　　　：교수들의 이야기

득되는 것이 아니라 다양한 관계를 통해 이루어지는 총체적 과정이자 그 결과이기 때문이다. 또 윤리라는 말을 들을 때 왠지 이분들이 비윤리적이라는 전제가 깔릴 수 있다는 생각도 들었다.

솔직히 말해 제대로 된 사회란 그다지 높은 윤리가 요구되지 않는 사회라고 생각한다. 윤리는 사회적 문제 해결에 제도나 구조가 뒷받침되지 않을 때 강조되는 경향이 있다. 사흘 굶지 않은 도둑이 있느냐는 생각이 왈칵 들기도 했다. 물론 윤리를 어떻게 규정하느냐에 따라 다를 수도 있다. 하지만 적어도 수업에 나오는 선생님들 대부분은 윤리의식의 결여가 아니라 알코올중독이나 도박벽 또는 희망을 갖기 어려운 그분들의 힘든 형편이 문제였다.

실제 노숙인 선생님들이 수업을 빠지거나 그만두는 경우는 다양했다. 다시 술에 빠진 경우, 경제적으로 곤궁해진 경우, 성프란시스대학에 다니면서 일을 줄인 시간만큼 경제적 보상이 이루어지지 않은 경우, 다시 폐쇄적이고 고립된 생활로 돌아가는 경우, 비정규직이지만 취업이 되어 수업에 못 나오는 경우, 건강이 악화된 경우 등 이러한 다양한 원인들을 윤리라는 잣대만 가지고 접근하기는 곤란했다.

매 기수마다 공통된 문제를 굳이 꼽자면 사람들과의 관계, 즉 사회성 문제였다. 조금만 자존심 상하는 말을 들으면 상처받고 학교에 안 나오는 것이다. 마음이 창호지와 같아서 물만 먹으면 찢어지는 그런 심성을 가진 분들이었다. 그래서 상대방이 한 말이 지나치면 그에 정면으로 반발하거나 아예 학교를 나오지 않는 경우가 허다했다. 상처 주는 언어를 사용하거나, 불필요하게 감정이 격해져서 분란이 생기는 일은 매

기수마다 발생했다. 상대방을 배려하고 공존하는 법을 배우려면 '관계의 문제'는 분명 중요했다. 그런 점에서 윤리의 문제는 존재하며 중요한 요소이다.

하지만 이런 문제들은 수업보다는 자치활동이나 상담 또는 수업 외의 만남에서 보다 효과적으로 해결할 수 있지, 수업 그 자체가 해결할 수 있는 것은 아니다. 실제 대학 강사로서의 경험에 비춰 봐도 수업은 선생님과 학생의 관계가 시작되고 신뢰가 이어지는 통로의 입구를 마련함에 지나지 않는다. 1년간의 생활을 거치면서 우리는 서로 마음을 열고 고민을 이야기하게 된다. 따라서 수업은 선생님과 학생 사이, 학생과 학생 사이의 관계를 이어 주며 보다 본격적인 상호 관계를 맺게 해 주는 디딤돌인 셈이다. 이것이 기초가 되어 수업 후 상담이나 '뒷담화(?)', 졸업 후 이어지는 만남, 학교 영역이 아닌 생활 영역에 대한 교류가 시작된다. 그런 점에서 인문학은 관계의 학문이기도 하다. 어쨌든 윤리는 분명 중요하지만 역사와 윤리를 연결하려는 생각은 중단했다.

강의식 수업이 적합하지 않다는 것은 경험으로도 확인했다. 이는 일방적인 지식의 주입에 가까워 인문 본래의 취지를 살릴 수 없었다. 강의식 수업의 또 다른 문제점은 이른바 수업의 '눈높이'를 맞추기가 어렵다는 점이다. 적어도 일정한 범위 내에서 스펙트럼화된 학생·노동자·시민들이 참여하는 강좌와 달리, 이 수업은 불과 스무 명 남짓한 분들밖에 참여하지 않는데도 그분들 사이의 격차가 컸기 때문이다. 일방적으로 재미있게 듣기만 하는 강의에서 벗어나 서로 이야기를 주고받으면서 관계를 맺어 가고 나아가 스스로 자신이 하는 이야기 내용을 음미할 수 있어야 한다는 생각이 들었다.

　토론식 교육도 쉽지 않았다. 글짓기나 시나 그림을 두고 토론하는 것은 상대적으로 사전 지식이 없더라도 교수의 진행에 따라 가능하다. 그렇지만 역사 수업은 기존의 나의 역사 교육 관행을 바꾸지 않는 한, 먼저 주어진 사실에 대한 설명이 불가피했다. 무엇보다 역사는 어느 정도 사실에 대한 이해가 전제되어야 토론도 가능한데, 문제는 이 사실을 (이해하기 쉽게) 설명하다 보면 정작 토론할 시간은 거의 없다는 점이었다.

　3기 선생님들을 맞으면서는 수업을 옛날이야기식으로 풀어 가니 흥미를 가지는 분들이 늘었다. 대신 내가 말하는 시간이 길어서 토론할 시간을 내기가 어려웠다. 이야기 도중에 선생님들을 지목하거나 질문을 던져서 답하는 형식으로 진행을 해서 부분적으로 참여를 유도하기도 했다. 그러나 그것은 수업을 이어 가고 참여를 유도하는 도구였지, 그 자체가 대화식·토론식 수업이라고 보기는 어려웠다. 어쨌거나 강의식보다는 이야기식 수업이 참여도가 높은 것은 확실했.

　얼 쇼리스의 '소크라테스 산파술' 수업(대화식 수업)이 아주 뛰어난 강의 진행법 가운데 하나임은 분명하지만 유일한 방법은 아니라고 생각한다. 수업의 특성이나 목적 또는 선생님들의 특성에 따라 수업 주제나 방식은 가변적이어야 함을 그간의 체험을 통해 확신한다. 현재 경험으로는 교수가 입담 좋은 이야기꾼으로서 수업을 적절하게 풀어 나가면서 일대다(一對多) 형식으로 질문을 던지고 받으면서 진행하는 것이 무난했다. 적어도 나의 경우에는 선무당이 무리하게 산파 시술을 하다가 사고를 내기보다는 이런 방법이 더 낫지 않을까 생각한다.

새로운 형식의 맞춤형 교재가 정말 필요하다는 것도 뼈저리게 느꼈다. 수업의 체계성과 효율성을 높이는 측면에서만이 아니라 선생님들이 스스로 공부한 주제를 부담 없이 예습 또는 복습할 수 있는 적절한 교재가 필요하다. 그것은 학습이란 개념을 벗어나 독서로서 즐길 만한 것이어야 한다(누가 대학교 교재나 교과서를 읽을거리로 들고 다니겠는가!). 수업이 끝나고 남는 시간을 술로 보내거나 PC방에서 게임을 하며 밤을 새우는 분들도 있었다. 집(?)에 돌아가도 낙이 없고 무언가를 채울 것이 없기 때문이다. 스스로 책을 읽고 생각을 다듬을 수 있는, 독서라는 또 다른 유형의 자기 시간을 갖기에 적합한 교재를 만들 필요가 있었다.

우리도 김밥에 사이다를!

미로처럼 뱅뱅 도는 역사 수업을 반복하면서 나 자신도 힘들었다. 그러나 이러한 (있어서는 안 될) 시행착오 가운데서도 문제 해결의 실마리가 전혀 보이지 않았던 것은 아니다.

첫 시도는 답사 또는 야외 수업이었다. 가만히 생각해 보니 교실 안에서만 수업할 이유가 없었다. 무엇보다 이분들은 바깥세상에서 당당하게 살아가야 할 분들이다. 답사나 야외 수업을 해야겠다는 생각이 들었다. 역사 과목의 특성을 살리면서도 참여도를 높이고 분위기도 전환하며 뒤풀이를 통해 서로 대화하는 자연스러운 자리도 만들 수 있기 때문이었다. 4기 이래로 다른 교과목도 야외 수업을 하곤 했지만 맨 처음 시작은 역사 과목에서였던 것 같다.

　야외 수업은 2006년 2기 수업을 시작하고 교과과정을 설명하면서 내가 먼저 제안했다.

　"선생님들, 우리도 야외 수업을 해 보는 게 어때요? 경복궁 답사 같은 거요."

　"거, 좋습니다, 교수님!"

　일시에 모두 환영했다. 그랬다, 노숙인 선생님들은 바깥을 당당하게 걷지 못했다. 더구나 노숙 또는 그와 유사한 처지에 빠지면서 경복궁 앞을 지나치긴 할지언정 한 번도 당당하게 관람은 하지 못했으리라. 물론 이분들도 한때는 단란한 가정을 꾸려 지내면서 가족들과 함께 경복궁을 간 적이 있을 것이다. 이제 이들은 그러한 추억마저 아득한 채 경복궁이 다시는 들어갈 수 없는 막힌 통로인양 느껴지지 않았을까. 그것은 빈곤과 가정 파탄, 사회의 편견이 휘장처럼 드리워진 닫힌 문이었다.

　"그럼 경복궁을 우리도 김밥에 사이다 들고 당당하게 가 봅시다."

　그렇게 해서 몇 번의 답사가 교육과정으로 들어갔다. 암사동 선사 유적지와 석촌동 일대의 초기 백제 유적지를 가던 날은 잊을 수가 없다. 암사동 선사시대 유적지에서 잘 단장된 신석기시대 사람들의 움집을 둘

러보면서 나와 선생님들은 이심전심의 경지에 도달했다.

'우리 노숙인은 신석기시대 원시인보다 못한 데서 살고 있구나!'

경복궁 답사를 가던 날 아침, 대강 옷을 주워 입고 나서는데 아내가 하는 말이 걸작이었다.

"옷을 좀 제대로 입고 가요. 구분이 안 가겠네."

아내는 차마 노숙인이라는 말을 입에 올리지는 못했지만, 내 꾀죄죄한 몰골을 보고 '노숙인 패거리'로 오인받을까 약간 딱하게 생각한 모양이었다. 나도 궁금했다. 내가 그렇게 보일까가 아니라 우리 선생님들은 과연 어떻게 입고 오실까. 경복궁 입구에 다다르자 선생님들이 보였다. 선생님들의 옷은 화사했다. 아니 평범했다. 내가 제일 지저분했던 것은 분명 사실이다.

모두가 열심히 따라다니며 내 이야기를 경청했다. 필기를 하는 분도 있었다. 내가 열을 올려 안내를 하자 다른 관람객들도 따라 붙었다. 적어도 외양상으로는 서로 어울렸다. 도대체 여기서 노숙인이나 시민을 어떻게 구별한단 말인가. 다른 관람객들이 우리 주변에 모여들자 선생님 가운데 한 분이 불평처럼 한마디 크게 하신다.

"교수님! 사람들이 모여들어 수업이 잘 안 돼요. 우리 수업 중인데

정 들으시려면 조용히 뒤에서 들어 주세요!"

어쨌든 모두가 동등하게 경청했다. 그러고 나서 저녁에는 맛있는 식사를 하고 어두운 거리로 각자 사라졌다.

돌아오는 길에 생각했다. 이분들은 각자 무슨 생각을 하면서 돌아갔을까. 가족들과 함께 고궁을 거닐던 아련한 한때를 생각했을까, 날이 어두워지면서 사라지는 형체처럼 다시 초라하게 오그라드는 자신의 모습을 확인했을까, 보람차고 의미 있는 수업이라고 가슴 벅차게 여겼을까. 나는 아직 모른다. 그러나 적어도 나에게는 노숙의 삶 속에서 '문화적 소외'라는 것을 새롭게 생각해 보는 계기가 됐다.

세끼 밥이 하루의 목표가 된 삶에서 벗어나, 시간이 허락하면(시간이야 본의 아니게 남아돌지만!) 문화를 접하는 기회를 가진다는 것은 매우 중요했다. 세끼 밥만 먹고 연명하라는 식의 우리 사회의 알량한 자선과 복지의 인식 수준이 문제라는 생각이 들었다. 가난한 이들에게는 세끼 밥만 보장해 주면 된다는 생각은 인간을 동등하게 바라보는 시각이 아니다. 세끼 밥을 넘어서 인간다운 풍부한 삶(최소한의 문화생활)이 보장되는, 복지가 시혜가 아니라 권리인 사회가 되어야 함을 느꼈다. 가난한 이에게 제한되게 베풀려는 마음은 인간을 등급으로 나누는 것이 아닐까.

그림이 가족 관계 이음의 단초가 되다

단군신화를 주제로 수업을 한 후 숙제를 내드렸다. 단군신화의 내용을 그림 한 장에 그려서 발표하는 것이었다. 수업 내용을 각자 어떻게 이해했는지도 궁금했고, 선생님들이 남 앞에서 무언가를 설명하는 일도 필요하다는 생각이 들었기 때문이다. 미처 다 못한 낙서 같은 그림부터 감탄을 자아내는 그림까지 다양한 그림이 나왔다. 한 선생님이 열심히 자신의 그림을 설명하는데, 여러 색상의 색연필로 예쁘게 그렸다는 느낌을 받았다.

"그림이 참 예쁘네요."

내가 말하자 그분은 기쁜 표정을 감추지 못하면서 뜻밖의 말씀을 하셨다.

"어린 여조카에게 색연필을 빌려서 그린 겁니다. 그림을 그리려는데 도구가 없어서요."

유난히 기뻐하는 표정이 의아했는데, 뒤이어 선생님이 이렇게 말씀하셨다.

"이 색연필이 다시 가족과의 관계를 이어 줬어요. 그동안 차마 형제들을 못 만나다가 색연필 빌리는 것 때문에 연락해서 다시 만나게 됐거든요."

선생님에게 이 그림은 아득한 옛날의 단군신화가 아니라 끊어진 가족 관계를 이어 주는 매개체였다. 그래서 그림도 아름다운 동화 같은 색채로 꾸며졌던가.

6기 때부터는 동영상을 수업에 도입했다. 20~30분짜리 잘 구성된 역사 다큐멘터리를 보고 나서 토론을 유도하면 어떨까 싶었기 때문이다. 책을 읽으시라고 해도 읽어 오지 않거나 아니면 읽기 힘드시다는 분들이 많았다. 내가 이야기만 하기보다는 영상을 보여 주면 선생님들이 좀 더 몰입할 수 있을 것 같았다. 지적 호기심만 유발하는 거시적인 역사 사건보다는 생활사 위주로, 그리고 선생님들도 체험했음 직한 내용으로 골랐다. MBC 다큐멘터리 〈그때를 아십니까〉를 몇 번 틀어 주고 토론을 하기도 했다. 영상을 몰입해서 보는 것까지는 좋았는데, 내가 선택한 동영상 내용이 영 시원찮았다. 결국 지금이 과거보다 더 살기 좋아졌다는 내용이었는데, 처지가 곤란해진 이분들에게는 별로 감흥을 주지 못한 것 같다.

정치적으로 올바른 삶이란

4기 선생님들을 모시고 경복궁을 관람한 후 식사를 하고 돌아올 때 광화문 쪽은 이른바 광우병 소고기 수입 반대 집회가 한창이었다. 맞은편에는 경찰과 전경이 거리에 도열하고, 우리 쪽에는 '아고라'라고 적힌 커다란 깃발을 앞세운 시위 행렬이 광화문 쪽으로 가는 중이었다. 우리는 아무 말 없이 여기를 그냥 지나쳐야 하는가? 얼 쇼리스의 클레멘트코스에서 강조하는 내용 가운데 하나가 '정치적으로 올바른 삶'을 사는 것이 아니던가? 아니 얼 쇼리스는 차치하더라도 이건 우리 자신의 문제 아닌가? 하지만 미국 소든 한국 소든 도통 먹어 보지 못했던 이분들은 '소고기 파동'을 어떻게 이해했는지 궁금했다. 결국 다음 시간의 수업 주제는 촛불집회였다. 반응은 다양했다. 사 선생님은 소눈 같은 눈을 크게 뜨고 한마디 내뱉었다.

"난 미친 소라도 한번 먹어 봤으면 좋겠다!"

배부른 놈들이 하는 반대라고 비꼰다기보다는 자신의 처지가 반영된 것 같았다. 그러나 사 선생님은 이날 수업 이후 자주 촛불집회에 참가했다. 왜 그랬는지 묻지는 않았다. 사 선생님은 글쓰기 수업에서 《그리스인 조르바》라는 책을 읽고 나서 이렇게 말씀하셨다고 한다.

"아니, 이 사람 얘기가 내 얘기잖아."

이후 사 선생님의 관심은 자연스럽게 철학으로 옮겨졌다. 사 선생님은 철학 수업을 열심히 들으셨다. 2010년 12월 29일 4기 선생님들 송년회에서 동기생인 권 선생님이 사 선생님이 필기한 공책을 내게 보여 주었다. 사 선생님은 학교를 제대로 다닌 적이 없어 글쓰기가 불가능해 보였는데, 그분의 공책에는 철학 수업 시간의 내용이 고뇌를 찍어 내듯 한 글자 한 글자 적혀 있었다. 그 한 글자 한 글자가 고통스러운 자각의 흔적이 아니었을까.

단군신화를 그리라고 했을 때 중국의 티베트 탄압에 항의하는 그림을 그렸던 '급진적'인 마 선생님은 촛불집회를 하는 시민들을 격렬하게 비판했다. 나아가 1980년 광주 민주항쟁에 대해서도 빨갱이들의 작당이라며 '수구적' 발언을 쏟아 놓았다. 마 선생님은 미국과 한국에서 노숙을 체험한 '국제적인' 노숙 체험자이다.

마 선생님의 발언은 일부 선생님들의 강한 반발과 반박을 불러일으켰다. 윤 선생님이 칠판에 판서를 하면서 소고기 촛불집회의 정당성은 물론 광주 민주항쟁까지 설명하며 민주주의의 의미를 전달하려고 무척 애를 썼다(다소 흥분하셨는지 그다지 잘 설명한 것은 아니었다).

그러나 마 선생님에 대한 몇몇 선생님의 반발은 마 선생님의 주장보다는 마 선생님과 다른 분들 사이의 인간관계가 투영되어 감정적으로 나아간 부분도 없지 않아 있었다. 얼마 지나지 않아 마 선생님은 학교를 그만뒀다. 그 후 인터넷에서 개인 블로그를 운영하며 진보와 수구가 섞인 글을 올린다. 뉴욕에서 이메일을 가끔 보내시기도 했다. 친일파 청산을 열렬히 지지하거나, 성프란시스대학에서도 '성경 공부'를 통해 신앙으로 자신을 바로잡아야 한다는 주장을 담은 내용이었다.

알코올중독 때문에 가정이 파탄 났다가 상담 치료를 병행하면서 가장 착실하게 수업을 나오시던 문 선생님은 촛불집회에 대해 솔직한 말씀을 하셨다. 현재 자신의 생활은 그런 문제보다 자신을 바로잡는 문제가 긴급해서 관심이 없다고 말이다. 당연히 그렇게 이야기할 수 있다고 본다. 자신의 문제가 '발등의 불' 아니던가. 그런데 2010년 12월 말 4기 졸업생 송년회에서 문 선생님은 그때 자신이 한 말을 다시 떠올리셨다. 그때는 자신의 문제가 너무 심각해서 그랬다며. 2년이나 지났는데도 그때 자신이 한 말이 걸렸던 모양이다.

교수의 사회 활동도 노숙인 선생님들에게는 관심사였다. 선생님들이 내 수업에서 가장 관심을 가진 주제는 친일파 청산 문제였다. 친일파에 대한 반감도 있겠지마는 수업을 하는 교수가 친일인명사전을 편찬하는 데 관계하고 있고 그 일로 방송에도 출연하다 보니 더욱 관심이 커졌던 같다. 아마도 권 선생님은 주위 분들에게 틀림없이 이렇게 이야기하셨을 것이다.

"야! 우리 교수님은 방송에 출연하시는 분이야. 그것도 〈100분토론〉에 출연하는 대단한 분이야!"

어쩌면 나는 선생님들의 삶을 들추려고만 했지, 정작 나 자신의 삶은 솔직하게 공개하지 않았던 것 같다. 만남과 관계란 서로를 열고 교류하고 치유하는 과정이다. 당신은 왜 성프란시스대학에 입학했고 나는 왜 여기에 왔는가를 이야기하는 일도 꼭 필요하다고 생각했다. 왜 친일인명사전을 편찬하느냐는 선생님들의 질문은 친일 문제보다는 내가 친일 문제에 관심을 갖는 이유를 본질적으로 묻는 것이다. 이 질문에 답하는 것은 곧 나의 삶, 나의 생각을 선생님들과 소통하는 행위이기도 하다.

정치적으로 올바른 삶이란 인문학의 근본정신이 외적으로 발현하는 것이다. 그러고 보니 소고기 촛불집회를 둘러싼 마 선생님의 발언에 대해 이선근 간사가 "인문학을 배우는 사람이 정치적으로 올바른 태도를 갖지 않으면 그것이 더 문제이다"라고 흥분하던 일이, 정치적 발언이나 사회문제를 의식적으로 회피하려던 내게는 각성제 역할을 하는 계기가 됐다. 지금 내 눈앞에서 벌어지고 있는 사회 또는 역사 현안을 두고 하는 토론이 어쩌면 죽은 과거를 두고 하는 토론보다 생산적일지 모른다. 우리나라 대통령이 북유럽을 방문했을 때 북유럽의 국가 원수가 한국의 복지 수준이 북유럽보다 훨씬 낫다며 부러워했다는 보도 기사를 선생님들에게 전하자 반론이 봇물처럼 터졌다. 선생님들의 감추었던 경험들이 나오고, 사회복지에 대한 체험적 견해들이 속출했다. 자신들의 처지에 대한 자각들이 삐죽삐죽 언어로 튀어나왔다. '현실감 있는 주제나 시사도 다룰 수 있겠구나'라는 생각이 들었다. 시사가 오래 묵으면 역사 아니던가.

술과 인문학, 그 모순의 불가분 관계

술은 언제나 문제였다. 기수마다 알코올중독자나 알코올중독 경험자가 있었다. 두 경우 모두 합하면 절반 가까운 비율이었다. 수업 시간에 술을 마시고 들어오시는 선생님 때문에, 술을 마시고는 수업에 들어오지 말자는 우리 학교다운 결의를 하기도 했다. 그러나 그 결의를 주도한 분이 정작 그다음 주에 술을 드시는 바람에 수업에 참석하지 못한 사건도 있었다. 한번은 어느 분이 술을 먹고 학교로 '진입'하다 축출되어 학교 앞 길에서 항의성으로 누워 자는 민망한 일이 발생했다. 이분을 교실 안으로 모셔 와야 하나, 그냥 내버려 두어야 하나, 아니면 현장 활동가에게 부탁해야 하나 참으로 실존적인 현실이 벌어졌다. 서대문형무소역사관을 답사할 때는 오전인데도 거나하게 취해서 오신 분이 있었다. 한마디 하지 않을 수 없었다.

"아이고, 이 화상! 서대문형무소가 지금까지 열었더라면 바로 집어넣을 텐데……"

사실 교수진들도 술을 좋아한다. 교수진끼리만 서울역 근처에서 술을 마시면서 선생님들께는 술 드시지 말라고 당부해서 보내는 모습은 아무래도 얄궂을 수밖에 없다. 그렇다고 우리 교수들도 술을 끊을 테니 같이 끊자고 말할 자신도 없다. 술이 문제되는 분들도 있지만 대부분은 술을 적당하게 즐기시기 때문이다. 교수진 또한 술 없는 뒤풀이가 맹맹하다. 때로는 술자리가 필요하지만, 알코올중독이 문제가 되는 분이나 단주를 선언한 분들과 같이 있는 자리 또는 공식적인 자리에서는 음주가 원칙적으로 제한될 필요가 있다.

어느 해인지 몹시도 춥던 겨울밤, 나는 어느 모임에서 늦도록 통음(痛飮)해 꽤 취한 상태였는데 전화가 왔다. 수업을 듣던 최 선생님이었다.

"제가 지금 병원에 있습니다."
"아니 다치셨나요?"
"아뇨. 제가 동생처럼 지내는 놈이 있는데 얘가 하도 말을 안 들어 그만 소주병으로 머리를 찍었는데, 그 때문에 병원에 꿰매러 왔어요."

사고도 사고지만 치료비도 문제라는 것 아니겠는가. 언제나 단정한 턱수염에 모자를 쓴 품위 있는 최 선생님이 어쩌자고 이런 사고를? 좀처럼 깨지 않는 술기운을 털면서 병원에 갔다.
맞은 사람이나 때린 사람이나 찾아간 사람이나 모두 취한 상태로 병원비를 치르고 병원을 나왔다. 이러다 고소하면 큰일 나겠다 싶어 '피해자'인 거리의 동생 분을 달래고자 근처 포장마차에 데려가서 술을 먹으며 이런저런 이야기를 나눴다. 최 선생님은 '동생'에게 바르게 살라고 훈계하다가 "말을 안 들어 처먹어" 그만 홧김에 사고를 저질렀다고 했다. 그동안 술을 끊었다가 '동생'을 달래려고 먹다 보니 일이 이참에 이른 것이다. 그날 이래 최 선생님은 끈 떨어진 연처럼 휘청거리는 삶을 한동안 지속했다. 술이란 끊으면 잠복하다가 다시 마시면 그런 위력을 발휘하기도 한다.
이야기가 이리저리 흐르다가 내가 제주도 출신 양 선생님이 요사이 수업에 나오지 않아 걱정이라고 하자 최 선생님이 '정보'를 제공해 주었다. 양 선생님은 요즘도 계속 술독에 빠져 사는데, 얼마 전에 아들이 방학이 되어 서울에 아버지를 만나러 올라왔다고 한다. 양 선생님은 술이 문제가 되어 부인과 별거 생활을 하는 중이었다. 아들은 어머니와 함께 지내다가 아버지가 그리워 올라온 것이다. 그런데 양 선생님이 아들에게 술심부름을 시키고 방에 박혀 술만 먹는다는 이야기였다. 아이는 그 옆에 둔 채.

술기운 때문인지 화가 발칵 일었다. 원래 양 선생님 부인은 양 선생님이 술을 끊으면 다시 함께 살겠다는 언질을 주었다고 한다. 양 선생님 또한 성프란시스대학에 입학할 무렵에는 술을 끊었다. 그러나 신입생 오리엔테이션에서 막걸리를 "한 잔만 먹겠다"고 하더니 "오늘만 먹겠다"로 바뀌면서 연신 술을 들이키는 것을 보고 참으로 걱정을 많이 했었다. 어찌어찌 수업을 들으시다가 근자에는 아예 학교에 나오지 않았던 것이다. 그런데 천 리 먼 길 부정이 그리워 찾아온 아들을 곁에 두고 방 안에서 술만 먹는다니……. 도저히 참을 수가 없었다.

"갑시다! 최 선생님이 안내해 주세요."

그 추운 겨울 새벽, 세 사람은 칼바람을 헤치며 용산의 중앙대학교병원에서 서부역까지 와서 길을 건너 골목길로 들어가 양 선생님의 집으로 들어섰다. 물론 쪽방이다. 어느덧 겨울 찬바람에 서서히 술이 깼다.

'내가 지금 뭘 하는 거지?'

이 생각을 하면서 방문을 열었다. 술을 먹고 있으면 내친 김에 한바탕하려고 했다. 그러나 정작 양 선생님은 아들과 전기장판을 깔고 자다가 놀라 일어났다.

"웬일이세요?"
"양 선생님이 아들이 왔는데도 술만 먹는다고 해서 화가 나서 왔시다. 그런데…… 아니네?"

좁은 쪽방에 다섯 명이 앉았다. 양 선생님이 끓여 준 녹차를 맛있게 마시고는 양 선생님의 아들을 보니 내 아들과 같은 나이였다. 왈칵 눈물이 나오려고 했다.

"너 아버지하고 있으니 좋냐?"
"네."
"아버지하고 서울 시내 구경이라도 했냐?"
"아뇨."
"방 안에만 있는데 뭐가 좋아?"
"그래도 아버지하고 있으니 좋아요."
"……."

문득 벽을 보았다. 〈잠들지 않는 남도〉 따위의 대학가 운동권 노래가 적혀 있었다. "높이 나는 새가 멀리 본다"라는 내용을 연상시키는 경구들도 이리저리 쓰여 있었다. 양 선생님의 동료들이 찾아왔다가 아들을 보고 벽에 적어 주었다고 한다. 그러고 보니 양 선생님은 대학 시절 학생운동도 '좀' 했다고 말한 기억이 났다. 문득 옆을 돌아보니 꿰맨 머리를 손으로 감싸고 들어왔던 최 선생님의 '소주병에 찍힌 동생'은 사라지고 없었다. 그 추운 날 왜 말도 없이 방 안에서 슬쩍 사라졌는지. 얼마 뒤 양 선생님과 그 아들은 성프란시스대학 졸업여행을 함께 다녀왔다. 눈 내리는 오대산과 설악산 자락을 부자가 돌면서 사진을 찍었는데, 나는 그 장면을 내 사진기에 담았다. 눈 속의 부자는 푸근한 눈사람처럼 서 있었다. 그리고 몇 년 뒤 양 선생님은 영원히 우리 곁을 떠났다. 끝내 술이 문제가 된 것이다.

원칙적으로 성프란시스대학은 수업 후에 선생님들과 술자리를 갖지 않는다. 교수진과 선생님들이 함께 어우러져 술을 먹을 때는 문제가 없지만, 교수진이 사라진 후 발동이 걸려 폭주하시는 분들이 이따금 있었기 때문이다. 그러다 다시 '발동이 걸려' 과거의 삶으로 회귀하는 경우도 드물지만 간혹 있었다. 특히 금주 중인 분들 앞에서 술을 먹는 것은 금주 당사자에게 고통인 경우가 많기에 배려가 필요했다. 어찌 됐건 최근에는 술이 문제가 되는 경우가 줄어들었다.

우리 때문에 돈 받는 것 아니에요?

2기 이 선생님이 진지하게, 그러나 항변하듯 한 말이다. 앞뒤 대화의 맥락은 잊어버렸다. 다소 솔직하면서도 잘 따지고 상대방에게 거침없는 말로 상처를 주시기도 하는 분이었다.

순간 뜨끔!

왜 나는 그 말에 당황했을까? 언제나 가르쳐 줘서 고맙다는 말만 듣다가 이렇게 솔직하고 거침없는 질문을 받으니 나는 긍정이든 부정이든 당당하게 대답하지 못했다. 물론 돈을 받기는 한다. 문제는 돈을 받느냐 안 받느냐가 아니라, 왜 나는 그 도발적인 질문에 '즉답하지 못했는가'였다. 지금은 대답할 수 있다. 그러나 그때는 왜 그랬을까?

내가 수업에 정말 최선을 다하지 못했다는 자책감이 가장 큰 원인이었던 듯하다. 적어도 인생의 파란을 겪고 무너졌다 다시 서려는 분들과 만나는 데는 대학 강의나 야학보다 올바른 태도 · 준비성 · 능력 · 성실성이 더욱 요구된다. 게다가 누군가의 '인생이 걸린 일'인데 적어도 교수진이라면 '반은 일에 미쳐야 제대로 할 수 있다'라고 생각했다. 그러나 말은 이렇게 하면서도 정작 어느 것 하나 신통치 않은 나 자신을 들켰기 때문이었을 것이다.

나는 대학생 때 야학에 반 미쳐서 '상록수의 집'에서 5~6년간 일을 했었다. 당시 어느 졸업생이 졸업식에서 "선생님과 우리는 서로 사랑했지만 그 사이에는 유리 벽이 있었다. 유리 벽이었기에 더욱 그 벽을 느끼기 어려웠고 그래서 더욱 고통스러웠다"라는 졸업사를 낭독해 내 가슴을 찌른 적이 있었다. '상록수의 집'은 야학 시설을 제공한 후원자가 갑작스레 세상을 떠나 후원자 소유의 건물에서 인근 비닐하우스로 쫓겨났다. 비닐하우스의 야학마저 철거되던 날, 야학 학생들은 몽둥

이를 들고 비닐하우스를 지키다 찢겨진 비닐하우스와 함께 내동댕이쳐졌다. 그러나 그 자리에 나는 없었다. "아담아! 그때 너는 어디 있었느냐?"라는 마음속의 질문이 아직까지 나를 괴롭힌다. '나'는 끝내 '그들'과 '우리'가 되지 못했음을 치부처럼 감추고 살아오지 않았던가.

그러기에 무언가 일을 하면 '투신'을 하지 않는 이상 결코 제대로 일이 되지 않는다는 생각을 고집했다. 그러면서도 대안이 되는 수업 방식이나 내용을 마련하지도 못했고, 무능한 나를 대신할 교수를 찾지도 못했다. 한쪽 발은 집어넣고 다른 한쪽 발은 뺀 상태로 시간을 보냈다. 전력투구를 하지 않으면 안 된다고 말하면서도 전력투구를 하지 않는 (또는 할 수 없는) 현실을 살면서 절반의 방관자, 절반의 참가자 같은 모호하고 어정쩡했던 나의 처신이 문제였다.

4, 5, 6기 선생님이 재학할 당시인 2008년에서 2010년은 내가 근무하는 민족문제연구소에서 친일인명사전을 편찬하고 강제병합 100년 한일시민대회와 관련한 사업을 벌이면서 정신없이 바빴다. 자연스럽게 상대적으로 수업에 불성실하게 임했다. 무엇보다 지각이 잦았다! 수업이 일곱 시에 시작하는데 퇴근 시간이 일곱 시였기 때문이다. 다행히 연구소에서 양해해 주었지만, 책임자로서 불가피하게 일을 수습하거나 마무리할 수밖에 없는 날이 자주 있었다. 이 때문에 수업에 늦는 경우가 많았다. 이런 날은 번뇌를 안고 가는 날이었다.

누가 하든 '전업'인 분들이 학교를 이끌어야 한다는 생각이 더 굳어졌다. 교육·복지·의료 세 측면이 아우러져야 하고, 이런 것과 유기적 연관을 맺은 분들이 수업 일선을 담당해야 하지 않을까 하는 생각이

들었다. 아니 최소한 교수진 가운데 한 분만이라도 전업으로 학교에 있어야 할 것 같았다. 일주일에 한 번씩 와서 과연 무엇이 가능할지 회의가 들었다.

그러나 몇 년 전 안성찬 교수님이 술자리에서 해 주신 확고한 말 한마디가 나의 짧은 생각에 발상의 전환을 가져왔다. 교수가 온갖 것을 관여하는 것이 오히려 문제가 될 수 있다는 이야기였다. 재정이나 현실 여건상 전업(상근) 교수 시스템이 불가능한 현실임을 인정하자는 것이었다. 미국 클레멘트코스도 교수는 최대한 성실하게 준비해 수업에만 전념하도록 하고, 그 외 학사 업무나 상담 등은 전문적인 관리자를 두어 처리한다고 한다. 주어진 조건 속에서 최선의 길을 찾아야지 이상적 환경을 무조건 전제하고 비관해서는 안 된다는 요지의 주장이었다. 상당 부분 수긍이 갔다. 내가 불성실하다 보니 문제를 '모 아니면 도'로 보면서 현실에서 적용하기 어려운 방안을 문제 해결책으로 내세우며 이를 나의 방어 기제로 작동시킨 셈이다.

노숙인? 내 이름을 무엇이라 부를까?

이 글을 쓰면서 선생님들을 '노숙인'이라 불렀지만 분명 선생님들은 동의하지 않을 것이다. 2기의 이 선생님은 노숙인이라고 부르면 안 된다고 주장했다. 과거 노숙 생활을 한 적이 있지만 현재 수업을 듣는 선생님들 대부분은 독서실이나 쪽방에서 살기 때문에 노숙을 하는 사람은 아니라고 항의했다.

"차라리 홈리스(homeless)로 부르는 게 맞아요."
"홈리스?"

둘 다 같은 말 아닌가 싶었는데 이 선생님의 해석이 그럴 듯했다.

"우리들은 노숙이나 반노숙을 하기도 하고 쪽방, 독서실 등 다양한 곳에서 살기도 하니까 뭉뚱그려 노숙인이라 부르기 곤란합니다. 다만 다들 가정을 잃어버렸기 때문에 홈리스라고 부르면 그건 인정할 수 있죠."

아하! 이분들에게는 노숙보다 고통스러운 것이 가족과의 이별이었다. 이분들에게 가장 큰 상처는 가족의 상실이었다. 여대생 자원활동가를 보고 자신의 딸과 비슷한 나이라며 귀여워하던 모습, 그 자원활동가가 깊은 병에 걸리자 모두 면회를 가서 위로하고 용기를 북돋아 주던 장면이 떠올랐다. 그 하나하나가 가족에게 하고 싶던 것들 아니었던가!
 2010년 12월 4,5,6기 특강을 마친 후 선생님들과 어우러진 뒤풀이 자리에서 '노숙인'이라고 부르는 것에 대해 어떻게 생각하느냐고 묻자 대부분 그 말을 싫어한다고 했다. 실제 노숙 경험이 전혀 없고 임대주택에서 사는 분의 경우, 자신은 노숙인이 아닌데 왜 노숙인으로 불리는지 불쾌하다고 했다. 무엇보다 '노숙인'이란 말이 '편견과 차별이 담

제2부 　앞에서 본 인문학
　　　 : 교수들의 이야기

긴 용어'라는 데 의견이 일치했다. 단 한 분 윤 선생님만이 자신을 노숙인이라 불러도 상관없고 자신은 노숙인임을 인정한다고 했다. 노숙인이라 불리더라도 당당하게 살면 된다는 이야기였다. 자기 자신의 주체적 삶이 중요하다는 뜻으로 들렸다. 그러나 다른 선생님들은 서울역 앞 '우글거리는 군상' 가운데 일부로 파악되는 것에 심한 거부 반응을 보였다.

우리 사회에서 '노숙인'이라는 단어가 거리에서 잘 만큼 자신을 스스로 망가뜨린 '구제 불능의 인간 군상'이나 기피하고 멸시해도 되는 사람들 또는 일방적 동정의 대상으로 자리 잡고 있음을 모두가 공감했다. 대화를 들으면서 문득 나 자신이 부끄러웠다. 성프란시스대학이 무엇을 하는 데냐고 물으면 너무 설명하기가 길어서 노숙인 인문학교라고 자주 말하곤 했다. 그 속에는 노숙인에 대한 편견을 조금이나마 덜어 보려는 알량한 생각도 있었고, 어쩌면 사회의 관심이나 지원을 바라는 계산적 심리도 있었다. 더 깊이 들어가면 내 속에는 '나는 밑바닥 분들을 위해 이렇게 훌륭하게 사는 사람이오'라는 위선이 자리 잡고 있는지도 모르겠다. 가장 극단적인 대상을 통해 나 자신을 돋보이게 하는 것 말이다.

어찌 됐건 성프란시스대학을 다닌 선생님들에게는 조그만 변화들이 나타났다. 한때 양복점을 운영해 잘나가다가 IMF 시기에 몰락한 전 선생님은 분명 노숙 생활과는 거리가 먼 분이었다. 그래서 전 선생님은 성프란시스대학을 노숙인과 연결해 규정하는 것을 거부한다. 자신은 노숙인이 아니기 때문이란다. 그러나 그분은 이 학교가 무척이나 소중하고 감사한 곳이라고 했다. 풍물을 하면서 동료들과 함께 호흡하는 일도 즐겁다고 말하고, 단 한 번인가 빼고 개근했음을 강조했다. 노숙을 하지 않는 그분이 노숙을 하는 분과 함께 학교를 다니고 풍물을 하는 것이 과연 무엇을 의미하는가. 그분은 졸업 후 지체장애인 분들을 도와 드리는 일을 하면서 사회복지사가 되고자 대학 진학을 준비했다. 왜 사회복지사가 되려는지 물어보자 그분은 다음과 같이 말했다.

"이분들과 함께하면서 많은 것들을 느끼고 나 자신이 변화했어요. 그래서 정말 이분들을 위해 일하고 싶어서 대학에 진학하려고 합니다."

전 선생님에게 성프란시스대학은 진정 새로운 입학과 출발의 통로인 셈이다. 현재 그분은 서울역에서 노숙인을 상담하는 활동가이다.

사실 노숙 생활과 반노숙 생활, 쪽방 생활은 별개가 아니다. 가난에 대한 근본 대책이 없는 이 사회에서 어제의 '쪽방인'은 오늘의 '노숙인'이 될 수도 있다. 임영인 신부님이 노숙 사회도 여섯 개의 사회계층이 존재한다고 했지만, 임대주택 생활과 노숙 생활이란 위아래로 끊임없이 부침하는 극빈의 순환 구조 속에서 꼭지점과 바닥 점에 있을 뿐이다. 노숙인들은 한국에서 시민사회의 멤버십 카드를 빼앗긴 분들이다. '노숙'이라는 이름을 다르게 바꿔 부르는 것은 편견을 고치는 촉진 요소가 될 수도 있다. 그 적절한 이름이 무엇인지는 잘 모르겠지만 말이다.

2010년 8월 29일, 일본의 식민지가 된 지 100년이 되는 날, 서울에서 한국과 일본의 130여 시민단체가 참가한 한일시민공동기구 주관의 '강제병합 100년 한일시민대회'가 열렸다. 이날 개막 공연은 성프란시스대학 졸업생과 재학생들로 구성된 풍물패 '두드림'이 했다. 10분 정도밖에 되지 않았지만 어찌 됐건 최초의 공연을 국제 행사장에서 한 셈이었다. 나는 이날의 행사 참가가 성프란시스대학 선생님들이 '시민사회로 복귀하는 조심스런 첫 발자국이 되기'를 조심스럽게 기대했다. 2011년 가을에는 성프란시스대학 재학생과 졸업생들이 모여 서울역 앞에서 처음으로 '거리의 문화제'(노숙인 한마당)를 열었다. 풍물놀이를 하고, 사진과 시를 전시하며, 함께 대동춤도 추었다. 놀랍게도 구경하는 노숙인 가운데 단 한 분도 자리를 뜨지 않았다. 행사가 끝날 때까지 작은 소동조차 일어나지 않았다. 무엇이 이 분들을 미동조차 하지 않게 했을까?

내 속의 어린아이 하나

성프란시스대학 인문학 과정이 놓쳐서는 안 될 중요한 것이 있다. 인문학은 '내 속의 어린 나'를 치유하는 과정이 되어야 한다는 점이다. 4기 송년회 자리에서 문 선생님이 '내 속의 어린 나'에 대해 언급했다. 알코올중독으로 가정이 파탄 났다가 이제는 아주 건실하게 삶을 살면서 가족과의 재결합을 기다리는 분이다. 이분도 현재 서울역 현장활동가로 바쁜 삶을 살고 있다.

"내 속에는 어린아이가 하나 있어요. 또 하나의 '어린 나'를 잘 달래야 해요."

'으잉? 아~'

그렇구나. 현재의 빈곤만 봐서는 안 될 일이었다. 우리 선생님들 가운데는 불우한 환경에서 자란 분들이 많았다. 살아온 이력만 보아도 짐작이 가는 일이었다. 어릴 때 받은 정신적·육체적 상처를 지닌 '어린 나'가 자라나는 과정에서 더욱 더 상처받고 독을 뻗친 채 어른이 된 몸 속에 도사리는 것이다. 그것은 주변 환경이나 상황에 따라 어른의 몸을 장악하고 때로는 인간을 광기로 치닫게 한다. 우라사와 나오키(浦沢直樹)의 만화 《몬스터》를 연상시키는 대목이었다.

그렇다. 서울역 근방을 허적이다가 상처 입은 사람들의 그림자 뒤로 붙어 다니는 신발 한 켤레 같은 '어린 나'라는 존재가 있었음을 비로소 깨달았다. 그 '어린 나'는 선생님들만이 아니라 누구나 안고 있는 것이기도 하다. 성프란시스대학 인문학 과정은 '빈곤의 인간'만을 봐서는 곤란하며, 빈곤의 원인이나 빈곤이 초래한 깊디깊은 내면의 상처를 조심스레 대면하고 치유하는 과정이어야 한다. 그런 점에서 인문학은 '나와 너와 우리에 대한 성찰이자 치유'라는 숙제를 안고 있다. 이제는 서울역 거리에 주인을 잃고 이리저리 떠도는 신발 한 켤레를 가슴으로 보듬어야 한다.

서울역에서 따라온 신발 한 켤레

최명란

1

서울역 노숙자 중 어떤 이는
밤이면 자기 신발이 어디로 도망쳐 버린다고 중얼거린다
자기 전까지 분명히 신고 있었는데 자고 일어나면 어디로 갔는지
보이지 않는다고
너 이 새끼 내 신발 내놓으라고 멱살잡이하다 보면 어느새 발에
신발이 신겨져 있다고
소주병을 들고 비틀거린다
그 사람은 자기 신발이 간밤에 KTX를 타고 집에 다녀온 줄을 모
른다
서울역 노숙자의 신발들끼리는 다 아는 사실을
노숙자들만 모르고 서로 내 신발 내놓으라고 한바탕 싸우는 서울
역 대합실의 겨울
노숙자의 신발들은 어느 날
역사 출입문 한켠에 쪼그리고 있던 한 여자의 신발이 어디론가 사
라지는 것을 보고
그 신발이 KTX를 타고 밤마다 임시보호소에 맡겨놓은 아이들한

테 다녀오는 것을 보고
하나둘 그녀의 신발을 뒤따르기 시작했다
겨울의 지렁이는 꽃을 못 보고
혹한의 쥐는 별을 못 보고
노숙자의 신발은 함박눈도 밟아보지 못하는가
눈 내리는 고향에도 다녀오지 못하는가

2

오늘 나는 혼자 조용히 울 곳을 찾아왔을 뿐이다
컵라면을 사먹고 내가 얼어붙은 진주 남강에 앉아 자꾸 돌을 던지는 것은
아직도 내게 애써 참아내야 할 울음이 남아 있기 때문이다
서울역에서 따라온 신발 한 켤레 아직도 내 곁에 남아 있는 것은
얼음 위로 떨어지는 돌들이 쩡쩡 소리를 내면서 자꾸 나를 때리기 때문이다
다행히 얼어붙은 강물에 눈발은 계속 쌓인다
눈발도 쌓이면 불타오르고 얼음도 모이면 뜨거워진다
강 건너 아이들은 스케이트를 타다가 붕어빵을 사먹고 있다
저 붕어빵의 붕어들
봄이 오면 강물 속으로 돌아가리
저 얼어붙은 강물들
얼음이 많으면 물도 많으리

예술사

주거의 권리와
인문학, 그리고 예술

김동훈
성프란시스대학 예술사 교수

들어가며

성프란시스대학에서 예술사를 강의한 지 벌써 6년째 접어든다. 돌이켜 보면 가슴 벅차고 따뜻한 순간들도 많았지만 후회와 미련이 남는 순간들도 있었다. 세월이 지나면 지날수록 성프란시스대학에서의 예술사 강의가 무척이나 어려운 일이라 느끼게 되는 이유도 그 때문인 듯하다. 다른 한편 이제는 성프란시스대학에서 예술사라는 과목이 지닌 의의에 대해 진지하게 성찰해 볼 시기가 됐다는 생각도 든다. 오늘 당장 지친 몸을 뉠 곳을 찾아야 하는 노숙인들에게 예술은 일종의 사치 아닌가 하는 주위의 의심 섞인 시선에 대해서도 답해야 하지만, 스스로에게도 노숙인을 위한 인문학에서 예술사의 진정한 의미가 무엇인가 하는 물음에 답해야 할 때가 왔다.

매년 예술사 첫 시간마다 선생님들에게 "예술 하면 떠오르는 것이 무엇입니까?" 하는 물음을 던져 왔다. 대다수는 "나와는 상관없는 것"이라거나 "이해하고 싶지만 어려운 것"이라고 답했고, 어떤 분들은 "부자들의 자위행위"라고까지 이야기했다. 일상이 생존을 위한 전쟁이거나 자포자기하고 의미 없이 허비하는 무의미한 반복이라면, 예술이 우리네 삶 속에서 큰 비중을 차지하기는 매우 어렵다.

그렇다면 예술사는 노숙인들에게 전혀 도움이 되지 못하는 군더더기 과목에 불과할까? 아니다. 예술작품을 함께 감상하고 예술에 대해 토론하는 일은 노숙인들에게, 더 나아가서는 고향을 상실하고 진정한 주거의 권리를 박탈당한 모든 현대인들에게 진정한 주거의 권리를 일깨워 주고 그러한 권리 실현을 위해 행동하게 하는 매우 중요한 활동이다. 이러한 주장을 철학적으로 근거 지우고 그 토대 위에서 수업이 어떻게 구체적으로 진행됐는지 소개하는 데 이 글의 목적이 있다. 따라서 우선 어딘가에 깃들여 산다는 것이 무슨 의미를 지니는지 살펴보고, 그것이 인문학, 좁게는 예술과 어떤 관련이 있는지 알아본 다음, 구체적인 수업 내용과 진행 방식을 설명하겠다.

주거의 권리와 인문학

공원을 주소로 하는 사람들!

서울역 지하보도가, 종묘광장공원 벤치가 자신의 삶의 공간인 사람들이 있다. 이들이 사람들과 교류하며 자신의 삶을 영위하는 공간은 자신들이 지친 몸을 뉘는 바로 그 공간이다. 그런데 사람들이 그에게 편지나 택배로 무언가를 보내고 싶다면 어떻게 해야 할까? '서울특별시 종로구 훈정동 90번지 종묘광장공원 맨 뒷줄 왼쪽에서 다섯 번째 벤치 김 아무개', 이렇게 보내야 할까?

얼핏 듣기에 너무나 허황되어 보이는 이러한 상상이 이웃나라 일본에서 현실화됐다. 2006년 오사카 지방재판소가 어떤 남성이 4년간 계속 거주해 왔던 장소라는 이유로 공원을 그의 주소로 인정했던 것이다.[1] 그런데 그는 공원 관리인이 아니라 노숙인이었고, 그의 거처는 공원 관리사무소가 아니라 그가 공원 내에 친 천막이었다. 그렇다면 그는 공원을 자신의 집으로, 자신의 소유로 할 수 있을까? 자본주의 체제 내에서 그런 일은 당연히 불가능하다. 주소와 소유권 사이에는 너무나 많은 자본주의 경제체제의 장벽들이 둘러쳐져 있기 때문이다. 재판부의 판결 취지도 그 노숙인이 "공원 내에 천막을 치고 거주하기 위한 점용권을 갖고 있지 않다는 것을 전제로 했다."[2] 그렇다면 이 판결은 그저 편지나 소포를 받을 수 있게 해 주는 임시방편에 불과할까? 도대체 인간이 어딘가에 거주하며 살아간다는 것은 무엇을 의미하는가? 이 판결을 계기로 홈리스의 거주권의 의미에 대한 이론적 고찰을 본격적으로 시도했던 일본의 헌법학자 사사누마 히로시(笹沼弘志)는 이 판결의 의의

---

[1] 사사누마 히로시, 김영수 옮김, 〈홈리스, 또는 세계의 상실〉, 그린비, 연구공간 수유+너머, 《목소리 없는 자들의 목소리: 대중의 소수화》, 부커진 R 1.5호, 그린비, 2008, 94쪽.

[2] 같은 글, 95쪽.

를 "쓰레기처럼 배제돼야 할 존재였던 홈리스들도 이 세계에 거주할 자격이 있는 인간이며 시민임을 인정하는 것"이라고 파악했다.[3]

이 글에서 우리는 인간에게 이 세계의 어딘가에 거주한다는 것이 무엇을 의미하는지에 대한 답을 찾고자 한다. 또한 인간의 주거의 권리와 인문학이 어떤 관계를 지니는지도 살펴볼 것이다. 그것이 성프란시스대학에서 6년 동안 예술사를 강의하면서 던지게 된 가장 근원적인 물음이었기 때문이다. 새로운 일자리를 구하거나 집을 마련하는 것과는 아무런 직접적인 상관도 없어 보이는 인문학을 공부한다는 것이 인간의 주거권과 무슨 상관이 있는가? 인문학은 단지 주거권 회복을 위한 투쟁으로 노숙인들을 이끌기 위한 수단에 불과할까? 아니다. 인문학은 인간이 어딘가에 깃들이며 살아가는 삶 자체와 본질적으로 관련이 있으며 따라서 인문학을 공부한다는 것은 곧 거주하는 행위 그 자체이다. 물리적인 공간으로서의 주거 장소 문제나 소유권 문제는 바로 이러한 본질적 거주 행위로서의 인문학으로부터만 그 궁극적 해결의 실마리를 찾을 수 있다.

위에서 인용한 히로시의 글도 전반적으로는 마찬가지 견해를 피력한다. 그것은 그가 이 문제를 단순한 법률 해석의 문제나 사회학의 문제가 아니라 철학의 문제로 파악하고 자신의 논지를 전개하기 위해 독일의 위대한 철학자 마르틴 하이데거(Martin Heidegger)의 사상을 원용하는 데서도 잘 드러난다. 물론 그의 하이데거 이해는—철학을 전공으

---

3   같은 글, 95쪽.

로 하지 않는 법률학자로서의 한계이기는 하겠지만—하이데거 철학에 대한 가볍게 넘어갈 수 없는 오해를 몇 가지 담고 있다. 이러한 오류를 바로잡고 하이데거 사상이 제시하는 실마리를 좇아 인간의 기본권인 주거의 권리를 더욱 본질적으로 이해하는 것이 이 글의 일차적 목적이다. 그리고 이러한 이해의 바탕 위에서 성프란시스대학에서 예술사를 강의한다는 것이 무슨 의미를 갖는지 살펴보고자 한다.

깃들이기에 대해 노숙인의 주거의 권리와 인문학의 관계

하이데거는 어디엔가 깃들이며 자신의 삶을 영위한다는 것이 인간에게 무엇을 뜻하는지는 우리가 너무나 당연하게 여기는 소위 정상적인 삶을 통해서는 찾기 어렵다고 말한다. 대신 그는 불안의 섬뜩함 속에서 답을 찾는다. 그가 말하는 불안이란 한편으로는 우리가 일상적으로 생각하는 까닭 모를 불안과 맞닿아 있지만, 다른 한편으로는 그보다 훨씬 심오한 의미를 지닌다. 이를 설명하기 위해 하이데거는 우선 불안과 공포를 구별한다. 공포는 무언가 구체적인 대상이 (그것이 무엇인지 정확하게 확인하고 규정할 수는 없다 할지라도) 위협적으로 다가오고 있다는 사실이나 그에 대한 예견으로부터 발생한다. 하지만 불안은 그렇지 않다. 불안은 구체적인 대상과는 아무런 상관이 없다. 불안이 해소되고 나면 사람들이 "그건 아무것도 아니었어"라고 말하는 것은 불안에는 실재적인 대상이 존재하지 않는다는 사실을 의미한다.

그런데 이러한 불안이 인간이 어디엔가 깃들이며 살아간다는 사실과 도대체 무슨 상관이 있단 말인가? 더군다나 노숙하거나 쪽방에 사는 등 너무도 열악한 주거 상황 속에 살아가는 사람들에게 불안은 오히려 일상다반사가 아닌가? 얼핏 보기에는 이러한 물음들에 답하기가 매우 어려워 보인다. 그러나 불안이라는 현상을 더 깊이 들여다보면 삶 자체에 대한 좀 더 깊은 통찰에 이를 수 있다. 왜냐하면 하이데거가 말하는 불안은 인간이 세상을 살아가면서 지니게 되는 가장 근본적인 정서이고, 인간으로 하여금 진정한 자기 자신과 자신을 둘러싼 세계 자체와 맞닥뜨리게 하기 때문이다.

우선 하이데거가 말하는 불안을 둘러싸고 생길 수 있는 오해에 대해서 생각해 보자. 사람들은 하이데거가 불안을 말하기 때문에 그의 철학은 세상에 대해 부정적인 시각을 지녔다고 생각한다.[4] 어찌 보면 이러한 생각은 정당한 듯 보인다. 그는 자신의 주저 《존재와 시간》에서 인간의 존재 방식에 대해 설명하면서 실존, 죽음을 향한 존재, 염려와 같은 개념들을 가장 중요하게 다루기 때문이다. 하지만 얼핏 보기에 당연

---

[4] 히로시의 글에서도 이러한 경향이 나타난다. 그는 홈리스 상태와 불안을 다음과 같이 직접적으로 연결시켜 설명했다. "홈리스 상태에 있다는 것은 이 세계 안에서의 거주 장소가 없다는 것이며, 세계 내에 공간을 갖지 못하고 존재하는 것을 허용받지 못하는 것, 그래서 타자와 만나는 것이 허용되지 않는 것이다. 따라서 당연한 것이지만, 홈리스들은 세계 안에서 **안심하고 살 수가 없다.**"(같은 글, 100쪽) 이렇게 말하고 나서 그는 곧바로 이것을 하이데거가 말하는 불안과 직접 연결시킨다. 하지만 이것은 하이데거의 불안 개념에 대한 명백한 오해이다. 하이데거는 오히려 불안은 인간이 진정한 거주를 위해 일깨워야 할 근본 정서로 파악하고 있으며 그러기에 불안을 향한 용기를 가져야 한다고 주장한다. 히로시와 마찬가지로 하이데거에게도 홈리스란 세계를 박탈당하는 것을 의미한다. 하지만 그렇게 세계를 박탈당한 사람들이 느끼는 정서가 하이데거가 말하는 불안은 아니다. 오히려 그것은 하이데거가 말하는 공포에 훨씬 가깝다.

하게 느껴지는 이러한 선입견은 하이데거의 논의를 자세히 들여다보면 오해임이 드러난다.

우선 사람들이 불안이라고 말하는 정서 대부분은 하이데거에 따르면 공포이다. 이를테면 "나 해고될 것 같아 불안해"라고 말할 때 불안은 사실은 공포의 감정이다. 구체적인 대상, 즉 해고의 상황이 나를 위협한다고 느끼기 때문에 나타나는 정서는 하이데거에 따르면 공포이기 때문이다. 이렇게 구체적인 대상으로 인해 느끼는 위협이라는 요소를 불안에 대한 언어 사용에서 배제하고 나면 불안은 실체가 없는 대상, 더 나아가서는 아무것도 아닌 '무(無)'에 대한 불안이 된다. 이것을 하이데거는 이 세계 속에서 만나게 되는 어떤 존재자와의 관계도 사라져 버린 순수한 고독, 실존과 연결시킨다. 이렇게 생각하면 불안의 대상인 무(無)는 사실은 자기 자신, 더 나아가서는 우리가 살아가는 세계 자체와 밀접한 연관이 있다. 다른 모든 존재자에 대한 일상적인 관심, 의미 연관으로부터 절연되면 인간은 오로지 자기 자신만을 접하게 된다. 그렇게 될 때 인간은 자신이 이 세계 속에 존재하는 의미를 그 자체로, 그러니까 다른 어떤 개별적인 존재자와의 관련으로부터도 분리해 생각하게 된다는 것이다.

이렇게 되면 우리는 일상에서 너무나 당연하다고 생각하고 한 번도 의심하거나 그에 대해 깊이 생각해 보지 않았던 문제들에 대해 생각하고 그에 대해 반응하게 된다. 하이데거가 불안이 '섬뜩하게' 한다고 했을 때 섬뜩하다는 뜻으로 사용된 독일어는 '운하임리히(unheimlich)'이다. 독일어로 '하임(Heim)'은 집이란 뜻을 갖는다. 이 말은 또 고향이

라는 뜻을 지닌 '하이마트(Heimat)'와도 연결되어 자신에게 익숙하고 친근한 거주의 장소라는 의미를 강하게 내포한다. 이런 의미로 해석하면 '운하임리히'라는 말은 우리가 일상 속에서 친근하고 익숙하게 알던 모든 것으로부터 멀어진다는 뜻을 지닌다. 그가 불안을 편치 않음(das Unzuhause; 이 말은 영어의 'being not at home'과 동일한 의미를 지닌다)과 관련해 해석하는 이유도 여기에 있다. 따라서 불안의 대상이 무(無)라는 말은 인간이 모든 친숙한 대상과의 관계로부터 분리됐음을 뜻한다. 그렇다면 이러한 섬뜩함은 우리 모두가 무슨 수단을 써서라도 피하고 싶어 하지 않을까? 하이데거는 그렇지 않다고 말한다.

주위의 모든 것들이 진정으로 의미 있다고 확신하는 바로 그 순간에도 사실 우리는 그것들이 덧없음을 안다. 왜냐하면 우리는 이곳에서 영원히 살 수 없고 죽을 수밖에 없는 존재이기 때문이다. 궁극적으로 우리 존재의 목적이 무엇인지 묻는다면 거기에 대해 어떻게 대답할 수 있을까? 종교인이라면 그것이 내세의 행복이나 해탈이라고 말할 것이다. 이생의 행복이나 부귀, 명예는 다 헛된 것이기에 그것들을 모두 포기할 수 있다고 말할지도 모른다. 하지만 그러기 이전에 지금 여기에서 우리가 영위하는 삶에 대해 말하고자 할 때는, 우리가 태어나 살아가면서 죽음을 향해 간다는 사실이 우리가 확인할 수 있는 전부이다.

종교인이든 종교인이 아니든, 부유한 자든 가난한 자든, 권력자든 권력자가 아니든 간에 모두에게 똑같이 해당되는 인간 삶의 근본 조건은 누구든지 이 세상에서 경험하는 모든 것의 궁극적인 결말은 무(無), 즉 죽음이라는 사실이다. 이러한 통찰은 언제나 우리를 섬뜩하게 한다.

제2부　앞에서 본 인문학
　　　　: 교수들의 이야기

수많은 사람들은 이러한 사실을 직시하려 하지 않고 외면한다. 죽음은 우리 곁에 있고 수많은 이들이 지금도 죽어 간다. 그래서 죽음이란 피할 수 없는 것이고 인간에게는 누구에게나 닥친다는 사실을 알면서도, 사람들은 그것이 지금 당장 나와는 상관없는 일이라고 생각한다. 하지만 삶의 진정한 의미에 대해 생각할 때면 우리는 일상의 여러 걱정거리나 욕심 등에서 벗어나 순수하게 자기 삶의 의미에 대해서 생각하게 된다. 그때마다 가장 중요하게 생각하는 것이 바로 '내가 이 세상에 태어나 한 번 살고 한 번 죽는데 도대체 내 인생의 진정한 의미는 무엇인가, 나는 어떻게 살고 또 **어떻게 죽어야 하는가**'이다. 그러므로 인간에게 죽음은 자신의 존재 전체를 좌우하는 매우 중요한 문제이다.

지금까지 살펴본 바에 따르면, 일상적인 삶을 영위하는 데 중요하다고 생각하는 모든 것에서 일단 벗어나 삶 자체를, 죽음을 맞닥뜨리게 될 때 인간이 느끼는 것이 바로 불안의 섬뜩함이다. 이때야 비로소 우리는 이 땅에서 깃들이며 살아감의 진정한 의미에 대해 생각하게 된다. 삶의 의미에 대해 진지한 물음을 던지려면 익숙하고 편안한, 우리를 안심시켜 주는 일상의 화법에서 벗어나 자신을 무(無)에게로 던지지 않으면 안 된다. 물론 물리적인 대상 혹은 우리와 어떤 형태로든 관계를 맺는 다른 대상들로부터 벗어난다고 해서 그것이 곧 불안으로 연결되는 것은 아니다. 오히려 그것이 더 빼앗길지도 모른다는 공포, 빼앗긴 것에 대한 분노, 빼앗긴 것을 되찾고 싶어 하는 욕망이나 집착 등을 불러일으키는 경우가 많기 때문이다. 진정한 불안은 이러한 공포·분노·욕망·집착으로부터 멀어질 때 생긴다. 그래야만 삶과 깃들임의 의미, 모든 인간에게 주어진 주거권의 진정한 의미를 깨달을 수 있으며, 노숙인 뿐 아니라 모든 인간이 추구해야 할 참된 삶이 무엇인가를 알 수 있고, 부당하게 빼앗긴 것이 있다면 그것을 되찾는 올바른 방법도 발견할 수 있다.

그렇다면 이 땅에서 집을 짓고 가정을 이루며 살아간다는 것, 이 땅에 깃들이며 산다는 것은 무엇을 뜻하는가? 그것은 우선 하이데거가 인간의 근본적 존재 방식으로 제시하는 염려(Sorge)와 밀접한 관련이 있다. 염려라는 말은 우리말뿐 아니라 독일어에서도 일상적으로는 부정적인 뉘앙스를 지닌다. 대개 근거가 있든 없든 우리가 자신이나 가족 또는 친구에 대해서 하게 되는 걱정과 같은 것을 뜻하기 때문이다. 하지만 하이데거가 말하는 염려는 다른 의미이다. '염려(念慮)'라는 한자어를 풀이하면 마음을 쓴다는 뜻이 된다. 독일어 조르게(Sorge)도 마찬가지 뜻을 지닌다. 영어 큐어(cure)의 어원이 된 라틴어 쿠라(cura)도 이와 유사한 뜻을 가진다. 이 모든 단어들의 이면에는 누군가/무언가에 관심을, 더 나아가서는 애정을 가지고 돌보며 그를/그것을 위해 무언가를 마련하며 살아가는 인간 삶의 모든 모습이 담겨 있다. 그것을 하이데거는 우리의 소용을 위해 무언가를 마련하는 행위〔그것을 하이데거는 배려(Besorgen)라고 부른다〕와 다른 인간들을 위해 마음 쓰고 돌보는 행위〔그것을 하이데거는 심려(Fürsorge)라고 부른다〕로 나눈다.

이를 위해 우리는 우리가 살아가는 공간을 마련(Ein-räumen)한다.[5]

---

[5] 히로시의 글을 번역한 이는 이 말의 사전적 의미를 염두에 둔 듯 이기상의 번역어 '공간 마련' 말고 일본어 역에서 제시된 '허용'이라는 번역어를 각주에 덧붙인다. 물론 독일어 '아인로이멘

집을 짓고 그 안에 살게 되면 우리는 집을 '마련했다'고 말한다. 집을 짓는다는 것은 어디에 어떻게 머물며 살아갈 것인가를 결정짓는 행위이기도 하다. 따라서 무언가를 마련하는 행위는 이 세계 안에 깃들이며 살아가는 행위 자체이기도 하다. 하이데거가 무언가를 짓는(bauen) 행위를 어디엔가 머무는, 거주하는(wohnen) 행위와 직결하는 이유가 여기에 있다. 그래서 우리는 집이나 건물만이 아니라 우리의 인생도 설계한다. 결국 우리가 살며 지으며 깃들인다는 것은 단순한 물리적 공간이 아니라 우리의 삶의 모습 자체와 밀접한 관련을 가진다. 사사누마 히로시도 이런 면에서는 근본적으로 하이데거와 같은 견해를 지닌다. 하지만 그는 근원적인 불안과 고독보다는 타자와의 연결, 만남에 초점을 맞춘다.

> 타자와의 단절, 고립은 그 자체로 홈리스들의 마음에 상처를 주고 무력화해 자기 부정적인 감정을 불러일으킨다. 그 때문에 홈리스들에게 단지 물질적인 집을 주는 것만으로는 그들의 존재 조건이 확보되지 않는다. (중략) 단절된 타자와의 연결, 만남을 어떻게 만들어갈 것인가가 문제이다.[6]

(einräumen)'에 양보, 허용이란 의미가 있는 것은 사실이지만 하이데거가 이 단어를 사용했던 문맥에서는 당연히 공간을 마련하는 행위라고 해석되어야 한다. 두덴 독일어 사전에서는 이 말의 의미가 "(어떤 것을 …안에) 정돈해 넣다, 어떤 공간 안에 거기에 걸맞은 무언가를 넣다"라고 소개한다. 이것을 하이데거는 더욱 근원적인 의미로 해석해 사용하는 것이다. 그에게 공간 내줌이나 공간 마련은 이미 존재하고 있는 물리적 공간에 어떤 사물을 위치시키는 것이 아니라, 인간 현존재가 세계 내부적인 존재자와 만나서 맺는 의미 연관을 통해 비로소 공간을 구성하는 것을 뜻한다. 이에 대한 하이데거 자신의 자세한 논의에 대해서는 Martin Heidegger, *Sein und Zeit*, Max Niemeyer, Tübingen, 1972(1927), 101~113쪽; 이기상 옮김, 《존재와 시간》, 까치, 2006(1998), 143~159쪽을 참조하라.

이러한 주장은 그가 인용한 한나 아렌트(Hannah Arendt)의 다음과 같은 글에 대한 오해에서 비롯된다.

> 테러의 외적 강제는 자유의 공간을 파괴함과 동시에 인간 사이의 관계 일체를 없애 버리고 만다. 다른 모든 사람들과 밀착되어 버리면서 다른 한편 각 개인들은 타인으로부터 격리되고 있다. (중략) 테러의 목적에 들어맞는 자기 강제적인 사고가 현대인에게 미치는 큰 매력은, 현실 및 경험으로부터 자유로워진다는 것이다. 현대의 대중은 이 세계 안에서 진정 편안한(at home) 느낌을 갖지 못하면 못할수록 모든 것이 알려지고, 설명되고, 초인간적인 법칙에 의해 처음부터 결정되어 있는 바보들의 천국 혹은 지옥으로 보내져 버리기에 적당한 자격을 얻게 된다.[7]

여기서 아렌트가 말하는 전체주의 사회에서 나타나는 타인과의 단절이라는 함은 하이데거가 말하는 불안으로부터의 도피를 통해 각 개인들이 전체주의 사회에 순응함으로써 나타나는 단절이다. 하이데거는 진정한 불안은 오히려 인간 현존재가 세계 안에서 만나게 되는 모든 존재자들, 사물이나 도구, 애완동물뿐 아니라 자신의 동반 현존재들과도 절연되어 오롯이 홀로(solus ipse) 서는 데서 일깨워진다고 말한다. 자기

---

6 사사누마 히로시, 앞의 글, 95쪽.
7 Hannah Arendt, 《전체주의의 기원》, 全體主義の 起源 3, みすず 書房, 1981, 292~293쪽; 사사누마 히로시, 앞 글, 101쪽에서 재인용.

강제적인 사고의 매력이라고 아렌트가 말하는 '현실 및 경험으로부터 자유로워진다는 사실', 즉 현실로부터 도피한다는 것은 하이데거가 말하는 세상 사람들(das Man)에로의 도피와 다르지 않다. 세상 사람들이 하는 말을 따라 사는 것은 우리에게 편안함(at home)을 제공해 준다. 그러한 편안함에서 벗어나면 사람들은 두려움을 느끼고 다시 세상 사람들이 제공하는 익숙하고 편안한 세계로 돌아가려 한다. 하지만 하이데거가 말하는 불안은 그와는 반대로 타자와의 관계를 스스로 절연하고 오롯이 홀로 서는 것이다. 그래야만 진정한 자신의 존재 의미, 타자와 자신, 더 나아가서는 세계와 자신의 관계에 대해 자유롭게 사유하고 선택하고 행동할 수 있기 때문이다. 진정한 불안은 진정한 용기를 낳는다. 그럼으로써 다른 인간들과의 진정한 관계가 가능해진다. 히로시가 말하는 홈리스들에 대한 배제와 습격은 분명 전체주의 사회나 오늘날 우리 사회의 특징이라 할 수 있다. 하지만 그것은 불안의 결과가 아니다. 오히려 진정한 불안으로부터 도피함으로써 나타나는 결과이다.

우리가 세계 '안에' 존재한다는 사실은 이미 우리가 그 안에 깃들였음을, 살아감을 의미한다. 그것은 분명 단순히 공간적인 의미를 지니는 것이 아니라 우리가 살아가는 삶의 모든 모습과 밀접하게 연결된다. '세계 안에'라는 말은 물리적인 공간의 의미로는 도저히 파악될 수 없는 삶의 복잡다기한 의미 연관을 내포한다. 하이데거에게 세계는 단순히 나를 둘러싼 물리적 실체가 아니라 내가 그 안에 깃들이고 살아가면서 마련하고 돌보는 모든 것들의 총체이다. 인간에게 진정으로 필요한 거주의 권리는 바로 이러한 세계 안에 깃들이며 살아갈 수 있는 권리이다. 커다란 집 안에서 물질적인 편안함을 누린다고 해서 이러한 권리가 항상 충족되지는 않는다. 노숙인들에게 궁극적으로 필요한 주거의 권리는 이렇게 이 세상 속에서 깃들이고 살아가면서 자신을 둘러싼 세계에서 접하는 모든 존재자들과 마련과 보살핌의 관계 속에서 살아갈 수 있는 권리이다. 노숙인을 위한 인문학이 지향해야 하는 가치가 있다면 그것은 이러한 주거의 권리와 밀접한 관련이 있을 것이다. 그리고 그것은 하이데거의 표현을 빌리자면 불안을 향한 용기, 죽음 앞에서의 불안을 향한 용기(Mut zur Angst vor dem Tode)[8]를 필요로 한다. 히로시도 자신의 글 마지막에 가서 이러한 불안의 의의를 인정하는 듯 보인다. 하지만 그는 여전히 불안을 수동적으로 받아들여야 하는 어떤 것으로 파악한다. 게다가 그는 불안의 의미를 이질적인 타자에 대한 관심을 불러일으키는 정도로만 축소해 해석한다.

> 홈리스들은 확실히 이 세상에서 거주 장소를 빼앗기고 항상 불안으로 내쫓기고 있는 존재이다. 그러나 이 불안이 또 하나의 자유로운 자신과 또 하나의 자유로운 세계를 열 가능성도 감추고 있다. 불안을 안고 있는 것은 홈리스들만이 아니다. 그들을 기피하고 두려워하고 기피하는 '집에 사는 사람들'도 홈리스들에 대한 불안을 안고 있다. 이 불안이야말로 이질적인 타자에 대한 관심을 불러일으켜 단절된 사람들을 서로 만나도록 하는 호소가 된다.[9]

---

8 Martin Heidegger, 앞의 책, 254쪽; 이기상 옮김, 앞의 책, 340쪽
9 사사누마 히로시, 앞의 글, 116쪽.

그는 하이데거의 여러 글을 인용해 이러한 자신의 논지를 뒷받침한다. 하지만 이것이야말로 하이데거 철학에 대한 전적인 오해에서 비롯된 잘못된 주장이다. 우선 하이데거에게 불안은 우리가 그리로 내쫓겨야 할 어떤 것이 아니라 오히려 그리로 향해 나아가는 용기를 가져야 하는 어떤 것이다. 따라서 불안으로 내쫓긴다는 말은 하이데거 철학과는 아무 상관없는 말이다. 히로시가 말하는 것은 하이데거에 따르면 전적으로 공포에 해당한다. 또 홈리스들에 대한 불안이라는 말도 하이데거에게서는 성립할 수 없는 용어이다. 불안에는 아무런 구체적 대상이 없으며 따라서 무(無), 혹은 죽음만이 그 대상이 되기 때문이다. 홈리스들에 대한 불안이 아니라 공포를 지녔다고 해야 맞다. 물론 하이데거가 말하는 진정한 불안이 궁극적으로는 단절된 사람들을 서로 만나도록 해 주는 역할을 한다는 데는 두말할 나위가 없다. 하지만 그것은 불안을 향한 용기와 결단을 통해 간접적으로 나타나는 결과이지 불안이 바로 이질적인 타자에 대한 관심을 불러일으키는 것은 아니다. 오히려 하이데거가 말하는 불안은 타자로부터의 단절을 의미한다. 따라서 히로시가 인용한 하이데거의 글들은 모두 히로시가 주장하는 것과는 정반대의 의미를 지닌다. 그렇다면 히로시가 홈리스들과 집에 사는 사람들의 만남의 가능성에 대해 한 다음과 같은 말도—적어도 하이데거 철학의 토대 위에서는—전혀 근거 없는 궤변이 되고 만다.

불안이 세계 내에 있는 우리들을 서로 끌어당기도록 관심을 불러일으키고, 또 하나의 자유로운 존재, 자유로운 공간을 만들어 낼 가능성을 여는 것이다. 집에 사는 사람들은 홈리스들에게 위화감을 갖고 있으면서도 마음이 쓰여 불안해하며 그들을 만나러 간다.[10]

집에 사는 사람들이 결국 불안으로 인해 마음이 쓰여 어쩔 수 없이 홈리스들을 만나러 간다는 이 말은 하이데거가 말하는 불안과 염려에 대한 완전한 오해에서 비롯된 말이다. 히로시가 결론으로 내세우는 집에 사는 사람들과의 만남의 공간 만들기, 만나는 방법 바꾸기, 이것에 의해 또 하나의 세계를 만들 가능성 열기는 물론 긍정적으로 평가받을 만하다. 그리고 거주한다는 것은 무엇인가에 대해 항상 계속 묻지 않으면 안 된다는 말도 하이데거 철학의 근본 입장과 일치한다고 볼 수 있다. 하지만 이러한 결론을 이끌어 내려고 원용한 하이데거 철학의 근본 개념인 불안과 염려를 히로시는 철저하게 오해했다. 따라서 그는 주거의 권리에 대한 더욱 본질적인 이해에는 다가가지 못했다.

이렇게 살펴본 바에 따르면 인간의 본질적인 주거권은 이 세상 속에 깃들여 살아가면서 모든 존재자들과 마련과 보살핌의 관계 속에서 살아갈 수 있는 권리이다. 그렇다면 이러한 권리와 인문학은 어떤 연관이 있는가? 우선 인문학이 다루는 대상들이 우리가 살며 깃들이는 세계와 직접적으로 관련이 있고, 인문학이 그것들을 다루는 방법 자체가 우리가 세계 안에 살며 깃들이는 방식과 밀접한 연관을 지닌다. 그것이 철학이든, 문학이든, 글짓기든, 역사든, 예술사든 간에 말이다. 그러므

---

10 같은 글, 116쪽.

로 인문학을 배우고 가르친다는 것은 위에서 말한 불안을 향한 용기가 생성될 수 있는 공간을 마련하는 몸짓이며, 마련과 보살핌의 성격을 지닐 수밖에 없다. 인문학을 한다는 것은 무언가를 이루기 위한 수단이 아니라 우리가 살아가면서 짓고 깃들이고 보살피는 행위 그 자체에 속한다. 그것은 누군가의 특권도 아니고 누군가의 훌륭한 행위도 아니다. 만일 그렇게 생각한다면 그것은 또 다른 엘리트주의에 다름 아니다. 살며 깃들이는 행위는 인간이라면 누구나 다 행할 수밖에 없는 것이다. 그것이 어떤 뛰어난 소수에 의해서만 행해질 수 있다면 그것은 철저한 귀족주의이며 동시에 이 땅에 깃들이며 살아가는 수많은 다른 사람들을 무시하는 것이고 그들에 대한 억압과 폭력이 될 수 있다.

예술사 수업의 의의와 실제

> 예술이란 무엇이며, 그것이 우리의 깃들임과는 무슨 상관이 있는가?

그렇다면 노숙인을 위한 인문학 과정에서 예술사를 함께 공부한다는 것은 무슨 의미가 있는가? 예술은 인간이 깃들이며 살아가는 행위 가운데 하나이며 동시에 우리가 그렇게 깃들이며 살아가는 행위에 대해 깊이 통찰할 수 있는 계기를 마련해 준다. 예술에 대한 너무나 일상적인 편견 가운데 하나는 그것이 심심풀이의 대상이라는 것이다. 예술은 인생의 본질, 세계의 본질과는 동떨어져 그저 즐기는, 그것도 아주 어렵고 추상적으로 즐기는 유한계급의 놀이와도 같다는 편견은 사실 어느 정도는 근거가 있다. 실제로 우리 사회의 한쪽에는 예술을 이렇게 신분·재력·학력 과시의 수단으로 생각하는 사람들이 있다. 그 정도는 아니더라도 예술을 자신들만의 세계를 구축하는 수단으로 생각하는 사람들도 있다. 그래서 자신들만이 세상을 제대로 이해하고 자신들만이 세상의 문제에 대한 진정한 해답을 갖고 있다는 식으로 말이다. 이럴 때 예술은 단순한 심심풀이의 대상은 아니다. 하지만 자세히 들여다보면 이러한 태도는 예술을 심심풀이로 파악하는 것보다 훨씬 더 위험하다. 거기에는 타인들에 대한 우월 의식이 뿌리 깊이 놓여 있으며 자신들이 제시하는 예술(관)을 통해 제시되는 진리만이 옳다는 위험한 발상이 숨어 있을 수 있다. 이 땅 위에 깃들이며 살아가는 하나의 존재 방식으로서의 예술은 이러한 모든 편견으로부터 자유로워야 한다. 그러기 위해서는 예술이 바로 삶 속으로 들어와야 한다. 예술작품은 투자와 분석의 대상이 아니라 함께 느끼고 살아 냄의 대상이 되어야 한다. 그렇게 될 때 예술은 인문학의 한 분야로서 진정한 깃들임에 대해 깊이 생각하게 하는 계기를 제공할 수 있다. 나아가 진정한 거주를 실천해 나가는 데 근원적인 동력도 제공할 것이다.

예술이 이렇듯 진정한 깃들임의 근원적 동력을 제공할 수 있다면, 예술에 대한 고찰과 예술작품들에 대한 감상은 깃들임의 본질에 대한 통찰을 제공해 준다. 그렇기에 진정한 삶의 본질에 대해 깊이 생각해 보며 진정한 삶을 추구하려는 노력인 인문학에서 예술에 대한 성찰은 매우 중요한 의미를 지닌다. 더욱이 예술의 본질이 하이데거가 말하듯 "존재자의 진리의 작품 속으로서의 정립"이라면 그러한 예술작품들을 감상하고 그에 대해 서로의 생각을 나누면서 그 안에서 참된 거주의 모습을 발견하는 것은 절대적 중요성을 지닌다고 할 수 있다. 물론 이러한 자세는 앞서 말한 예술에 대한 선입견으로부터 벗어남을 전제로 한다. 그렇다면 예술작품을 통해 정립되고 감상하는 이에게 드러나는 진리란 무엇을 말하는가?

그것은 모든 존재자를 자연과학적·수학적 진리 규정에 따라 객관적으로 규정 가능한 것으로 파악하는 모든 사고로부터 벗어나서 그 존재자들이 맺는 의미 연관을 통찰하고 그에 따라 예술작품을 대하는 것을 통해서 드러난다. 따라서 하이데거가 말하는 진리란 '인식과 대상의 일치'가 아니라 모든 존재자의 총체적 의미 연관이 은폐되지 않고 드러남을 뜻한다. 실제로 예술작품에 대한 감상의 과정에서 우리는 이러한 경험을 하게 된다. 구두를 그린 고흐의 작품을 감상하면서 우리는 단순히 그 구두의 물리적 제원이나 그것이 지닌 기능에만 집중하지 않는다. 오히려 그 구두를 그린 화가의 내면이나 화가로 하여금 구두를 그리게 한 삶의 지평, 그것을 통해 드러나는 구두를 둘러싼 존재자의 존재 지평에 집중하게 된다. 이런 의미에서 예술작품은 그 속에 정립된 존재자의 참된 모습을 드러내고, 감상자로 하여금 거기에 반응하게 한다. 그런데 바로 이러한 존재자의 지평은 우리가 그 안에 깃들이며 살아가는 세계와 직접적으로 맞닿아 있다. 따라서 예술작품은 우리의 거주 지평을 밝히는 동시에 우리가 구성하는 거주 지평의 본질적 구성 요소이다.

따라서 세상에서 참된 의미의 거주를 실현하고자 하는 인문학의 시도에서 예술 및 예술작품에 대한 고찰은 매우 중요하다고 할 수 있다.

성프란시스대학 예술사 수업의 의의

성프란시스대학에서 공부하는 노숙인 선생님들에게 예술사란 어떤 의미를 지니는가? 이것은 간단하게 일률적으로 답하기 매우 어려운 질문이다. 개개인마다 다른 삶의 경험, 깃들임의 경험으로 인해 겉으로 보기에는 예술에 대한 태도가 천차만별로 나타날 수 있기 때문이다. 또한 이들에게 예술은—다른 수많은 사람들에게서와 마찬가지로—일정한 선입견의 대상이 될 수 있다. 예술은 등 따뜻하고 배부른 사람들, 한량들이나 즐기는 오락에 불과할 수도 있고 도대체 무슨 이야기인지 알아들을 수 없는 요령부득의, 소위 지적 교양인들의 자기만족 행위일 수도 있다.

따라서 예술사 수업의 일차적 과제는 이러한 선입견에 대해서 솔직하게 이야기하고 그에 대해 서로 의견을 나누는 장을 제공하는 한편, 이를 통해 진정한 깃들임의 본질적 구성 요소인 예술과 예술작품에로 들어설 수 있는 계기를 마련하는 데 있다. 이것이 실패하면 그 이후의 모든 예술사와 관련된 논의는 선생님들의 삶에 있어서는 아무런 의미를 지니지 못하는 '타인의 담론'이 될 수 있기 때문이다. 이를 위해 우선 선생님들이 생각하는 예술에 대한 일상적인 생각들을 끌어낼 수 있는 논의의 장을 마련하는 것이 무엇보다 중요하다.

그런데 그러한 논의의 장은 예술 외부의 다른 어떤 전제로부터 출발해서는 열리지 않는다. 우리가 일상적으로 매우 친숙하게 접하지만, 그 진정한 의미에 대해서는 무관심했던 예술작품들에 대한 감상에서 시작해야지만 그 논의의 장을 열 수가 있다. 우선 그 작품에 대한 일차적인 느낌을 나눈 다음, 그에 입각해 작품을 더 자세히 관찰하면서 새롭게 느낀 바를 다른 사람들의 느낌과 비교하는 것이 중요하다. 이를 통해 예술의 의미에 대한 새로운 깨달음과 호기심을 얻을 수 있기 때문이다. 구체적으로는 레오나르도 다빈치의 〈모나리자〉나 빈센트 반 고흐의 〈자화상〉처럼 깊이 감상하지는 않았다 할지라도 누구나 한 번쯤은 보았거나 들어 보았을 작품들부터 감상과 나눔, 토론을 시작하는 이유가 여기에 있다.

이러한 일차적인 시도가 어느 정도 진행되고 선생님들에게서 예술작품에 대한, 예술에 대한 진지한 태도와 호기심이 나타나기 시작할 때 더욱 구체적으로 예술작품을 통해 진정한 거주의 문제를 다방면에서 조명하는 시도가 가능할 것이다. 물론 이때 예술이 다루는 모든 깃들임의 영역을 살핀다는 것은 불가능하기 때문에 한 학기 동안 유의미하게 함께 나눌 수 있는 주제 선정이 중요하다. 여기에는 우선 예술사 수업을 담당하는 나 자신의 거주의 경험과 그것이 예술을 통해 어떻게 드러나고 파악됐는가가 중요한 주제 선정의 기준이 됐다. 그러고는 수업이 진행됨에 따라 선생님들의 깃들임의 경험, 즉 성공과 실패, 좌절의 경험, 미래에 대한 희망 등 거주하는 데 가장 중요한 모든 것들이 함께 고려되고 예술작품 감상이나 예술 자체에 대한 고찰에 실제로 반영되어야 한다. 가능하다면 선생님들이 감상하고 싶은 작품이나 고찰하고 싶은 예술의 의미를 스스로 제시하고 그로부터 감상과 토론이 이루어지게 하는 것이 더욱 바람직하다. 이를 통해 예술사 수업은 선생님들이 자신들의 삶에 대해, 세계에 대해, 존재 자체의 의미에 대해 진지하게 성찰하고 그 깨달음을 실천해 나가는 깃들임의 장이 될 것이다.

예술사 수업 예시

단순히 연대기순으로 유명한 작가의 작품들을 나열하는 것만으로는 진정한 예술의 의미를 느낄 수 없다. 따라서 작가와 작품들을 시대별로 개관하기만 하는 예술사 수업은 이루어져서는 안 된다는 것이 필자의 굳은 확신이다. 위대한 작가의 작품들에 녹아 있는 진정한 깃들임의 몸짓을 함께 느끼며 체험하는 것이 중요하기 때문이다. 그러기 위해서는 클레멘트코스에서 가장 중요하게 생각하는 교육 방식인 소크라테스의 산파술에 따라 수업에 참여하는 모든 이들의 자발적인 토론으로 수업이 진행되는 것이 매우 중요하다. 일방적으로 전문가의 입장에서 분석한 작품의 의미를 전달하지 않고 "진리는 피교육자에 의해 잉태되는 것"이라는 산파술의 근본 원리에 입각해서 끝까지 수업에 참여하는 선생님들이 스스로 사고와 토론을 이끌어 갈 수 있도록 도와야 한다. 물론 성공적으로 토론이 잘 진행됐던 경우도 있었지만 토론이 잘 안 이루어지고 분위기가 산만했던 적도 있었다. 하지만 당장 눈에 보이는 가시적인 성과보다는 예술작품을 대하는 자세와 작품에서 느끼는 감상들이 꾸준하게 조금씩 변화해 나가는 모습에 초점을 맞추면서 수업을 진행했다. 학기 후반으로 갈수록 처음에는 토론에 소극적이거나 심지어는 부자들의 유희로서의 예술에 대한 반감까지 나타냈던 선생님들이 진지하게 예술작품을 감상하고 자신의 견해를 피력하는 모습을 보였다. 이때 느꼈던 보람이 예술사 수업의 가장 큰 수확이 아닐까 생각한다. 아래에서는 이러한 방식으로 진행하려 노력했던 수업의 구체적인 모습들을 간략하게 소개하고자 한다.

1) 예술사 개관

예술사를 통해 깃들임의 의미에 대해 함께 이야기하려면 어느 정도의 공감대 형성이 필수적이다. 학기 초에 예술사를 개괄적으로 살펴보는 시간을 마련한 이유가 여기에 있다. 이후에 여러 주제에 따라 작품들을 감상하고 토론할 때 작품들을 너무 낯설어하지 않도록 하기 위한 의도도 있다. 물론 이 경우에도 작가나 작품에 대한 일방적인 설명보다는 어느 정도의 기본적인 배경지식을 전달하고 나서 함께 작품을 감상하고 토론하는 방식을 택했다.

(1) 알타미라 동굴벽화

인류가 남긴 가장 오래된 예술작품 가운데 하나로 알려진 알타미라 동굴벽화를 함께 감상하면서 먼저 던지는 질문은 "구석기시대의 인간들이 도대체 이 그림을 왜 그렸을까?"이다. 이 물음에 대해 나름대로 대답하고 난 다음, 토론에 들어가기 전에 우선 이 그림이 들소의 역동적인 움직임을 잘 잡아냈음을 노숙인 선생님들이 주목하게 했다. 비교를 돕기 위해 발레

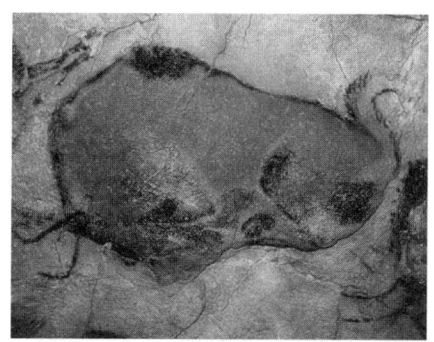
• 〈상처 입은 들소〉(스페인 북부 알타미라 동굴에서 발견), 기원전 15000~10000년경

하는 소녀들의 모습을 그린 에드가 드가의 작품이나 캉캉 춤을 추는 무희들을 그린 툴루즈 로트레크의 작품을 함께 보기도 했다. 대개의 경우 처음에는 답변이 잘 나오지 않았지만 서두르지 않고 여러 방식으로 질문을 던지면서 응답을 유도하면 몇몇 선생님들이 "심심풀이로", "자랑하려고", "많이 잡히게 해 달라는 뜻으로", "들소의 힘을 본받고 싶어서" 등 다양한 대답을 내놓았다.

여기서 중요한 것은 여러 예술 관련 서적에 나온 대로 주술적 의미라든가 종교적 의미를 정답으로 제시하지 않고, 나름대로 견해를 밝힌 선생님들에게 계속 되물으면서 그렇게 생각한 근거를 고민해 보고 실제로 제시하게 하는 것이다. 사실 이런 의미에서 예술 감상에 정답은 없다. 현대 해석학 이론에 따르면 한 가지 감상 방식만 옳고 나머지는 옳지 못하다는 주장을 펼칠 수 있는 근거를 말하는 것 자체가 불가능하기 때문이다. 이런 이야기를 하면서 선생님들에게 자신이 파악한 방식이 나름대로 가치가 있을 수 있다는 자신감을 심어 주는 동시에 자신이

왜 그렇게 느끼고 생각했는지 다시 한 번 살펴보도록 격려한다. 이것이 성공하느냐가 이후의 수업 진행에 결정적인 영향을 미치기 때문에 이 토론은 매우 중요하다. 따라서 처음에 선생님들이 쑥스럽다거나 낯설다는 이유로 자신의 감상이나 의견을 피력하기 주저한다고 해서 곧바로 전형적인 해답을 제시하려는 유혹에 빠지지 않고 참을성 있게 학생들이 이야기할 수 있도록 기다려 주고 격려하는 것이 필요하다.

(2) 중세 성화

중세에 그려진 다음의 작품을 보여 주면서 선생님들에게 무언가 이상한 점이 없는지 물어본다. 처음에는 잘 대답하지 못하다가 한두 분이 사람들 얼굴이 다 비슷하게 생겼다든가, 동시에 일어나지 않은 일들이 하나의 화폭에 그려졌다든가 하는 대답들을 내놓기 시작한다. 이럴 경우 다른 선생님들도 그러한 생각에 동의하는지, 아니면 다르게 생각하는지 물으면서 대화와 토론을 유도했다. 어느 정도 시간이 지나면 하나둘씩 이상한 점들이 발견되고 서로의 의견에 동의하거나 이의를 제기하면서 선생님들이 흥미를 느끼고 토론이 활발해진다. 건물의 1층과 2층 사이의 비례가 안 맞는다든가, 건물을 바라보는 시점이 하나가 아니고 여럿이라든가 하는, 처음

• 〈요한의 탄생과 할례〉, 세례 요한의 생애 전문 화가, 1330 또는 1340

에는 발견하기 어려웠던 문제들도 대부분 선생님들에 의해 발견된다. 이렇게 어느 정도 이 작품의 특성에 대한 토론이 충분히 진행됐을 때 "왜 이렇게 그렸을까?" 하는 질문을 던졌다. 이 질문에 대해서는 다양한 의견이 제시된 경우도 있지만, 잘 모르겠다며 더 이상 생각하기 싫어하는 경우도 있었다. 전자는 선생님들끼리 토론을 자유롭게 진행하도록 유도했고, 후자도 바로 준비된 정답을 제시하지 않고—물론 그런 정답은 존재하지 않는다—여유를 가지고 천천히 작품을 관찰할 시간을 주면서 편하게 자신의 생각을 발표하도록 유도했다.

여기서 선생님들이 분명하게 느끼는 점은 예술작품이 어렵고 따분하기만 한 것이 아니라, 여러 가지 흥미롭게 관찰할 수 있는 특징들을 지니고 있으며, 자신도 얼마든지 나름대로 감상하고 자신의 견해를 피력할 수 있다는 사실이었다. 이러한 자신감은 이후 많은 작품들을 접하는 과정에서 미리 전문가의 정답을 검색하거나 교수의 답을 기다리지 않고 스스로 적극적인 자세로 작품을 감상하고 토론에 참여하게 하는 데 매우 중요하다. 따라서 학기 초에 이러한 자신감을 가질 수 있도록 다양한 방식으로 선생님들을 격려하고 칭찬해야 한다. 그렇다고 해서 무조건 칭찬하기만 하라는 것은 아니다. 선생님들이 제시한 의견이 불충분하거나 모호하다고 생각될 경우 계속 질문을 통해 자신들의 견해를 더욱 명확하게 표현하도록 유도하는 것 또한 앞으로의 토론이 논리 정연하면서도 의미 있게 이루어지게 하는 데 결정적인 역할을 한다. 이때쯤부터는—물론 토론이 활발하게 이루어지기 시작했을 경우에 한하지만—다른 사람의 의견을 존중하면서도 자신의 견해를 근거로 해서 다른 사람의 견해를 반박해 보라고 격려했다. 한 선생님이 제시한 의견이 설득력 있다고 생각하는지 다른 선생님들에게 물을 경우, 항상은 아니지만 종종 자신은 다른 견해라고 주장하면서 근거를 제시하는 선생님들이 나타난다. 그러면 토론이 매우 활기를 띠면서 수업은 아주 흥미로워진다. 물론 이러한 시도는 일률적으로 어떤 단계에서만 행해질 수 있는 것이 아니다. 그때그때 대화나 토론의 상황에 따라 운영의 묘를 살려 가며 시도해야 한다.

(3) 소실점 원근법

근대 회화와 중세 회화의 차이점을 극명하게 대조적으로 보여 주려고 서양회화사상 가장 위대한 작품으로 인정받는 레오나르도 다빈치의 〈모나리자〉를 함께 감상했다. 그리고 지난번에 보았던 중세 성화와의 차이점을 발견하도록 유도했다. 그 전에 작품을 편하게 감상하면서 〈모나리자〉가 위대한 작품인 이유에 대해 각자 떠오르는 생각들을 자유롭게 발표시켰다. 이 작품은 누구나 한 번쯤은 접해 봤고 대부분은 여러 차례 감상했을 정도로 익숙할 것이다. 게다가 "모나리자의 신비한 미소"라는 말도 있을 정도니 선생님들은 편하게 이미 알고 있는 정답을 말하거나 "눈썹이 없다"는 식의 우스갯소리를 하며 즐거운 분위기를 만들었다.

어느 정도 이에 대한 발표와 토론이 이루어지고 나면 〈모나리자〉와 중세 성화의 차이가 무엇인지 묻는 질문을 꺼냈다. 처음에는 이런 식의 비교에 익숙하지 않아 자신들의 생각을 발표하는 선생님들이 많지 않지만 여유를 가지고 두 작품을 계속 비교해 보여 주면 조금씩 차이점들을 발견하기 시작한다. 인체 묘사가 매우 사실적이라든가, 배경이 실제 눈으로 보는 것과 비슷하다든가 하는 대답들이 나오면 왜 그렇게 그리려고 했을까 생각해 보도록 격려했다. 생각을 돕기 위해 매우 사실적인 다빈치의 인체 해부도를 보여 주면서 왜 그렇게 열심히 인체 해부도를 그렸는지 생각해 보라고 했다. 어떤 경우에는 이 물음들에 대해서도 열띤 견해 제시와 토론이 이루어졌지만, 어떤 경우에는 다들 대답하기 어려워했다. 후자의 경우에는 멀어질수록 작게 묘사되는 〈모나리자〉의 배경에 주목하게 함으로써 중세 성화와의 차이점을 분명하게 인식할 수 있는 출발점을 제공해 주기도 했다. 그렇지만 학생들이 차이점을 인식하고 의견 제시와 토론을 활발하게 하면 토론이 너무 산만해지거나 다른 주제로 옮겨 가지 않는 한에서는 스스로 토론을 진행하는 것이 바람직하다고 생각해서 가능한 한 개입을 자제했다.

• 〈**최후의 만찬**〉, 레오나르도 다빈치, 1482~1499

토론이 충분히 진행되면 〈최후의 만찬〉을 함께 감상하면서 선생님들에게 소실점 원근법이 무엇이며 왜 그렇게 그리려고 했는가에 대한 예술사적 지식을 전달했다. 그다음 이러한 시도를 어떻게 생각하는지 다시 선생님들에게 묻고 그 문제에 대해 토론했다. 이때쯤이면 예술작품이 아무렇게나 그려지는 것이 아니라 작가가 세상을, 삶 자체를 어떻게 바라보느냐에 따라 전혀 다르게 제작된다는 사실을 선생님들도 어느 정도 인식하게 된다. 이로써 이 세상에서 깃들이며 살아간다는 것과 예술작품을 만들고 감상한다는 것이 매우 밀접한 관계가 있음을 어렴풋하게나마 느끼고, 그래서 더욱 수업에 흥미를 느끼는 선생님들도 나타났다. 수업 시간에는 이 이후에 등장한 수많은 예술사조들과 그 변화에 대해서도 다양하게 살펴보았지만 여기서는 지면 관계상 생략하기로 하겠다.

(4) 현대예술의 난해함

사람들은 대부분 근대예술까지는 어느 정도 이해하고 또 좋아하기도 하지만 현대예술에 대해서는 부정적인 태도를 취한다. 성프란시스대학 선생님들도 예외가 아니었다. 예술작품을 접할 기회가 적은 데다 삶이 팍팍하다 보니 바로 이해되지 않는 요령부득의 작품들을 접하면 계속 감상하려는 시도를 하기보다는 그냥 포기하는 것이다. 때로는 이렇게 이해하기 어려운 예술작품이 도대체 무슨 의미가 있느냐고 교수에게 직접 이의를 제기하는 선생님들도 있었다. 한 선생님은 그것을 "그들만의 잔치"라고 표현했고, 다른 선생님은 예술이 사회적 의미를 가지려면 대중들에게 자신의 의도를 적극적으로 알려야 하므로 아무도 이해할 수 없는 작품은 진정한 예술작품이 아니라고 주장했다. 이럴 경우 교수가 바로 그들의 견해를 수용하거나 반박하는 것은 바람직하지 않은 방법이다. 우선 그렇게 생각하게 된 계기에 대해 좀 더 자세히 들어 보는 것이 필요하다. 그러고 난 다음에야 진정한 대화와 토론이 가능하기 때문이다. 이런 단계에 이르면 이제 교수와 선생님들 사이에서도 격의 없는 토론이 시도될 수 있다.

이런 토론이 가능하려면 어느 정도 충격적인 경험이 필요하다. 그러한 조건을 잘 충족시키는 현대예술 작품들로 마르셀 뒤샹의 〈샘〉, 앤디 워홀의 〈브릴로 박스〉, 파블로 피카소의 〈게르니카〉 등을 선정했다. 〈샘〉을 감상하면서 공장에서 대량생산된 변기가 과연 예술작품이 될 수 있느냐는 질문을 던지자 매우 다양한 의견이 제시되고 난상토론이 벌어졌다. 그것은 〈브릴로 박스〉의 경우도 마찬가지였다. 슈퍼마켓에 가면 어디서나 볼 수 있는 상품 상자를 열심히 그려서 똑같이 만들어 낸다면 그것이 과연 예술작품인가에 대한 난상토론이 벌어졌던 것이다. 그 전까지는 작품에 대한 토론이 이루어지더라도 어느 정도 정답이 있다고 가정하고 그에 근접한 답을 제시하려고 노력했던 선생님들조차 이제는 자신의 견해를 그대로 주장하기 시작했다.

물론 이때 중요한 것은 자신들의 주장을 아무렇게나 던지듯이 제시하는 것이 아니라 예술이 무엇인가에 대한 자신의 견해를 설득력 있게 피력하면서 그것을 근거로 이 문제에 대한 견해를 말하고 토론하게 하는 것이다. 그렇지 못하게 되면 토론은 결국 아무런 소득이 없는 말

잔치로 끝날 가능성이 많다. 예술의 본질과 관련된 이러한 질문은 매우 활발한 토론을 통해 많은 성과를 얻는 경우도 있었지만 오리무중으로 빠져 버리는 경우도 많았다. 민간인을 무차별적으로 학살한 독일 공군의 폭격에 대한 분노 섞인 고발이라는 의미를 먼저 제시하지 않고 〈게르니카〉를 감상하게 한 다음 각자의 의견을 피력하게 했다. 그랬더니 이전에 그 작품에 대해 들어 본 적이 없으면 도대체 뭐가 뭔지 모르겠다고 하는 경우가 많았다. 나중에 그러한 의미를 설명해 줘도 여전히 선생님들은 이의를 제기했다. 나치의 만행을 고발하려면 모두가 이해할 수 있는 방식으로 하는 것이 낫지 않느냐는 반론이 대부분이었다. 물론 이 물음에 대한 대답은 각자에게 맡겨 두고 넘어갔다.

하지만 그와 동시에 "피카소는 왜 그렇게 그림을 그렸을까?" 하는 또 다른 질문을 제기했다. 이 물음에 대해서는 토론이 활발하게 이뤄지지 못했다. 입체파의 근본원리에 대한 설명이 선행되거나 이미 그런 문제의식을 가졌던 선생님들이 아니라면 선생님들이 자발적으로 답을 생각해 내기는 어려운 문제기이 때문이다. 따라서 삼차원의 사물을 이차원의 공간에 제대로 묘사하려고 공간을 분할해 펼쳐 보이려 했던 입체파의 시도에 대해서는 대부분 교수가 직접 설명하곤 했다. 그렇다고 해서 문제가 끝난 것은 아니었다. 그런 설명을 듣고 나서 그 작품을 다시 보아도 별 감흥이 없거나 어떻게 분할해 펼쳐 보이는지 처음에는 잘 납득이 가지 않기 때문이다. 하지만 이러한 어려움을 감추고 어느 정도 이해 가능한 작품들만을 감상하기보다는 예술이 지니고 있는 모든 근본적인 문제들을 간단하게나마 제시하고 느껴 보게 하는 것이 중요하다.

이는 그것이 오늘날에도 여전히 실제 예술이 지니고 있는 문제이기 때문이고, 이러한 미해결의 문제를 그대로 선생님들이 접하고 나름의 문제의식을 지니게 되는 것이 예술 세계에 입문하기 위한 가장 중요한 전제 조건이기 때문이다.

2) 예술과 나, 그리고 세계

앞서 지적했듯이 우리가 이 땅에 깃들이며 마음 쓰고 살아가는 행위와 예술이 어떤 관계를 맺는가는 예술가와 예술작품에 대한 연대기적 서술만으로는 파악하기 힘들다. 그래서 예술이 어떤 방식으로 우리의 깃들이며 살아가는 행위와 관계가 있는지 알아보고자 몇 가지 주제를 선정해 그와 관련이 있는 작품들을 감상하고 토론하는 방식을 택했다. 앞서 하이데거의 철학을 통해 살펴본 바에 따르면 진정한 거주를 위해 인간에게 가장 먼저 필요한 것은 일상의 모든 관계로부터 절연되어 오롯이 홀로 서는 것이다. 예술가의 자화상을 첫 번째 주제로 삼은 이유가 여기에 있다. 하이데거에 따르면 온전히 홀로 서는 데 인간에게 가장 필요한 것은 불안을 향한 용기인데, 불안의 대상은 무(無)이고, 무는 곧 죽음과 밀접한 관련이 있다. 따라서 진정한 삶은 죽음과 불가분의 관계를 지니며 이러한 토대 위에서만 타인과의 진정한 관계 설정이 가능하다. 이것이 바로 삶과 죽음을 두 번째 주제로 택한 까닭이다. 그다음에는 이에 대한 진지한 성찰을 토대로 타인과의 관계 설정의 문제, 사회의 문제와 예술의 관계에 대해 살펴보려고 했다. 이 모든 것에 대한 성찰이 선행되고 난 뒤에야 비로소 예술을 통한 진정한 소통의 가능성을 고찰할 수 있다고 생각했기 때문이다. 마지막으로는 작가와 수용자 사이의 소통과 관련해 작품을 감상하는 데 작가의 의도가 중요한가, 아니면 감상하는 사람의 느낌이 중요한가에 대한 문제를 고흐의 유명한 구두 그림을 통해 살펴보면서 한 학기 수업을 마무리했다. 물론 실제 수업에서는 아래에서 제시하는 것보다 훨씬 많은 작가의 작품들을 감상하고 이에 대해 토론했지만, 이 수업의 전체 의의를 설명하는 데 적절하다고 생각되는 몇 가지만 선택해 설명하는 것이 효과적이라 생각된다. 그러면 구체적으로 수업 내용과 실제 진행 상황에 대해 살펴보자.

(1) 뒤러와 고흐의 자화상

예술에는 자신의 삶의 의미를 돌아보고 새로운 힘을 얻거나 새로운 결단을 하게 하는 중요한 기능이 있는데, 그것이 가장 잘 발현되는 형태 가운데 하나가 자화상이라 할 수 있다. 물론 이는 여러 예술 장르에서 다양한 방식으로 이루어진다. 실제 수업에서는 그 가운데 쉽게 접할 수 있는 시와 회화 장르를 택했다. 시 작품으로는 윤동주의 〈자화상〉과 서정주의 〈자화상〉을 함께 읽고 그에 대한 간단한 감상을 여러 사람이 발표한 다음 그 의미에 대해 다각도로 살펴봤다. 이를 통해 함께 얻게 된 중요한 통찰은 하이데거의 말처럼 자신의 모습을 제대로 들여다보려면 일상에서 떠나 스스로와 대면하는 시간이 필요하다는 사실이었다. "산모퉁이를 돌아 논 가 외딴 우물"을 찾아간다는 윤동주의 시구에서 우리는 그러한 모습을 엿볼 수 있다. 그리고 "세상은 가도 가도 부ㄲ럽기만" 하지만 "아무것도 뉘우치지" 않겠다는 서정주의 시구에서는 자신에 대한 애증의 감정이 동시에 공존할 수 있으며 이를 긍정적인 에너지로 승화시키려면 우선 자신을 솔직하게 들여다봐야 한다는 사실도 확인했다. 이러한 통찰을 토대로 회화예술 분야에서 널리 알려진 두 화가의 자화상을 감상했다. 하나는 독일 르네상스의 대가였던 알브레히트 뒤러의 자화상이었고, 다른 하나는 고독했던 영혼의 소유자 빈센트 반 고흐의 자화상이었다.

① 뒤러의 자화상에 대한 감상

뒤러의 자화상을 감상할 때 수업에 참여한 선생님들은 첫 번째 자화상에서 느껴지는 도전적인 느낌에 주목했다. 또한 두 번째 자화상에서는 표정이 많이 부드러워졌다고 이야기했다. 청년 시절에 가난했는데 점점 부유해지고 세련되어져 간 것 같다고 말하는 선생님도 있었다. 두 번째 자화상에서 나타나는 의상의 변화라든가 거기에서 오는 느낌, 창밖의 풍경을 통해서 엿보이는 세계에 대한 열

- 〈자화상〉, 알브레히트 뒤러, 1493
- 〈자화상〉, 알브레히트 뒤러, 1498
- 〈자화상〉, 알브레히트 뒤러, 1500

린 태도 등을 언급하기도 했다. 세 번째 자화상을 보고는 그것이 교회나 종교시설에서 자주 접하게 되는 예수 그리스도의 초상화와 비슷하다는 의견을 내놓는 선생님들이 많았다. 이러한 일차적 감상을 시작으로 그 의미까지 분석했는데, 세 자화상에서 공통적으로 느껴지는 것이 '자존감'이라는 데 여러 선생님들이 동의했다. 이러한 주장을 토대로 종교적 권위의 부당한 억압으로부터 벗어나 자신의 존재 의미를 구현하려고 했던 르네상스 정신과 자화상을 연결시키는 선생님도 있었다. 르네상스 정신이 예술을 통해 세상을 구원하고 인도하려 했던 화가 자신의 이상과 결부될 수 있다는 교수의 언급과 함께 뒤러의 자화상에 대한 감상을 마무리했다.

② 고흐의 자화상에 대한 감상

고흐의 자화상에는 여러 선생님들이 뒤러의 자화상보다 훨씬 더 강한 반응을 보였다. 대상의 객관적 모사에 관심이 많았던 르네상스 화풍에는 그다지 깊은 동질감을 느끼지 못하고 작품 자체에 객관적인 거리를 두고 감상하던 태도와는 사뭇 다른 느낌으로 고흐의 자화상을 대했던 것이다. 그러한 태도는 고흐의 자화상을 통해서 자신의 인생을 돌아보고 작품 안에 자신의 인생을 투영해 보는 방식으로 나타나기도 했다. 어떤 선생님은 자신이 경험했던 우울증의 경험을 토대로, 고흐가 자신의 귀를 자르고 난 다음에 그린 자화상을 보면서 그의 눈빛에서 우울증의 흔적을 유추해 내기까지 했다. 그리고 뒤러의 자화상과 달리 얼굴의 혈색이나 주변 환경이 실제로 보는 세계와는 다르게 묘사되었고 계

• 〈자화상〉, 빈센트 반 고흐, 1889 • 〈자화상〉, 빈센트 반 고흐, 1887 • 〈자화상〉, 빈센트 반 고흐, 1887~1888

속 변화했음에 주목하는 선생님들도 있었다. 이에 대해 교수는 고흐 당대에 서구의 예술사를 오랫동안 지배해 왔던 전통적인 예술론, 즉 예술의 본질은 모방에 있다는 믿음이 붕괴되어 갔다는 사실을 설명했다. 또 예술작품을 감상할 때도 얼마나 잘 모사했는가가 아니라 어떻게 예술가의 내면이 표현되었는가가 중요한 경우가 있으며, 현대예술로 올수록 점점 더 그러한 경향이 강해진다는 사실도 언급했다.

이러한 감상과 토론은 예술작품이 감상자들에게 자신의 삶을 깊이 들여다보고 그것을 토대로 자신의 삶을 새롭게 설계할 수 있는 기반을 마련해 준다는 인식에 이르게 해 주었다. 한편 이것은 단지 '자화상'이라는 제목이 붙은 작품에서만 얻을 수 있는 것이 아님을 고흐의 다른 그림들을 통해 살펴보았다. 〈감자 먹는 사람들〉, 〈직조공〉 같은 작품에서는 그가 가난하고 소외된 사람들에게 느끼던 한없는 애정을, 〈까마귀가 나는 밀밭〉 같은 작품에서는 그의 불안정한 심리 상태를 엿볼 수 있었다. 따라서 예술작품은 예술가의 삶을 반영하며, 그러한 삶을 마주하는 감상자는 이를 자신의 삶에 투영해 보고 그것을 토대로 새롭게 자신

• 〈감자 먹는 사람들〉, 빈센트 반 고흐, 1885 • 〈까마귀 나는 밀밭〉, 빈센트 반 고흐, 1890

의 삶의 의미를 돌아볼 수 있다는 언급으로 자화상에 대한 감상과 토론을 마감했다.

(2) 삶과 죽음

앞에서 살펴본 고흐의 작품 〈까마귀가 나는 밀밭〉에서 우리는 죽음에 대한 강렬한 예감을 느낄 수 있다. 인간에게 죽음이란 가장 두려운 것이기도 하지만 한편으로는 자신의 인생의 완성되는 순간이자 자신의 삶의 의미가 결정되는 순간이기도 하다. 그러므로 삶과 죽음은 불가분리의 관계를 맺는다. 이것을 해학적이면서도 매우 날카롭게 표현한 것이 중세 후기에서 근대 초기에 유럽에서 유행했던 〈죽음의 춤〉 연작이다. 그중에서 특히 유명한 한스 홀바인의 수많은 작품들을 감상하면서 선생님들에게 각각의 그림에서 죽음이 어떻게 형상화되며, 죽음이 노리고 있는 사람이 누구인지 맞춰 보도록 했다. 대부분의 경우 그것을 알아내기가 어렵지 않은 데다 홀바인의 표현 방식이 매우 흥미로 웠기에 수업이 활발하게 진행될 수 있었다. 예를 들어 술에 빠져 사는 술주정뱅이들에게 죽음이 어떤 식으로 함께하고 즐거워하며 춤추고 있는지를 보여 주는 작품은 많은 선생님들의 주의를 끌었다. 다들 음주와 관련된 문제들을 직접 겪었거나 주변에서 많이 접했기 때문일 것이다. 어떤 선생님들은 이런 작품들을 감상하면서 어떻게 죽느냐 하는 문제는 곧 어떻게 사느냐 하는 문제와 직결된다고 하는 결론에 이르렀고, 다른 선생님들도 대부분 이에 동의했다.

그다음에는 50여 점이 넘는 홀바인의 〈죽음의 춤〉 연작에서 죽음이 등장하지 않는 몇 가지 작품들을 제시하면서 그 이유가 무엇인지 물어보았다. 그중 대부분은 성서가 전하는 바에 따라 아담과 이브가 타락

• 〈죽음의 춤: 주정뱅이들〉, 한스 홀바인, 1545

• 〈죽음의 춤: 거지〉, 한스 홀바인, 1545

제2부　앞에서 본 인문학
　　　: 교수들의 이야기

하기 이전, 즉 죽음이 이 세상에 들어오기 이전을 묘사한 그림이었다. 이에 대해서는 당연하다고 생각해서인지 그다지 많은 토론이 이루어지지 않았다. 그런데 오직 하나의 작품 안에서만 타락 이후의 인간의 삶에 죽음이 관여하지 않는 것으로 묘사된다. 그 작품에는 길모퉁이에서 적선을 바라는 걸인의 모습이 나온다. 여기에 대해서는 의견이 분분했다. 아무것도 가진 것이 없기에 죽은 사람이나 다름없다는 의견도 있었고, 편안해 보인다고 느끼는 경우까지 있었다. 고통의 극한을 경험하면 사람들은 차라리 죽길 바란다는 이야기도 나왔다. 어떤 견해를 피력하든 이는 그것을 피력하는 사람이 걸어온 삶의 여정이나 삶을 바라보는 태도와 밀접한 관련이 있다는 사실을 알 수 있었다.

이 주제에 관한 토론에는 평소보다 훨씬 많은 선생님들이 자발적으로 참여했다. 대학교의 교양과목에서도 같은 주제로 강의했을 때 학생들이 매우 진지한 태도로 반응했고, 기말고사에서도 이 주제가 가장 많은 학생들이 선택한 서술 주제였다. 이것만 보아도 죽음이 평소에는 성찰의 대상이 되는 경우가 많지 않지만, 자신의 삶을 진지하게 돌아볼 때는 가장 중요한 고찰의 대상임을 알 수 있다. 이러한 성찰은 자신에 대한 깊은 반성을 통해서만 가능하다는 것도 알게 되었다. 자신의 모습을 돌아보는 일, 그것은 진정한 죽음의 의미, 나아가서 진정한 삶의 의미를 파악하기 위한 첫걸음이라는 사실을 다시 한 번 확인했던 것이다.

(3) 예술과 사회

예술이 사회문제에 어떤 역할을 할 수 있는지 알아보고자 몇몇 작

• 〈민중을 이끄는 자유의 여신〉, 외젠 들라크루아, 1830

품을 감상했다. 우선 계몽으로서의 예술과 선전으로서의 예술을 비교하려고 외젠 들라크루아의 〈혁명을 이끄는 자유의 여신〉과 2차 세계대전 당시 소련의 전쟁 포스터를 보여 주었다. 두 작품에 대한 감상을 발표하면서 예술의 사회적 의미에 대한 토론이 격렬하게 벌어졌다. 계몽과 선전의 차이에 대해서는 공감하지만 그것을 구분하는 구체적인 기준이 모호하다는 지적도 있었다. 사회주의 이상에 동의하는 사람에게는 소련의 전쟁 포스터도 계몽의 의미를 지닐 수 있지 않느냐는 것이다. 하지만 대체로 선생님들은 전쟁 포스터에는 부정적인 반응을 보였고, 들라크루아의 작품에는 긍정적인 반응을 보였다. 그 이유가 무엇인지 물었을 때 지금의 프랑스 국기인 삼색기가 나타내는 자유·평등·박애의 이상에 대해 말하는 선생님도 있었지만, 양손에 권총을 쥔 어린 소년의 모습에 주목하는 선생님들이 대부분이었다. 그리고 화면의 전면에 묘사된 수많은 주검들을 가리키면서 진정한 해방에는 많은 희생이 따른다는 사실을 언급하는 경우도 있었다. 반면 예술이 꼭 그런 정치적인 의미를 띠어야 하는지 회의적인 견해를 제시하는 선생님도 있었다.

이때 교수는 토론의 열기가 지나쳐서 논리 정연한 토론보다는 감정에 치우친 토론이 되지 않도록 주의를 기울였다. 어떤 경우에는 실제로 토론 중간에 개입해서 토론의 기본 원칙에 대해 설명하는 경우도 있었다. 서로의 견해를 끝까지 경청하고 거기에 대해 논리적으로 반박한다는 원칙이 지켜지지 않으면 사실 대부분의 토론은 자신의 주장만을 강요하다 아무 소득 없이 끝나고 만다. 그렇게 되면 토론 당사자들이 감정적으로 상처받을 수도 있다. 그것은 예술과 사회문제와 관련된 토론에 국한된 것은 아니지만 이런 경우 가장 많이 나타나는 현상이다. 이것을 직간접적으로 느끼고 절도 있게 토론하는 법을 익히는 것이 더불어 살아가는 데 가장 중요한 덕목이다. 인문학을 공부하는 가장 중요한 이유 가운데 하나가 바로 이러한 덕목을 갈고닦는 데 있다.

(4) 표현

앞서 살펴보았듯 서로를 존중하면서도 자신의 견해를 논리 정연하게 표현하는 법을 배우는 것이 인문학 공부의 중요한 목표 가운데 하나이다. 그것을 위해서는 자신의 내면을 표현하는 법을 배우는 것이 필수적이다. 성프란시스대학 예술사 수업에서 표현주의 화단의 대표 화가 에드바르 뭉크의 〈절규〉를 선택해 현대예술의 가장 중요한 주제 가운데 하나인 표현의 문제에 대해서 다루게 된 이유도 여기에 있다. 이 작품은 의외로 많은 선생님들이 알고 있었다. 여러 차례에 걸친 도난 사건이 대중매체를 통해 알려진 탓도 있겠지만 그보다는 자신들의 삶의 실존적 조건과 관련해 많은 공감을 느꼈기 때문으로 보인다. 여기서 느껴지는 정서가 무엇이냐고 물었을 때 선생님들은 대부분 공포·고통·불안 등 부정적인 정서를 들었다. 그런 정서가 어디서 느껴지느냐는 물

• 〈절규〉, 에드바르 뭉크, 1893

음에 대해서는 배경의 색채, 전면에 묘사된 인물의 얼굴, 뒷면에 묘사된 두 인물의 불분명한 모습 등을 언급했다. 대부분 비슷한 정서를 느꼈기에 왜 그런가라는 문제보다는 그러한 정서에 대한 개인적인 경험들을 이야기했다. 이렇게 자신의 실존적 문제를 드러내 놓고 함께 나누는 것도 인문학이 추구하는 중요한 목표 가운데 하나일 것이다. 그것이 하이데거가 말하는 진정한 심려(Fursorge)의 출발점이기 때문이다. 언제나 성공적이지는 않았지만 이렇게 자신들의 상처를 내어 놓고 함께 보듬어 안는 시도를 조금이나마 시작하는 계기의 장이 되었다는 것, 이것이 성프란시스대학 인문학 과정의 커다란 매력이 아닌가 싶다.

(5) 고흐의 구두 그림

• 〈구두〉, 빈센트 반 고흐, 1886

하이데거의 대표적인 예술철학 논문인《예술작품의 근원》에서 언급된 바 있는 고흐의 구두 그림을 감상하면서 생산미학과 수용미학의 문제에 대한 이해와 예술의 본질적 의미에 대한 토론을 시도했다. 우선 일차적인 감상을 자유롭게 발표하도록 했다. 놀랍게도 두 가지 상반된 감상이 쏟아졌다. 힘들고 어려운 삶을 암시하는 것 같다는 선생님들도 있었지만, 무언가 희망을 이야기하는 것 같다는 선생님들도 있었다.

그러고는 돌발적으로 이 구두가 누구의 구두라고 생각하느냐고 질문했다. 이것은 하이데거와 마이어 샤피로(Meyer Schapiro), 자크 데리다(Jacques Derrida)를 통해서 세대를 넘어―직접적으로는 아니었지만―벌어졌던 논쟁을 염두에 둔 것이었다. 이에 대해 여러 추측들이 이어졌다. 고흐 자신의 구두일 것이라는 선생님도 있었고, 그냥 우연히 헌 구두를 보고 그렸을 것이라는 선생님도 있었다. 이 구두를 농부 아낙네의 구두라고 말한 하이데거에 대한 샤피로의 비판, 즉 이 구두는 고흐 자신의 구두라는 주장을 제시한 다음 의견을 말해 보도록 했다. 이에 대해서도 의견이 다양하게 갈렸다. 그 뒤로 예술작품을 감상할 때 작가의 의도를 알고 그에 맞추어 감상하는 것이 옳은가, 아니면 그냥 자신의 느낌에 따라 감상하는 것이 옳은가에 대한 열띤 토론이 벌어졌다. 두 주장 가운데 어느 하나가 옳다는 결론을 내릴 수는 없기 때문에 왜 이러한 현상이 벌어졌는지를 설명하고 각자 자신에게 맞는 감상 방법을 찾는 것이 중요함을 지적했다. 마지막으로 "존재자의 진리의 작품 속으로의 정립"이라는 하이데거의 예술의 본질에 대한 명제를 통해 과연 예술이 진정으로 어떤 역할을 할 수 있는지 생각하도록 유도하면서 감상과 토론을 마감했다.

나가며

    이 글에서 우리는 노숙인을 위한 인문학 강좌의 의미는 무엇이며, 그 안에서 예술을 다룬다는 것이 어떤 의미인지 살펴보았다. 인간이 이 세계 안에서 깃들이며 살아간다는 것이 무엇이며, 그것이 구체적으로 어떤 의미를 지니는가에 대한 철학적 통찰은 우리에게 이와 관련해 많은 시사점을 제공한다. 결론적으로 말하면, 인문학을 배우고 가르친다는 것은 인간으로서 이 세계 안에서 깃들이며 살아가는 본질적인 거주 행위이며, 결코 어떤 다른 목적을 달성하기 위한 수단으로 전락되어서는 안 된다. 예술은 그러한 본질적인 거주 행위이면서 동시에 그러한 거주 행위에 대한 통찰의 기회를 제공해 주는 이중적 기능을 한다. 이런 면에서 성프란시스대학에서 예술사를 가르치고 배운다는 것은 자신의 거주 행위를 돌아보고 그 의미를 통찰하면서 미래의 삶을 향해 새롭게 결단하는 존재 사건의 장에 함께한다는 것을 의미한다. 이러한 존재 사건의 장에 참여하는 것이 예술사 수업, 더 나아가서는 성프란시스대학의 모든 인문학 수업이 거기에 참여하는 모든 사람들에게 부여해 주는 특권일 것이다.

철 학

자기치유와
자기실현으로서의 철학

박남희
성프란시스대학 철학 교수

왜 철학인가

　　철학 무용론까지 제기되는 현대사회에서 노숙에 처한 사람들에게 철학을 이야기하는 까닭은 무엇인가. 얼 쇼리스가 가난하고 소외된 자들을 위해 클레멘트코스라는 인문학 과정을 개설했고 많은 사람들이 그 뜻에 동조했다 하지만 강단(講壇)철학이 삶을 외면하고 사회가 철학을 거부하는 상황에서, 심지어 대학에서조차 철학이 외면당하고 죽어 가는 현대 한국 사회에서, 그것도 당장 빵과 기거할 공간이 시급한 사람들에게 철학을 강의한다는 데에 의문을 제기하지 않았던 사람은 아마도 드물었으리라. 그럼에도 2005년 9월 한국에서는 성프란시스대학에서 처음으로 이들을 위한 철학 강의를 개설했고 이후 우리 사회는 노숙에 처한 사람만이 아니라 다양한 어려움에 처한 사람들을 위한 철학 강의를 확대 시행했다. 그렇다면 이러한 현상이 그들을 위한 철학 강의의 정당성과 실효성이 입증됐음을 말해 주는 것일까. 그래서 많은 사람들이 노숙인에게도 철학이 필요하다는 사실을 동감하거나 절감한다는 뜻일까.

이러한 염려와 기대 속에서 이 땅에서 노숙에 처한 사람들에게 철학을 강의한 지 2012년 올해로 만 7년이 됐다. 철학은 단시간에 가시적 효과를 드러내는 학문은 아니지만 여전히 노숙에 처한 이들을 위한 철학 강의를 의심의 눈으로 바라보는 이들과 철학의 실천적 쓰임에 관심을 두고 그 귀추를 지켜보는 사람들은 물론 참된 '철학함'을 위해 고심하는 사람들, 실제로 철학 수업에 참여한 분들과 인문학 과정에 관련된 모든 사람들을 위해 이제는 왜 노숙인들에게도 철학 강의가 필요한지, 그리고 그 과정에서 발생한 문제점은 무엇인지에 대한 구체적이고 실질적인 논의를 전개해 볼 때가 아닌가 싶다.

물론 이에 대해 가장 진실한 이야기를 할 수 있는 사람은 철학 수업에 참여한 노숙인 선생님 당사자임이 분명하나 강의를 담당했던 사람 또한 그 책임으로부터 결코 자유로울 수 없기에 그동안 성프란시스 대학에서의 경험을 바탕으로 노숙에 처한 이들을 위한 철학 강의에 대해 나름의 소견을 피력해 보고자 한다. 이는 노숙인을 위한 철학 강의의 당위성은 물론 그것이 앞으로 지향해야 할 바가 무엇인지에 대한 논의를 촉진하고자 하는 일임과 동시에 우리 사회에 곳곳에서 어려움에 처한 사람들에 대한 관심과 애정을 구하는 일로서 새로운 차원의 복지 철학에 근거한 복지 정책을 마련할 수 있는 계기가 되기를 희망하는 일이기도 하다.

사유 운동으로서의 철학

이에 관한 문제는 먼저 철학이란 무엇인가 하는 물음에서 시작해야 할 것이다. 왜냐하면 철학의 개념을 어떻게 규정하느냐에 따라 철학을 한다는 것, 철학을 공부한다는 것, 철학을 강의한다는 것의 의미와 내용이 달라질 수밖에 없기 때문이다. 따라서 철학을 어떻게 정의하느냐는 단순히 개념 정의를 위한 것이 아니라 노숙에 처한 사람들에게 어떻게 철학을 이야기할지에 대한 문제이기도 하다.

먼저 철학을 여러 학문 가운데 한 분과로 여길 경우 철학은 철학자들의 주장을 습득하는 이론 학문이 된다. 이 경우 철학을 한다는 것은 철학자들이 주장한 내용에 대해 공부하는 것으로 철학 공부는 철학자들의 이론에 대한 지식을 습득하는 일이 된다. 그러나 철학을 이와 달리 생각하는 학문이라 여긴다면 철학 공부는 우리들이 매 순간 마주하는 일들에 대해 무엇을 어떻게 해야 할지 묻고 답하는 일이 된다. 이처럼 철학을 어떻게 여기느냐에 따라 철학은 철학에 대해 공부하는 학문(이론)이 되기도 하고 자신이 철학적으로 사는 일(삶)이 되기도 한다. 비록 이 둘이 반드시 구별되고 나누어지는 것은 아니라 해도 '철학에 대해 공부하는 것'과 '철학하는 일'은 결코 같다고 할 수 없다. 물론 '철학에 대해 공부하는 것'이 철학적 삶을 위한 것이라 해도 철학에 대해 공부하는 일차적 목적은 어디까지나 철학에 대한 지식을 위한 것이지 자신이 그렇게 살고자 하는 것은 아니기 때문이다. 반면에 '철학하는 일'은 철학에 대한 지식을 습득하는 데 우선적인 목적이 있는 것이 아니라 철학적 삶을 위해 공부하는 것이라는 점에서 '철학을 하는 일'과 '철학에 대해 공부하는 일'은 차이가 있다.

실제로 철학사 안에서도 이러한 논의가 끊임없이 이어져 온 것이 사실이다. 아리스토텔레스가 우리들의 앎을 순수하게 추상적인 앎과 구체적인 행위와 관련된 앎(phronesis)으로 구분하기 전까지만 해도 사람들은 이론과 실천을 구분하지 않았지만 인간 이성이라는 보편성에 기대어 시간과 공간을 넘어서는 객관적 진리 개념을 설정하기 시작한 이후 사람들은 이론과 실천의 문제를 확연하게 구별 짓기 시작한다. 그래서 본래 삶과 하나였던 철학은 삶에서 분리되어 단순히 과학의 이론적 근거를 제공하는 학문이 되고 말았고, 철학이 부재한 삶을 살아가던 사람들은 의미의 상실로 인한 수많은 사회병리 현상에 시달리게 된다. 이에 자기반성을 하기 시작한 사람들은 진리란 특정한 이론이기에 앞서 우리들의 삶에서 마주하는 모든 문제들에 묻고 답하는 사유의 운동, 그 자체임을 고백하기에 이른다. 왜냐하면 삶이 있고 이론이 있지, 이론이 존재한 다음 우리의 삶이 주어지는 것은 아니라는 깨달음 때문이다. 그래서 진리라는 이름으로, 또 보편성과 실재성이라는 이름으로, 시간과 공간을 넘어서는 진리를 자처하는 이론에 의해 삶과 이론이 전도된 현실을 비판하며 사람들은 진리란 다름 아닌 현실 안에서 구체적으로 사는 일, 다시 말해 사유의 운동임을 천명하는 것이다. 이제 철학은 사물화되고 고착화되고 화석화된 그 무엇이 아니라 현실에서 살아 움직이는 운동, 그래서 마주하는 일에 대해 무엇을 어떻게 해야 하는가를 늘 묻고 답하는 사유의 운동일 수 있게 되었다.

실천학으로서의 철학

사유의 운동으로서의 철학은 가르치거나 배우기보다는 스스로 생각하고 판단하고 적용하는 가운데 이전과 다른 사람이 되는 일과 관련이 있다. 성프란시스대학에서 철학을 한다는 것도 바로 이러한 의미에서이다. 현실에서 마주하는 다양한 문제들에 대해 무엇을 어떻게 해야 하는지 스스로 묻고 답하는 가운데 가장 적합함(Gemeinheit)을 취하며 자신을 늘 새롭게 만드는 사유의 운동으로서의 철학은 죽은 이론을 탐구하는 지식학이 아니라 살아가는 구체적인 행위를 요하는 '실천학'이라 하겠다.

실천학으로서의 철학은 철학에 대한 지식을 연구하는 학문이 아니라 스스로 이해하고 판단하고 해석하고 결단하며 이전과 다른 '새로운 사람이 되는 일'을 가리킨다. 그런 까닭에 이전과 달리 새로운 삶을 만들어 가는 일인 철학은 철학하는 일과 철학 공부를 구별하지 않는다. 철학은 곧 철학하는 일이요, 철학하는 일이란 구체적인 삶 안에서 늘 새롭게 사는 일인 것이다. 다시 말해 철학 공부는 단순히 무엇을 알고 모르고 하는 차원이 아니라 무엇을 어떻게 행하며 어떻게 자신을 새롭게 만들어 갈 것인가 하는 존재 생성에 관한 '살림의 일'이다.

그러므로 자신의 삶을 이전과 달리 새롭게 하고자 하는 사람이라면 누구나 철학을 하며 할 수 있다. 다시 말해 자신의 삶을 이전과 달리 살아가고자 욕망하는 사람은 누구나 철학하는 것이 가능하다. 사람은 누구나 자신의 상황을 나름대로 이해하고 어쩔 수 없는 한계를 절감하며 때로는 애통해하고 때로는 인정하기도 하면서 그 안에서 자신이 할 수 있는 일이 무엇인가를 고뇌한다. 그래서 우리는 철학을 통해 자신의 존재성도 찾고, 자신의 삶을 정의하기도 하며, 지금 여기라는 제한된 세계를 넘어서 새로운 세계를 열어 간다. 비록 우리가 노숙에 처했다 할지라도 상황이 다를 뿐 지금 여기가 아닌 저기를 사유하며 자신을 넘어서고자 하는 열망이 없는 것은 아니다. 아니 오히려 열망이 너무 커서 절망 역시도 클 뿐이다. 따라서 노숙에 처할수록 철학의 역할이 오히려 더 필요하다고 하겠다.

살림의 미학으로서의 철학

철학은 누구나 할 수 있지만 누구나 하는 것은 아니다. 철학은 누구나 만나고 경험하고 행할 수 있는 너그러운 친구이기는 하지만 구체적 실천 속에서만 자신을 드러내 보이는 아주 까다로운 친구이다. 이 까다로운 친구와 친밀해질 때에야 우리는 잘 살고 싶지만 잘 살 수 없는 현실에서 잘못 살고 있다는 자괴감까지 얹혀 안으로 파고드는 고통을 혼자가 아니라 아주 지혜로운 철학이라는 친구와 함께하며 견디어 갈 수가 있다.

철학책은 바로 이러한 일들을 아주 밀도 있게, 그러면서도 다양하게 다루기 때문에 우리는 우리보다 앞서 자신들이 마주한 현실의 문제를 치열하게 살다간 철학자들의 이야기를 통해 우리의 생각의 깊이와 넓이를 확장해 갈 수 있다. 그래서 이전과 다른 시선으로 보고, 이전과 달리 이해하고, 이전과 달리 행위하며, 이전과 달리 살아가는 힘을 우리는 철학책을 통해서 얻을 수 있다. 그런 의미에서 철학책을 공부해야만 철학적으로 사는 것은 아니라 해도 철학함을 위해서는 철학책을 공부하는 일이 중요하다.

그러나 철학자들의 이야기가 그들만의 이야기가 아닌, 그래서 단절된 과거의 이야기가 아니라 지금 살아있는 자신의 이야기로 살려 내기 위해서는 그들의 이야기에 마음을 열고 경청해야 한다. 다시 말해 철학자들이 그 시대의 아픔과 고통을 철저하게 고뇌하면서 행한 일을 지금 여기에서 내가 다시 사유하려는 노력, 즉 자신의 마주함이 함께해야 가능한 것이다. 철학자들의 이야기에 귀를 열고 우리의 마음자리를 펴지 않는다면 아무리 주옥같은 이야기라 할지라도 그것은 자신을 피곤하게 하는 난해한 이론이나 주장일 뿐 자신을 살리는 이야기가 될 수 없다. 내가 철학자들의 이야기를 진심으로 간절히 원할 때만 그들의 이야기는 지금 자신과 하나가 되어 숨결을 고르는 생명이 된다. 그러므로 철학을 한다는 것은 지금 자신의 자리에서 이전의 모든 것들을 달리 이해하고 해석하면서 지금 여기를 새롭게 살려 내는 일, 다름 아닌 지금 여기에 새로운 생명을 부여하는 '살림의 일'이라 하겠다.

살림의 일이란 어찌할 수 없는 과거·운명·결핍·허물로 인해 아프고 고통스러울지라도 이를 단절하거나 배제하지 않고, 그래서 절망하고 포기하고 낙담하는 것이 아니라 그것까지 하나로 하면서 지금 자신이 처한 자리에서 자신이 감당할 수 있는 만큼 마주하는 가운데 달리 살아가는 일을 말한다. 그러기에 숭고한 땀으로 얼룩지며 이전과 다른 새로운 생명을 잉태해 가는 살림으로서의 철학은 자신의 한계 안에 갇히지 않고, 새로운 세계로 나오고자 희망하며, 자신을 마주하는 모든 것을 이전과 달리 새롭고 아름답게 살려 내는 '살림의 미학'이라 하겠다. 그러기에 우리는 누구보다도 노숙에 처한 사람에게 철학을 이야기하고 또 철학을 이야기해야 하는 것이리라.

무엇을 어떻게 할 것인가

철학을 이야기하기 위해서는 먼저 철학이 철학일 수 있어야 하는데 그동안 우리 사회에서는 그러지를 못했다. 다시 말해 철학이 '사유의 운동'이자 '실천학'이며 '살림의 미학'이기보다는 대학의 담장 안에서 일부 계층을 비호하는 역할로 머물렀기 때문이다. 그런 철학이 강단 철학에서 벗어나 철학의 실천에 관심을 두고 현실 문제로 눈을 돌리기 시작한 데는 얼 쇼리스의 《희망의 인문학》 영향이 컸다고 해야 옳다. 얼 쇼리스가 시도한 클레멘트코스에 관한 책이 한국에서 출간된 이후 여기저기서 인문학의 자기반성이 일기 시작하면서 일부 철학자들 사이에서도 철학의 역할에 대한 성찰의 목소리가 커졌기 때문이다. 지금은 서울 노원구에서 멀리 제주까지 많은 지방자치단체에서 이에 준하는 강의를 많이 개설했고, 또 학술진흥재단에서도 시민 인문학이라는 이름하에 여러 대학과 컨소시엄 형태로 소외계층을 위한 인문학 강의를 다양하게 시행했으며, 몇몇 대학은 인문학이 고사되는 현실에서 오히려 인문학을 전면에 내세우며 학교의 정체성을 확립하고자 할 만큼 지금은 한국 사회도 인문학의 실천적인 면에 관심을 기울인다.

그러나 성공회의 임영인 신부가 처음으로 노숙인을 위한 성프란시스대학을 설립하던 때는 그야말로 맨발로 눈길을 걸어 나가는 형국이었다. 그래서였을까. 처음 우기동·박한용·최준영·고영직·김준혁 교수를 중심으로 시작한 성프란시스대학에 나도 합류하면서 의기투합했지만 예기치 못한 문제가 항상 우리를 먼저 기다렸다. 중간에 김문환 교수가 합류했다가 건강상의 이유로 그만두고 우기동·최준영·고영직·교수가 안성찬·김동훈·박경장 교수로 대체되면서 그동안 전담 실무진도 김자옥·이선근·이종수·양지우·정경수 선생으로 바뀌었을 뿐 아니라 임영인 신부가 맡던 일도 여재훈 신부가 맡게 되었다. 그만큼 쉽지 않은 일이라는 반증일까.

노숙인들과 함께하는 일에는 무엇보다 언제나 찾아와 이야기를 나눌 수 있는 공간과 사람이 필요하기에 어쩌면 뛰어난 실력을 지닌 강사진보다 이들과 긴 시간 호흡할 수 있는 간사와 일정한 공간이 더 중요할지도 모른다. 그러한 면에서 잦은 간사의 교체가 아쉽기는 했지만 그나마 다행스러운 것은 이후로 교수진이 지금까지 바뀌지 않았다는 점이다. 한국사에 박한용, 철학에 박남희, 문학에 안성찬, 예술사에 김동훈, 글쓰기에 박경장으로 이루어진 교수진은 벌써 여러 해를 같이하면서 서로에 대한 이해와 신뢰 속에 최선의 교육을 만들어 가고자 열정을 쏟고 있다. 뿐만 아니라 너무도 헌신적인 실무진들과 마음이 아름다운 자원활동가들, 뒤에서 이름 없이 도와주시는 손길들로 인해 노숙인을 위한 교육에서 가장 필요한 전용 공간도 마련하고, 심화학습이란 이름 하에 장기적인 후속 프로그램도 진행하게 됐다.

  그러나 여전히 미진한 것은 역시 강의 내용과 교재이다. 얼 쇼리스 교수를 모시고 세미나도 하고 교수회의도 수없이 거듭하면서 공동의 주제를 만들거나 자유롭게 수업을 진행해 보기도 하며 고뇌했지만 노숙에 처한 상황이 다른 데다 기수마다 사람들이 처한 상황도 달라 하나의 공통된 교재를 묶어 내기란 실로 많은 어려움이 있었다. 게다가 단순히 강의로 그치지 않고 실질적으로 철학함이라는 '사유의 운동'이자 '실천학'이며 '살림의 미학'으로서의 철학 수업이기 위해서는 생동감과 현장성이 함께해야 했기에 더욱 힘들었다. 그럼에도 분명한 점은 그들이 누구인가 하는 일에서부터 출발해야 한다는 사실이었다.

노숙인, 그들은 누구인가

  노숙인이라 함은 일반적으로 주거 공간이 불확실해 거리에서 생활하는 사람들을 가리키나, 고정적인 수입이 없고 일시적으로 쪽방과 고시원 같은 곳에서 생활하는 이들, 넓게는 공공기관에서 제공하는 임대주택에 기거하며 최소한의 소득에 의존해 사는 사람까지도 포함한다. 그런데 그들 대부분이 경제적 문제로 인해 노숙에 처했다 하더라도 이들이 처한 문제는 단순히 경제적인 문제에 한정되지 않는다. 왜냐하면 인간에게 주거 공간이란 다른 사람들과 관계를 맺으며 꿈과 사랑, 희망을 만드는 곳이고 최소한의 쉼을 얻는 곳이기도 하기 때문이다. 그러므로 주거 공간의 부재는 이 모든 것들로부터의 단절과 상실을 의미함과 동시에 삶에 지친 몸과 마음을 추스를 수 있는 방법과 기회가 소실됐음을 의미한다. 그러므로 노숙인이란 단순히 주거를 상실한 사람이 아니라 한 인간에게 필요한 모든 것을 상실한 사람들이라 해야 할 것이다. 특히 현대 자본주의 사회에서 주거 공간은 자본의 유무와 크기를 드러내는 상징적 의미를 가지기 때문에 집이 없다는 것은 곧 자신의 존재를 알리는 소통 수단이 없음을 의미하기도 한다. 따라서 주거 공간을 상실한 사람들은 사회 안에 존재하면서도 존재하지 않는, 마치 유령 인간처럼 여겨지기도 하고 때로는 잉여 인간처럼 취급당하기도 하면서 마땅히 누려할 시민으로서의 권리까지도 박탈당한다. 이로 인해 그들은 자신의 존재 의미를 제대로 깨닫지 못하고 심지어는 스스로를 훼손하면서 자신의 고통과 아픔을 상쇄하려고도 하기에 노숙의 문제는 단순히 경제적인 문제라고만 볼 수 없다.

  노숙인들은 우리 사회에 엄연히 존재할 뿐만 아니라, 우리와 똑같은 욕망과 욕구를 가진다. 어려우면 어려울수록 더욱 간절히 무언가를 욕구하는 것이 사람이라면 노숙인이야말로 가장 절실한 바람을 품은 사람들이라 할 수 있다. 현실의 벽이 너무 높고 두터워 욕구하는 일 자체를 때로는 잊어버렸다 할지라도 그들에게 새로운 삶을 살고 싶은 욕망마저 없다고는 할 수 없다. 오히려 우리에게는 노숙인들이 지치고 고달파 잠시 놓아 버린 삶의 희망을 다시 욕망하고 욕구하도록 해 주어야 할 책임이 있다. 어쩌면 우리가 누리는 현재는 그들의 희생 위에서 만들어진 것이기도 하며, 그러한 면에서 우리는 그들에게 빚을 졌다고 하겠다. 뿐만 아니라 현대 자본주의가 최소의 비용으로 최대의 이익을 창출하려는 효율성의 원리를 통해 작동하는 한, 누구나 언제든 급작스레 거리로 내몰릴 수 있고, 이로부터 자유로울 수 있는 사람은 아무도 없다. 그러기에 노숙인들은 또한 우리의 다른 모습이자 우리의 미래이기도 하다.

따라서 노숙인들이 다시 일상적인 삶을 살아갈 수 있느냐 하는 문제는 단지 그들만의 문제가 아니라 사회 구성원 전체가 행복하게 살 수 있는지의 문제이기도 하다. 따라서 사회는 노숙인들의 상황에 일부분 책임을 느끼고 어떠한 경우에도 그들이 희망을 놓지 않고 삶에 대한 의욕을 고취해 나가도록 해야 할 책임이 있다. 그런데도 우리는 결코 짧지 않은 시간을 그들만의 책임으로 돌리고, 그들을 무능력자나 게으른 사람으로 정죄하며, 그들을 배제하거나 격리해야 할 대상으로 취급해 온 것이 사실이다. 이는 한국 사회가 오직 경제의 논리, 발전의 논리로만 모든 것을 이야기하는 것과 무관하지 않다.

안타깝게도 한국 사회는 오랜 시간에 걸쳐 자연스럽게 자본주의가 태동하고 이를 비판하며 수용해 온 서구와 달리 타의에 의해 급격하게 자본주의를 받아들이면서 다른 사회보다도 강하게 자본과 신분이 결합했다. 그래서 유교적 질서에 따라 나뉘던 신분이 자본의 유무로 대치되면서 한국 사회는 자본의 유무에 따라 인격과 존재 가치를 평가하며 무시와 과시라는 새로운 형태의 인정투쟁이 나타난다. 이로 인해 그 어느 사회보다 심한 무한 경쟁 체제로 바뀐 한국 사회는 급기야 그동안 한국 사회를 굳건히 지탱해 온 가족 관계마저 해체시킨다. 그래서 경쟁에서 밀려난 사람들은 가족과의 관계가 단절되면서 절대적 고립의 상태에 처하며 인간으로서 누려야 할 최소한의 권리인 주거 공간조차 상실하고 자신의 존재 자체마저 위협당하는 지경에 놓인다. 바로 이들이 우리 사회의 노숙인이다.

노숙의 문제는 이처럼 경제적인 문제만도 개인적 문제만도 아니다. 사람은 다른 생명체와 달리 자신의 행위에 대해 의미를 묻고 이를 통해 삶을 영위하는 생명체이자 타인에 의해 행복과 불행을 인지하는 사회적 존재이다. 그렇기 때문에 모든 것을 상실한 아픔을 내면화하면서 점점 더 좌절의 나락으로 빠져드는 노숙인들에게 노숙으로 인한 상처와 좌절을 보듬고 자신의 존재 의미를 회복하며 스스로 자긍심을 느끼면서 살고자 하는 욕구를 가지도록 하는 일이 그 어느 것보다 우선시되어야 한다. 그들이 삶을 욕구하고 욕망해야 경제적 활동도 의미가 있고, 경제적 활동이 의미가 있어야 노숙 상태도 벗어날 수 있기 때문이다. 그러기 위해서는 노숙 상태를 벗어날 기회가 사회적으로 제공되어야 한다. 그럴 때 비로소 공동체도 건강할 수 있다.

자기치유와 자기실현으로서의 철학 교육

노숙인에게 필요한 것은 이처럼 무엇보다 자신의 존재감을 회복하는 일이다. 이를 위해 수업은 존재 의미를 묻는 일에서 시작한다. 사람으로서 누려야할 권리와 의무가 무엇이고, 사람과 사람이 어울려 살아야 하는 까닭은 무엇이며, 이를 위해서 필요한 도덕·규칙·법이 가지는 함의는 무엇인지도 다룬다. 또한 이를 준수하고 집행하는 정치와 권력의 상관관계는 물론 자신이 원하는 일을 하기 위해서 분노와 감정을 어떻게 다스리고 어떻게 욕망해야 하는지도 수업 시간에 이야기해 본다. 습관과 의지는 어떻게 작용하고, 자신과 다른 차이는 어떻게 받아들여야 하며, 사회를 바라보는 안목을 키우고 실질적이고 구체적인 참여를 위해서는 무엇을 어떻게 해야 하는지도 토론한다. 자신의 삶을 기획하고 실천해 가려면 필요한 새로운 가치와 비판 정신 등도 수업 내용에 포함시키려 했다. 그래서 이를 통해 알게 모르게 다친 마음을 치유하며 자존감을 회복하고 자긍심을 높여 다시 삶에 희망을 지피길 기대했다. 다시 말해 노숙인들이 철학을 하면서 그들이 **닫힌** 마음을 열고 **다친** 마음을 치유하며 스스로 자신의 삶을 **달리** 실현해 가는 힘을 가질 수 있도록 강의를 구성하려 애썼다. 그러나 이 모든 것을 다 포함하는 교재는 찾기가 쉽지 않았다. 그래서 결국에는 직접 교재를 편집하기도 하고, 보충 교재를 사용하기도 했다.

  노숙인들이 세상으로부터 다치고 닫힌 마음을 치유하고 이전과 달리 자신의 삶을 실현해 가는 온전한 주체로 살아가기 위해서는 수업 방식 또한 주입식 이론 철학이 아닌 실천학으로서의 '철학함'이어야 할 필요가 있다. 철학함이란 구체적으로 '자신을 새롭게 하는 일'로 지금 여기에서 마주하는 모든 것들을 새로운 생명으로 낳아 가는 '살림의 일'이자 '자기치유'를 통해 '자기실현'을 해 나가며 이전과 달리 '새로운 존재'가 되는 일이다. 이를 위해 철학 수업은 철학자의 삶이나 사상을 가르치는 이론식 주입 교육보다는 노숙인들의 구체적인 생활 속에서 그들의 언어로, 그들의 관심 영역에서, 다시 말해 그들 안의 일상적 경험 속에서 시작하는 것이 중요하다. 그래야 스스로 자신을 치유하며 새로운 존재로 다시 살아나는 '살림'의 철학일 수 있다.

　자기치유를 통해 자기실현을 완성해 가는 '철학함'을 위해서는 노숙인들의 문제에 대해 묻고 답하는 가운데 새로운 세계로 넘어갈 수 있게 해 주는 쌍방향의 대화식 토론 수업이 바람직하다. 그러나 철학적 지식에 대한 이해가 전무한 노숙인들에게 철학자나 철학 사상을 매개로 토론식 수업을 진행하는 것은 실제로 가능하지도 않고, 또 유익하지도 않다. 더더욱 연령도, 선행 학습 정도도, 처한 환경도 너무나 다양한 노숙인들에게 처음부터 철학적 지식을 요하는 토론식 수업은 무리이다. 그렇기에 누구나 일상적으로 부딪히는 일이나 노숙인들이 관심을 보이는 사건에서부터 점차 철학적인 문제에 이르도록 이들의 다양한 차이를 배려하면서 위나 아래가 아니라 옆에 서서 이끌 수 있어야 한다.

　바로 여기에 철학 교수의 역할이 있다. 그렇지 않고 교수가 자신의 지식에 근거해 일방적으로 단정하고 규정하며 앞서 나간다면 노숙인들의 다양한 경험은 유실되고 철학함의 풍요와 역동성은 사라진다. 다시 말해 성급한 마음으로 교수가 철학적 지식을 가르치려 하거나 자신의 시선에서 자신의 가치로 교정하고 결핍을 보충하려 한다면, 오히려 노숙인은 철학에 대한 부정적인 선입견을 지니게 되어 스스로 철학함이라는 참다운 철학함의 길로 들어설 마음을 애초에 놓아 버리게 된다. 그러므로 준비되지 않은 상태에서 하는 단발성의 주입식 교육보다는 시간을 두고 일상적인 일에서부터 철학적인 주제로 옮겨 가며 허심탄회하게 이야기 나누며 토론을 유도해 나가는 지속적인 철학 교육이 바람직하다. 그렇지 않을 경우 지적 허위의식이 그들의 삶을 이전보다 더 힘들게 할 수 있다. 왜냐하면 많은 철학 이론이나 철학적 지식 습득이 일시적으로 사람들의 존재감이나 자긍심을 개선 내지 향상시킬 수 있을지는 몰라도 그들을 본래의 철학함으로 이끄는 데는 한계가 있기 때문이다. 따라서 노숙인을 위한 철학은 일방적으로 철학적 지식을 받아들이는 수동적인 태도에 의한 철학이 아니라 스스로 생각하고 이해하고 판단하고 결단하며 자신을 실현해 나감으로써 삶의 주체가 되는 철학함이어야 마땅하다.

　이를 위해서는 교수의 역할이 중요하다. 노숙인을 위한 철학 수업에서 선 교수는 다양한 문제들을 복합적으로 겪는 노숙인들이 문제를 지혜롭게 풀어 가도록 도울 수 있는 철학적 지혜와 경험, 그리고 이를 일상적 언어로 쉽게 설명할 수 있는 능력이 요구된다. 그러나 그보다 더 중요한 것은 인간에 대한 따뜻한 애정과 신뢰이다. 그래야 노숙인들이 겪는 많은 문제들을 폭넓게 이해하고, 긴 시간 애정을 가지고 그들이 스스로 철학하도록 기다려 줄 수 있다. 노숙인은 지적 장애를 가진 사람도, 지식이 결핍된 사람도, 의지 박약자도, 비도덕적인 사람도 아니다. 단지 체제·기회·환경·우연한 사건들에 의해 극단적 상황으로 내몰려진, 행복하고 잘 살고 사랑하고 싶어 하는 우리와 똑같은 사람들이다. 이렇듯 노숙인들도 자신의 삶을 스스로 반추하고 치유하며 새롭게 만들어 갈 수 있는 능력이 있음을 믿고 확신해야 긴 시간 사랑의 마음으로 인내하며 기다릴 수 있다.

　노숙인에 대한 충분한 이해와 믿음과 확신을 가지고 임할 때 노숙인도 비로소 자신의 **닫힌** 마음을 열고 **다친** 마음을 치유하며 **다시** 살기를 원하게 된다. 그들이 자신의 이야기를 거리낌 없이 할 수 있을 때, 그리고 누군가 이를 기꺼이 들어줄 때 치유가 일어난다. 마치 스토리텔링을 하듯 그렇게 자신의 이야기를 솔직하게 털어놓을 때 비로소 자기치유와 더불어 자기실현이라는 새로운 존재 생성이 가능해지는 것이다. 이때 일상적인 일을 철학적인 일로 연결해 가기도 하고, 접하게 되는 사건들을 철학적인 관점에서 다양하게 바라보는 방법도 논구하면서 보다 심도 있는 철학적 화두 안으로 들어간다. 그런 다음에야 철학책을 소개하고 철학적 텍스트를 스스로 읽을 수 있는 힘을 배양하도록 할 수 있다.

　철학 고전은 혼자 읽고 생각하며 스스로 이해하고 해석하고 이를 통해 자기를 치유하고 실현해 나가게 하는 힘이 있다고 이미 검증된 것들이다. 따라서 이 책들은 수업 이외의 시간에도 홀로 철학하는 시간을 지속해 나갈 수 있게 해 준다. 그래서 철학자의 삶과 사상을 논구하며 이들이 서로 어떻게 관계하는가를 살피는 일은 이전과 다른 삶의 태도를 가지고 교육이 끝난 후에도 혼자 지속적으로 철학할 수 있도록 돕는다. 그렇지 않을 경우 노숙인은 자신이 처한 환경이나 노숙의 시간에 비례해 생겨난 습성으로 인해 이전의 상태로 되돌아갈 확률이 높다. 그러므로 그들을 위한 철학 교육은 다른 그 어떤 것보다도 '자기치유'를 통한 '자기실현'의 교육이어야 하며 이를 위해서 철학책들을 지속적으로 읽어 나가는 훈련이 요구된다.

  철학책들을 읽으며 자기치유를 통한 자기실현을 할 수 있을 때 이전까지의 고통과 슬픔을 좌절이 아니라 오늘 자신을 새롭게 살려 내는 살림의 동력으로 삼아 이전과 다른 새로운 존재가 될 수 있다. 삶의 여정에서 아프고 고단하고 애통하지만 때로는 기쁘고 행복한 순간순간을 빚어서 새로운 공간과 삶의 터를 만들어 내는, 그러나 그곳에 안주하지 않고 여전히 새로움을 추구하며 옷깃을 여미는 겸손을 입는 일이 철학함을 통해 일어난다. 그래서 마치 쓰레기 속에서도 예술작품을 만들어 내고, 버려지는 말똥에서도 백신을 발명해 내는 사람처럼 노숙인은 자신의 고단한 삶에서도 희망을 일구어 내고 좌절과 절망을 자신의 삶의 동력으로 삼아 이전과 다른 새로운 세계를 열어 갈 수 있다. 그래서 우리는 지금 여기라는 자신의 한계 안에 갇히는 것이 아니라 사유하는 가운데 이를 넘어 새로운 시야를 열어젖히며 새로운 세계로 들어서는 것이다. 마치 따뜻함이 없는 차가운 콘크리트 공간에 온기를 피워 내는 마술사처럼 아픔의 깊이가 깊을수록, 그 넓이가 넓을수록 차가운 세상에 온기를 불어넣으며 자신도 사회도 덥혀 가는 사람이 된다.

  그러나 이러한 길이 따로 있는 것은 아니다. 자신의 한계와 마주하는 사람이라면 누구나 만들어 갈 수 있는 길이다. 하지만 자신이 마주한 현실의 냉혹함 앞에서도, 그래서 어찌할 수 없는 무력감 앞에서도 뒤로 물러서거나 회피하지 않고 자신이 이해하는 만큼, 자신이 할 수 있는 만큼, 바로 그만큼의 길을 스스로 만들어 가는 자만이 갈 수 있는 길이다. 그렇기에 용기 있는 자만이, 실제로 발을 내딛는 자만이 갈 수 있다. 지금 자신의 한계를 통감하면서, 자신의 의지로는 어찌할 수 없음을 때로는 통탄하고 절망하면서도, 그러나 그것까지도 하나로 여기며 새롭게 자신을 만들어 가는 용기를 지닌 자만이 갈 수 있다. 이 길은 조급한 마음에서가 아니라 노숙의 시간만큼 충분한 시간을 두고 지속적으로 '다 같이', 그러나 또 '따로' 행할 수 있어야 한다. 따라서 강의 시간은 물론이거니와 그 외의 시간—다른 과목 수업과 야외 수업, M.T, 휴식 시간, 뒷풀이, 심화학습—이나 메일과 문자 등으로 제한된 시간에 채 이루지 못한 수업을 철학 상담적 차원에서 행하며 철학 수업의 효율성을 높여 나가고자 했다.

아름다운 삶과 사회를 위한 철학 교육

노숙인을 위한 철학 교육이 시간을 두고 효율적으로 행해지려면 이에 대한 이해와 공감대가 형성되어야 한다. 그런 의미에서 성프란시스 대학이 우리나라에서 처음으로 노숙인들에게 철학을 가르치고 이후 여러 곳에서 유사한 강의가 속개됐다는 사실은 우리 사회가 그만큼 노숙인을 많이 양산하는 것이 아니라는 한에서 매우 고무적이라 할 수 있다.

사회가 노숙인을 위해 애써야 하는 이유는 어느 누구도 극히 예외적인 상황을 제외하면 자발적으로 노숙인이 되려는 사람은 없기 때문이다. 비록 그들이 자발적 의사에 따라 노숙에 처한 것처럼 보일지라도 그들이 그러한 선택을 하게 된 데는 사회구조적 모순이 깊숙이 개입된다. 즉, 현대 자본주의 사회는 사람을 온전한 인격체로 보기보다는 자본주의의 동력으로서 '소비의 주체' 내지는 상품생산을 위해 유용한 노동력 따위로 취급하며 하나의 확고하고 거대한 메커니즘 속에 위치시키고, 그 효용가치가 사라지면 상품을 폐기 처분하듯 사람을 거리로 내몰기 때문에 엄밀히 말해서 노숙은 선택하는 것이 아니라 강요당하는 것이라 할 수 있다. 현대의 노숙이 일시에 급격하게 발생하며 불특정 다수라는 양상을 가질 뿐만 아니라 점점 더 고학력자나 청장년층이 늘어나는 추세도 이와 무관하지 않다.

문제는 점점 더 빨라지고 체계화되며 전문화되는 사회구조 아래에서 한번 노숙에 처하면 다시 이전의 상태로 복귀하기가 쉽지 않다는 사실에 있다. 경제적 문제로 촉발된 노숙은 단순히 경제적인 문제로 끝나지 않고 정치적·교육적·문화적 소외로 이어지며, 결국 모든 관계가 단절되어 존재 자체가 의문시된다. 따라서 노숙인은 그로 인한 상처가 고스란히 내면화되고 희망조차 가질 수 없는 상황에 처해 더욱 낙담과 절망 속에서 세상과 유리된 채 점점 더 깊은 악순환의 고리에 빠질 수밖에 없다. 그러므로 노숙은 단순한 개인의 문제가 아니라 사회적인 차원에서 다루어야 할 필요성이 있다.

건강한 사회란 구성원들 모두가 행복한 삶을 누릴 수 있는 사회이다. 이런 사회는 사회 구성원들이 누구나 언제든지 자신이 원하는 삶을 살 수 있을 때에야 가능하다. 점점 복잡해지고 다양해지는 사회에서 누구든지 매번 올바른 선택을 할 수는 없기 때문에 누구에게나 자의든 타의든 노숙에 처할 수 있는 가능성이 있다. 따라서 어떠한 상황에서도 공동체 구성원들에게 사회에 복귀할 수 있는 기회를 제공하는 것이 마땅하다. 그때에야 공동체 구성원들은 두려움 없이 자신의 삶을 돌아보는 여유를 가질 수 있으며, 사회는 서로 반목과 경쟁이 아닌 돌봄과 배려 속에서 반복되는 악순환의 고리를 끊을 수 있다. 그러한 면에서 노숙은 그 사회의 건강함을 보여 주는 '사회건강지수'라 하겠다.

더욱이 지식과 정보의 역할이 점점 더 중요해지는 지식정보 사회에서는 이런 재교육의 역할이 점점 커진다. 그런 의미에서 노숙인들이 교육 기회의 부재로 인해 새로운 사회에 적응할 기본적 소양과 토대를 갖추지 못해 또다시 실업과 노숙이라는 악순환을 되풀이하지 않도록 하려면 이전과 다른 가치와 능력을 요구하는 새로운 사회에서 새로운 삶을 추구하는 교육의 기회가 오히려 그들에게 더 많이 제공되어야 한다.

특히 미래 사회가 요구하는 상상력과 독창성이라는 가치를 풍성하게 해 주는 철학 교육은 노숙인들을 새로운 사회의 수혜자가 아니라 스스로 온전한 주체로 살아가도록 하기 위해서도 필요하다. 철학은 보다 근본적이고 종합적인 접근을 통해 자주적이고 자립적인 태도를 가지게 할 뿐 아니라, 스스로 자립의 의지를 품고 당면한 문제를 해결해 나가도록 하며, 새로운 시대의 가치를 함양한다는 측면에서 더욱 그러하다. 그때 노숙인도 단순한 수혜의 **대상**이 아닌 자신의 의무와 권리를 다하는 이 사회의 건강한 **주체**로 거듭날 수 있다. 철학은 자유로운 사유 운동을 통해 지금 여기라는 제한된 영역을 넘어 삶의 지평을 확장시켜 준다. 그래서 건강한 주체로 거듭나 한 시민으로서의 권리와 의무를 온전히 다할 수 있도록 한다. 이는 개인적인 차원에서만이 아니라 우리 사회 전체를 위해서도 매우 바람직한 일이다. 그런 까닭에 노숙인에게 철학을 이야기하는 것은 매우 타당하고 정당한 일일뿐 아니라 복지 정책 차원에서도 새로운 전환을 꾀하는 일이다.

그러나 노숙인을 위한 철학 교육이 당사자인 노숙인의 삶의 변화를 위한 것인지, 아니면 사회통합을 위한 것인지에 대해서는 생각해 보아야 할 문제가 있다. 노숙인을 위한 철학이 사회통합 차원에서 노숙인을 사회로 귀환시키거나 사회에 적응시키기 위한 것이라면 사회 전체와 얼마만큼 조화로운 삶을 살 것인가에 교육의 초점이 맞추어질 것이며, 철학 교육이 사회 변화를 목표로 한다면 현 사회의 모순을 인식하고 이를 비판하면서 실제로 사회가 변화하도록 하려면 어떻게 행동할 것인가에 교육의 중점이 모아질 것이다. 그러므로 사회통합을 추구하는 철학 교육은 기존의 삶의 체제·습관·전통·도덕을 인지하고 숙지하도록 이끄는 반면 사회 변화를 추구하는 철학 교육은 모순을 인식하고 이를 비판할 수 있는 능력과 이를 극복해 나가는 의지를 보다 강조하게 된다. 따라서 노숙인을 위한 철학 교육이 무엇을 위한 철학 교육이냐 하는 문제는 곧 노숙인이 어떠한 사람이 되도록 할 것인가 하는 문제와 직결된다.

사회통합을 위한 철학 교육이란 공동체의 해체와 같은 위기 사항이 아니라면, 그리고 공동체를 위한 공동의 선을 위한 것이 아니라면, 다양한 사람들의 차이를 지우며 하나의 이념 안에 모두를 가두는 폭력으로 작동될 소지가 다분하다. 사회통합이라는 당위로 특정한 목적 외의 것들을 허용하지 않는다면 사람들은 진솔한 모습을 내보이기보다는 오히려 은밀한 내면을 숨긴 채 모두가 동일한 가면을 단단히 뒤집어쓰고 살아갈 수밖에 없기 때문이다. 다른 것이 허용되지 않은 동일성으로 단단하게 굳어진 세상에서 행복을 추구하기란 힘든 일이다. 이러한 통합을 지향하는 사회에서는 노숙인이 배제의 대상으로 치부되기 쉽다. 기존의 제도·법·전통·체제·관습 등에 적응하지 못할 경우 이들은 언제든지 통합의 대상에서 배제의 대상으로 바뀌게 된다. 그래서 노숙인들은 새롭게 자아를 실현해가기는커녕 오히려 더욱 더 짙은 어두움 속으로 내몰릴 수 있다. 그래서 노숙인들은 이렇게 생겨나는 두려움에 갇혀 사회와 단절된 채로 어두운 사잇길에서 점점 더 가파른 내리막길을 향해 갈 수밖에 없기에 통합을 위한 적응 내지는 순응을 위한 철학 교육은 문제를 개선하기보다는 잠시 유보하는 경향을 보인다. 심지어 진정한 의미에서의 철학함을 통해 자기치유와 자기실현을 이루기보다는 다른 문제를 야기하거나 기존의 문제를 심화시킬 수도 있다.

그러나 우리의 유한함과 유약함은 우리들을 공동체 생활로 이끈다. 서로 다른 약함과 허물을 가졌다는 사실을 인정한다면, 우리는 그 유한함과 유약함으로 인해 서로 차별하지도 차별받지도 않고, 오히려 서로 다른 약함과 허물을 껴안고 보듬으며 살아갈 수 있다. 그래서 이 세상에 존재하는 한 누구든지 타인에 의해 부림을 당해서가 아니라 자신의 의사에 따라 자신의 삶을 살 권리와 의무가 있어야 한다. 그러면 마주하는 현실의 버거움을 기존 체제에 대한 적응이나 문제의 회피를 통해서가 아니라 자기 변화와 변혁을 통해 자신은 물론 함께 살아가는 모든 이들도 행복하게 만드는 사회 변화를 추구할 수 있다.

따라서 노숙인을 위한 철학 교육이 지향하는 바는 노숙인이 사회를 구성하는 개인에 그치지 않고, 자신의 삶의 실현과 사회 변화를 동일 선상에 놓을 수 있는, 보다 적극적이고 용기 있는 주체가 되도록 하는 것일 필요가 있다. 자신의 변화 없이 사회의 변화를 기대할 수 없으며 사회의 변화 없이 참다운 자기실현 또한 어려울 수밖에 없기 때문이다. 그러한 면에서 노숙인들이 기존 사회의 모순을 인지하고 비판할 수 있는 안목과 이를 구체적인 변화로 이끌어 낼 수 있는 힘을 가진 주체가 되도록 철학 교육은 통합보다는 자기 변화를 통한 새로운 사회 창조에 주안점을 두어야 한다. 인간이 기본적으로 주어진 시간과 공간을 초월하기 원하는 존재라 한다면, 그래서 지금 이곳이라는 제한된 영역을 넘어 새로움을 추구하는 것이 철학이라 한다면, 노숙인들의 철학 교육도 역시 변화를 추구하는 것이 마땅하다. 개인도 사회도 변화 속에서 보다 나은 내일을 만들어 갈 수 있기 때문이다.

이런 면에서 노숙인을 위한 철학 교육은 비단 노숙인만을 위한 것이 아니라 이런저런 일로 그들과 관계하는 우리 모두를 위한 사회교육이자 사회 전체를 위한 일이기도 하다. 우리는 수혜자만도, 또 시혜자만도 아니며, 무관한 자이지도 않다. 노숙인을 위한 철학 교육은 보다 아름다운 삶과 사회를 만들기 위한, 다시 말해 이전과 달리 새로운 세상을 열어 보며 우리 사회의 전반적 인식을 혁신해 가는 우리 모두를 위한 우리 모두의 교육이라 하겠다. 따라서 우리 모두는 서로 배우고 가르치며 보다 아름답고 건강한 삶과 사회를 만들어 간다는 연장선상에서 노숙인을 위한 철학 교육도 보아야 할 것이다.

성프란시스대학에서의 철학교육과 그 실제

무엇을 하려고 했나

나는 성프란시스대학에서 노숙인을 위한 철학이란 '사유의 운동'이자 '실천학'이며 '살림의 미학'이어야 한다는 입장에서 철학이 '자기 치유'와 '자기실현'이 되도록 '철학 교육'과 '철학 실천으로서의 철학 상담'의 차원에서 개인과 사회의 변화를 위한 수업이 되도록 노력했다. 그러나 현실은 늘 생각과 괴리를 만들며 우리에게 늘 새로운 도전을 요청한다.

첫해는 대학이라는 이름에 걸맞은 자긍심을 가질 수 있도록 교육 내용과 수준을 대학의 교양 강좌 정도에 맞추어 보려 했다. 그래서 사람으로서 갖추어야 할 것들과 사회에 대한 이해에 집중했다. 교재도 물론 대학에서 쓰던 것을 사용했다. 그러나 생소한 철학 용어가 걸림돌이 됐다. 결국 교재는 그야말로 참고 도서로 전락하고 노숙인 선생님들의 경험과 생활 속에서 이루어지는 일들을 강의에 접목하면서 수업을 진행해 나가는 방향으로 전환했다. 그러다 보니 철학 텍스트를 읽으며 생각하는 시간을 갖기보다는 현재 자신들의 처지와 미래에 대해 울분에 가까운 논쟁이 벌어지기 일쑤였고, 가끔은 정도가 지나친 분위기가 연출되기도 했다. 그래서 힘들었던 것이 사실이지만 겪어야 할 일이고 넘어야 할 과정이라고 생각하며 너무 지나치지 않는 한에서 울분을 쏟아 내도록 했다. 어쩌면 그럴 수 있다는 것이 아직 건강한 것이 아닐까를 고민하면서 말이다. 덕분에 나 자신도 피나는 철학함(?)을 할 수 있었다.

    2년차에는 이러한 문제를 극복하고 싶기도 하고 노숙인들에게 필요한 것이 단순히 지식이 아니라 어머니의 마음이 아닐까 해서 과감하게 아리스토텔레스의 《니코마코스 윤리학》을 함께 읽어 나가기로 했다. 마침 《니코마코스 윤리학》이 새로 번역되어 나오기도 한 터라 다소 버겁기는 하겠지만 시도해 보기로 했다. 그런데 의외로 노숙인 선생님들의 태도가 진지했고 열심이었다. 그만큼 결과도 흡족했다. 역시 고전의 힘이 크고, 또 선생님들이 간절하게 원하고 필요한 것이 무엇인가도 새삼 알 수 있었다. 혹시나 사회통합을 위해 기존의 질서를 단지 수용해야 한다는 한계를 보이면 어쩌나 하는 염려는 다행히 기우로 끝났다. 그러나 아쉬움은 여전히 남았다. 열다섯 번의 수업 내에 이 책 한 권을 보기도 벅찼기에 다른 책은 엄두도 내어 보지 못했던 것이다.

    3년차에는 이러한 문제를 극복하고 사회비판적 안목도 높이고 싶어 《니코마코스 윤리학》에 장 보드리야르의 《소비의 사회》를 추가했는데 열다섯 번의 수업 내에 이 모두를 소화하기는 솔직히 어려운 일이었다. 지난해처럼 어떤 책도 완독할 수 없어 아쉬움이 남았다. 그러나 다른 한편으로는 왜 자신들이 이 사회에서 노숙인이 되어야 했는지에 대한 보다 객관적인 시선을 가지면서 뿌리 깊게 자리한 패배감과 자괴감 따위에서 다소 벗어나는 것 같아 다행스러웠다.

    4년차에는 이전 해의 두 가지 문제, 즉 자아의 정립과 사회비판적 안목의 확립이라는 과제를 어떻게 함께 다룰 수 있을까 고민하다 조금 얇고 쉬운 청소년을 위한 윤리학와 정치학 관련 책을 편집해 교재로 사용하면서 사회비판 책을 함께 읽었다. 덕분에 아쉬운 대로 책을 통독하면서도 사회비판적 안목도 키워 나갈 수 있었던 것 같다. 하지만 역시 텍스트는 원전이 가장 좋다는 생각이 드는 것은 어쩔 수 없었다.

그래서 5년차에는 조금 어렵다 해도 노숙인 선생님들의 열의를 믿고 에마뉘엘 레비나스(Emmanuel Levinas)의 《시간과 타자》를 읽어 나가기로 했다. 왜냐하면 다들 어려운 처지에서 서로를 잘 이해하고 도울 것 같은 선생님들이 실상 가장 힘들어하고 어려워하는 문제는 선생님들 간의 관계라는 사실 때문이다. 이 책은 개인적으로도 좋아하는 철학책이지만 다른 철학책과 달리 그 주제가 선생님들의 관심 영역에서 크게 벗어나지 않을 뿐 아니라, 두께가 그리 두텁지 않으면서도 내용이 만만하지 않고, 무엇보다 레비나스라는 친구가 자신의 생활 속 경험을 쏟아 낸 책이다. 또한 타자에 대한 생각을 확대해 나갈 때 지난 시간뿐 아니라 미래에 대해서도 보다 많은 시사점을 찾을 수 있을 것 같았다. 그러나 레비나스의 글은 워낙 상징적이고 비약적이라 한 쪽을 읽는 데도 시간이 많이 걸렸고 선생님들도 매우 어려워했다. 그 때문인지는 모르겠지만 이 기수는 다른 기수에 비해 동료애가 매우 끈끈하다.

이제는 조금 다른 욕심이 났다. 시간이 지나면서 철학자들이 물어 온 질문들을 선생님들이 직접 물어 나갈 수 있기를 고대하며 정말 철학함의 맛을 느낄 수 있도록 하고 싶은 생각이 들었다. 노숙인 선생님들이 철학 안쪽으로 한 걸음 더 깊이 내딛는 계기를 맞이하게 해 드리고 싶은 바람이었다. 그래서 선생님들이 스스로를 치유하며 자기를 실현해 가는 철학함을 통해 행복해질 수 있길 고대했다. 그래서 6년차에는 각 시기의 중요한 주제들을 중심으로 강의안을 마련해 보았다. 이를 통해 지금의 문제가 무엇인지, 자신들의 문제가 무엇인지 스스로 물어 나가길 바랐다. 텍스트 위주에서 벗어나 선생님들이 주제를 만들고 이를 토론하며 이에 관계되는 책을 스스로 읽어 보도록 텍스트는 소개하는 방식을 취해 보았다. 텍스트는 주로 성프란시스 도서실 내에 있는 책이었는데도 몇 분만 상당히 열심히 해 오시고 대다수는 몇 번 시도하다가 포기했으며 아예 읽지 않는 분도 있었다. 선생님들 간에 차이가 많이 나는 것이 문제이기는 했지만 그럼에도 자신들의 관심 문제라서 그런지 수업 분위기는 언제나 뜨거웠다.

7년차에는 뭔가 잡힐 것도 같은데 나는 여전히 같은 자리에 서 있다. 이번에는 다른 문제가 아닌 자신의 문제에 집중해 보려 했다. 물론 이조차도 노숙인 선생님들을 만나면서 늘 수정되었지만 말이다. 그래서 강의안을 구체적으로 세우지 않고 느슨한 강의안만 가지고 수업에 임하면서 선생님들이 제안하는 술·게임·도박과 같은 문제에서 중독·성·가족·돈과 같은 아주 실질적이고 구체적인 문제들을 다루었다. 텍스트도 철학책만 아니라 영화·동영상·시·그림 등 수업에 도움이 될 만한 것이면 모두 택해서 보고 읽고 토론했다. 대신 철학책은 과제로 읽도록 유도했는데 결코 쉬운 일이 아님을 알기에 큰 기대는 하지 않았다. 그러나 그중에도 책을 읽는 분이 있었다. 사실 혼자서 철학책을 읽는다는 것은 어려운 일임에도 불구하고 여러 가지로 어려운 여건하에 처한 이분들이 철학책을 읽는 다는 것은 참으로 대단한 일이다. 그래서 다음 기수부터는 철학책을 읽는 독서 모임을 만들어 볼까도 생각 중이다. 사람은 항상 새롭게 무언가를 만들어 갈 때 삶의 의미를 느끼는 것 아닌가.

무엇을 어떻게 했나

강의는 여러 변수에 따라 좌지우지되는 경우가 많았다. 따라서 강의는 강의안에 기초하되 가능한 한 강의실에서 벌어지는 상황을 최대한 활용하려 했다. 시작은 대개 자기소개를 하는 것으로 한다. 물론 가능한 한 모든 선생님들에 대해 숙지하고 강의에 임하기는 하지만 그래도 자기소개를 하도록 하는 까닭은 자기를 소개하는 방식·눈빛·말투·태도를 비롯해 앉은 자리의 위치나 눌러 쓴 모자 등의 복장, 대답의 장단을 통해 그동안 살아온 흔적·상태·성격·가능성·사람과의 친밀성 등을 보다 면밀히 알아 가기 위해서이다. 그래서 자신을 소개하는 방식의 차이에서 세상을 바라보는 관점의 차이로, 세상에 대한 이해의 차이와 살아온 삶의 차이까지 대화의 범위를 넓혀 감으로써 철학적인 문제들을 논할 수 있는 토대를 만들어 간다. 이때 선생님들과의 간격을 좁혀 가며 철학 수업의 물꼬를 트고자 나 자신을 선생님들과는 다른 각도에서 소개하는 일도 잊지 않는다.

워낙 다양한 이력·경력·학력·연령을 가진 분들이기에 강의의 도입부는 모두가 관심을 가질 수 있는 일상적이고 흥미로운 내용으로 시작한다. 예를 들면 목욕탕에서 벌어지는 일들, 즉 물건으로 자기 자리를 맡는 일에서 기득권의 문제, 옳고 그름의 문제, 판단과 이해의 문제, 문화와 습관의 문제, 실재성의 문제 등으로 자연스럽게 연결해 나가며 다양한 철학적 문제들을 논의해 간다. 이는 철학이 무겁고 어렵다고 느끼는 선입견을 불식하고 철학에 관심을 갖도록 유도하기 위함이다.

철학적인 화두로 좀 더 들어서고자 할 때에는 가끔 의도된 연출을 할 때도 있다. 예들 들면 찢어진 스타킹이나 짝이 다른 신발을 신고 수업에 임하는 것인데 이럴 때는 평소 말수가 적거나 소극적인 분들도 아주 적극적으로 의사를 표출한다. 청바지는 일부러 찢기도 하는데 스타킹은 왜 그러면 안 되는지, 왜 신발은 같은 색으로만 신어야 하는지를 반문하면서 해야 하는 것과 해서는 안 되는 것들을 들며 왜 어떤 것은 되고 어떤 것은 안 되는지, 되고 안 되는 것은 누가 판단하고 결정하는지에 대해 논한다. 이야기가 더 진전될 수 있는 경우에는 개인과 다수의 생각이 차이가 날 때에는 어떻게 해결해 나가야 하는지, 해야 할 것과 하지 말아야 할 것들에 대해 지금 내가, 우리가, 사회가, 정부가, 인류가 보이는 태도는 어떤 것인지 알아보는 식으로 질문의 범위와 내용을 확장해 간다.

선생님들이 철학 수업에 흥미를 지니고 임하기 시작하면 본격적으로 철학자들의 삶과 사상을 소개하며 이 둘이 어떻게 관련되는가를 우선은 경험과 앎의 문제로, 나중에는 삶과 철학의 문제로 다루면서 사유의 논리와 관점의 다양화를 시도한다. 여기에서 무엇보다 중요한 것은 이들 철학자들에 대한 지식을 더하려 하기보다는 이들을 매개로 논의를 전개시키며 다양한 관점을 이해할 수 있게 하는 데 중점을 둬야 한다는 사실이다. 물론 철학자들의 삶과 사상을 다루는 일은 특정 주제를 중심으로 진행하기도 하고, 시대의 흐름에 따라 하기도 하며, 대(大)철학자의 사상을 중심으로 하기도 한다. 하지만 강의안과 전혀 다른 방향으로 그때그때 상황에 따라 수업이 진행되는 경우가 대부분이다. 그만큼 수업 시간에는 늘 변수가 있다. 그렇기에 더욱 생동감 있는 것이 노숙인을 위한 철학 수업이 아닌가 싶다.

서서히 철학 수업이 무르익어 가면 수업 시간에 다루지 못한 텍스트들을 소개하면서 이들이 말하고자 하는 것이 무엇인지 자신의 언어로 표현해 보도록 하고, 이것이 자신의 삶에 어떻게 와 닿았는지 각자의 느낌을 나누며, 때로는 다짐을 하는 시간을 갖기도 한다. 그리고 미진한 부분은 다소 힘들더라도 몇 자로, 때로는 몇 장으로 내용을 요약하며 느낌을 정리하도록 숙제를 내주기도 한다. 혹 부담이 될까 신경이 쓰이기도 하지만 수업 내용을 다시 생각해 볼 수 있는 기회를 주고자 수업의 연장으로서 적당한 분량을 선정해 무리가 되지 않는 범위 내에서 가끔씩 숙제를 내준다.

그날그날 수업의 성패는 주로 누구에게 어떤 질문을 던지느냐에 따라 좌우되는 경우가 많다. 그래서 미리 선생님들에게 어떠한 질문을 어떻게 할지 준비한 적도 있지만 이 경우 역시 생각처럼 된 경우는 극히 드물다. 수업은 정말 참여한 사람들에 의해 그때그때 달리 만들어진다는 사실만 매번 확인할 뿐이다. 따라서 교수는 항상 이런 상황에 대처할 수 있어야 한다. 예를 들면 예상치 못하게 특정 선생님이 너무 오래 질문과 상관없는 이야기를 하실 때는 이를 빨리 파악해서 서운함을 느끼지 않는 선에서 대화를 다른 방향으로 돌리거나 다른 분에게 말할 기회를 주어 수업이 늘어지지 않도록 해야 하며, 반대로 너무 토의가 이루어지지 않을 때는 같이 수업에 참여하는 자원활동가 선생님들에게 발언권을 넘겨 활력을 불어넣기도 해야 한다. 성프란시스대학에는 자원활동가 선생님들이 수업에 함께하기에 이런 경우 도움이 많이 된다.

수업 시간에 조심하고 피해야 할 점도 있다. 수업을 듣는 선생님들의 개인적 아픔이 수업 시간에 공개적으로 또렷이 드러나는 말이나 표현을 삼가는 일이다. 이러한 아픔은 주로 개인 상담이나 면담을 통해서 함께 나누어야 한다. 하지만 어떨 때는 문제와 정면 승부해야 하는 경우도 있다. 예를 들어 알코올중독이나 노름중독과 같은 문제는 피하기보다는 드러내 놓고 토론을 벌이기도 한다. 반면 일반적으로 조심스럽다고 생각하는 정치나 종교 문제에는 선생님들이 오히려 관대한 편이다. 생활과 밀착한 문제에 대해서는 나름 터득한 부분이 상당하기 때문이다. 그래서 간혹 예기치 못한 깨달음을 그들로부터 얻는 것도 사실이다.

이처럼 철학 수업은 누가 누구를 가르치기보다 함께하는 시간 속에서 서로에게 배우는 측면이 많다. 그럼에도 교수가 주도적이어야 할 때가 있다. 노숙인 선생님들은 누군가로부터 인정받기 전에 상실을 먼저 경험한 까닭에 인정받고자 하는 욕구가 다른 어떤 사람들보다 강하다. 그래서 간혹 자신을 드러내려고 무리한 행동을 할 때가 있다. 이때 교수가 단호하게 대처하지 않으면 같은 행동을 되풀이함으로써 수업의 원활한 진행을 방해하는 경우가 생긴다. 또 그로 인해 동료들에게 소외되어 학업을 계속하지 못할 수도 있다. 교수가 모두를 위해 그러한 행동에 대해 단호한 태도를 보여야 하는 이유가 여기에 있다. 다른 한편 노숙인 선생님들은 그동안 익숙해진 습관·태도·서열 등을 성프란시스대학 안에서 그대로 관철시키려는 태도를 보일 때가 있다. 이런 태도가 수업 시간에 나타날 경우 교수가 노숙인 선생님들에게 상처를 주지 않는 한에서 단호하게 대처해 학습 분위기를 바로잡아야 한다. 물론 개별면담을 통해 그 이후에 나타나는 문제를 해결해야 하는 경우도 종종 있다. 그러나 이런 경우를 제외하고는 내가 아는 한 학습 태도나 분위기가 가장 열의와 소망이 넘치는 곳이 이곳이 아닌가 한다.

그래도 남은 것들

그래도 나는 늘 다음과 같은 질문을 되뇌곤 한다. '노숙인을 위한 철학 강의를 위해 무엇을 어떻게 했는가. 아니 그에 앞서 나에게 철학이란 도대체 어떤 의미이며 나는 왜 노숙인에게 철학을 이야기하려 했는가. 그리고 과연 나는 매사에 최선을 다했는가. 혹시 나의 처신이 너무도 힘든 상황에 놓인 그들에게 약이 아닌 독이 되지는 않았나. 내가 그들의 삶을 어디까지 함께할 수 있나. 어쩌면 그들이야말로 진정한 철학을 하고 있었던 것은 아닐까. 단지 학위를 받았다는 이유로 그들 앞에 서서 철학을 논한다는 사실이 오히려 그들을 욕되게 한 것은 아닌지, 그렇지는 않다 해도 장식품에 불과한 철학으로 팍팍한 현실과 마주한 그들을 더 힘겹게 한 것은 아닌지. 그래서 이전보다 더 힘든 삶을 살게 한 것은 아닌지. 간혹 도움이 됐다고 고백하는 사람들도 있지만 진짜 그러한지. 아니면 그들도 나도 그렇게 믿고 싶어 하는 것인지. 이 모든 의문이 기우에 불과한 경우라도 혹 더 개선해야 할 문제는 없는지' 등과 같은 물음을 나 자신에게 던지곤 한다.

노숙인들이 당면한 현실적인 문제, 즉 경제적 문제, 건강 문제, 불확실한 미래에 대한 문제, 노숙인에 부정적인 사회적 인식의 문제, 외로움의 문제 등 여러 문제 앞에 나 또한 멈추어 설 때가 많다. 이런 문제들을 보다 실제적으로 해결해 나가는 것이 철학과는 별개의 일이라 해도 그저 외면할 수만은 없는 것도 사실이다. 그래서 어쩔 수 없이 이런 문제들을 해결할 방법은 없는지에 마음이 쓰이곤 한다. 물론 다시서기센터 여러 분들이 성프란시스대학을 위해 물심양면으로 애쓰기에 훨씬 마음의 부담이 덜하기는 하다. 그렇지만 많은 경우 이런 문제들을 둘러싸고 성프란시스대학 내에서도 심각하게 논의가 이루어진다. 물론 이 모든 문제들은 여전히 우리 앞에 남겨진 숙제이다. 그러기에 아직도 마침표를 찍지 못하고 여전히 나는 다시 같은 출발선 앞에 선다.

입학식 때 보았던 얼굴을 졸업식에서 볼 수 없을 때, 차가운 세상 속으로 그분들을 떠나보낼 때, 신문 지상에 노숙인과 관련된 기사를 읽을 때, 병원이나 장례식장에서 그분들을 만나야 할 때 견딜 수 없는 회한이 오랜 시간 나를 사로잡는다. 하지만 그보다 더 힘든 것은 우연히 듣게 되는 노숙인에 관한 사람들의 생각 없는 주절거림이다. 아직도 사회는 이들의 부재를 통해서 존재하기를 원한다. 그것이 자신의 또 다른 모습이라는 것을 모른 채……. 바로 이런 사회 인식이 계속해서 노숙인을 양산함에도 말이다. 그래도 다행인 것은 이곳에서 함께하는 교수진과 실무진, 자원활동가들은 모두 한마음으로 열정을 다한다는 것이다. 그래서 심화학습 과정도, 동아리 모임도, 동문회도 만들어 가며 이 땅 위에 새 역사를 한 뼘 한 뼘 써 내려갈 수 있었던 것이 아닌가 한다.

성프란시스대학이 벌써 9기생을 맞는다. 이곳에서 철학을 가르치며 보낸 시간이 결코 짧지 않건만 그래도 나는 여전히 설레고 두렵다. 무능력과 무지 속에서도 최선이 무엇인가를 물으며 지나온 날들이 굴곡진 모습이라 하더라도 소중하고 아름다운 까닭은 누구보다도 노숙인 선생님들과 함께 이 길을 걸어간 사람들 덕분일 것이다.

모든 일들이 스친다. 모든 얼굴들이 보고 싶다. 그들이 썼던 글을 다시 읽어 본다. 글 속에 담긴 그들의 모습이 이전보다 더 선명하게 보인다. 얼마나 진솔하고 담백한 글인가를 새삼 느끼기에 더욱 보고 싶다. 그래서 엉터리 철학자의 오만과 무지를 기꺼이 인내해 준 그들에게 진정으로 용서를 구하고 싶다. 그리고 말하고 싶다. 사랑한다고.

존재 세

박남희

살아있다는 그 자체만으로 지불해야 하는
그러나 이전에는 내 결코 몰랐던 세.

이제야 받아든 독촉장
유예된 시간만큼 혹독한 추징금을 징수당한다.

예외자로 알고 살아온 그 만큼의 강도로
탈법자임을 외치라 한다.

그 누구도 예외 없이 추징당하는
세상에서 가장 공평한 존재 세임을 깨닫기까지.

    고등교육기관에 합격했다는 소식을 알려 주고, 취업을 했다고 저녁을 사 주고, 생일을 축하해 주고, 아플 때 힘내라고 오히려 응원 메시지를 보내 주는 사람만이 우리를 힘 나게 하는 것은 아니다. 여전히 길에서 힘들게 살아가는 분들도 우리에게 힘을 준다. 우리가 해결해야 할 숙제가 여전히 많다는 깨달음 또한 우리를 뒤가 아닌 앞으로 나아가게 하기 때문이다. 왜 사는지 그 이유를 아는 사람은 니체의 말처럼 어떠한 고통도 이겨 낼 수 있을 것이다. 따라서 우리는 다시 힘을 내어 길을 나서며, 그 길에서 인생의 새로운 친구를 만나 다시 길 가기를 멈추지 않는다.

제3부

뒤에서 본 인문학
실무자들의 이야기

사회복지와
인문학의 만남

이종만
다시서기센터 실장

《희망의 인문학》과 만나다

수년 전 나눔의 집에서 함께 일했던 신부님과 이야기를 나눌 기회가 있었다. 당시 나는 강원도 고성노인복지센터에서 근무 중이었다. 서울처럼 복잡한 도시의 일상과 달리 눈을 뜨면 90퍼센트 이상이 초록으로 뒤덮인 세상을 볼 수 있었다. 복지센터 일이 나름 많기는 했지만, 도시에서처럼 혼이 빠질 만큼 바쁘거나 조급증에 시달릴 필요는 없어 여유가 있던 터였다. 덕분에 큰 창가 옆 책상에 앉아 책을 읽을 수 있는 시간도 많았고, 그것이 왠지 전원생활의 멋처럼 느껴져 즐겁기도 했다. 신부님과 이야기를 나누다가 내가 읽으면 좋을 만한 책이 있으면 한 권 소개해 달라고 부탁했다. 그랬더니 신부님께서 책 한 권을 건네주셨다. 노란 바탕 위에 쓰인 《희망의 인문학》이란 제목이 눈에 들어왔다. 뻔한 이야기가 아닐까 하던 내 생각은 보기 좋게 빗나갔다. 신부님을 만나고 강원도로 돌아와 책을 읽던 그날이 지금도 생생하다.

한번 붙잡은 책을 끝까지 읽는 데는 두 가지 이유가 있다. 충분한 시간이 한 가지 이유라면, 도저히 손에서 놓지 못할 정도로 재미있는 내용이 또 다른 한 가지 이유일 것이다. 나는 지금도 책장에 꽂힌《희망의 인문학》을 보면 가슴이 뿌듯하다. 그만큼《희망의 인문학》은 나에게 충격적일 정도로 큰 감동을 주었다. 나도 당시 내가 있는 이곳에서 '희망의 인문학'을 시작해 보고 싶었다. 주변에 알고 지내던 사람들에게 이 책을 선물했다. 어떻게 하면 책에서 본 '클레멘트코스'를 이 지역에서 진행할 수 있을까 고민하기도 했다. 그렇게 책이 전해 준 감흥을 품고 가슴 설레는 날들을 보내다가 뜻하지 않게 이직이란 상황을 맞았다.

이직을 고민하던 당시, 처음으로 복지 분야에서 일할 수 있도록 해 주시고 복지 분야에 대한 가르침도 주신 임영인 신부님을 방문해 이야기 나눌 기회가 생겼다. 그때 함께 이야기를 나누면서 성프란시스대학 인문학 과정에 관한 여러 소식을 접했을 뿐 아니라, 때마침 다시서기센터에서 직원을 구한다는 소식도 알게 됐다. 망설일 이유가 없었다. 나는 곧바로 다시서기센터에 지원했고, 자활사업 분야에서 일했던 경험 덕분에 다시서기센터의 자활사업 담당자로 채용됐다. 이렇게 다시서기센터와 인연을 맺으면서 막연하게 머릿속에서만 그리던 인문학 과정을 가까이서 바라볼 수 있었다.

다시서기센터에서 일하며 바라본 인문학

　　노숙인은 내게 익숙하지 않은 단어였다. 1997년 IMF 시기에 방송과 언론 매체를 통해 노숙인에 대한 이야기를 접하기는 했어도 직접 그들과 부딪힌 적은 없었기에 다시서기센터에서 일하는 것이 부담스럽기도 했다. 노숙인에 대한 이해도 부족했고, 노숙인을 위한 복지 정책이나 서비스에 대해 이전에 알고 있던 정보도 큰 도움이 되지 못했다. 무식하면 용감하다고, 나는 노숙인 자활사업을 바닥부터 경험해 보기로 했다.

　　자활후견기관에서 배웠던 자활사업에 대한 이해를 토대로 살펴본 결과, 노숙인 자활사업은 대부분 단편적으로 진행됐으며 임시처방 정도의 차원에 머물렀다. 노숙인 자활사업을 좀 더 다양하게 진행해 보고 싶다는 생각이 들었다. 근로 내용에도 변화를 주고 싶었다. 1년 동안 지급되는 총 391만 원의 자활 급여와 월 15일 근로, 1년 6개월 동안의 사업 참여만으로는 진정한 자활의 토대를 마련하기 어려웠다. 노숙인의 진정한 자활을 도우려면 어떤 내용의 사업을 진행해야 할지 고민하기 시작했다. 그런데 때마침 자전거 사업단이 시작됐고 대둔산 영농사업도 진행됐다. 내가 보기에 이 두 사업은 노숙인 자활사업에 변화의 계기를 마련해 줄 것 같았다. 현재 대둔산 영농사업은 중단됐지만, 자전거 사업은 2010년 2월 서울형 사회적기업으로 인증받아 활발하게 운영되고 있다. 이 자전거 사업은 잠시 후에 더 이야기하겠지만 인문학 과정과도 매우 밀접한 관계를 맺는다.

이렇게 다시서기센터에서 자활사업을 진행하면서도 나는 다른 한편으로는 계속 인문학 과정에 관심을 기울였다. 어깨너머로라도 인문학 과정이 어떻게 진행되는지 알고 싶은 마음이 컸기에, 시시때때로 담당 실무자와 커피를 마시며 그에 관한 이야기를 나눴다. 당시 다시서기센터 인문학 과정에서는 3기 노숙인 선생님들이 공부를 하던 중이었다. 매일 저녁 시간 다시서기센터 내 강의실에는 책을 옆에 끼거나 작은 가방을 든 몇몇 선생님들이 인문학 수업을 들으려고 모여들었다.

자리 잡기의 어려움

가끔 1기와 2기 졸업생들이 센터를 찾는 경우가 있었다. 당시 나는 그분들이 담당 실무자와 상담하는 것을 옆에서 지켜볼 기회가 많았다. 그러면서 든 생각은 아직은 인문학 과정을 통해 노숙 생활을 벗어나는 일과 같은 실질적 변화는 기대하기 어렵겠다는 것이었다. 다른 노숙인과는 조금 다르게 자신의 의견을 표현할 줄 알기는 했지만, 그렇다고 해서 그분들이 노숙 상황을 벗어났다고 하기에는 무언가 부족해 보였기 때문이다. 여전히 일자리는 없었고, 주거 불안정도 전혀 해결되지 않은 것 같았다. 이렇듯 그분들은 힘들어하는데 반해, 실무자나 다시서기센터가 줄 수 있는 도움은 많지 않았다. 인문학의 힘만으로는 이런 문제들을 해결하기 어려워 보였다.

게다가 인문학 과정에 참여하는 학생 수는 턱없이 적었다. 지금은 지원자들이 많아 면접을 통해 그중 일부를 선발하는 상황이지만, 당시에는 지원자가 부족해 중간에 추가 모집을 하기도 했다. 한번은 담당 실무자와 함께 용산역에서 홍보지를 돌린 적도 있었다. 여러 노숙인을 만나 다시서기센터에 오도록 설득하고 인문학 과정에 대한 홍보도 했으나 결과는 신통치 않았다. 다시서기센터 내에서도 별도로 홍보를 했다. 다행히 다시서기센터에는 노숙인 특별 자활 프로그램을 통해 알게 된 분들이 있었으므로 나는 우선 그분들에게 인문학 과정을 적극적으로 홍보했다. 그중 몇 분은 실제로 성프란시스대학 인문학 과정 3기에 입학했다.

우여곡절 끝에 어느 정도 모양새를 갖춘 3기가 힘겹게 과정을 마치고 졸업도 했지만, 이 과정에서 힘을 소진한 담당 실무자는 결국 일을 그만두고 말았다. 그만큼 힘들었던 것이다. 새로운 실무자는 3기 졸업식과 4기 학생 모집 홍보를 준비하며 몇 가지 제안을 했다. 첫째는 다시서기센터 내 각 부서에서 인문학 과정 홍보에 적극적으로 참여하자는 것이었다. 두 번째는 인문학 과정 참여자들이 안정적으로 학업을 수행할 수 있도록 지원책을 마련하자는 것이었다.

자활과 매입임대주택사업에서 찾은 활로

다시서기센터 각 부서 실장과 자활사업·매입임대사업·인문학 담당 실무자들이 모여 성프란시스대학 인문학 과정에 참여하는 분들을 어떻게 지원할까 머리를 맞대고 논의를 거듭했다. 여러 제안 가운데 매입임대주택사업을 활용해 재학생들과 졸업생들에게 우선적으로 주거를 지원하는 방안과, 학생들의 자활사업 참여를 우선적으로 보장해 주거와 생계의 기초 수단을 마련해 주는 방안이 채택됐다. 그 결과 20여 명의 참여자 가운데 수급 자격을 획득한 몇몇 분들과 그나마 안정적인 생계 수단을 가진 분들을 제외한 학생들 대다수가 자활사업에 참여했다. 당시 다시서기센터 자활사업은 매달 참여자들을 모집하고 선발하는 방식으로 진행됐다. 따라서 자활사업에 안정적으로 참여시켜 주면서도 수업을 들을 수 있게 자활근로 내용을 배려해 주겠다는 제안은 자활사업 참여를 원했던 노숙인들에게는 상당히 매력적인 카드였다. 매입임대주택사업은 주거를 안정시켜 노숙인들이 지역사회로 돌아갈 수 있도록 돕고자 시행된 사업이므로, 성프란시스대학 졸업생이나 재학생들에게 그런 혜택을 주는 것은 매입임대주택사업의 원래 목적에도 부합하는 일이었다. 여기에 더해 인문학을 통해 학생들이 자신을 돌아보고 변화하게 되면, 그들이 지역사회에 정착하고 새로운 삶을 시작하는 데 더 큰 도움이 되리라는 확신이 들었다.

　　이러한 지원 방식은 분명 효과가 있었다. 학생들 대부분이 인문학 과정을 마치고 졸업의 영예를 얻었으며, 많은 이들이 매입임대주택에 입주해 주거 불안정 문제를 해결하고 지역사회로 복귀했다. 물론 이런 지원 방식들이 모두 훌륭한 성과를 거둔 것은 아니었지만, 노숙인 인문학 과정을 제대로 운영하려면 인문학 수업과 함께 실질적인 생활 관련 지원책이 필요하다는 사실을 증명하기에는 충분했다. 지원 과정에서 발생한 시행착오는 차츰 다루기로 하겠다.

팀장의 눈으로 본 실무자와 자원활동가

　다시서기센터 기획팀장이 되면서 나는 기획사업에 대한 제반 업무를 담당하게 됐다. 당시 인문학 관련 업무는 기획팀 소관이었으므로 자연스럽게 인문학 과정에 점점 더 깊이 개입하게 됐다. 인문학 과정 신입생 모집은 어떻게 준비하고 노숙인들에게는 어떻게 홍보할까, 학기 중에는 무엇으로 인문학 과정을 지원할까, 인문학 과정을 마친 노숙인이 자활하고 자립하는 과정을 어떻게 지원할까, 다른 곳에서 소외된 이웃들에게 인문학을 가르치는 이들과 교류하고 연대할 수 있는 네트워크를 구성해야 하는가, 해야 한다면 어떻게 해야 하는가 등등 해결해야 할 과제가 쌓여 있었다. 하지만 자활사업의 활성화, 자전거 사업 등 인문학 과정 이외에도 기획팀 담당 업무가 여럿 있었기에 인문학 과정에만 집중할 수는 없었다. 다행히 인문학 과정은 다시서기센터 소장이었던 임영인 신부님이 처음부터 주도적으로 운영했기에 팀장이었던 나는 보조 역할만 묵묵히 수행했다. 어쨌든 임영인 신부님의 헌신적인 노력을 통해 성프란시스대학은 빠르게 자리를 잡아 갔다.

　성프란시스대학 인문학 과정은 다시서기센터의 기존 사업들과는 그 성격이 달랐다. 특히 강의를 담당하는 교수와 수업에 참여하는 학생들에 대한 센터의 우선적인 지원, 인문학 과정을 위한 별도의 공간 확보 등을 위해서는 성프란시스대학과 다시서기센터 사이의 긴밀한 협의가 필요했다. 그래서 기획팀장으로서 성프란시스대학 지원 업무도 맡았던 나는 다시서기센터와 성프란시스대학의 소통에 무게 중심을 두고 인문학 과정을 지원하기로 했다. 또 이때부터 자원활동가들을 모집해 수업이 효율적으로 이루어지도록 도왔다. 실제로 자원활동가들이 글짓기 도우미 활동 등을 통해 학생들과 직접 대면하는 시간을 늘리면서 학생들에 대한 심층 상담이 더욱 용이해졌으며, 실무자의 업무 부담도 상당히 덜 수 있었다. 이로써 다시서기센터 담당자와 교수진, 성프란시스대학 내 담당 실무자와 자원활동가들로 이루어진 체계적 운영체제를 갖추면서 인문학 과정은 전보다 훨씬 다양한 방식으로 수업을 진행하게 됐다.

자활사업과 매입임대주택사업에서 겪은 시행착오

위에서 언급한 바와 같이 다시서기센터는 인문학 과정의 안정적 운영을 위해 자활사업에 참여하고 매입임대주택에 입주할 수 있도록 학생들을 지원했다. 지금도 여전히 성프란시스대학이 인문학 과정을 독자적으로 운영하기가 쉽지 않기 때문에, 다시서기센터에서 다양한 방식으로 지원을 해야 함은 두말할 나위가 없다. 하지만 지원의 성격과 내용, 수준은 정확하고 합당해야 하며 학생들의 처지와 여건에 따라 시의적절해야 할 것이다. 그러지 못할 경우 실제로 문제가 발생하는 경우가 있었기 때문이다.

먼저 자활사업 참여를 지원하는 경우, 참여자들의 근로 내용이 부실해 그 의미가 퇴색된 적이 있었다. 인문학 과정에 입학하면 자활사업에 우선적으로 참여할 수 있다고 하자, 인문학을 공부하면 당연히 자활 사업 참여가 보장된다고 생각하는 학생들이 생겼다. 이 바람에 우리가 애초에 기대했던 바와 달리 학생들이 근로를 소홀히 하는 상황이 발생한 것이다. 심지어 이러한 지원이 인문학 과정에 주어지는 특혜로 인식되어 5기 모집 때는 면접 보러 온 노숙인들 가운데 인문학보다 자활 급여에 관심이 있어서 지원하는 이들도 있을 정도였다. 이것은 나중에 희망근로제도가 도입되면서 학생들 사이에 극한적인 갈등 양상으로 표출되기도 했다. 이러한 경험으로 인해 학생들에 대한 지원 방식을 결정할 때 근로 강도와 급여 수준, 근로에 임하는 학생들의 자세 등을 면밀히 고려해야 하며, 지원제도 운영을 위한 분명한 원칙이 필요하다는 사실을 다시금 되새기게 됐다.

성프란시스대학 졸업생들 가운데 다수가 매입임대주택에 입주해 지금도 열심히 생활하고 있다. 이분들을 볼 때면 절로 흐뭇한 미소를 짓게 된다. 하지만 아쉽게도 초기에는 몇 분들이 적응하지 못하고 매입임대주택에서 스스로 나오기도 했다. 매입임대주택에 입주하려면 보증금으로 초기 자금이 100만 원 정도 필요하고, 스스로 주거를 유지할 만한 경제 수단이 있어야 한다. 하지만 성프란시스대학 학생들은 보증금 납부를 유예해 주거나 보증금을 분할 납부하는 방식으로도 입주할 수 있도록 했다. 하지만 이로 인해 학생들의 책임감이 약화되어 매입임대주택에 정착하지 못하는 경우도 있었다. 또 본인이 절실히 필요를 느껴 입주한 것이 아니어서인지 함께 입주한 동료들과의 공동체 생활에 잘 적응하지 못하는 모습을 보이기도 했다. 물론 다른 이유로 매입임대주택에서 퇴거한 이들도 있기는 하다. 그렇지만 다시서기센터에서 심혈을 기울여 인문학 과정 참여자들의 매입임대주택 입주를 시행했음에도 준비 소홀로 인해 많은 입주자들이 초기에 집중적으로 다시 퇴거한 것은 하나의 시행착오임이 분명하다. 이로써 매입임대사업의 경우 노숙인 본인의 절실한 욕구, 구체적인 자격 조건의 충족, 원만한 공동체 관계라는 삼박자가 함께 어우러져야 기대한 효과가 나타날 수 있다는 사실을 확인했다.

자전거 사업단은 새로운 희망

자전거 사업은 노숙인이 고장 난 자전거를 수거하고 수리해서 기부하거나 판매하는 사업을 통해 사회에 기여하면서도 자활의 기회를 가질 수 있으리라는 발상에서 새롭게 시작된 자활사업 모델이었다. 이는 실제로 노숙인이 자활과 자립을 하는 데 분명한 성과가 있었다. 용산구의 지원을 받아 꾸준히 지역 내 저소득층을 대상으로 하는 자전거 나눔 행사를 준비했고, '나눔과 평화' 재단과 협력해 해외 빈곤 지역에 자전거를 지원하는 사업도 수행했기에 자전거 사업의 전망은 밝았다. 그래서 자활 가능성이 있는 인력을 충원할 필요가 있었다. 모집 공고를 내서 몇 분을 선발했고, 인문학 과정 참여자 가운데 몇 분을 더 선발했다. 자전거 사업 참여자 가운데 아직 인문학을 접하지 못한 분께는 인문학 과정에 참여하도록 격려하기도 했다. 결과는 대성공이었다. 이전의 자활사업에서와는 다르게 실질적인 근로가 가능했고, 인문학을 공부하는 강의실이라는 공간을 벗어나서도 끊임없는 관계 형성의 기회가 마련되어 일하면서 배우고 배우면서 일하는 것이 일상화됐다.

한편 인문학 과정을 졸업한 분들과 현재 수강하는 학생들은 성프란시스대학 선후배 관계로 더욱 돈독한 인연을 맺었다. 이는 노숙 상황에 반드시 따르는 가족 해체와 사회에서 경험하는 인간관계의 소멸로 인한 심리적·문화적 소외를 극복하고 긍정적이고 새로운 인간관계를 회복하는 데에도 도움이 됐다. 이러한 새로운 인간관계는 인문학을 공부하면서 겪는 어려움—자신의 트라우마나 기타 여러 상황으로 인한 인문학 수강의 어려움—을 극복하는 데 매우 유용한 자산이었다. 아마 다른 실무자의 글에서도 다루겠지만, 백조가 우아한 자태를 위해서는 물밑에서 쉼 없이 발을 움직여야 하듯, 인문학 수업과 더불어 노숙인들의 삶의 바탕에 존재하는 소외와 가난, 아픈 상처를 끝없이 들어 주고 어루만져 주는 일을 계속해야 한다. 자전거 사업은 3년간의 노력 끝에 서울형 사회적기업으로 지정받아 노숙인 여덟 명을 채용할 예정이다. 이 중에는 성프란시스대학 졸업생도 있을 것이며, 올해 인문학을 새로 수강할 학생도 있을 것이다. 이미 자전거 사업에 참여한 성프란시스대학 졸업생들 중에는 매입임대주택을 통해 자신의 주거를 마련한 분도 있고, 그동안 모은 돈으로 쪽방 주거지원 보증금을 마련해 입주를 기다리는 분도 있다.

독립된 공간의 힘

다시서기센터 지하에 위치한 강의실은 인문학 강의 공간으로 오랜 기간 운영됐다. 매일 저녁이면 성프란시스대학 학생들은 이 강의실로 모여들었다. 강의실은 강의를 진행하기에는 충분한 조건을 갖추었다. 영상 장비와 책장 등 강의에 필요한 다양한 조건이 충족되어 있었다. 하지만 아쉬운 점 역시 존재했다. 강의실이 다시서기센터 건물 내부에 있는 데다 식당 바로 옆에 있었고, 다시서기센터의 저녁 급식 사업 시간과 강의 시간이 겹쳤기 때문에 다른 노숙인들에게 위화감을 줄 우려가 있었다. 면학 분위기에도 부정적인 영향을 끼칠 뿐 아니라, 인문학 학생들 간의 공동체 의식 형성에도 방해가 되는 것 같아 늘 아쉬웠다. 성프란시스대학만을 위한 공간이 마련되면 학생들이 인문학 수업에 집중하고 공동체 의식을 형성하는 데 도움이 될 것 같았다. 이를 위해 다시서기센터 소장이며 성프란시스대학 학장이었던 임영인 신부님은 몇 년간 삼성코닝정밀소재 사회공헌팀과 긴밀한 논의를 해 왔다.

인문학 강의에 적합한 공간이 갖추어야 할 조건에는 다음과 같은 것들이 있다. 먼저 서울역과 다시서기센터에서 모두 가까운 곳에 위치해야 했다. 학생들의 일자리와 주거지 등 주요 생활 근거지가 서울역과 다시서기센터 주변이므로 여기에서 가까워야 수업 참여도를 높일 수 있기 때문이다. 또 학생들 25명이 토론식 수업을 할 수 있을 정도로 충분히 넓은 공간이어야 했고, 별도의 사무 공간과 휴게 공간이 들어설 수 있으며, 간단한 취사도 가능한 곳이어야 했다. 같은 건물 안에 PC방이나 술집 등 수업에 부정적인 영향을 끼치는 공간이 있다면 그곳은 피하는 것이 바람직했다. 그리고 현실적으로는 재정 규모에 맞게 임대료가 적당한 장소여야 했다. 이런 조건을 모두 충족하는 곳을 찾는 것이 어디 쉬운 일이겠는가? 거의 두 달을 부동산 중개사 사무실에 들락거리고 임대 광고를 샅샅이 훑어보아도 위에 열거한 조건에 걸맞은 공간은 쉽게 찾을 수 없었다. 크기가 맞으면 임대료가 비싸고, 임대료가 괜찮으면 다른 조건이 마음에 들지 않았으며, 다른 조건이 모두 적당하면 노숙인에 대해 부정적인 인식을 가진 건물주가 계약을 꺼렸다.

이렇듯 힘들게 강의 공간을 찾던 어느 날, 한 공인중개사 사무실에서 오후 늦게 전화가 왔다. 찾고 있는 물건이 확실할 것 같다는 말에 곧바로 둘러본 곳이 현재의 동자동 성프란시스대학 강의실이다. 임영인 신부님에게 즉시 연락해 함께 찾아간 후 이튿날 바로 계약을 체결했다. 부단한 노력의 결과 성프란시스대학이 드디어 독립적인 강의 공간을 가지게 된 것이다. 2009년 5월 인테리어 공사에 들어갔고, 그 공사가 마무리되자 지금의 아늑하고 편안한 강의 공간이 서울역과 다시서기센터 중간쯤에 있는 한 건물 3층에 자리 잡았다.

다시서기센터 실장

강의 공간을 마련하던 시기에 때마침 다시서기센터도 진료소를 이전했다. 무료 진료소는 원래 서울역 광장 한곳에 마련된 컨테이너에서 운영됐는데, 다시서기센터가 한국누가회(기독교 의료인 단체)와의 협의를 통해 노숙인 의료 지원 수준 향상과 민간의 의료 지원 연계 등을 목표로 서울역 근처에 있는 한 건물 1층을 임대해 진료소를 새로 개설한 것이다. 이로써 다시서기센터 진료소와 성프란시스대학 강의실은 비슷한 시기에 서로 가까운 곳에 자리 잡게 됐다. 이때 기획팀장에서 의료지원팀장으로 직책을 바꿔 근무하던 나는 진료소 이전 사업을 총괄하면서 아울러 성프란시스대학 강의실 내부 공사도 진행했다.

진료소 이전이 끝나고 강의실이 완성된 후 얼마 지나지 않아 임영인 신부님이 일본으로 파견된다는 소식이 들려왔다. 임영인 신부님은 다시서기센터 운영을 책임지면서 모든 직원들에게 커다란 영향력을 행사해 왔고 성프란시스대학을 설립해 학장으로 재직하면서 이를 열정적으로 이끌어 온 터라 더 이상 그분과 함께 일할 수 없다는 사실은 다시서기센터와 인문학 과정에는 위기가 아닐 수 없었다. 따라서 이 소식을 접한 이들 모두가 엄청난 당혹감을 느낀 것은 너무나 당연했다. 다행히 후임 소장으로 사회복지 분야에 정통한 여재훈 신부님이 부임했고, 나는 실장이라는 역할을 부여받았다. 같은 시기에 인문학 과정을 좀 더 전문적으로 운영하기 위해 실무자도 새로 채용하기로 결정했다. 어쨌든 이렇게 해서 다시서기센터 소장이 바뀌고, 센터 업무를 총괄하던 실장도 바뀌었으며, 성프란시스대학에서는 학장이 바뀌고 담당 실무자까지 교체되는 상황이 발생했다.

이렇듯 어려운 시기에 다시서기센터 실장을 맡으면서 나는 센터 업무 전반을 어떻게 이해하고 실제 업무를 어떻게 추진할 것인가에 대한 많은 고민을 하게 됐다. 그 와중에 성프란시스대학에서는 예전의 자활근로 지원 방식이 희망근로로 전환되는 과정에서 여러 갈등이 불거졌고, 실무자 교체로 인해 실무자와 학생들 간의 의사소통이 원활하지 않다는 소식도 들려왔다. 내 기억으로는 성프란시스대학 학생들의 희망근로 참여와 관련된 갈등을 해소하기 위한 방안을 제안하던 자리였던 것 같다. 성프란시스대학에서 인문학을 공부하는 학생들의 상황과 처지에 대한 이해와 신뢰에 바탕을 둔 친밀한 인간관계를 어떻게 회복할까 하는 고민이 엄습해 왔다. 또한 시작부터 함께하며 운영을 총괄하던 임영인 신부님의 부재에 대한 대안을 마련해야 했고, 신임 학장의 교육철학을 기존의 운영 과정에 접목하는 일도 시급히 해결해야 했다. 성프란시스대학의 운영체제에 대한 검토와 학장을 비롯한 교수운영위원회와 다시서기센터, 담당 실무자의 역할에 대한 총체적 점검이 필요한 시기였다.

교수운영위원회 강화

《희망의 인문학》에서 얼 쇼리스는 교수 선정에 대한 자신의 철학을 이렇게 소개한다.

> 학문 세계의 원리를 알고, 그것을 사랑하고, 그런 사랑을 강의실에서 학생들에게 어떻게 전할 수 있는가를 알고 있는 사람을 영입한다.

이 원칙은 성프란시스대학 교수진 구성에도 그대로 적용됐다. 문학에 안성찬 교수, 철학에 박남희 교수, 예술사에 김동훈 교수, 작문에 박경장 교수, 역사에 박한용 교수 등 전담 교수진과 심화학습 과정에 참여한 서울대학교 인문학연구원 HK문명연구사업단 연구진들 모두 이러한 조건을 충족했음은 추호도 의심의 여지가 없다. 전담 교수진들은 수년 간 성프란시스대학에서 강의를 해 오면서 노숙인의 삶에 대한 더 깊은 이해를 얻었고, 수업에 열정적으로 참여하는 학생들을 보면서 진심으로 기뻐했다. 철저한 강의 준비와 혼신의 힘을 다하는 강의는 학생들에게 깊은 신뢰를 얻기도 했다.

　　그러던 중에 다시서기센터의 책임자가 교체되고 그 전에 모든 업무를 주도적으로 이끌던 임영인 신부님이 더 이상 성프란스대학 운영에 참여할 수 없게 되자, 교수진도 이제는 모두가 머리를 맞대어 함께 성프란스시대학을 운영해야 한다는 요구를 흔쾌히 받아들였다. 전반적인 대학 운영은 안성찬 교수가 주도적으로 담당했고, 학생들의 동아리 활동은 박경장 교수가 중심이 되어 지도했으며, 박남희 교수는 어머니처럼 학생들의 마음을 잘 어루만져 주었다. 그런가 하면 김동훈 교수와 박한용 교수는 그때그때 학생들의 생활과 밀접하게 관련된 문제들에 대한 상담을 맡아 주었다. 담당 실무자는 학습 지원에 필요한 제반 업무들에 집중했고, 자원활동가들은 그룹별로 학생들과 만나 글쓰기 도우미 활동 등을 통해 학생들이 강의에 더욱 집중할 수 있도록 도왔다. 그 결과 센터 책임자 교체 후 잠시 흔들리던 성프란시스대학은 하루가 다르게 안정을 찾아갔다.

학생들 저마다의 날갯짓

　　노숙인에 대한 사회의 시선은 아직도 대부분 부정적이다. 게다가 다시서기센터에서 행한 노숙인들과의 상담 내용을 보면, 이들 가운데 상당수가 불우한 환경에서 자라 배움의 기회를 제대로 갖지 못했고, 이로 인해 번듯한 직장에 들어가거나 사회에 정상적으로 편입되지 못한 채 살아왔음을 알 수 있다. 학업을 제대로 끝내지 못했기 때문에 전문 기술을 습득하기가 어려웠으며, 이른 나이에 일용직 근로를 통해 사회생활을 시작한 경우가 대부분이었다. 이들이 사회의 밑바닥에서 가난하게 살 수밖에 없었던 이유가 여기에 있다. 그렇기 때문에 가난은 대물림되고 소외에서 벗어나기 힘든 것이 현실이다. 게다가 이런 이들은 경제가 어려워지면 가장 먼저 타격을 받고, 그들 가운데 일부는 노숙으로 내몰린다. 일단 노숙인이 되면 그때까지 맺어 왔던 사회적 관계는 단절되고 노숙을 하면서 맺은 새로운 인간관계와 사회적 관계망이 그것을 대체한다. 이러한 상황은 그들이 노숙 상황을 탈피하고 지역사회로 복귀하는 데 걸림돌이 된다. 이로 인해 자존감 저하와 같은 심리적 문제나, 건강 악화, 알코올 의존 심화, 가족 해체 등과 같은 현상이 발생하기도 한다. 물론 사업을 크게 운영하다 부도가 나서 노숙인으로 전락한 경우도 있다. 그러나 이보다는 소규모 자영업자들이 부도로 인해 노숙으로 내몰리는 경우가 많다. 그렇다 보니 현장에서 일하는 모든 활동가들은 '노숙은 개인의 문제보다는 사회구조로 인해 초래되는 결과'라는 생각을 전반적으로 공유하게 된다.

그러나 사회의 책임만을 강조해서는 노숙인 개인에게 별 도움이 되지 않는다. 인간은 주어진 환경에 순응하기도 하지만 환경에 맞서 그것을 극복하고 개척하는 능동적인 주체이기 때문이다. '자기성찰'이 인문학의 가장 근원적 출발점인 이유가 여기에 있다. '인문학을 공부하면 노숙인도 시민으로서의 생활을 잘할 수 있을 것'이라는 성프란시스대학의 믿음도 여기에서 출발한다. 물론 인문학을 공부하면서 학생들은 누구나 한 번쯤은 심각한 자기 혼돈을 겪는다. 하지만 이를 통해 학생들은 자신의 모습을 직시하고, 인정하고 싶지 않지만 엄연히 존재하는 현실에 대해 심각하게 고민하고, 자기 삶에 대해 진지한 질문을 던진다. 그러고는 알을 깨고 나오는 새처럼, 드디어 자신의 세계를 깨고 새로운 세상을 만나는 아픔과 성숙의 시간을 가진다. 이런 과정을 거친 후에야 비로소 졸업의 영예를 얻는 것이다. 운전면허시험에 합격하고, 직업교육을 수강하고, 한국방송통신대학교에 진학하고, 취업을 하고. 지금도 학생들은 부지런히 이력서를 작성하고 고용지원센터를 찾으며 새로운 삶을 향한 희망찬 날갯짓을 하고 있다.

선후배라는 끈

다시서기센터 곳곳에는 성프란시스대학 인문학 과정 8기 신입생을 모집한다는 홍보 포스터가 붙어 있다. 센터 게시판에는 신입생 추천을 바란다는 담당자의 안내 글과 성프란시스대학 입학을 추천하는 졸업생들의 글이 하루가 다르게 늘어간다. 매년 졸업생을 배출하면서 성프란시스대학 인문학 과정도 해를 거듭하며 다양한 경험을 축적해 왔다. 이런 상황에서 졸업생들이 졸업 후에도 성프란시스대학과의 인연을 이어 가는 방안에 대해 자연스럽게 논의를 진행했다. 그 결과 서울대학교 인문학연구원 HK문명연구사업단과 연계해 일주일에 한 번 시행되는 심화학습 과정을 마련했다. 성프란시스대학 졸업생들이 참여할 수 있는 심화학습 과정은 1년간의 인문학 과정을 마치고 나서도 인문학적 사고를 지속하게 해 주고 졸업생들 사이에 건강한 관계를 유지하도록 해 준다는 점에서 꼭 필요한 것이었다. 심화 과정뿐 아니라 선후배가 함께 참여하는 동아리 활동도 생겨났다. 풍물 동아리는 매년 졸업식과 입학식 때 공연을 하기도 하고, 중요한 행사가 있을 때마다 풍물 한마당을 펼쳐 내기도 한다. 이외에도 성프란시스대학에서 선후배 관계를 맺은 이들은 곳곳에서 서로 정보를 교환하고, 진로를 의논하며, 삶의 동반자로 거듭났다. 자전거 사업단도 4,5,6,7기뿐 아니라 이번에 8기로 지원하는 분들까지 서로 선후배로 연결되어 끈끈한 조직을 형성한다.

지원체계의 효과

자활사업이나 매입임대주택사업, 쪽방민 주거지원사업은 노숙인이 경제 수단을 획득하고 주거지를 마련할 수 있는 중요한 기회를 제공해 준다. IMF 시기 이후 노숙인에 대한 지원사업이 본격화하면서 '거리 → 상담보호센터 → 쉼터 → 자립·자활'의 과정을 거치는 지원 방식이 적용됐다. 이러한 지원 방식은 초기에 상당한 성과를 냈고, 그 결과 효율적인 노숙인 지원 방식으로 자리 잡았다. 하지만 10여 년이 지난 지금은 만성적 거리 노숙인이 상당수이며, 어쩌다가 노숙 생활을 벗어나더라도 쪽방이나 고시원 같은 임시 거주지 또는 만화방이나 PC방과 같은 비(非)주거 시설에 있다가 노숙으로 다시 내몰리는 회전문 현상마저 존재한다. 또한 불황 등으로 경제 상황이 어려워지면서 저소득층이 노숙으로 유입되는 경우도 여전히 발생한다. 그렇기 때문에 거리에서 활동하는 아웃리치(outreach)팀과 상담보호센터, 쉼터가 다양한 자활 모델을 실험하면서 노숙인의 자활을 위해 더욱 열심히 노력해야 한다.

어쨌든 이런 상황에 대처하는 가장 효과적인 방법 가운데 하나가 주거지원사업이다. 일용직 근로를 통해 얻는 소득이나 자활사업 급여만으로는 안정적인 주거를 마련하고 유지하는 것이 불가능하다. 생계 유지 수단을 가진 이들에게 안정적인 주거를 지원하면 그들은 대부분 노숙 상황에서 벗어날 수 있다. 다시서기센터는 사회복지공동모금회에서 재정 지원을 받아 매입임대주택사업과 국토해양부의 쪽방민 주거지원사업을 운영한다.

이미 밝힌 바 있듯이 자활사업이나 자전거 사업, 매입임대주택사업을 인문학 과정과 연계해 운영하는 방식은 성프란시스대학 학생들이 노숙 상황을 벗어나 건강한 시민으로 생활하게 하는 데 큰 기여를 했다. 최근 매입임대주택사업과 쪽방민 주거지원사업을 통해 주거지를 마련한 인문학 과정 참여자들의 높은 주거 정착률은 초기의 시행착오를 극복했음을 보여 준다. 이로써 성프란시스대학은 실제 삶과 분리되지 않은 인문학 과정을 운영하며 이 시대의 참된 현장 인문학 수행 주체로서 자신의 자리를 굳건히 다질 수 있게 됐다.

노숙인과 인문교육 운동, 그리고 성프란시스대학 인문학 과정

이선근
전 성프란시스대학 인문학 과정 담당 활동가

깨달음 계절과의 대면

　이제 곧 겨울이 온다. 매년 똑같은 계절들이 똑같은 이름으로 반복되는 것처럼 보이지만 사실 그 순환은 놀라울 정도로 다르고, 경건하며, 아름답다. 매번 돌아오는 계절은 그때마다 조금씩 성숙해지며 완성을 향해 가기 때문이다.

　이른 봄날이면 우리는 버스 차창으로 가로수의 새잎들이 파릇하게 움트는 것을 볼 수 있다. 너무 빨리 지나가거나 관심이 없어서 못 보고 지나치기도 하지만, 우리의 시선이 닿지 않는 동안에도 녀석들은 죽은 듯이 보이는 회색의 마른 가지에서 새로운 생명을 만들어 낸다. 놀라운 것은, 잎들이 피고 지는 사이 가로수는 나이테 하나만큼 더 성장한다는 사실이다. 가로수가 보이지 않는 곳에서 깊어졌던 것이다. 그렇게 봄이 지나고 여름이 되면 작은 잎들은 울창한 여름 속에서 맴맴 울어 대기도 한다. 또 쌀쌀해진 가을에는 낙엽이 되어 거리에 찬바람을 뿌리기도 한다. 익숙한 배경 같아도 섬세하게 들여다보면 어느 장면 하나 새롭지 않은 것이 없다. 모두 다 이전에는 한 번도 만나지 못했던 새로운 풍경이다. 이처럼 계절은 끊임없이 순환하지만 그 어느 때에도 같은 모습이었던 적은 없다. 아마 그렇게 또 새로운 겨울이 올 것이다.

성프란시스대학 인문학 과정은 나에게 계절의 순환에서 배우는 것과 같은 깨달음에 이르게 해 주었다. 이 글은 사회복지사이자 담당 활동가 입장에서 바라본 노숙인을 위한 인문교육 운동에 관한 것이다. 하지만 학습자인 노숙인뿐 아니라 사업을 담당하는 실무 활동가와 사회복지사, 강좌를 이끌어 가는 교수진과 보조하는 자원활동가, 운영을 지원하는 기업 후원자, 그밖에도 인문교육 운동과 함께한 모든 이들의 경험과 깨달음에 관한 이야기이기도 하다.

궁극의 '가난함'에 처한 사람들

이야기를 이어 가기 전에 '가난함'이라는 말부터 설명하겠다. '가난함'은 살림살이가 넉넉하지 못한 상태를 뜻하는 '가난'이라는 명사에 동사 '하다'의 명사형인 '함'을 더해서 만든 말이다. '함'이라는 말을 통해 특정 상황에 원인이나 이유, 혹은 상황의 일정한 양상이 있음을 드러내고자 했다. 이로써 내가 표현하려는 '가난'을 보다 정확하게 표현할 수 있다. 즉, 이 글에서 사용하는 '가난함'이라는 단어는 물질이 부족하거나 거의 없는 상태 혹은 전혀 없는 상태까지도 포괄하는 개념으로, 그 부족하거나 없는 상황에는 어떠한 원인과 이유가 있고, 가난에도 일정한 유형이 있다는 의미를 담고 있다.

내가 기억하는 서울역에는 오래된 돌과 고풍스러운 창문이 많다. 나트륨 등의 아스라한 주황색 빛이 참 예쁘게 반짝였던 것 같다. 그때 내 눈에는 어두운 서울역 귀퉁이에서 잠을 청할 수밖에 없었던 사람들은 보이지 않았다. 그곳에 그들이 없었기 때문이 아니라 애써 보지 않으려 했기 때문이다. 무관심도 일종의 폭력이 될 수 있음을 깨닫게 된 것은 좀 더 많은 계절이 흐른 뒤였다.

그곳에서 잠자던 가난한 사람들은 종이 상자와 신문지만으로 비와 바람은 물론 사람들의 시선까지도 피하며 산다. 사실 이것이야말로 거리로 내몰린 가난한 사람들이 가장 먼저 겪는 고통이다. 최소한의 잠자리마저 박탈당한 궁극의 '가난함'에 처한 노숙인들은 허기와 영양 불균형, 피로와 수면 부족에 시달리기 십상이다. 먹고, 입고, 씻고, 자는 것에서 시작된 어려움이 생계유지 자체가 위태로운 상황으로 이어지면서 노숙인들 대부분은 육체뿐 아니라 정신까지도 중독과 질병에 노출된다. 사회관계에서도 소외된다. 가족과 친구는 물론 어떤 누구도 그들의 생활에 관심을 두지 않기 때문이다. 자기 스스로 모든 관계를 단절했다고 말하는 경우도 있지만, 꼭 그렇게 볼 수는 없다. 이러한 상황이 계속되면 시민의 역할을 충실히 이행할 수 없고, 이로 인해 권리마저 행사할 수 없는 처지에 놓이기도 한다. 이렇게 노숙인들은 사회에서 고립되고 단절될 뿐 아니라 법과 사회의 안전망에서도 배제된다. 사회에 속한 존재가 아니므로 사회적 의무와 책임도 질 수 없는 것이다. 이와 같은 현상들이 나타나는 과정 자체가, 노숙인들에게는 큰 상처를 준다.

그럼에도 시민들은 대부분 '가난함'에 처한다는 것이 이토록 위험하다는 사실을 애써 인식하지 않는다. 그래서 '거리 노숙'이라는 외롭고 고통스러운 상황이 곧 궁극의 '가난함'에 처한 상황임을 인식시키기까지는 오랜 시간이 걸렸다. 몇몇 종교 지도자들과 시민단체 활동가들의 산발적인 노력들을 제외하면 그동안 노숙인들은 그 누구에게도 관심의 대상이 아니었다.

궁극의 '가난함'에 처한 사람들이 비로소 하나의 존재로 인식될 수 있었던 계기는 1998년 IMF 구제금융 이후 급격히 늘어난 실직자가 사회문제로 부상했기 때문이다. 기업의 도산과 대량 해고, 사회 전반의 경기 침체는 대단히 큰 문제였다. 수많은 사람들, 특히 집안의 가장들이 일자리를 잃었고 가족은 해체됐다. 실업 상황이 장기적으로 지속되는 경우도 많았다. 결국 가장 불안정한 차상위계층부터 추락하기 시작했고, 이러한 현상은 곧바로 거리 노숙인의 수가 폭발적으로 증가한 요인이 됐다. 이렇게 늘어난 노숙인들 때문에 서울에는 노숙인 주요 밀집 지역이 형성됐는데, 그곳이 바로 서울역·을지로·영등포역·청량리역이다. 우리는 이들을 '실직 노숙인'이라고 불렀다. '실직 노숙인' 집단이 생긴 이후 수년 동안 노숙인의 자활을 도우려는 사회 차원의 움직임이 일어났기 때문에 이들 가운데 일부는 위기 상황을 극복하기도 했다. 그러나 한번 늘어난 노숙인의 수는 좀처럼 줄어들지 않았다. 오히려 전문가와 활동가들에 의해 이전에는 생각지도 못했던 다양한 문제들이 알려지기 시작했다.

당시 노숙인과의 대화를 처음 시도했던 기관이 바로 '노숙인 다시서기상담보호센터(현재 다시서기종합지원센터)'이다. 현재까지도 다양한 노력을 통해 노숙인을 위한 복지 서비스를 실천하며, 매년 노숙인 복지 서비스와 관계된 의미 있는 연구 결과물들을 생산해 낸다. 내가 활동했던 '대한성공회유지재단 다시서기센터'의 이전 명칭이기도 하며, 보통 줄여서 '다시서기센터'라고 부른다.

다시서기센터 활동의 중점은 처음에는 '실직'과 '노숙'의 원인을 조사하고 그에 맞는 대책을 세우는 데 있었다. 갑자기 늘어난 서울역의 '실직 노숙인'들을 한 명씩 만나 왜 노숙을 할 수밖에 없었는지, 지금 당장 필요한 것이 무엇인지를 알아본 뒤 현재의 사정에 알맞은 서비스를 연결해 주었다. 당시 이 작업을 했던 활동가들은 서울역 광장에 임시 부스를 만들어 노숙인들과 상담을 진행했지만, 이내 용산역과 같은 다른 주요 역에도 상담소가 설치됐고, 전문적으로 도움을 주는 단기보호시설도 마련됐다. '실직 노숙인'을 위한 사회 안전망이 없었기 때문에 우리가 제일 먼저 한 일은, 이들을 가족들과 연결해 주거나 귀향 여비를 지급하는 등 집으로 돌아가도록 돕는 것이었다. 그런데 집으로 돌아간 줄 알았던 사람들이 다시 서울역에 나타나는 일이 잦았다. 심지어는 아예 돌아갈 생각이 없는 것처럼 보이기도 했다. 이유인즉 대부분 돌아갈 가족이 없거나 혹 있다 하더라도 그 가족들로부터 보호받을 수 없는 상황이었기 때문이었다.

그렇기 때문에 그다음 활동은 '자활'에 초점을 맞추었다. '자활'이라는 커다란 목표를 세우고 각 개인의 문제에 개입하는가 하면 제도적 장치를 마련해 노숙인에 대한 사회의 인식을 개선하기 위한 노력을 다방면에서 시도했다. 얼마 지나지 않아 자활 과정을 지원하고자 노숙인 분야에 다양한 복지 서비스가 도입됐고, 노숙인들이 처한 환경을 개선하려는 노력들 역시 지금까지 계속 이어지고 있다. 아직도 턱없이 힘들고 어려운 상황이지만 적어도 10여 년 전과 비교해 보면 놀라운 변화임이 틀림없다. 이와 같은 결과는 지난 10여 년간 다시서기센터뿐 아니라 다양한 민간 시민단체와 정부가 함께하며 많은 조사와 연구를 진행했기에 가능했던 일이라고 생각한다.

그러나 여전히 우리가 해야 할 일들은 많다. 궁극의 '가난함'에 처했다는 것은 추상적인 말도, 이론적인 말도 아니다. 오히려 대단히 현실적인 고통에서 나온 말이다. 이 고통을 아는 것이 인권 운동의 시작이며 복지 서비스의 시작이다. 이를 위해서는 다양하고 튼튼한 법적·제도적 안전장치와 충분한 물질적·환경적 지원이 필요하다. 더욱 전문적이며 풍부한 활동들도 있어야 한다. 그러나 이 글에서는 이와 같이 잘 알려진 면보다는 잘 알려지지 않은 면을 다뤄 보고자 한다. 물질·환경·법·제도·의료·취업·주거와 같이 그나마 손쉽게 계량화할 수 있고 '가난함'과의 관계도 잘 드러나는 문제들 이외에도 또 다른 차원에서 생각해 봐야 할 것들이 분명히 존재하기 때문이다. 그중에서도 특히 우리가 주목했던 두 가지를 소개한다.

'관계의 빈곤'과 '교육의 빈곤'

먼저 '관계의 빈곤'에 대한 것이다.

이 이야기는 석 달 만에 노숙이라는 위기 상황에 처하게 된 태식(가명, 28세) 씨의 사례이다. 태식 씨는 태어나고 얼마 되지 않아 어머니가 가출을 했다. 아버지도 알코올중독이 있었고, 결핵성관절염 때문에 활동에도 제약을 받았으며, 무엇보다 가족과 함께 살지 않았다. 세 살 터울의 형 역시 태식 씨가 중학교에 올라갈 무렵 가출했다고 한다. 태식 씨에게 남은 가족은 연로한 할머니뿐이었는데, 할머니마저 그가 고등학교 3학년 때 돌아가셨다. 아버지, 형과 연락이 되기는 했으나 태식 씨에게 그들은 위로가 되어 주지도, 삶의 기반이 되어 주지도 못했다.

태식 씨는 고등학교를 졸업하자마자 서울로 떠났다. 요리사가 되겠다는 꿈을 안고 상경해 닥치는 대로 일을 했고, 3년 만에 마침내 강남의 어느 일식집 주방에 일자리를 얻었다. 한창 아름다운 나이였던 그는 그곳에서 시간제 근무로 일하던 어여쁜 여성과 사랑에 빠진다. 두 사람은 곧 보증금 500만 원에 월세가 50만 원인 근사한 집에서 함께 생활했다. 그러나 주방 보조로 일하는 태식 씨의 월급만으로는 두 사람의 생활이 빠듯하기만 했다. 태식 씨는 돈을 벌려고 요리사라는 꿈을 잠시 접고 유흥업소와 숙박업소에서 일하기 시작했다. 비록 밤을 꼬박 새우는 일이 마음에 들지 않았지만 사랑하는 사람과 미래를 꿈꿀 수 있다는 기대에 마냥 행복했다고 한다. 종종 다투기는 했어도 두 사람의 관계는 나쁘지 않았던 모양이다. 외로웠던 두 사람은 서로에게 위로가 되어 주었다.

그러던 어느 겨울날이었다. 퇴근길에 그녀에게서 전화가 왔다. 동대문으로 쇼핑을 나가니 늦게 돌아올 것이라고 했다. 그러고는 여느 때와 같이 집에 들어왔는데, 집은 텅 비어 있었다. 침대도, 소파도, 옷장도, 그 어떤 가구도 남아 있지 않았다. 그렇게 멍하게 앉아 있는데 어두워지는 창밖에서는 크리스마스 캐럴이 울렸다고 한다. 그녀는 모든 가구와 가전제품은 물론 월세 보증금과 그동안 모으라고 줬던 돈까지 모두 가지고 떠났다. 텅 빈 집에서 그는 며칠을 더 패닉 상태로 있었다고 한다.

안타깝게도 태식 씨에게는 가족은 물론 친구도 없었다. 믿고 의지할 사람은 그녀뿐이었으므로, 그렇게 믿었던 사람에게서 받은 상처는 너무나 컸다. 관계의 부재는 배신으로 인한 상처 같은 감정적인 차원으로 접근할 수 있는 문제가 아니다. 현실적인 문제를 해결해 줄 통로가 되어 주는 사회관계가 없을 경우, 도시에서 아무리 많은 사람들과 함께 산다 한들 '섬'과 같은 외로운 존재가 될 수밖에 없다. 빈 집에서 쫓겨나 당장 잠잘 곳조차 없었던 태식 씨는 PC방과 만화방에서 새해를 맞는다. 일이 손에 잡히지 않아 며칠 동안 무단결근을 한 탓에 결국 직장도 잃었다. 그렇게 해서 그는 처음으로 길거리에서 잠을 자게 된다. 이대로는 안 되겠다 싶어 하루만 일하자는 생각으로 일일 용역 일을 나갔고, 그것이 계기가 되어 영등포에서 용접공 보조 일자리를 얻었다. 첫 달에는 월급이 없었기 때문에 당장 일을 구했다고 위기 상황이 바로 해결되는 것은 아니었으나 공장에서 몰래 잠을 잘 수도 있었고, 지방 출장을 가면 여관에서 생활할 수도 있었다. 생각보다 버틸 만했다. 월세

제3부 뒤에서 본 인문학
: 실무자들의 이야기

보증금만 모으면 다시 요리사 일도 할 수 있을 것 같았다.

그런데 갑자기 사고가 났다. 철근 구조물이 태식 씨 머리 위로 떨어진 것이다. 병원에서는 다행히 큰 부상은 아니라며 안심하라고 했다. 하지만 폐결핵이 의심되니 일은 그만두는 것이 좋겠다는 이야기도 했다. 게다가 폐결핵은 전염성도 있다는 말까지 덧붙였다. 결핵으로 더 이상 건설 현장에서 일할 수 없게 된 그는 여기저기를 떠돌았다. 그러다 결국 각혈이 심해져 정신을 잃었다. 여기까지가 그녀가 떠난 후 석 달 동안 태식 씨에게 일어난 일이다. 정신이 들었을 때 그는 서울의 한 시립병원에 있었고, 그곳에서 무료로 치료를 받았다.

태식 씨의 사례는 사회관계가 삶에서 얼마나 중요한 것인지를 보여 준다. 성장 과정에서 사회관계가 형성되지 못할 경우 성인이 된 이후에도 그 관계는 크게 확장되지 않는다. 가족과의 관계는 어쩔 수 없다고 하더라도 친구들과의 관계 또한 기대하기 어렵고, 사회 모임과 직장 등에서의 관계도 두터울 수 없다. 사회관계의 결핍은 지지해 주고 응원해 주는 관계의 부재로 연결된다.

위기 상황이 닥쳤을 때 우리는 문제를 해결하기 위해 많은 사람들의 도움을 받는다. 단순히 주변에 사람이 있기 때문에 도움을 받는 것이 아니다. 오랜 시간 동안 다양한 교육을 받고 관련된 경험을 하며 주변 사람들의 도움을 받아야 한다는 것을 학습하고 몸에 익혔기 때문이다. 어린아이는 배가 고프면 울고 떼를 쓴다. 어머니는 이런 아이에게 배고픔을 해결할 수 있는 방법을 알려 주고자 오랜 시간 사랑과 정성으로 교육을 하고, 가족이라는 안전한 울타리 안에서 수많은 경험을 쌓도록 돕는다. 타인의 도움을 받는 과정은 가족 이외에 또래 집단과의 관계 등 다양한 경험 속에서 형성되기도 한다. 이러한 교육과 경험을 반복한 사람은 성인이 된 후에도 끊임없이 성숙한다. 궁극의 '가난함'이 가진 또 다른 차원의 문제, 우리가 미처 몰랐던 그 첫 번째 문제는 이처럼 '관계의 빈곤'이다.

다음으로 소개할 내용은 '교육의 빈곤'이다.
다시서기센터의 설문 조사 결과에 따르면 노숙인들이 평균적으로 교육받은 기간은 6년이라고 한다. 물론 평균이기 때문에 그 편차가 있겠지만, 이것만으로도 노숙인의 성장과 교육 환경을 짐작할 수 있다. 얼쇼리스가 말한 '훈련'과 '교육'의 차이가 노숙인들에게 더욱 뚜렷하게 나타난다는 사실을 말이다. 다음의 이야기는 성장기의 '교육' 환경이 성인이 됐을 때 맞는 위기 상황에 어떤 영향을 미치는지를 설명해 준다.
현식(가명, 39세) 씨는 어린 시절에는 부모님과 함께 살았으나 극심한 가난으로 인해 가족으로부터 버림을 받았다. 우여곡절 끝에 가족들 품으로 돌아왔지만 가난이라는 경제적 상황은 조금도 바뀌지 않았던 탓에 현식 씨는 또 한 번 상처를 받는다. 초등학교를 다니는 내내 부모님이 현식 씨의 학교생활에 아무 관심도 두지 않았던 것이다. 현식 씨 역시 학교를 결석하는 일이 잦았다. 그렇게 3년이 지나고 나서 현식 씨는 두 번째로 버려지는데, 이때 가족이 해체된다. 살아남기 위해 각자 흩어지기로 한 것이다. 현식 씨는 몇몇 고아원을 돌아다녔다. 이 과정에서 현식 씨는 학교생활에서 더욱 멀어졌고, 초등학교를 졸업하자마자

고아원을 나와 서울에서 신문을 팔거나 구두를 닦는 등 생계를 위한 일을 시작했다. 그런 와중에 아동보호소를 전전하는 상황이 반복됐고, 현식 씨는 그렇게 청소년 시절을 보내고 성인이 된다.

체격이 건장한 현식 씨는 젊은 시절 사출 공장에서 일했다. 그는 열심히 일해서 관리직으로 진급한다. 그런데 그는 초등교육과정을 원만하게 이수하지 못했기 때문에 관리자로서 해야 할 각종 문서 작업에 대한 두려움이 컸다. 자존심 때문에 다른 사람들 앞에서는 아닌 척했지만 결국 그로 인한 스트레스로 그는 스스로 직장을 떠나게 된다. 이러한 이직은 당시 현식 씨의 삶에 매우 자주 일어나는 사건이었다. 단순 업무는 손쉽게 익혀 빨리 능력을 인정받았으나 그 이상은 어려웠다. 그는 교육을 받은 적이 전혀 없었다. 다양한 위기 상황 속에서 오직 살기 위한 훈련만을 해 왔을 뿐이다. 최종 학력이 초등학교 졸업이긴 했지만, 실제로는 무학이나 다름없었다.

현식 씨에게는 사회 문화를 학습한 경험이 전무했다. 사회가 우리에게 요구하는 것은 셈을 하거나 읽고 쓰는 능력만이 아니다. 중요한 것은 인문적 교양이다. 예컨대 신문 기사의 제목만 해도 그 안에는 다양한 문화적 코드가 암시되어 있으며, 이를 통해 우리는 단순히 글자만 읽는 차원이 아니라 글자가 포함하는 여러 의미를 이해하는 차원에서 기사를 읽는다. 이와 같은 사회 문화에 대한 학습은 교육을 통해서만 얻을 수 있다. 그러나 '가난함'으로 인한 불안정한 환경에서는 적절한 교육을 받지 못할 가능성이 높고, 따라서 사회 문화에 대한 교육도 충분하게 이루어지지 못한다. 그저 단순히 사회 문화에 대한 교양이 충분하지 못한 것으로 끝나지 않고 그 문제로 인해 외로운 섬처럼 고립된 존재가 되고 만다. 사회의 한 구성원으로서 자신의 삶에 주도권을 갖고 살아가는 데 꼭 필요한 교육이 충분히 이뤄지지 않을 경우에는 고립과 배제라는 매우 위험한 상황에 처하게 된다. 이는 외부 세계와 소통하지 못하고 자기 안에 갇히게 되는 결과로 이어진다. 시간이 흐를수록 점점 더 스스로를 소외시키기 때문에 세상과 격리된 채로 살아간다는 것은 정말로 큰 문제라고 할 수 있다. 이렇듯 '교육의 빈곤'은 우리가 미처 몰랐던 궁극의 '가난함'의 또 다른 원인임이 틀림없다.

노숙인이 만난 사람   얼 쇼리스

2006년 1월에 만난 클레멘트코스의 창시자 얼 쇼리스는 나를 포함한 우리 사회 전반에 큰 충격을 주었다. 가난한 사람들의 '가난함'은 대물림되며 그 반복되는 구조 안에서 생계를 위한 훈련은 받을지 몰라도 삶을 위한 교육은 받지 못한다는 그의 통찰은 정확한 판단이었다고 생각한다. 더군다나 가난한 사람들도 건강한 정치적 힘을 가지고 있어야 한다는 데서 시작한 그의 교육 운동은 세상을 보는 전혀 다른 눈을 뜨게 했다. 클레멘트코스는 '가난함'에 대한 의미를 새로운 시각에서 바라보게 했을 뿐 아니라 '가난함'을 벗어나는 새로운 방법도 제시했다. 얼 쇼리스와의 만남은 지금까지 내가 보지 못했던 것들을 깨닫게 해 준 하나의 '사건'이었다.

우리는 가난한 사람이 '가난함'을 벗어나야 이 문제가 해결된다는 것을 잘 안다. 하지만 '가난함'을 벗어난다는 것이 단순히 먹고 자고 입는 문제들에만 국한되지 않음도 잘 안다. 그것은 인간의 욕구는 타고나는 것이며 하위 단계가 충족되어야만 상위 단계에 대한 욕구가 발생한다는 에이브러햄 매슬로우(Abraham H. Maslow)의 욕구 단계 이론으로도 쉽게 설명된다. 그러나 얼 쇼리스는 매슬로우와 같은 문제를 다루면서도 접근 방법은 달리했다. 앞서 말했듯이 '가난함'은 각각의 요인들이 서로 복합적으로 작용하며 발생하고, 그 요소 하나하나가 '가난함'을 벗어나는 데 장애물 역할을 한다. 이는 가난한 사람들이 '가난함'을 반복하게끔 하는 구조가 있음을 뜻한다. 예컨대 매슬로우의 욕구 단계 이론에서 말하는 1단계는 생명을 유지하는 데 필수적인 생리적인 욕구에 관한 것인데, 욕구를 해결하려면 당장 그 부족한 것들이 채워져야 한다는 입장이다. 그런데 그 부족한 것은 일차적으로 사회 속에서 주어진 역할과 누릴 수 있는 권한 등 개인의 지위와 능력에 따라 채워질 수도 있지만 그렇지 못할 수도 있다. 그렇지 못할 경우 이차 수단인 법과 제도의 도움을 받게 된다. 그런데 법과 제도라는 것은 정치적인 권한을 행사할 수 있는 사람들이 만든다. 즉 법과 제도가 가난한 사람들의 실질적인 권리를 보장해 주리라고 기대하기는 힘들다는 것이다. 얼 쇼리스가 문제삼는 부분도 가난한 사람들이 그들의 권리를 제대로 행사할 수 없다는 점이었다. 못 먹고 못 자고 못 씻고 못 입는 것에만 초점을 두면 안 된다. 어떻게 먹고 어떻게 자고 어떻게 씻고 어떻게 입는지가 더 중요하다. 이런 이유로 그는 가난한 사람에게 정치적인 힘이 있어야 '가난함'

에서 벗어날 수 있다고 했으며, 정치적인 힘은 교육을 통해서만 가능하다고 주장했다.

최근 10여 년 사이 세상에 알려진 다양한 유형의 '가난함'은 그 요인들과 현상들이 서로 복합적으로 연결된다. 그중에서도 '관계의 빈곤'과 '교육의 빈곤'은 가난한 사람이 '가난함'을 극복하지 못한 채 끊임없이 같은 상황에 처하도록 만든다. 따라서 얼 쇼리스의 주장처럼 단순히 가난한 상황 그 자체만 단편적으로 해석하기보다는 '가난함'에 처한 사람과 그 사람에게 구조적으로 반복되는 '가난함'의 특성이 무엇인지에 대한 확장된 고민을 해야 한다. 그럴 때 비로소 우리는 '극도로 가난한 상황에 처할 수밖에 없었던 존재'를 편견이나 고정관념 없이 진실 된 눈으로 바라볼 수 있다. 우리는 새로운 방식으로 이 문제에 접근해야 했다. 그 결과 '가난함에 처한 상황'에서 '가난함에 처한 사람'으로 접근 방식을 바꾸기로 한 것이다.

노숙인이 만난 사람 임영인 신부

미국에서만이 아니다. 2005년 9월, 드디어 우리나라에도 우리의 '가난함'을 재해석한, 우리만의 특별한 인문교육 운동이 생겨났다. 우리는 이 글을 궁극의 '가난함'에 처한 사람들이 우리 주변에 존재한다는 인식에서 시작했다. 그렇다. 바로 존재의 문제이다. 사실 서울역을 이용하는 수많은 여행객들 가운데 궁극의 '가난함'으로 인해 위기에 처한 노숙인들의 존재를 인식하고 그들을 제대로 알려고 하는 사람은 그리 많지 않다. 혹 이들의 존재를 알더라도 부정적인 시선을 지닌 경우가 대부분이다. 때로는 이와 같은 부정적인 시선이 노숙인의 존재 자체를 외면하고 무시하며 심지어는 경시하고 멸시하는 행동으로 이어지기도 하니, 존재를 어떤 식으로 인식하는지와 관련된 문제는 매우 중요할 수밖에 없다.

노숙인의 존재를 진실하게 마주하도록 하는 가장 설득력 있는 관점은 인권이다. 인권이라는 기준에서 본다면 노숙인 또한 존엄한 존재이므로 타인으로부터 존중받을 권리가 있다. 어떻게 존엄한 존재인 이들을 외면하고 무시하며 심지어는 경시하고 멸시하기까지 할 수 있는가. 그래서 이러한 사회적 인식을 바꾸고자 다양한 캠페인이 진행됐다. 이는 주로 미담 사례를 다루는 신문 보도와, 각종 비인간적 공권력에 대항하는 노숙인 인권 운동이 대표적이다. 때로는 정책적 접근이 시도되기도 했다. 이 모두가 인권의 관점으로 노숙인 문제에 접근했던 매우 중요한 활동들이었다.

그런데 이와 상당히 비슷하면서도 자신만의 특별한 관점을 취한 사람이 있었다. 바로 임영인 신부님이다. 종교인인 그는 노숙인의 문제를 좀 더 포괄적인 시각으로 바라보았다. 한 사람 한 사람이 각기 저마다 품고 있는 특별함에 관심을 뒀다. 그의 눈에 똑같은 사람은 없었다. 모두가 다른 사람이고 모두가 각자의 '가난함'으로 고통받았다. 그래서 그에게 최종 목적은 노숙인들이 자신의 고통을 이겨 내는 것이었다. '가난함'에서 벗어나는 것, 즉 '탈(脫)노숙'을 노숙인 분야 복지사업의 궁극적 목적으로 여겼다. 그는 자활이라는 개념을 지금까지 인식되어 오던 대로 하나의 목적으로만 보지 않고 상황에 따라 다르게 적용할 수 있는 '탈노숙'을 위한 방법으로 이해했다. 즉, 자활을 '가난함'을 벗어나기 위한 방법으로 본 것이다. 그리고 그에 대한 실천으로 노숙인을 위한 '인문교육 운동'을 시작한다. 그것이 바로 '성프란시스대학 인문학 과정'이다.

임영인 신부님은 노숙인의 존재를 제대로 보려고 노력했다. 이러한 시도는 '탈노숙'이라는 말의 뜻을 한층 새롭게 풀어냈다. 그에게 '가난에서 벗어나는 것'은 '고통에서 벗어나는 것'과 같았다. 그는 자활의 방법을 단계적으로 실천해야 한다고 생각했다. 예컨대 직접적인 현장 서비스를 통해 위기에 처한 노숙인을 보호하는 단계가 첫 번째이고, 주거 지원·직업 상담·의료 서비스 등을 통해 각자가 처한 개별적 상황을 고려해 직접적으로 그들 삶에 개입하는 단계가 두 번째였다. 이때 하는 일은 단순히 복지 서비스를 제공해 주는 것이 아니라 노숙인들이 사회로 복귀하도록 삶의 다양한 가능성과 연결해 주는 것이다. 노숙인들이 처한 조건에 맞는 복지 서비스 자원을 연결해 주는 것이 아니라, 오히려 복지 서비스에 맞는 조건을 만들어 갈 수 있게 했다. 조건에 맞지 않아 서비스를 못 받는 사람들이 많았기 때문이다. 이들에게는 스스로의 환경을 개선하려는 의지와 가능성에 대한 끊임없는 응원과 지지가 필요했다. 성프란시스대학 인문학 과정도 이와 같은 자활을 위한 방법 가운데 하나였다.

얼 쇼리스와 임영인 신부님은 매우 비슷하기도 하지만 어느 측면에서는 매우 다르기도 하다. 그 차이는 '과정'에서 비롯됐다고 생각한다. 성프란시스대학 인문학 과정에서의 '교육'은 참여자들로 하여금 자기 자신을 직면하도록 돕고 직면한 자신과의 대화를 통해 스스로 자존감을 회복시키는 데까지만 관여한다. 사실 이것만 봤을 때는 클레멘트 코스에 비해 한계가 많다. 그러나 성프란시스대학 인문학 과정에서 말하는 '과정'은 각 개인이 처한 상황을 총체적으로 알아보고, 참여자를 현실적으로 닥치는 다양한 위험들로부터 보호하며, 열린 가능성에 대해 끊임없이 노력할 수 있도록 해 준다. 그렇기 때문에 과정 수료율도 얼 쇼리스의 클레멘트코스보다 약 두세 배 더 높다.

이렇게 '과정'에 집중할 수밖에 없었던 까닭은 바로 가난함과 고통에 대한 임영인 신부님의 독특한 성찰에서 비롯됐다. 그는 다시서기센터에서 함께 활동하는 활동가들이 가난함과 고통에 함께 공감하기를 원했다. 우리가 가난함과 고통을 성찰하는 데에는 얼 쇼리스의 《희망의 인문학》, 울프 울펜스버거(Wolf Wolfensberger)의 '가치 있는 사회적 역할 강화 이론', 사사누마 히로시의 〈홈리스 또는 세계의 상실〉, 줄리앙 다몽(Julien Damon)의 《걸인과 부랑자 *Vagabondage et Mendicite*》, 테오 파드노스(Theo Padnos)의 《장전된 총 앞에 서서 *My Life Had Stood a Loaded Gun*》등이 도움이 됐다. '가난함'과 고통을 해석하는 전문성과 사례 개입의 진정성은 노숙인들을 어떠한 상황으로부터 벗어나게 해야 한다는 직업적인 접근에서 그들을 인격적인 존재로 여기고 보호해 주어야 한다는 인도적인 접근으로 바꾸어 주었다. 그래서 성프란시스대학 인문학 과정을 통한 인문교육 운동은 노숙인 분야의 다른 복지 서비스 관련 사업들과 충돌하지 않고 오히려 유기적으로 운영될 수 있었다. 이 과정에 대해서는 다음에서 좀 더 자세히 다루겠다.

성프란시스대학 인문학 과정

성프란시스대학 인문학 과정은 2005년 초 성공회 다시서기센터 소장 임영인 신부님을 중심으로 경희대학교 교수 우기동, 경기문화재단 전문위원 김종길, 도서평론가 최준영, 한국민족문제연구소 연구실장 박한용, 문학평론가 고영직, 성공회대학교 교수 고병헌 등 다양한 인문학자들이 뜻을 함께하며 시작됐다. 8년 전 처음 이 계획을 논의했을 때에는 참고할 만한 자료 하나 없이 나눌 것이라고는 '가난함'에 대한 새로운 해석의 필요성밖에 없었지만, 무모해 보였던 인문교육 운동이 지금은 사회적 공감을 불러일으킬 만큼 놀라운 영향력을 지니게 됐다.

처음 시작은 적합한 교수진과 좋은 후원자를 찾는 일이었다. 먼저 교수진으로는 뜻이 맞았던 인문학자 다섯 명이 나섰다. 철학은 우기동, 예술사는 김종길, 인문학적 글쓰기는 최준영, 문학은 고영직이 담당하기로 했다. 그런데 그다음부터가 문제였다. 이 사업은 얼 쇼리스의 클레멘트코스만큼 후원자들에게 인기를 얻지 못했던 것이다. 시간은 계속 흘렀고 3월에 시작하려 했던 성프란시스대학 인문학 과정은 결국 가을 초입까지 미뤄졌다. 포기를 앞두고 있던 순간 극적으로 삼성코닝정밀소재(당시 삼성코닝)가 인문교육 운동의 필요성에 동조했고, 그때부터 지금까지 지원을 아끼지 않고 있다. 사실 인문교육 운동이 성공할 수 있었던 가장 큰 요인 가운데 하나가 삼성코닝정밀소재의 재정적 지원임을 부인할 수 없다. 이렇게 후원자까지 찾았지만 산 너머에는 또 다른 산이 있었다.

강의를 위한 전용 공간, 사업을 담당하는 실무 활동가, 복지 서비스를 위한 자원이 필요했다. 그러려면 노숙인 분야에 정통한 전문기관의 지원을 받아야 했다. 임영인 신부님이 다시서기센터의 대표로 있기는 했지만 다시서기센터 실무자들도 모두 공감해야만 일을 진행할 수 있었다. 이를 위해 다시서기센터는 이 사업의 필요성과 운영 방법에 대해 다 함께 고민했고, 마침내 2005년 9월 다시서기센터 실장 임현철, 실무 활동가 김자옥 등 주요 실무자를 중심으로 성프란시스대학 인문학 과정을 준비했다. 이렇게 시작된 사업이 어느덧 7년의 시간을 지나 현재 8년째 지속되고 있다.

처음에는 아무도 인정하지 않았고 누구도 관심을 두지 않았지만, 불과 3년 만에 성프란시스대학 인문학 과정은 노숙인들뿐 아니라 모든 사람들에게 지대한 관심을 받는 대상이 됐다. 물론 강좌는 끊임없는 연구를 통해 더욱 개선되어야겠지만, 성프란시스대학 인문학 과정은 지난 8년간의 꾸준한 연구 작업과 경험을 바탕으로 매년 발전하는 모습을 보였고, 이제는 기존의 인문학 강좌와는 달리 매우 탄탄한 실무진과 교과과정도 갖추었다.

사실 그동안 많은 노력이 있었다. 다양한 영역에서 많은 사람들이 함께했으므로 각자의 생각과 행동을 이해하고 공감할 수 있는 시간이 필요했다. 무엇보다 아픔이 많은 사람을 대상으로 하는 일이기 때문에 좀 더 예민하고 세심하게 운영해야 했다. 이 과정에 참여하는 노숙인들의 '가난함'을 이해하고 전문적이며 진정성 있는 방식으로 그들이 겪고 있는 문제에 개입해야 했다. 이 과정은 강의실 안에서만 이루어지는 것이 아니라 참여자의 전반적인 생활 영역에서 이루어졌다.

노숙인들의 삶에 대한 실무 활동가의 직접적인 개입은 물론 교수진과 학습자들의 관계도 매우 중요했다. 또 자원활동가들의 활동은 그들에게 든든한 지지 기반이 되어 주었다. 참여자들은 이를 바탕으로 가족·친구·직장 동료와의 관계 회복을 시도했고, 회복에 성공한 이들은 더 이상 '관계의 빈곤' 때문에 소외되고 버림받는 존재가 아니었다. 게다가 1년이라는 시간은 자원활동가와 노숙인들의 관계가 안정적으로 연결되는 데 적당했다. 이와 같은 관계가 수강자들에게는 일종의 사회 경험이었다. 동아리를 비롯한 자발적인 모임은 학습 과정을 수료한 이후에도 지속적으로 이루어졌으며, 수료자들을 위해 마련된 심화 과정은 수료자들과 성프란시스대학 사이의 연결 고리로 작용했다.

강좌의 교과과정 또한 인간관계가 중요하다는 원칙을 바탕으로 이루어졌다. 교과과정은 나와 나의 관계, 나와 너의 관계, 나와 세상과의 관계를 단계적으로 다루었으며, 교수진은 각각의 영역에서 강의를 진행하는 내내 학습자들과 대화를 충분히 하고 그들을 이해하는 데 집중했다. 각 강좌별로 살펴보면, 다양한 장르의 문학작품들을 통해 자기 자신을 만나는 과정인 '문학', 전통 사상과 문화에 대한 이해를 통해 자신을 이해하는 과정인 '한국사', 고전을 읽으며 자기를 성찰하는 동시에 자신의 진정한 내면을 바라보게 하는 과정인 '인문학적 글쓰기', 삶의 본질에 대해 고민하고 세계 속의 자신과 대화하는 과정인 '철학', 예술작품들을 접하며 철학·역사·예술을 자신의 삶과 연결시키는 '예술사'가 정규 강좌로 운영된다. 여기에는 역사 유적지, 영화관, 미술관 등에서 이뤄지는 현장학습도 병행되며, 주제에 따라서는 소모임 스터디 그룹을 만들기도 한다. 물론 야유회도 있고 MT도 가며 체육대회도 한다. 이는 책으로 배운 인문학을 실제 삶의 현장으로 옮겨 와 '인문학적 삶을 살아가도록 하려는 노력이었다. 여기에는 사회복지 실천가들이 중요시하는 다음과 같은 관점이 적용됐다. 공부를 잘하게 하려면 안정적인 환경을 제공해야 한다는 것이다. 인문학은 단시간에 효과가 나타나는 방법이 아니다. 꾸준히 공부를 해야 하는데 그것이 쉽지는 않다. 대부분의 노숙인들은 수강료를 낼 돈이 없고, 교재를 구매할 여건도 아니며, 어쩌다 좋은 일자리가 생기면 강의에 참석하는 것 자체가 너무 버겁기 때문이다.

  5기 때에는 그동안 강의실로 사용했던 다시서기센터 내 회의실이 아닌 성프란시스대학만의 독자적인 공간을 마련했다. 특히 강의실 책상 배치에 심혈을 기울였다. 강의실의 구조가 매우 중요하다고 생각했기 때문에 서로의 표정과 손짓을 보며 자연스럽게 대화할 수 있도록 책상을 배치했다. 이러한 형태는 교수진 또한 학습자들과 같은 수평적 위치에 있다고 느끼게 해 주었기 때문에 권위를 내세우기보다는 대화와 소통을 원활하게 하는 데 효과적이었다. 뿐만 아니라 책상 위를 녹색 천으로 덮고 가구 재질은 원목으로 함으로써 강의실의 분위기를 한층 부드럽게 해 학습자들이 거부감을 느끼지 않게 했다. 다시서기센터에서 독립된 공간이었으므로 낮에는 책을 보거나 인터넷 검색을 할 수 있었고, 자연스럽게 모여서 공부하고 토론하며 글을 쓸 수도 있었다. 저녁에는 공동으로 식사를 하며 서로의 관계를 다지고, 강의 시작 전에는 특정 주제를 두고 토론을 하기도 했다.

궁극의 '가난함'에 처한 사람들이 성프란시스대학 인문학 과정을 통해 글을 읽고 쓰고, 역사적 사실을 공부하며, 좋은 작품을 보는 것만으로 삶의 부족한 부분을 다 채울 수 없음은 잘 알고 있다. 나는 다만 인문학적 소양으로 '교육의 빈곤'을 채우고 '관계의 빈곤'을 채운다면 '가난함'을 벗어나는 힘도 함께 얻을 수 있다고 믿는다.

성프란시스대학 인문학 과정 사례들

성프란시스대학 인문학 과정이 자리를 잡으면서 매년 신청자가 늘고 있지만, 강좌를 안정적으로 운영하기 위해서는 한 해에 참여할 수 있는 학습자를 20명이 좀 넘는 수준으로 제한하고 있다. 성실하게 1년 과정을 수료한 학습자는 수료식에 초대받는데, 지금까지 평균 60퍼센트가 수료식에 참석했다. 그런데 많은 사람들이 이 숫자에 매우 민감해한다. 마치 투입 대비 산출량을 따지듯이 양적인 성과에만 집착하는 사람들이다. 하지만 숫자는 그리 중요하지 않다. 인문교육 운동으로서 성프란시스대학 인문학 과정의 일차적 목적은 수료자를 많이 배출하는 것이 아니라 공평하게 주어지지 못했던 자아성찰의 기회를 제공하고 상처 입은 자존감을 회복시키는 데 있기 때문이다. 요컨대 과정 자체에 더 큰 가치를 두고 있다는 것이다.

성호(가명, 40세) 씨는 4기 과정에 참여했으나 개인적인 사정으로 중도에 그만둘 수밖에 없었다. 한동안 연락이 없던 성호 씨는 겨울에 다시 돌아왔다. 일이 생각처럼 되지 않았다며, 성프란시스대학 인문학 과정 5기를 계기 삼아 새로운 인생을 시작해 보고 싶다고 했다. 당시 주머니에 동전 한 개밖에 없었다던 성호 씨는 현재 보증금이 꽤 높은 월세집에 산다. 눈에 보이는 변화가 생긴 것도 기쁜 일이지만, 자기 스스로 자존감을 되찾고 이제 자신도 어엿한 사회 구성원이 됐다는 사실이 그는 더욱 기쁘다고 한다. 삶을 긍정하는 성호 씨의 모습에 그의 가족과 친구, 성프란시스대학 인문학 과정을 통해 만났던 모든 이들이 같이 기뻐했다. 인문학의 성과는 바로 여기에 있다.

재훈(가명, 40세) 씨는 심각한 알코올중독자였다. 인문학 강좌에 참여하기 전이나 후나 알코올중독은 그대로였다. 일단 한번 술을 마시기 시작하면 인사불성이 될 때까지 한 달 내내 술만 마셨다. 다시서기센터 현장 상담원들은 인문학을 공부해도 달라진 것이 없다며 모두 고개를 저었다. 하지만 내가 보기에 그는 분명히 인문학적 경험을 통해 보다 더 건강해졌다. 게다가 인문학 과정이 알코올중독을 치료하는 도구가 아닌 이상 술을 마시는 일과 건강한 자존감을 회복하는 일은 다른 영역에 속한 문제이기 때문에 어느 한 부분만 보고 평가할 수는 없다는 것이 나의 생각이다. 재훈 씨가 또다시 술을 마시기 시작한 어느 날이었다. 금주하겠다는 결심을 참지 못한 재훈 씨는 서울역에 있다가 자신의 월세 '집'으로 돌아갔다. 이것은 우리 모두에게 놀라운 '사건'이었다. 그에게도 힘들 때 돌아갈 수 있는 '집'이 있었던 것이다. 과거에는 인근의 쪽방에서 몸을 쉬었고, 그때는 그곳을 자신의 '집'이라고 표현하지도 않았다.

오랫동안 음식을 먹지 않고 술만 마신 탓에 몸이 약했던 재훈 씨를 위해 나는 죽 한 그릇을 사 들고 집으로 찾아갔다. 술 먹고 자다가 다쳤다며 전기장판에 덴 엉덩이와 허벅지를 보여 주던 재훈 씨는 자리에서 일어나는 것도 힘들어했다. 정신을 차리게 하려고 깨끗한 수건으로 몸을 천천히 씻기고, 긴장된 근육에 안마를 해 주었다. 그때 재훈 씨는 피식 웃으면서 사람들이 이상해졌다고, 지금까지는 이런 적이 없었는데 성프란시스대학 인문학 과정에 참여하면서 사람들이 자신에게 '사람대접'을 해 준다고 말했다. 곰곰이 돌이켜 보면 예전에도 잘 살고 싶은 마음은 있었지만 이렇게 한 번씩 무너지면 창피하기도 하고 용기도 사라져 무조건 피하게 되고 술만 더 마시곤 했다는 말도 덧붙였다. 하지만 지금은 그때와 달리 직장도, 집도, 친구도, 가족도 있고 모두들 자신에게 사람대접까지 해 주니, 그들을 봐서라도 한 번 더 해 보자 하면서 계속 일어서게 된다고 이야기했다. 끊임없이 실패해 온 노숙인에게 실패에 대한 두려움이 사라진 것이다. 인문학의 성과는 여기에도 있다.

성프란시스대학 인문학 과정을 통해 많은 노숙인들이 자아성찰의 기회를 얻고 자존감 회복에 도전했다. 그때까지 단 한 번도 경험하지 못했던 자기성찰의 시간들은 그들로 하여금 자신을 보다 성숙하게 바라볼 수 있도록 했고, 그렇게 바라본 자신의 모습을 어루만지고 보살피며 세계와 떳떳하게 대면할 수 있도록 했다.

깨달음 계절의 순환

배고프고 잘 곳 없는 상황에 반복적으로 노출된 사람들에게는 이러한 위기 상황을 극복하는 것이 가장 중요하다. 무료 급식과 임시 잠자리, 응급 의료 서비스는 그들을 위기 상황에서 벗어나게 해 준다. 이것은 반드시 필요한 복지 서비스이다. 또 이 과정을 거쳐 심신이 안정된 이후 직업과 보금자리를 마련하고 저축을 통해 안정된 생활로 진입하는 '탈노숙'의 과정 역시 보다 좋은 모델로 발전해야 한다. 그런데 이와 같이 잘 알려진 외형적 '가난함'을 벗어나는 것만큼이나 중요한 것이 바로 지금까지 이야기했던 '관계의 빈곤'과 '교육의 빈곤'을 채우는 일이다. 따라서 성프란시스대학 인문학 과정은 노숙인 분야 복지 영역에서 매우 중요한 한 부분을 담당하고 있다고 필자는 확신한다. 무엇보다도 가장 긍정적인 성과는, 노숙인들만 수혜를 경험하는 식의 일방적인 방식에서 노숙인·교수·실무자·자원활동가·후원자, 즉 인문학 과정에 관계된 모두가 서로의 삶을 공유하며 도움을 주고받는 방식으로 변했다는 것이다. 사실 수혜자는 쪽방에서 라면을 대접받은 실무 활동가이자, 마지막 담배 한 개비를 얻어 피운 교수이며, 파란색 볼펜으로 정성스럽게 쓴 편지를 받은 자원활동가이고, 함께 부둥켜안았던 기업 후원자일지도 모른다. 지난겨울이 올겨울과 다르듯, 전에 먹은 라면은 지금 먹는 라면과 분명 달랐다. 그렇게 우리는 우정을 나누었고 믿음을 주고받았으며 마음을 표현했다. 졸업할 때 학습자들이 느꼈을 기쁨은 말하지 않아도 알 수 있었다. 가슴을 맞대고 안았을 때, 그토록 두근거렸던 심장으로도 충분히 전달됐기 때문이다.

성프란시스대학 인문학 과정에서 문학을 담당하는 안성찬 교수는 4기 종강 시간에 매우 중요한 의미가 담긴 짤막한 한 문장으로 소감을 표현했다. 그 한 문장 안에 우리가 해 왔던, 그리고 앞으로도 꼭 해야만 하는 인문교육 운동의 의미가 표현되어 있다.

"진실한 도반을 만날 수 있어 오히려 제가 더 많이 배웠습니다. 감사합니다."

제4부

안에서 본 인문학
수강생들의 이야기

우리에게
인문학이란

조영근 이홍렬 김대영 이대진

인연

조영근 성프란시스대학 5기

어떻게 잊으라구요
어떻게 잊으라구요
철없던 사랑 어떻게 잊으라구요.
어떻게 잊으라구요
살긋혼 세월 어떻게 잊으라구요.

어떻게 잊으라구요
어떻게 잊으라구요
세월이야 물처럼 흘러갈 수 있지만
사랑이야 바람처럼 날아갈 수 있지만

어떻게 잊으라구요
어떻게 잊으라구요
내 가슴 날마다 우는 비가 오는데

슬프던 당신 얼굴 어떻게 잊으라구요,
내 가슴 흐르는 분홍 색 우는 비
당신이 모른다고 어떻게 잊으라구요,

살굿혼 향내음
우는 비가 오는데
어떻게 잊으라구요 어… 떻게
어떻게…… 잊으라구요.

내가 만난 인문학

조영근 **성프란시스대학 5기**

본능적으로 따뜻함을 찾는 게 인간인가 봅니다.

길거리 생활로 정신은 물론 이제는 육체마저 지쳤나 봅니다.

제 몸이 마치 저와는 전혀 상관이 없는 다른 사람 몸인 듯 방치했던 시절이었습니다.

너무 힘들고 피곤했기에 생각하는 사고마저 정상이 아니었을 것입니다.

그저 쉬고 싶다는 생각으로 다시서기센터를 찾았고 다른 생각은 할 겨를도 여유도 없었습니다. 저와 인문학과의 만남은 이렇게 시작됐습니다.

저에게 만약 누군가 당신이 가장 행복했을 때가 언제였냐고 묻는다면 전 서슴없이 말할 겁니다. 성프란시스대학 인문학 과정 재학 시절이라고 말입니다. 왜 그러하냐고 묻는다면 잠시 머뭇거려야 합니다. 생각을 다듬어야 하기 때문이죠. 전 그 생각을 열거해 볼까 합니다.

* 인간이 무엇인가를 배웠습니다.
* 왜 돈을 벌어야 하는가를 배웠습니다.
* 제 잘못을 배웠습니다.
* 사람이 어떻게 살아야 하는가를 배웠습니다.
* 자아를 형성하는 방법을 배웠습니다.
* 제가 왜 가난하고 무시당하는가를 배웠습니다.
* 세련되고 멋있게 사는 법을 배웠습니다.

무엇보다 사람으로 해야 할 것과 해선 안 되는 것을 배웠습니다. 그리고 영혼의 오아시스를 만났습니다. 중요한 것은 보이지 않는다는 사실을 처음 알았습니다. 전 허물만 사람이었단 걸 알았습니다. 전 요즘 많은 걸 뉘우치고 새롭게 깨달아 갑니다. 생각이 생긴 거예요. 인문학을 배우기 전의 저는 전적으로 감정 그것도 저의 오감만을 충족시키려는 어리석은 인생을 살았더군요.

지금 저는 지난 50년을 철저히 뉘우치고 이제라도 인간의 길을 걷고자 합니다.

그 길만이 어쩔 수 없이 너무 망가져 버린 저를 위해 많은 수고와 물심양면으로 또 안타까움으로 저의 삶과 함께 어울려 주신 분들께 보답하는 길임을 알기에 그 길을 가고자 노력할 것입니다.

특히 전반기 저희들과 함께 한강 자전거 하이킹을 하실 때 넘어지셔서 팔에서 피를 흘리며 담배를 태우시던 학생주임 교수님 얼굴이 떠오릅니다.

"흔들리지 않는 나무가 어디 있다고."

교수님들 꼭 건강하십시오.

작심 30년!

이홍렬 성프란시스대학 2기

    가을로 완연히 접어들어 냉기가 가득한 좁디좁은 방 안에서 글을 쓴다. 방안의 냉기와 마음의 냉기가 더해져 손까지 곱아 써 내려가기가 힘들다.
    성프란시스대학 기념문집을 만든다는 이종수 실장님의 연락을 받았다. 글 청탁을 받고 보니 새삼스레 만감이 교차한다.
    성프란시스대학! 이 이름만 떠올려도 용기와 열정, 희망과 생명 등의 단어가 떠오르면서 피의 순환은 빨라지고, 가슴이 뛰고, 몸의 열기가 오르고, 훈훈해진다. 몸에 온기가 돌면서 경직된 뼈마디가 부드럽게 움직이는 것만 같다.
    성프란시스대학의 인문학 과정 입학은 내게 전화위복의 계기와 같았다. 전화위복이 아니라 그것은 개혁, 혁명이었으며 천지개벽이고 경천동지였다.

　　나는 성격이 야무지지 못하고 의지가 나약해서 무슨 일이든 아무리 굳게 마음을 먹어도 오래가지를 못한다. 흐지부지 유야무야 끝나는 것이 다반사여서 결심이 3일은커녕 3시간도 못 가는 경우가 비일비재하였다. 아예 작심삼일을 잘 실천한다고나 할까.

　　그렇게 살아왔기에 무엇 하나 이루지 못한 채 항상 낙오되고 도태된 시간을 보내 왔다. 이러한 삶에서 다잡아 준 것이 성프란시스대학 인문학 과정이다. 그것은 내게 사랑이고, 은혜고, 전율이며 환희고 축복의 시간이었다.

　　그리하여 내게도 작심삼일이 아닌 작심 30년을 지켜야 할 일이 생겼다. 졸업과 동시에 마음속으로 굳게 약속한 그 일을 나는 지금까지 변화 없이 지키고 있는 것이다.

　　"내가 할 일은 공부다!"

　　머리로만 공부하는 것이 아니라 가슴으로 공부하자. 인문학은 머리의 지식을 깨우치는 것이 아니라 마음의 지식을 깨우치는 것이라 하지 않던가?

　　약속이란 하기는 쉽지만 지키기란 어려운 일, 작심 3년을 넘어 4년째 변화 없이 내가 이것을 지켜 오고 있다고 생각하니 이 어찌 혁명이 아니겠는가?

　　숨 가쁘게 돌아가는 디지털 세상에서 나 혼자 버려진 삶, 희망과 열정을 놓고 절망과 좌절과 손잡았던 내게 힘과 용기를 불어넣어 준 인문학 과정. 이 과정이 없었다면 지금의 나는 어떤 모습일까? 생각조차 하고 싶지 않다.

살아온 과거가 암울하고, 불행하고, 천박하고, 척박하고, 어리석고, 파렴치한 화산재 같은 회벽의 삶, 시궁창 같은 질곡의 일상의 더께에서 나를 건져서 끌어올려 준 것이 인문학 과정이었다.

"일상의 계획은 어릴 때 세우고, 일 년의 계획은 봄에 세우고, 하루의 계획은 새벽에 세우다"는 말이 있다. 그렇다, 나는 성프란시스대학 졸업과 동시에 계획을 세웠다. 그리고 불교에서는 세수와 법랍의 나이가 있듯, 나에게는 세수의 나이는 없고 오직 성프란시스대학 졸업년의 나이만 있다. 감(敢)히 정하며 책임진다.

자! 각설(却說)하고

그동안 인문학 과정을 이끌어 오느라 8년 동안 무던히도 마음고생하신 임직원, 학장님, 교수님! 백골난망, 결초보은의 상징으로 오체투지 절을 올린다.

어느덧 졸업한 지 6년이 되었다고 생각하니 흐뭇한 미소가 떠오르며 냉기는 어느덧 사라지고 온 방 안에 부드러운 명지바람이 불어와 내 온몸을 감싼다.

성프란시스대학 인문학을 돌아보며

김대영 성프란시스대학 5기

눈이 가득 쌓인 이른 아침, 어느 쉼터 공터에 관광버스가 몇 대씩 들어오고 당시 현실과 어울리지 않는 그들의 목적지와 대상을 알았을 때, '인문학'이라는 말을 처음 들었다. 누구는 잠을 자지 못해서 늦은 밤이든, 이른 새벽이든 꽁초를 찾아 헤매는데 달랑 가방 하나 들고 버스에 올라타는 그들의 모습이 그렇게도 부러울 수 없었다.

그렇게 1년이 지나고 그 시절을 되돌아보는 시간이 왔다. 부러워하던 관광버스에 가방 하나만 맨 채 가볍게 올라타 봤고, 사회보호계층(실직 노숙인)에서 두 단계 상승해 차상위계층(최저생계비 120퍼센트)을 넘어 '공공근로 계층'으로 올라서기까지 했다. 작년에 처음 알게 된 '사회복지사'라는 것도 인문학 수업을 들으면서 과정을 마쳤고, 내 생애 최초로 자격증이라는 것을 취득했다. 이제는 나와 같은 처지에 있는 사람들과 상담하는 일을 한다.

　이게 다 인문학 덕분이라고 말할 수 없다. 인문학은 현실과 동떨어졌다. 오히려 하루 종일 일하고 저녁에 수업을 듣는 이에게 더 많은 피곤을 안겨 줬다. 하지만 수업을 듣는 순간은 마음이 편했다. 같은 처지의 동료들이 있어서 그런지 몰랐다. 오히려 나보다 더 험난하고 어려운 처지에 있는 동료들이었다. 교수님도, 자원활동가 선생님도 살갑게 대해 주셨다. 더럽고 냄새나고 이빨도 없어 발음이 줄줄 새는 얼토당토않은 얘기들을 신앙고백 들어 주듯 들어 주시고 말씀하신다. 수업 시간에는 많이 배우고 높은 분들이나 하는 얘기들도 많이 나누었다. 물론 인문학 과정을 졸업한 후로는 그런 얘기할 기회도 없고 공간도 없어졌지만 심화 수업을 통해 그나마 갈증을 풀기도 한다. 아쉽게도 아직 심화 수업에 참석을 하지 못했다. 심화 수업 일정을 보며 꼭 참석해야지 하면서도 아직 방탕함과 게으름이 몸과 마음을 유혹한다.

　인문학은 현실을 또 외면한 채 풍물이라는 것도 알려 주었다. 사회복지시설에서 공연을 하고, 졸업식 때 공연도 하게 했다. 오 이런, 많은 사람들 앞에서 공연을 하게 만들다니……. 개인 사정으로 지금은 풍물을 하고 있지 않지만 다른 동료들과 인문학 6기 후배들은 아직도 풍물을 하고 조금 있을 공연 준비도 하고 있다. 얼마 전 한일강제병합 100년이 되는 날, 성균관대에서 공연을 하기도 했다. 직접 공연하지 않았지만 얼마나 자랑스러웠는지 모른다. 풍물패 두드림은 그렇게 인문학을 통해 알게 됐다.

　인문학은 호사스럽게도 연극, 영화, 뮤지컬, 박물관 관람도 모자라 지리산 여행, 남도 여행까지 하게 만들었다. 기껏 시장통 한구석 냉동 수입 삼겹살에 소주나 먹으면 잘 먹는 거였고 남산 올라가는 것이 고작이었는데 버스를 대절하여 이리저리 유람까지 하게 되었다. 작년 겨울, 쉼터에서 버스에 올라타는 그들을 부러움으로 바라보던 나였는데…….

여행은 정신없이 시작됐고 지나갔다. 그 속에서 먹는 음식은 맛도 맛이거니와 소화도 너무 잘되어 늘 배고플 지경이었다. 네모진 강의실을 벗어나 사방팔방 뻥 뚫린 자연 속에서 나누는 대화들은 그 어떤 책이나 말씀보다 새로운 경험이었다. 거기다가 막걸리까지 곁들이니 천국이 따로 없었다. 그 천국에서 노래방까지 갔으니……. 마치 첫 소풍을 다시 갔다 온 것 같았다.

인문학은 많은 친구들을 만들어 주었다. 선배도 알게 되고 후배도 알게 됐다. 글쓰기를 가르쳐 주시는 박경장 교수님 댁에 겨울 땔감 나무를 한다는 핑계로 가서 고기도 구워 먹고 등산도 하고 축구까지 한 날이 있었는데 친한 이웃집에 놀러 간 거 같았다. 동료들끼리 편을 갈라 축구를 할 때도, 길가 '적당한' 곳에서 막걸리를 마실 때도, 남산에 올라가 소주를 깔 때도, 자전거를 타고 한강 공원을 갈 때도, 몰래 사 온 소주를 풀 더미 속에서 먹을 때도 그랬다. 하지만 술 먹고 같이 싸울 때는 인문학을 관두고 싶었다. 그런 동료들이 졸업을 하고 각자의 길로 가고 있다. 어느 동료는 교육청 상을 받기도 하고, 문학상을 수상하기도 하고, 정식 직원으로 채용되어 열심히 일을 하기도 하고, 임대주택에 입주해 안정적인 생활을 하기도 한다. 서울역에서 자주 보는 동료들도 있고, 술 한 잔 기울이는 동료도 있다.

　인문학은 무엇보다도 나 자신을 많이 돌아보게 만든다. 생각하기도 싫은 과거지만 뒤를 돌아보게 만들어 앞으로 나아가게 만든다. 그것은 보이지 않는 거울을 만들었다. 거울을 통해 이 세상을 다시 보게 만들었다. 겨우 몇 발자국을 떼어서 그런지 아직 그 옛날의 못된 습성이 남아 있다. 그래도 거울은 깨지지 않고 늘 내 앞에 있어 '인간이 되어라' 주문을 외운다. 카드 빚을 갚기로 하고 신용 회복 지원 신청을 했고, 욱하던 성질도 많이 죽어 경찰서 가는 일이 없어졌으며, 지나친 음주와 술주정으로 파출소 가는 일도 없어졌다. 아직 술을 끊지 못했지만 남들처럼 살지는 못하더라도 지난날처럼 살지는 않을 거 같다. 그래도 내 몸에 흉터를 가끔씩 보면 한심하다 못해 안쓰러울 때도 있다. 그 안쓰러운 인간과 같이 사는 우리 집사람에게 한없이 고마움을 느끼며 미안한 생각뿐이다.

　이제 인문학이라는 보호막과 끈이 없어졌다. 다시금 그 혜택을 입을 수 없으니 가로등도 없는 어두운 도시 골목을 걸어가는 거 같다. 차라리 산길이었으면 별이라도 보고 갈 텐데 말이다. 이제 신분 상승은 없다. 영원한 '공공근로 계층'에 머물지라도 내가 할 일이 있고 내가 하고 싶은 일이 하나둘 생겨날 것이다. 어차피 진흙탕에서 뒹구는 인생, 모래 위에서 뒹구나 자갈에서 뒹구나 더 이상 땅으로 꺼지지 않으면 인생 성공인 듯하다. 그러다 보면 남을 위해 일하는 시간을 늘어날지도 모른다. 인문학이 나에게 준 건 깨지지 않는 거울 하나였다.

제4부　안에서 본 인문학
　　　: 수강생들의 이야기

내 인생은 항해 중

이대진 **성프란시스대학 4기**

나는 조그만 섬에서 태어나 초등학교를 시골에서 다녔고, 이후 중학교부터 고등학교까지는 인천에서 마쳤다. 스무 살 병역 신체검사에서는 징집면제를 받았지만 아버님께는 현역 입영 대상자라고 거짓말을 했다. 아버님은 남자는 군에 갔다 와야지만 사람이 된다는 확신을 가지고 계신 분이었기 때문이었다. 고등학교를 졸업하고 직장에 입사해서 일을 했는데 별 재미를 느끼지 못하고 퇴사를 했다. 이후 내 인생의 큰 오점을 남긴 DJ 생활을 시작했다. 10년 동안 할 짓 못할 짓 다했다. 그때만 해도 DJ 인기가 대단히 좋아 여자들을 불러서 노는 데는 별 문제가 없었다.

그렇게 3년이 지난 어느 날 운명의 여자를 만났다. 그 여자를 만나고 난 이후부터는 난해했던 여자관계를 청산하고 오직 한 여자에게만

일편단심이었다. 그렇게 6년이 지나고 결혼할 생각에 양가 부모님께 말씀을 드렸다. 하지만 파일럿이었던 여자 아버님의 완강한 반대로 우리의 결혼은 무산되고 말았다. 그녀는 사랑의 표현을 죽음으로 대신해 버렸다. 이후 나는 DJ 생활을 청산하고 여행을 떠났다. 전국을 돌아다녔고 성격도 내성적으로 바뀌어 갔다. 마지막으로 제주도 여행을 하며 마음을 다지려고 목포에서 여객선을 탔다.

그런데 여객선이 추자도에 잠시 머무르는 사이 마음이 바뀌어 추자도에서 하선을 했다. 이때부터 나는 어부의 길로 접어들었다. 일도 열심히 했지만 술도 열심히 마셨다. 한 배를 오래 타지 않고 여러 배를 전전하며 동해, 서해, 남해를 누비고 다녔다. 아무리 일에 몰두하고 술을 마셔도 그 여자를 잊을 수가 없었다. 마음이 갈기갈기 찢기는 심정은 무엇으로도 위로가 되지 않았다. 오로지 술이었다. 몸은 망가질 대로 망가져 갔다.

그러길 10년, 이젠 어부 생활을 정리해야겠다 싶어 선주에게 사정을 이야기하고, 몇 푼 안 되는 돈을 쥐고 서울행 기차에 몸을 실었다. 앞으로 어떻게 살아야 할 것인가 머리가 아파 왔다. 맥주를 일곱 캔 정도 마셨을 때 서울역에 도착했고 형제가 있는 인천으로 가는 전철만 타면 모든 게 끝일 턴데 갑자기 서울역 광장에 드러누운 노숙인 생활이 궁금했다. 광장으로 나와 노숙인을 만나 술과 음식을 나누고 광장 건너편 여관까지 잡아 네 명이 한방에서 하루를 보내게 됐다.

이튿날 아침 눈을 떠 보니 함께 자던 노숙인들이 보이지 않았다. 이게 웬일인가! 지갑이 없어졌다. 정말이지 난감했다. 인천에 갈 엄두가 나질 않았다. 그 후로 나는 노숙인이 됐다. 그리고 충북 음성군 꽃동네 시설에 있을 때에 위암 선고를 받고 2005년 8월 4일에 수술을 했다. 수술한 지 3개월 후에 서울로 와서 직장에 다녔다. 하지만 몇 개월 못 다니고 술 때문에 그만두어야만 했다. 그때 신용카드 발급을 받아 원 없이 술 마신 후유증이 신용불량자다. 신용 회복 신청을 해서 지금은 회복 진행 중에 있다.

    내가 꼭 하고 싶은 이야기는 위암보다 더 무서운 것이 알코올중독이라는 사실이다. 한번 빠지면 헤어 나오지 못하는 병 중에서도 가장 악랄한 것이 알코올중독(Alcoholic)이다. 나는 중독자라고 인정을 한다. 하지만 남이 나에게 중독자라고 말할 땐 정말 참기 어렵다. 그렇게 삶을 헤매고 있을 때에 다시서기거리팀을 만나게 되어 인문학을 소개받고 성프란시스대학 인문학 과정에 입학을 하게 됐다.

    1학기는 엉망진창이었다. 술이 문제였다. 2학기는 6개월 동안 술을 마시지 않았다. 처음으로 오랜 기간 동안의 금주였다. 아마도 인문학의 힘이라 여겨진다. 비록 지난 연말에 다시 마시기 시작해서 병원 치료 받는 데까지 한 달이 걸렸지만 지금은 또 금주(단주)를 시작했다. 중독자가 자신감을 갖는 다는 게 참으로 허망한 것이지만 이번에는 목숨 다하는 날까지 단주하리라 굳게 마음먹어 본다. 끝으로 실망은 해도 포기하지 않는 주거지원팀의 양경철 선생님께 깊은 감사를 드리며 아울러 교수님들의 깊은 관심에 고마움과 감사를 표한다.

우리에게 삶이란

권일혁 유창만 김영조 서은미 온종국 이재원
이기복 양태욱 문재식 고형곤 이덕형 정상복

빗물 그 바아압

권일혁 성프란시스대학 4기

장대비 속에 긴 배식줄
빗물바아압
빗물구우욱
비이무울 기이임치이
물에 빠진 생쥐새끼라 했던가
물에 빠져도 먹어야 산다
이 순간만큼은
왜 사는지는 호강이다
왜 먹는지도 사치다

인간도 네 발 짐승도 없다
생쥐도 없다
오직 생명뿐이다
그의 지시대로 행위 할 뿐

사느냐 죽느냐 따위는 문제가 아니다
오로지 먹는 것
쑤셔 넣은 것
빗물 반 음식 반 그냥 부어 넣는 것

오랜만에 부슬비가 내리는 가운데 사당역에서 '바아압'을 먹었다. 누구 하나 이렇다 할 말 없이 참 맛있게 싹쓸이로 먹어 치운다. 지금은 몇 군데서만 거리배식을 하고, 실내배식이 정착되었다. 참 좋아졌다. 오랜만에 부슬비 맞으며 야외배식 밥을 먹으니 옛일들이 주마등처럼 스쳐간다.

아멘

권일혁 성프란시스대학 4기

그토록 저리는 그리움의 안타까운 마음이
이리 스산하게 내려 젖어
가슴 속에 울화가 차분히 뭉쳐드는 것은
임의 잔잔한 미소 앞에 서면
너무 죄송하여 다른 선택이 없기 때문입니다.

당신의 가는 흰머리
가혹한 삶의 주름살 그늘에
각인된 그 기억의 잔상이
부끄럽게 버거운 저의 삶과 버물려
어찌할 딴 도리를 찾지 못하기 때문입니다.

꾸중 섞인 관심을 짜증스레 듣다가
앞으로 몇 번이나 더 들을 수 있을까 하다
울컥 눈물이 치솟아
덥석 부둥켜안고 한없이

이 한밤을 꽉 채워 통곡하고 싶었습니다.

전생을 다해 몹쓸 놈에게 바친 당신
당신의 노파 됨이 이리도 안타까운지
당신의 몹쓸 놈을
"하늘이 알고, 내가 안다.하늘의 뜻이다. 기다려라" 던 당부의 그 말씀
임의 그토록 애절한 믿음이 저를 살렸습니다.

어머니, 새해입니다.
저도 이날이 꼭 반갑지 만은 않을 만큼
꽤나 살았나 봅니다.
갈 수만 있다면 그토록 지겹던 그 헌 해로 돌아가
지지고 볶고 뒹굴고 싶습니다.

이제 얼마 남지 않은 듯하여
순간순간이 귀하고 너무너무 안타깝습니다.
임이여,
임이여.
몹쓸 놈의 가슴에 담고 진정 하지 못한 말
이제 그만 그 걸레와 행주를 내려놓고
당신만을 위해 살아 주십시오.
하늘이여
이 여인에게
부디부디 강건하게 천수를 다하도록 도와주소서.
아멘!

제4부 안에서 본 인문학
: 수강생들의 이야기

서로의 집이 되고 싶었다

유창만 성프란시스대학 4기

요즘 같은 가을밤 서울역 광장에서
우리는 아침을 기다리며 서로의 집이 되고 싶었다
대합실 안으로 들어가 한기도 피하고
온갖 부끄러움을 감출 수 있는
따스한 방이 되고 싶었다

바람이 불고 비가 내려도 우리는
날이 밝을 때까지
서로의 집이 되고 싶었다

모정

김영조 성프란시스대학 6기

두 해 전,
무더웠던 여름이 다 갈 즈음
10년에 걸친 졸렬한 방황을 끝내고
내 고향인 어머님께 돌아가고 싶어졌다.
허구한 날 생각만 해 왔지
도대체 무엇이 이 길을 막는지

이제 나는 다시 살고 싶어졌다. 새롭게,
그럼 먼저 어머니께 살아있음을 보여줘야 한다.
그리고 지난날을 용서받아야 한다.
하느님이 나를 용서하여 살려주시니
무엇인가 해야 하지 않는가?

부랴부랴, 꼬깃꼬깃 가슴 속 깊이 접어놓은 주소 쪽지.

부동산에 들러 용인 산154-1번지를 짚어보고,
마음이 산을 달린다.
왜? 그 곳에 계실까?

주소로는 외진 골짜기,
십여 년 전부터 듬성듬성 들어선 집들
이곳, 아주 큰 저수지로 동생이 낚시 가자고 했었지.
눈에 익은 지형
마음이 조금씩 편해진다.

도대체 주소의 집은 보이질 않고,
유원지 음식점만 보이니.
다시 오던 길로 내려가다 건축 현장 사무실에 들러
번지를 찾아보니, 이 길보다 더 외진 길옆에 집 한 채.
달음질 쳐 올라가니,
저 앞, 쪼그만 뜰 안에 구부정하게 엎드린
두 분!

굽은 허리에 두 손 짚어 엉거주춤 일어서는 아버지
그 옆 배추와 고추 밭 사이에 엎드린
뛰면 열 발자국 거리에, 동그랗고 부드러운 하얀 향기,
엄마가 너무 자그마하게 보여, 눈에 낀 뿌연 연기로
더 하얗게 보여, 잠시 발 멈추고 꿀꺽 지난 설움을 삼키며

"아버지"
소리 나는 쪽을 바라보고도 날 못 알아보며 두리번두리번.
순간, 목소리만으로 아들을 알아본 하얀 어머니가 아버질 향해
"영조예요!"
그리고 한 손에 잡풀 한 움큼을 쥔 채
고추나무 키만 한 걸음으로 절뚝거리며 "영조야!"
잰 걸음으로 다가와 내 눈과 마주친 주름진 눈에서
내려오는 굵은 눈물.
"영감, 내 아들 영조가 왔어요" 밭에 무너져 앉은 채.
엉엉 우는 소리가 내 귓가에 뿌옇게 들려온다.

버스전용차선

서은미 성프란시스대학 6기

버스전용차선,
버스가 아닌 차가 달리는 것을 허락하지 않는다.
규칙이니깐.

내가 걸어가는 길이
버스전용차선이길 바라지 않는다.
나만의 길이기를 바라는 마음이
다시 걸어가는 내 발걸음을 외롭게 만들까 두렵다.

함께할 수 없다는 견고한 틀이
같이 가자고 내미는 손을
보지 못하는 건 아닌지.

나는 PC방에 간다

온종국 성프란시스대학 6기

사람들이 많이 분비는 서울역 앞과는 달리 남영동 쪽으로 빠지는 동자동 길목은 그리 사람들이 많이 다니지 않는다. 그런 곳에 위치한 상가들은 그다지 썩 장사가 잘되는 편은 아니다. 오락실, PC방, 만화방, 호프집, 미용실……. 그런 상가 가운데 가장 많이 들어선 곳이 PC방이다. 이유야 잘 모르겠지만 지역에서 살아가는 사람들이 생활에 남는 여가 시간을 활용하는 곳이 아마도 PC방일 것이다. 지하철 4호선 출구에서 숙대 입구까지 내 눈에는 세 개의 PC방이 띈다. 타운, 스타, 서울 PC방.

나는 그중 타운 PC방을 이용한다. 그곳에 가는 특별한 이유는 없다. 요금, 시설, 서비스 이런 것들을 꼼꼼히 따져 봐야 하지만 그럴 필요가 없다. 이 모든 것이 크게 차이 나지 않기 때문이다. 업주들이 공모를 한 것 같지만 그것도 아니다. 그러기에 사람들은 자신들이 주로 이용하는 PC방만을 찾는다. 타운 PC방 안에 좌석 수는 40개, 그래서 40명만 들어와 있는 게 정상인데 50명이 넘게 있을 때가 많다. 그렇다고 해서 40개의 좌석이 모두 PC을 이용하는 사람들은 아니다. 그중 5~6대 정도는 거기 터줏대감들이 자고 쉬는 곳이다. 이런 것들을 주인이 모를 리 없다. 하지만 묵인한다. 보복 때문일 수도 있지만 고객 관리 때문일 것이다.

이곳 사람들은 야박한 모습을 아주 싫어한다. 삶을 그렇게 살아왔기 때문이다. 그런 것을 잘 아는 주인도 그냥 넘어간다. 자신도 거기서 장사를 해야 하기 때문이다. 야박한 모습을 보이면 아마도 장사하는 데 지장이 있을 것이다.

PC방 안의 공기 사정은 그다지 좋을 리 없다. 수십 명이 내뿜은 담배 연기, 며칠씩 밤을 새운 이들에게서 나는 냄새. 이 모든 것에 익숙하지 않으면 그곳에서 오래 견디기 힘들다. 나는 하루 24시간 중 주로 저녁 7시 이후에 많이 이용한다. 사람도 제일 많고 놀기에 적합한 시간이다. 가끔 낮 시간도 이용하는데 그곳 주인아줌마를 한 번 보기 위해서이다. 아주 미모의 아주머니이다. 그러나 거기서 더 이상 생각하지는 않는다. 보는 것만으로도 만족한다.

이제 내가 이용하는 시간을 이야기해 보자. 그 시간에는 여지없이 있는 길환이, 금철이, 상철이, 그 밖에도 안면만 아는 사람들이 있다. 그중 길환이가 제일 먼저 반긴다. "아이고 형님, 오셨습니까" 하고 90도로 인사하고 담배 하나 입에 물린다. 썩 기분이 나쁘지는 않다. 하지만 이런 일이 자주 있는 것은 아니다. 모른 척할 때도 있다. 그렇게 할 때는 이유가 있다. 배가 고프거나 게임비가 부족할 때이다. 그럴 때마다 나는 쉬이 보태 준다. 나중에 배신감 느껴도 어찌하랴.

　금철이라는 놈은 내가 왔는지도 모르도록 게임에 빠져 있다. 내가 먼저 가서 아는 척을 해야 그제야 인사를 한다. 이놈은 길환이보다 더 심한 놈이다. 아쉬울 때만 아는 척한다. 나중에 백배로 갚을 것처럼 이야기하고 갚을 때가 되면 돈 받기가 그리 쉽지 않다. 받으려면 나도 비장의 수단을 써야 한다. 저돌적인 대항이다. 그렇게 해서 받아 낸다. 손 떨면서 아까워 겨우 갚는다. 그러면서 하는 말, "앞으로 나 아는 척하지 말라." 그러면서도 때가 지나면 다시 아는 척한다.

　상철이는 PC방에서 제일 바쁘다. 이곳저곳 동분서주하면서 게임머니를 모으기 때문이다. 이곳 사람들이 주로 하는 게임은 포커 게임이다. 나도 포커 게임을 한다. 어떤 달은 게임비에 너무 많은 돈을 쏟아붓는 무리를 할 때도 있다. 속이 좀 아프고 후회할 때도 있지만 어찌하랴, 이미 쏟아진 물. 며칠 지나면 또 잊어버린다.

　PC방에 들어오는 문 출입구에는 눈에 띄는 글이 보인다. "음주자 절대 출입금지", 다른 것은 이해해도 취객은 이해하지 못하겠다는 주인의 속내가 매우 강하게 담겨 있다. 빽빽이 늘어선 좌석, 좁은 통로, 조심성이 떨어지는 취객은 기어이 의자를 심하게 치고 지나가거나 의자에 걸려 손님 앞으로 넘어진다. 그 끝은 시비로 이어진다. "음주자 절대 출입금지"를 내건 이유가 손님들 간 싸움을 방지하기 위함도 있지만 무엇보다 중요한 건 기물 파손을 막기 위함이다. 싸우다 보면 어떤 것 하나 부서지기 쉽기 때문이다. 주인에게는 막대한 손해이다. 저녁 시간 때에는 주로 아르바이트생이 가게를 보는데, 이튿날 출근한 주인은 손상된 기물을 보고도 누구에게 손해배상을 해야 할지 몰라 어리둥절해하곤 한다. 그래서 언제부터인가 주인은 아르바이트생과 시간을 바꿔 근무를 하고 있다. 속앓이를 좀 했던 것 같다. 음주자는 어딜 가나 대우를 못 받는 것 같다.

    우리 PC방은 가끔 불청객이 온다. 바로 경찰이다. 불심검문을 하기 위해서이다. 그런데 너무 잦은 것 같다. 어떤 날은 하루에 네댓 번씩 온다. 이들을 반기는 자는 아무도 없을 것이다. 검문 도중 경찰과 언쟁을 하면 PC방 분위기가 다운된다. "우리 같은 사람 괴롭히지 말고 진짜 범인들이나 잡어. 진짜 범인들은 양복 입고 다녀. 알아!" 이 말에도 일리가 있어 보인다. 물론 이곳에 그들이 찾는 범인이 있을 수도 있지만 대부분 일을 못 나가는 날 갈 곳이 마땅치 않아 앉아 있는 사람들이 대부분이다. 그 사람들 속도 썩 좋을 리 없을 것이다. 그런 상황에서 화나는 것은 당연한 일이다. 길거리나 지하철 등에서 검문받는 사람들을 보면 거의 허름한 옷차림의 사람들이다. 그럼 범인들은 모두 옷을 허름하게 입고 다니는가.

    여느 때처럼 경찰 검문이 한창이던 어느 날 나는 경찰을 골려 주려고 마음먹었다. 소녀시대 뮤직비디오 동영상을 틀고 그들이 오기를 기다렸다. 막상 기다리고 있으니 오질 않았다. 참 묘한 기분이 든다. 그러던 찰나 나타났다. 하지만 내 앞으로 와 주어야만 한다. 검문을 피해 보기는 여러 차례 있었지만 검문당하기를 바라기는 이번이 처음이다. 이 사람 저 사람 검문하더니 바라던 대로 내 앞으로 와 주었다. "잠깐 실례하겠습니다. 신분증 좀……." 나는 대꾸도 않고 소녀시대 뮤직비디오만 계속 보고 있었다. "선생님, 선생님……." 경찰은 계속 외친다. 그제야 나는 말한다. "경찰 아저씨, 소녀시대 동영상 지금 세 번째 보고 있는데 좀 지겨운 것 같네요. 그런데 경찰 아저씨까지 하루에 네댓 번씩 보니 지겹다 못해 짜증 안 나냐구요?" 주의에 한바탕 웃음이 흘러나온다. 그 말이 끝나자 경찰은 무척 화난 표정으로 나를 한동안 쳐다본다. 그러더니 목소리를 좀 낮춘다. "우리도 오죽하면 이러겠습니까? 협조 좀 부탁드립니다." 이런 상황에서 더 이상 골렸다간 안 될 것 같아 순순히 응해 준다. '진작 그럴 것이지' 하면서. 이 사람 저 사람 순조롭지 않은 검문에 그들도 지쳤는지 검문을 끝내고 힘없이 PC방을 빠져나간다. 경찰과 우리는 만나지 말아야 될 사이인데 아마도 하늘이 불가피하게 맺어 준 인연인 것 같다. 그런 뒤 기분이 상쾌해지면서 어딘지 모르게 쓸쓸함마저 든다. 여기 안 오면 부딪칠 일도 없는데 그들도 우리와 똑같이 희로애락을 느끼는 사람인데 노엽게 했으니 왠지 미안하다. 우리가 마땅히 갈 곳이 없어 이곳에 왔다면 그들 역시 마땅히 검문할 곳을 찾지 못해 이곳에 왔을 것이다. 경찰과 우리가 어쩔 수 없이 만나야 된다면 서로 상호 간 기분 상하지 않는 선에서 잘 풀어 갔으면 좋겠다.

이곳은 시작과 끝이 없다. 아무리 24시간 영업집이라도 시작과 끝은 어느 정도 있는데 말이다. 24시간 한결같이 사람들을 맞는다. 그러기에 사람들은 한결같이 이곳을 찾는다. 이곳을 예찬하는 것은 아니다. 여길 찾는 사람들은 모두 각각이지만 어디인지 모르게 부족함이 있는 건 공통적이다. 그 부족한 욕구를 이곳에 와서 대리만족하고 있는 것이다. 평범한, 아니 정상적으로 이 시대를 살아가는 4,50대의 중장년층이라면 아마도 하루 24시간이 모자랄 정도로 바쁘게 살아가는 나이대일 것이다. 하지만 이곳의 4,50대는 남는 게 시간이다 .어떻게 보면 불행이 아닐 수 없다. 이들도 여건만 주어지면 어느 사람 못지않게 바쁘게 살아갈 사람들이다. 삶은 퇴보했지만 아직 정신만큼은 퇴보되지 않은 사람들이다. 그러나 사회는 우리 같은 사람에게까지 손길을 뻗치기에는 많이 바쁜가 보다. 그렇다고 이 사회를 비관하는 사람들이 그리 많지는 않다. 주어진 여건대로 큰 불만 없이 그럭저럭 살아가는 이 사회의 가장 순수한 계층일 것이다. 경쟁 상대를 경쟁 상대로 생각하지 않는, 그렇기에 경쟁력이 떨어지는 우리는 다소 진보적이지는 않지만 어제의 모습이 오늘의 모습이고, 오늘의 모습이 내일의 모습이다. 발전이 없다고 비꼬지 말자. 구석구석 박혀 있는 달동네를 순수하게 살아가는 사람들을 사라지게 만드는 게 요즘 사회이다. 점점 사라져가는 그런 사람들, 그런 사람들과 다를 바 없는 우리들. 우리는 그런 사회의 이 작은 울타리를 찾는다. 비록 내일은 기약할 수 없을지 몰라도 순수성은 잃지 않는다. 이곳에 모여 인사 나누고 대화하는 사람들. 그래도 그 속에는 작은 꿈들이 있다.

서울역 광장

이재원 성프란시스대학 7기

비가 오거나 추운 날씨에도 그들은 거기에 있다.
배가 고파도 배가 불러도 무의미한 익명으로 거기에 있다.
부조리한 세상을 원망하지도 슬퍼하지도 않고
그저 자유로이 서울역을 떠돌고 있다.
내가 아닌 다른 것들을 꿈꾸며 술을 찾는다.
디오니소스가 그들의 벗이니
자유로운 영혼들 그냥 방해 말고 이제 놓아주라.
단지 거처할 집이 없을 뿐이다.
자기 자신으로 되돌아오고 자기 자신을 세울 수 있는 장소,
쉴 수 있는 곳은 이 곳 광장일 뿐
자의식으로 가득 찬 소외된 사람들
외로움에 익숙한 사람들
스스로를 결정하는 것은 자기일 뿐!
생존은 본질에 앞선다.

순환 코스

이기복 성프란시스대학 7기

10시다. 오늘도 한 코스는 가야지.
주머니에 돈이 달랑달랑
하루를 보내자니 한 코스도 가기는 힘들겠고
옛날을 생각해서 다리품을 팔아보자.

배고픔을 잊고 10시에 걷기 시작하니
11시 용산역 미사랑 거쳐서
한강대교를 지나 12시 노량진

2시 30분 영등포 마사랑을 들러보고 여의도로 가는 길
오늘은 4월 최고의 날, 여의도 벚꽃 축제 휴일
사람인지 길인지 꽃인지 구분이 안 간다.
초라함을 잊고 보고 걷고, 또 보고 걷고

공덕동 오니 벌써 4시 30분
지하철 휴식의자가 이렇게 아늑하고 편안할 수가.
보는 이 없고 구석지에 있어 눈치 안 보고
앉아있는 시간이 편안하니 배고픔을 잊는다.

언덕을 지나 서부역에 오니 5시 30분
오늘 한 코스도 순환으로 막을 내린다.

제4부   **안에서 본 인문학**
         : 수강생들의 이야기

《나르치스와 골드문트》를 읽고

양태욱 성프란시스대학 7기

사는 동안 세 끼의 밥을 해결하느라 일에 치여 살아온 터라 편지 한 통 써 보지 못하고 책 한 권 읽어 본 적 없는 나였다. 그 동굴에 갇혀 동굴 밖의 것에 대해 생각해 본 적 없는 내가 인문학 책들을 처음 접했다. 처음에는 캄캄하고 머릿속이 텅 하니 멍해졌다.

처음 《나르치스와 골드문트》를 읽었을 때, 땡전 한 푼 없이 방황하다 서울역에 도착했던 때가 생각났다. 서울역 앞, 다들 없는 사람들이 눈에 띄었다. 눈물이 왈칵 쏟아졌다. 배가 고파서 롯데마트에 가 시식 음식을 먹고 허기를 채웠다. 그런데 곁에 있던 친구가 옆으로 오더니 '식사를 하러 가자'고 하여 지하도 배식장에서 처음 급식 배식을 받았다. 그 순간 목구멍이 메어 숨을 쉴 수가 없었다. 숟가락을 멈추고 피눈물을 흘리던 생각이 스쳐 지나갔다.

《나르치스와 골드문트》를 읽으면서 도저히 인간으로서 상상도 할 수 없었던 망가진 인생, 고된 세월에 정신병에 걸린 나, 그래서 괴로웠고 사이코 같은 행동을 했던 나, 나의 뜻과 다르게 움직여지는 몸, 그런 것들이 떠올랐다.

골드문트가 사형 직전, 감옥에서 살아남기 위해 보이는 사람을 다 제거하기로 하고 온갖 잔머리 굴려 탈출을 시도한다. 자기 목숨을 구하기 위해 친구 나르치스마저 죽여야 하는 순간에 겨우 목숨을 건져 탈출을 했는데 또 다시 방랑의 길로 빠진다. 찌질하고 사이코적이고 속이 썩고 썩어 글로 표현할 수 없을 정도로 내 육체가 고통스런 표정을 짓는다.

눈사람

문재식 성프란시스대학 5기

연탄재 굴려 눈사람 하나 만든다.
싸리 빗자루에서 눈 하나 코 하나 미소 하나 가져왔다.
손마디마다 하얀 눈가루 선명한데
뒤돌아본 내 발자국은 눈사람이 가져가버렸다.

연탄, 삶, 추억, 그리고……

고형곤 성프란시스대학 5기

야트막한 언덕 넘어서 누군가 연탄 가득 실은 손수레를 끌고 온다. 그다지 크지 않은 나무 그늘 아래에 그 남자 손수레를 멈추고 담배 한 대 꺼내 문다. 고난의 인생사가 그 얼굴에서 묻어 나오고 힘들었던 세월의 훈장인 듯 그의 이마에 골짜기 몇 개 파여 있다. 그 골짜기마다 고단한 눈물이 샘솟아 있는데 한 줄기 바람이 그 눈물 씻어 내니 나뭇잎 환호하며 손뼉을 친다.

동네 어귀에 늙수그레한 사내가 사과 궤짝 위에 양철 판을 올려놓고 그 옆에 연탄 화덕 하나 놓고 연탄불 위에서 조그만 국자로 설탕 녹여 '띄기'를 만들면 한 부류의 아이들이 이 일이 자기가 꼭 완수해야 할 사명인 듯 '띄기' 한 개 들고 신중하고 진지하게 조금씩 뜯고 있다. 그 뒤로 또 다른 부류의 아이들이 누런 콧물 흘리며 침 꿀꺽이며 부러운 시선으로 바라보고 있다. 떠어진 조각들이 아이의 입속으로 들어가 달콤함을 느낄 때 뒤에 선 아이들의 가난한 가슴엔 쓰디쓴 맛이 쌓인다.

변두리 삼류 극장 앞 연탄불 위에서 밤알들이 따뜻한 기운에 졸다가 뜨거움에 깜짝 놀라 폴짝 뛰면서 속살을 드러내고 그 불 위에서 마른 오징어 트위스트 추면 서로 보듬어 품은 가난한 연인들이 이들을 가져가 영화 속 주인공들의 행복한 장면들과 같이 자신들의 삶도 그와 같이 되기를 바라며 서로 먹여 주며 언제 끝날지 모르는 행복을 만끽한다.

연탄 화덕을 가운데 둔 허름한 주점. 연탄불 위에서 오뎅 꼬치 끓고 있는 포장마차 탁자 앞으로 고단한 하루를 끝낸 인생들이 모여 앉아 한 잔 술이 하루의 서글픔을 날려 줄 거라 믿으며 술잔을 들이킨다. 한 잔 술이 힘들었던 하루의 피로 회복제라며 또 한 잔 들이킨다. 그들의 한과 희망을 한 잔 술이 알 수 있을까. 모를 것이다. 그러니까 밤은 술에 취해 비틀거린다. 포장마차 카바이드 불빛이 그들을 위로하고 세상을 밝히려 애쓰다 힘에 겨워 제풀에 사그라진다.

술 취한 밤이 정신 차려 제 집으로 발걸음 옮기고 그 뒤로 새벽 여명의 하늘이 열리면 동네 길 위로 하얀 뼛가루 흩뿌려져 있듯 하얀 연탄재 부서져 뒹굴며 괴로워한다. 청소하는 아저씨 구시렁거리는 소리, 비질 소리와 함께 연탄재 가루들이 서로를 품어 보지만 이미 부서진 몸 어쩔 수가 없다. 아저씨 구시렁 소리에 빗자루 수명은 짧아지고 구시렁거리는 소리와 함께 세상은 시끄러워지며 고단한 하루가 열린다.

텔레비전 아홉 시 뉴스. 말쑥하게 차려입은 남자와 예쁘게 옷 입고 화장한 여자가 남의 이야기를 진짜 남 이야기하듯 한다. 일가족 네

명이 생활고를 견디다 못해 방 안에 연탄불을 피워 놓고……. 모 씨 자신의 차 안에서 숨진 채 발견. 차 안에서 타다 만 연탄 발견……. 연탄이 저렇게도 쓰이는구나. 그다음 생각을 떨쳐 버리려 텔레비전을 꺼 버린다. 세상이 까맣다. 눈 감았다 뜨면 하얀 세상이 올까. 하지만 나는 그러지 못하고 눈 뜨고 까만 세상에 살고 있다.

지하철에서

이덕형 성프란시스대학 5기

도봉산에서 소주 한잔에 칼국수를 뚝딱 비웠다.
오는 전철 안에서 옆자리에 장애인 여자아이가 앉는다.
쌍문역이 어디냐고 물어온다.
본인이 쌍문역에서 타는 걸 봐온 터이다.

대꾸를 안했다.
힐끗 옆을 쳐다보니 시무룩한 표정이다.
안 되겠다 싶어 어디까지 가냐고 물어봤다.
길음까지 간단다.

내릴 때쯤 알려주겠노라고 하고 생각에 잠겨있는데
나를 "툭" 친다.
오늘이 무슨 요일이냐고 묻는다.
일요일이라고 하니까 토요일이란다.

일요일이 확실하다니까
그제야 수긍한다.
토요일이라고 우길 거면서 왜 물어봤냐고 하니까
그녀 차분하게 대답한다.
아저씨 술 드신 거 같아서 과음했는지 확인하려고 그랬단다.
……
술에서 두 발짝 물러서야겠다.

깡통 같은 내 인생

정상복 성프란시스대학 5기

오늘도 여지없이 강한 힘에 몸이 실린다.
잡철 음과 함께 날아오른다, 무아지경 속으로
이리 차이고 저리 차이고
때론 제자리에서 빙글빙글
때론 중력의 법칙에 반하는 체험을 하기도 한다.

분수도 모르고 탑승한 비행기에서의 추락은
깊은 자국을 남긴다.
찌그러지고 일그러지고, 숱한 삶의 역경으로도 부족한지
오늘도 자국을 남길 빈 공간을 찾는다.

조금씩 조금씩 깨달음과 뉘우침으로
견뎌내고 버텨낸다.

더 이상 자국을 남길 공간이 없어질 때쯤
나의 몸은 와해될 것이다.
만물의 에너지원이 되기 위해 사방으로

제4부 **안에서 본 인문학**
: **수강생들의 이야기**

제5부

《함께걸음》 글 모음

가난한 사람과
가난한 인문학이 만나다

박한용
성프란시스대학 한국사 교수

● 〈박한용의 노숙인과 인문학의 만남〉, 《함께걸음》 2011년 4월 15일 자.

서울역에는 대학이 하나 있다. 서울역에서 우측으로 돌아가 누가병원을 지나 얼마쯤 걷다 보면 '성프란시스대학'이라고 적힌 현판이 걸린 허름한 건물이 있다. 그 건물 3층이 대학교이다. 한국에서 최초로 노숙인을 위한 인문학 강좌를 개설한 '거리의 대학'이다.

성프란시스대학은 서울 시의 위탁을 받아 성공회가 운영하는 '노숙인 다시서기상담보호센터' 산하 노숙인 교육기관이다. 2005년 1기 신입 선생님(학생이라고 부르지 않고 선생님이라 부른다)을 받으면서 개교했다. 1기 선생님들의 경우 전원이 이른바 '노숙인' 또는 노숙 체험자들이었다. 이후 쪽방이나 독서실 때로는 임대주택에서 사시는 분들도 입학했지만, 대부분 경제적으로 극빈층이고 노숙 체험자들이다. 보다 정확하게 얘기하자면 최빈곤사회의 바닥 꼭짓점과 윗 꼭짓점 사이클 속에서 생활하는 분들이 이 학교의 주인이다.

개설 강좌는 인문학 즉 철학·문학·역사·글쓰기·예술사 다섯 과목이다. 1기 선생님을 시작해서 올해(2011년) 2월 6기 선생님까지 매년 15명 내외의 선생님들이 인문학 과정을 마쳤다. 매주 4회 두 시간씩 다시서기센터 지하 식당이나 성공회 서울교구 시설을 빌려 함께 공부하다가, 5기부터 서울역 옆에 사무실을 임대해 학교로 이용하고 있다. 선생님들은 이곳에서 저녁에 모여 함께 식사를 하고 일곱 시부터 수업을 시작한다.

왜 성프란시스대학은 선생님들과 인문학이라는 주제로 만나는가? 매 끼니가 아쉬운 노숙인에게 가장 필요한 것은 빵, 또는 일자리인데 굳이 '가난한' 인문학이 이들에게 무슨 소용이 되겠느냐고 묻는 경우가 있다. 설령 공부를 하더라도 대학 수준의 교육이 정말 가능한지, 제대로 수업을 듣겠느냐 하는 회의론도 있었다. 어떤 이는 "사지가 멀쩡한 사람들이 스스로 자포자기하고 거리에서 뒹구는데 그걸 도와준들 무슨 효과가 있겠느냐"라고 말하기도 했다.

그러나 사지가 멀쩡한데 일하지 않고 거리에 '뒹구는' 이유가 궁금하지 않은가? 만일 당신의 자녀가 직장을 구해 줘도 적응을 못해 곧 그만두고 거리로 다시 나선다면, 그 이유가 궁금하지 않은가? 직장을 구하라고? 노숙인의 상당수는 주민등록이 말소되거나, 파산에 의한 채무 등으로 신분이 불안정해 정상 취업이 불가능하다. 물론 노숙인 출신을 직장에서 정규직으로 받는 경우도 거의 없을 만큼 우리 사회의 노숙인에 대한 편견과 차별이 더 근본적 이유이기도 하다. '사지가 멀쩡하다'

고? 결코 아니다. 대부분 사지는 멀쩡해 보여도 걸어 다니는 종합병동이라고 할 만큼 병들고 약해져 있다. 한뎃잠과 비위생적인 상태, 절대적인 영양 부족 등으로 대부분 호흡기나 신경통은 기본이고 암 환자도 적지 않다. 특히 서울역 앞의 노숙인들이 대낮에도 술을 마시고 휘청대는 모습을 보고 이것이 노숙인의 실체라고 믿는 사람들이 많다.

그러나 태생이 노숙인인 경우는 없다. 알코올이 원인이 되어 노숙인 처지로 전락한 경우는 사실 많지 않다. 오히려 노숙인 생활을 하면서 알코올에 의존하는 경우가 더욱 많다. 추운 겨울 서울역에서 밤을 지새우자면 고통을 이길 방법이 사실상 없다. 결국 술에 의존하고 이것이 반복되면서 알코올중독으로 내몰리게 되는 것이 실제이다. 가뜩이나 어려운 취업난에 노숙인은 언제나 취업 기회에서 배제되어 있다. 임시직이나 일당 근로라도 하려고 해도 고용주는 노숙인을 마치 범죄자인 양 불편하게 여기며 채용을 꺼린다. 결국 한 달에 몇 푼 되지 않는 돈을 지자체로부터 받아 근근이 연명해야 하는데, 이것조차 쪽방 월세로 나가버리니 사실상 구걸로 나설 수밖에 없다. 가장 그립고 의지하고 싶은 존재가 가족이지만 안타깝게도 이들에게는 가정마저 파괴되어 돌아갈 곳조차 없다. 한마디로 노숙인은 시민사회의 멤버십 카드를 박탈당한 자들이다. 서울역을 걸어가도 그들은 서울 시민이 아닌 것이다. 그 결과 정신적 황폐로 이어지는 삶, 그것이 노숙인의 삶이다.

스스로 자신을 포기하는 현실, 아니 포기할 수밖에 없는 현실에서 거리의 '밥 한 그릇 자선'이 결코 문제의 해결이 될 수 없지 않은가! 베푼 자의 자선 행위를 돋보이게 하는 대상이 아니라, 그분들이 자기 삶의 당당한 주체로 설 수 있는 '인간으로서의 자립화'와 이들이 최소한의 삶을 떳떳하게 보장받을 수 있는 사회의 인식과 구조 변화가 함께 가야 할 문제이다. 우선은 지푸라기처럼 허물어진 자신의 속을 다시 단단히 채우고 일어서는 과정이 필요하다. 너무 무너져 있기 때문이다. 인문학은 인간을 수단이 아니라 목적으로 파악한다. 인문학은 이들과 만남으로써 한편으로는 노숙인들에게 인간으로서의 존엄성과 자신의 가치를 자각하게 하고, 역으로 이분들을 통해 인문학은 노숙인이나 사회적 약자들이 단순한 구호 또는 시혜적 의미의 복지 대상이 되어서는 안 된다는 것을 확인하고, 복지가 하나의 인권임을 확인하고, 이를 인문학의 문제의식으로 정립할 필요가 있다. 그러기에 노숙인과 인문학의 만남은 일방적 시혜가 아니라 상호 소통의 과정이다.

성프란시스대학 인문학 과정은 노숙인 선생님들만 배우고 느끼고 변화하는 공간이 아니다. 다시서기센터 활동가의 말대로 오히려 가르치는 교수·센터 활동가·자원활동가 모두가 배우고 느끼고 어떻게 살 것인지 같이 부대끼고 어울리는 곳이다. 배제에서 공존으로 더 나아가 차별 없는 사회적 관계로 나아가고자 하는 시도라고 할 수 있다. 어느 젊은 자원활동가가 암에 걸려 수술을 받을 때 성프란시스대학 선생님들이 모두 찾아와서 용기를 주고 격려했다. 사실 노숙인에게 가장 그리운 것은 가족이고 주고받고 싶은 것은 관심과 사랑이다. 성프란시스대학은 어쩌면 이 공간이 없었더라면 단순의 동정의 대상이나 무관심한 존재로 서로 비켜 가며 살았을 이질적인 존재들이 서로를 이해하고 소중하고 감사하게 여기며 더불어 사는 길을 모색하는 공간이다.

그러기에 교과 과목이 현재로는 문학·역사·철학·글짓기·예술사에 국한되어 있지만 반드시 이것만이 인문학이라고 말할 수 없다. 따지고 보면 인문학이란 '인간이 수단이 아니고 목적인 학문'이고 '사실의 배후에 있는 올바른 가치 지향'이라는 점에서 목적에 충실한 내용이면 어느 것이나 인문학인 것이다. 문제는 이런 인문의 이념을 어떻게 현장에서 구체화할 것이냐이다. 사실 노숙인들은 더불어 사는 것에 익숙치 않다. 피해 의식이 강하고 자기 보호 본능이 강하다. 약간이라도 감정이 상하면 견디지 못한다. 흔히 말하는 '사회적 관계성'이 매우 취약하다. 이는 수업만으로 해결할 수 없다. 더 많은 시간과 일상을 학교 바깥에서 보내기 때문에 시민사회의 당당한 성원으로 설 수 있으려면 이러한 사회적 관계성을 회복할 수 있는 다양한 프로그램이 필요하다.

아무나 들어올 수 없는 대학?

사실 6년간의 어설픈 경험을 통해 인문학은 가난한 자들 앞에서 비로소 자신의 존재 이유를 드러내고 있었다. 삶과 죽음의 벼랑 앞에서 서 있는 위기의 인간 앞에서 인문학은 벌거벗고 그 존재 이유를 검증받아야 했다. 어느 대학의 인문학이 이렇게 준열하게 자기 검증을 받았던가!
그러나 '대학'에 대한 '뜻밖의 더 큰 깨달음'은 2009년 3월 5기 선생님들이 입학할 때 4기 졸업생인 권 선생님의 축사를 통해서 얻었다. 축사의 내용은 대강 이러하다.

"우리 5기 선생님! 정말 입학을 축하합니다. 우리 대학은 조그맣고 사람도 많지 않지만 아무나 들어올 수 있는 대학이 아닙니다. 서울대학교니 뭐니 하는 대학과 비교조차 할 수 없습니다."

그다음 이어지는 말에 만인이 웃기도 하고 울기도 했다.

"성프란시스대학은 적어도 자살을 두어 번 시도해 본 사람만이 입학할 수 있는 대학입니다."

좌중에서는 폭소와 박수, 그리고 알 수 없는 감동의 물결이 일렁였다.

"사실 우리 노숙인 가운데는 대학 문턱은 고사하고 고등학교도 다 마치지 못한 분들이 많지 않습니까? 노숙 생활을 하면서 우리가 언제 사람 취급을 받아 봤습니까? 그런 우리가 대학생이 될 줄 누가 알았겠습니까? 우리가 거리에 있을 때 누가 알아주기라도 했습니까? 이런 훌륭한 교수님들과 함께 일주일에 몇 번씩 수업을 받을 것이라고 누가 상상이나 했겠습니까? 성프란시스대학이 없었더라면 이 일이 가능했겠습니까? 그러기에 우리들은 교수님들과 지하철을 함께 타고 갈 때 지하철 안이어도 큰소리로 "교수님!" 하고 부릅니다. 우리도 대학생이다, 우리도 교수님같이 훌륭한 분들과 함께 지낸다. 이 사실이 너무나 기쁘고 자랑스럽기 때문입니다. 적어도 우리는 그 순간 노숙인이 아니라 학생입니다. 그것이 자랑스러웠던 것입니다."

그 순간 분위기는 숙연해졌다. 과연 나는 스스로 그런 존재라고 생각해 본 적이 있었나. 노숙인들을 만나서 함께하기보다는 강의만 하고 허겁지겁 떠나기에 급급했지, 그들의 간절한 마음을 단 한 번이라도 제대로 읽어 낸 적이 있었던가.

2010년 12월 4기 송년회에서 선생님들이 말했다.

"교수님, 우리끼리 모이면 제일 많은 대화가 교수님들에 관한 겁니다. 그만큼 우리에게는 소중하고 자랑스럽고 고마운 분들이니까요."

노숙인들에게 성프란시스대학이란 대학만으로 끝나는 것이 아니었다. 성프란시스대학은 가족과 헤어지고 사회로부터 고립된 채 소외의 파도에 떠밀리다 만난 기항지였다. 갈가리 찢겨진 삶의 상처를 치유하는 위생 병원이기도 했다. 노숙인이 아닌 또 다른 자신을 확인하는 곳이었다. 그렇다! 이분들에게는 성프란시스대학이 단순한 수업 기관이 아니라 삶의 한 구성 요소로 자리 잡고 있었다. 대학보다 더 큰…….

그렇지만 돌이켜보면 사실 성프란시스대학의 수업은 쉽지 않았다. (지금도 그렇다!) 무엇보다 선생님들에게 적합한 맞춤형 교육 전범이 없었기 때문이다. 검정고시 야학은 가난한 청소년들의 진학을 위한 것이었고, 노동자 야학은 노동자의 계급적 각성과 사회의 급진적 변혁을 추구하는 것인데, 노숙인 선생님들은 이 경우와 다르기 때문에 과거 경험은 참고 사항이지 직접적으로 적용될 수 없었다. 다만 미국의 얼 쇼리스 선생이 제창한 '클레멘트코스'가 거의 유일하다시피 했다. 소크라테스의 산파술(대화법)에 기초한 클레멘트코스의 교수법은 유용하지만 미국이라는 사회와 역사는 우리와 다르기에 그대로 적용하기 어렵다. 우리들이 함께 생활하고 서로 부대끼면서 세워 가는 미완의 공동체라 할 수 있다.

그러나 성프란시스대학은 노숙인 또는 가난한 이들과 함께하는 보금자리로서는 취약하다. 재정이나 인력이나 시설도 그러하지만 교육 기능만으로 문제가 해결될 수 없기 때문이다. 적어도 노숙인, 가난한 이들에게는 교육·복지·의료 세 가지는 함께 보장되어야 한다. 어느 것 하나라도 빠지면 쓰러질 수밖에 없는 세발자전거와 같다. 더구나 성프란시스대학의 '성과'—도대체 무엇을 성과라고 기준을 정하는가도 문제이지만—가 노숙인 문제의 해결을 즉각 담보하는 것도 아니다. 스스로 자활의 의지를 가지고 두 발로 사회에 들어서려고 해도 대포폰, 대포차, 주민등록 말소, 사회의 따가운 시선과 차별 앞에서 이들은 주저앉을 수밖에 없다. 사회구조의 변화 또는 개혁이 따라 주어야 하며 이를 위해서는 너무나 높은 사회의 편견의 벽들을 무너뜨려야 한다. 어쩌면 성프란시스대학은 그렇게도 높은 사회 편견의 벽을 넘어서기 위한 문제 제기의 역할을 하고 있는지도 모른다.

반 토막 인생, 인문학을 통해 스스로의 주인이 되다

박한용
성프란시스대학 한국사 교수

● 〈박한용의 노숙인과 인문학의 만남〉, 《함께걸음》 2011년 5월 13일 자.

노숙인과 인문학, 그리고 성프란시스대학에 대해 이야기하려면 교수진보다는 그곳을 '학생'으로 거쳐 간 분들의 이야기를 직접 듣는 것이 훨씬 좋다고 생각한다. 노숙인의 삶을 슬쩍 엿본 사람이 노숙인에 대해 이야기하기란 한계가 있고 때로는 기만적일 때도 있기 때문이다. 무엇보다 인문학은 "자신의 일은 자신의 입으로 말하라"라는 원칙에 충실할 필요가 있기도 하다. 그러나 글쓰기가 익숙하지 않은 성프란시스대학 졸업생들이 월간지에 글을 쓴다는 것은 쉽지 않은 일이다. 하지만 《함께걸음》은 이른바 소외계층, 사회적 약자의 삶을 이야기하고 대안과 극복의 미래를 열어 가자는 취지를 갖고 있기에, 그분들이 스스로 체험하고 느낀 점을 직접 말하는 것이 온당하다고 본다.

노숙인은 한마디로 시민사회로부터 추방당한 이들이다. 그들은

'복지'라는 미명 아래 최소한의 생명 유지를 위한 급식과 숙박시설을 제공받음으로써 끊임없이 사회와 격벽을 치고 '사육당하는 존재'이다. 누구도 이들에게 발언할 기회를 주지 않는다. 서울역 앞을 지나는 이들은 광장을 유령같이 헤매는 노숙인들에게서 고개를 돌리거나 그들을 보고 혀를 차며 오로지 불편한 광경으로 바라보고만 있다. 이제는 노숙인들이 말하고 싶어 한다. 말하고 싶은 과정이야말로 그분들이 스스로 두 발로 서려는 과정이다. 노숙인들의 목소리에 귀를 기울일 것인가 아닌가는 독자의 몫이다.

이번 글의 필자인 권일혁 선생은 성프란시스대학 인문학 과정 4기 (2008년) 졸업생이다. 우리 학교와 인연을 맺기 전 권 선생님의 삶은 막노동, 껌과 볼펜 팔기, 술과 노숙으로 점철되었다. 알코올중독으로 인한 수전증으로 시달리면서 학교생활이 시작되었다. 그는 이 학교에 들어오면서 "머슴이 아니라 주인이 되기 위해 배운다"라는 각오로 2008년 한 해를 열심히 다녔다. 많은 부분에서 변화가 있었지만, 그의 삶은 크게 나아지지 않았다. 여전히 극빈층의 사이클 속에서 오르락내리락한다. "성프란시스대학의 인문학은 성공했는가", "그는 새사람이 되었는가" 하는 질문은 금기이다. 인생에 성공과 실패를 나눌 수 있는 기준은 없다. 문제는 자기의 삶을 찾으려는 고투에 대해 우리가 어떻게 함께 관계를 맺고 서로 치유하려 하는가 하는 '관계'에서 시작되어야 함을 이 글은 이야기한다.

권일혁 성프란시스대학 4기

반 토막 징크스를 깨뜨리기 위해

　나의 자랑스러운 모교, 노숙인의 희망의 인문학 '성프란시스대학'을 수료한 지 벌써 3년차가 되었다. 모교만 생각하면 가슴이 저려 온다. 시간이 지날수록 흠모하는 마음이 더 짙어져 간다. 짙어지는 마음만큼 나는 습관처럼 '성프란시스 인문학은 나에게 무엇인가' 질문한다. 인문학이 대체 나에게 무엇이기에 이런저런 생각들로 밤잠을 뒤척이게 하는가. 2008년부터 전에는 관심조차 가지지 않았던 '인문학이 무엇인가?' 하는 물음에 대한 답을 찾기 위해 내면 여행을 시작했고, 지금도 이 우문에 대한 현답을 찾아 학우들과 교류하며 소통하고 있다. 이렇듯 쉼 없이 나의 내면을 더듬어 가며 탐색 중이다.

　1998년 IMF, "아이(I) 엠(am) 아파" 때부터 노숙 생활을 시작한 나는 막노동을 몇 차례 해서 받은 돈을 술에 쏟아부으며 세월을 탕진했다. 그러다가 그마저도 때려치우고 껌과 볼펜 등을 파는 '팔이의 삶'으로 연명하게 됐고, 결국은 절망과 좌절, 희망의 늪 속을 허우적거리는 진정 바닥 중 바닥 생활까지 하게 됐다.

　그렇게 나는 산발한 머리를 1년에 한 번 정도 자르고 세수는 석 달에 한 번 정도 하는, 조선간장 썩는 듯한 향수로 버무려진 서울역 대표 노숙인, 동료들마저도 징그럽다며 회피하는 왕따 노숙인이 되어 버렸다. 거울에 비친 내 모습에 나 자신조차 징그러워 소름이 끼칠 정도였던 '상관대기'를 탈피해 성프란시스대학 4기를 수료하기까지, 동기 부여와 변화의 다리 역할을 한 성프란시스대학은 절묘한 타이밍에 만나게 된 천생연분이었고, 내 생애에 가장 특별하고 탁월한 선택이었다.

입학 전후를 상기해 보면, 내 삶은 사람의 것이라고 하기엔 정말 만신창이였다. 짐승의 삶이었다고 해도 과언이 아니다. 나는 반은 잘나가는데 마무리가 안 되는 삶을 살아왔다. 나를 너무나 닮은 주위 노숙인 동료들 역시도 '학교는 중퇴, 결혼은 이혼, 직장은 퇴출' 이렇듯 모두 반 토막 인생을 살아왔다. 한마디로 반 토막 인생 군상들의 종합전시관 같았다.

그런 내가 입학 면접을 통과하다니, 엄청 기뻤다. 내 인생에 있어 단번만의 합격은 이것이 처음이었던 것으로 기억된다. 나는 반 토막 징크스를 깨뜨려, 무엇이든 한 가지라도 완전하고 깔끔하게 완성된 결실을 창출하고 싶었다. 그래서 나는 성프란시스대학 입학에 대한 내 나름의 각오와 계획을 세웠다. 그것은 '성프란시스대학의 사각모를 기필코 쟁취한다! 포기는 절대 없다! 황금의 궁전과 속옷을 벗은 클레오파트라가 내 앞에 나타나더라도 반드시 학교는 간다! 학우들과의 화목을 위해 나 스스로가 좋은 친구가 되어 줄 것이다! 술을 만취하도록 마시지 않는다!'였다. 나는 이것이 내 인생 최후의 도전이며, 더 이상은 없다는 결사의 각오로 1년의 여정을 시작했다.

진정한 자신의 주인이 되기 위해 배우다

성프란시스대학 인문학은 확실히 일반대학의 인문학과는 다르다. 같은 교재로, 대학의 강의 방식 그대로 수업을 하지만 그 목표가 다르고 결과가 다르다. 빨래줄·전깃줄에 목매기, 쥐약·농약 마시기, 절통(切痛, 뼈에 사무치도록 원통함)의 유서 두 장 정도는 기본으로 써 본 저력과 더불어 염라대왕 무르팍 앞까지 다녀온 체험에서 비롯된 내공이 있어서일까? 우리는 머슴이 되기 위해 배우는 학생들이 아니라, 진정한 자신을 찾아 주인이 되기 위해 배웠다.

재학 기간 중 강의를 맡은 분들을 우리는 통상적 호칭인 '교수님'이라고 불렀다. 그러나 졸업 후 몇몇 동기들은 스스럼없이 '스승님'이란 엄숙한 호칭을 사용하기 시작했다. 교수님은 지식의 전달자란 의미가 강한 반면, 스승님은 깨우침을 도와주는 준엄한 역할자란 뉘앙스를 가지고 있기 때문이다. 교수님을 스승님으로 격상시킴으로써 동기들은 스스로 "나는 깨우친 자이다"란 자부심을 갖게 됐다. 우리는 성프란시스대학을 통해 '지식을 배웠다'고 하기보다는 이전까지의 저질 의식을 깨고 새로운 의식으로 인격적 전향을 할 수 있는 동기를 발견했다고 할 수 있다.

우리는 학생들을 '선생님'이라 부르며 우리들에게 더 크게 배운다고 말씀하시는 스승님들로부터 진정한 학문이란 무엇인가, 진정한 학자란 무엇인가에 대한 답을 몸으로 배우고 깨우쳤다. 강의 초기 문학 시간에 교수님께서 우리들에게 "인문학이란 무엇이라고 생각하십니까?" 하고 물으셨다. 그 물음에 나는 첫 수업을 앞두고 인문학에 대한 이해를 구하기 위해 웹서핑을 하던 중 발견했던, 마음에 크게 와 닿은 글귀를 말씀드렸다. "인문학은 지하수와 같은 것입니다. 지하수가 우리들 눈에는 보이지 않지만 모든 만물을 생성시키는 역할을 하듯이, 인문학은 모든 학문에 생명력을 불어넣는 학문의 멍석이며 기본이 되는 것입니다." 이를 듣고 스승님은 아주 좋은 표현이라고 칭찬하며 당신의 메모장을 꺼내어 스스럼없이 적으셨다. 그것은 내게 짜릿한 감동이었다. 그것이 단초가 되어 시어의 단상이 떠오를 때면 빠짐없이 메모했고, 메모들을 토대로 습작 시를 쓰게 됐으며, 마침내 시인을 꿈꾸게 됐다. "칭찬은 고래를 춤추게 한다"는 말이 있듯, 잘 쓴다는 주위의 격려에 진짜 잘 쓰는 줄 알고 죽기 살기로 시간이 날 때마다 쓰고 또 썼다. 수전증으로 볼펜을 잡은 손이 덜덜 떨려 실무자 선생님이 지원서를 대신 써 줘야 했던 내가, 지금은 재산으로 800편의 습작 시를 지니게 됐다. 시는 내게 든든한 버팀목이었고, 상상의 영역을 확장시키는 최고의 즐거움이었다.

　돌이켜 보면, 다섯 번의 고시원 퇴소와 입소, 왕복 일곱 시간이 걸린 등교와 하교, 하굣길에 막차를 놓쳐 빗속 처마 끝에서 밤새워 책을 읽은 일 등이 떠오른다. 나 스스로 생각해도 참 대단했었다. 이러한 악조건에서도 완주를 해냈다는 안도와 함께 스스로에 대한 자부심, 동료들에 대한 존경심이 솟구친다. 입학 초기에는 상상도 할 수 없었던 격의 없는 교감과 소통은 상처받은 나의 마음을 위로했으며, 더불어 삶에 대한 애착과 인간애를 내 안에 심어 주었다.

인문정신을 통해 얻은 신뢰와 희망

2010년 12월 23일, 성프란시스대학의 한 학우가 간암으로 생을 마감했다. 우리 자신이 한 줌의 흙으로 돌아가는 최후를 지켜보는 것이 너무 슬펐다. 하지만 이는 인문학의 저력을 그대로 보인 하나의 사건이 됐다. 입원 초기부터 우리는 돌아가며 병간호를 했고, 필담을 통해 위로했으며, 강의 시간에 같이 배운 책들을 펼쳐 보곤 했다. 급기야는 하늘의 도움인지, 포항에 거주하던 형제와 가족들을 찾아 그의 가족관계를 회복시킬 수 있었다. 영정도 없이 무연고자 처리 원칙에 따라 이름도, 성도 없이 사라지는 장례식을 경험했던 나로서는 가족, 성프란시스대학 재학생, 동문, 교수님들, 다시서기센터 관계자 모두가 참여해 '성프란시스대학장' 형식으로 치러진 장례식을 지켜보며 모교가 너무나 고맙고 자랑스러웠다. 죽음까지도 책임지는 세계 유일의 대학이란 이 엄청난 축복에 대해 진심으로 감사했다. 이 장례를 통해 우리는 서로에 대한 신뢰와 인문정신을 더욱 견고히 했고, 나의 동문들이 서로가 서로의 장례를 책임지고 치러 줄 것을 확인하고 확신하게 됐다.

그간 참 고독하고 외로웠다. 하지만 이제는 고독하지도, 외롭지도 않다. 다시서기센터의 지원으로 매입임대주택에 보금자리가 생겼고, 불안정 직종으로 전전하고 있긴 하지만 일을 꾸준히 하며, 희망을 가꾸어 나가고 있기 때문이다. "처음에는(입학 당시) 전혀 가능성이 없어 보이던 분이 이렇듯 씩씩하게 일어선 것을 보면 너무 보람되고 기쁘다"라고 격려해 주시는 교수님이 계시기 때문이다. 매주 금요일에 모여 열심히 연습하며, 나와 세상을 신명 나게 울리는 풍물패 '두드림'이 있기 때문이다. 학우들이 너무 좋다. 성프란시스대학인들이 너무 좋다. 우리는 이 세상에서 진정으로 우리를 아는 사람은 오직 우리뿐이라는 공동체적 결속력으로 또 다른 꿈을 이야기한다. 사실, 지금은 각자의 인생과 싸워 나가는 각개전투만으로도 버거운 시간들을 통과하는 중이다. 그렇기에 시간이 필요하다. 하지만 언젠가는 이루어질 것을 우리는 서로 굳게 믿는다. 하늘은 스스로 돕는 자를 돕는다고 했으니, 우리의 애통한 희망의 꿈이 하늘에 뜻에 합당하다면 이루어지지 않겠는가!

달걀을 남이 깨면 프라이가 되지만, 스스로 깨면 닭이 된다고 한다. 그간 뒤틀렸던 청개구리들이었던 우리 동기들은 스스로 알을 깨고 스스로의 언덕을 넘어 더 넓은 세상을 보고, 새로움으로 함께 호흡하며, 더 멀리 더 높이 뛰어 보고자 한다. 이제는 그간 갈고닦은 인문학으로, 더 나아가서는 인문정신으로 각각 제 모습의 줄기와 열매와 꽃을 피워 낼 것을 스스로에게 다짐하고, 또 활짝 피어날 우리를 서로 기대한다.

노숙인의 희망의 인문학 성프란시스대학, 영원히 화이팅!

알콜중독자에서
이제는 사회복지사가 되어

박한용
성프란시스대학 한국사 교수

● 〈박한용의 노숙인과 인문학의 만남〉, 《함께걸음》 2011년 5월 13일 자.

노숙인이 가장 싫어하는 말이 노숙인이다. 쪽방이나 독서실 아니면 '시설'에서 잠을 자는 분들은, 자신을 결코 노숙인이라고 부르지 말아 달라고 항변한다. 말 그대로 이슬 맞고 사는 게 아니기 때문이라고 한다. 설령 한때 노숙 생활을 했더라도, 아니 현재 노숙을 하는 처지에 있을지라도 노숙인이라는 용어를 받아들이려 하지 않는다. 노숙인이라고 부르는 그 순간부터 한국 사회는 노숙인에 대해 어떤 선입견에 사로잡힌 고정된 이미지를 떠올리기 때문이다.

머리는 대책 없이 엉클어지고 옷은 남루하기 그지없는 행색. 낮이나 밤이나 술에 취해 횡설수설하는 모습. 그러다 밤이 깊으면 서울역 대합실이나 지하도에서 쓰러져 자는 인간 군상. 알코올중독에 게으르고 제 몸 하나 제대로 추스르지 못하는 '인간과 동물의 경계'. 잔혹하지만 노숙인을 그렇게 떠올리는 사람들이 많다. 한마디로 사람 취급을 하지 않는 용어, 일방적으로 도와주어야 할 대상이거나 자포자기해 도와줄 래도 어쩔 수 없는 딱한 존재, 심지어는 범죄자처럼 취급하는 세태가 반영된 것이 바로 노숙인이라는 용어라고 생각하는 이들이 많다. 요컨대 노숙인이란 그분들 스스로가 지은 이름이 아니라 외부의 누군가가 일방적으로 부르고 그로 말미암아 부정적 이미지가 가득한 '인격 모독적인' 용어라는 것이다. 아무도 그분들의 이름을 부르지도 않고 알려고도 하지 않는다. 노숙인은 노바디(nobody)인 셈이다. 다른 한편 한사코 노숙인과 구별해 달라는 분들의 항변에는 서울역 앞의 인간 군상으로 취급받기 싫다는 자기 구별과 함께 나 역시 다시 그러한 삶으로 떨어지면 어떡하나 하는 공포가 심연에 자리 잡고 있기도 하다.

특히 알코올중독의 노숙인은 '보통 시민'들이 가장 꺼리고 경원시하는 존재이다. '노숙의 세계'에서 알코올중독은 크게 세 가지로 나눌 수 있다. 알코올중독이 원인이 되어 노숙의 삶으로 전락한 경우, 사업에 실패하거나 억울하고 원망스런 일을 당해 술로 달래다 알코올중독이 되고 급기야 노숙으로 간 경우, 노숙 생활을 하다가 알코올에 빠진 경우가 그것이다. 원인과 결과의 순서가 어찌 됐던, 결과로서의 알코올중독은 노숙인의 자활을 가장 어렵게 만드는 요인이다. 성프란시스대학 인문학 과정에서 가장 문제가 되는 것도 술이었다. 평소에 학교에 잘 나오시다가도 문득 골방 또는 술집이나 거리에서 며칠째 술로 지새우는 분들도 있었다. 굳은 의지로 끊어야 한다고 하지만 말처럼 되지 않는 게 알코올중독이다. 일자리도 거의 없고 가족도 없는 허전한 삶, 미래에 대한 애타는 갈망마저 마를 때 술은 영혼을 아프게 적셔 온다. 인문학 과정은 이러한 황폐한 삶과 어떻게 대면할 것인가.

　성프란시스대학 인문학 과정 4기 졸업생이신 문점승 선생님의 인생 역정은 '희망의 인문학'과 문점승 선생님 자신의 결연한 의지, 그리고 가슴속에 맺힌 한을 풀어 주는 풍물놀이가 어울려져 만들어 낸 작지만 매우 큰 '기적'—기적이 아니다. 다른 분들도 가능하다!—이다.

문점승 성프란시스대학 4기

　나는 지극히 평범한 가정에서 태어나서 '보통사람들'과 같이 일상적인 과정들을 거치며 살아왔다. 그러나 과도한 술이 문제였다. 살면서 술에 대한 문제를 조금씩 느끼고는 있었지만, 아무리 생각을 해 보아도 이렇게까지 될 것이라고는 예상치 못했다.

　그러함에도 세월의 흐름에 맞춰 군대에도 가게 됐고, 결혼을 하게 됐다. 하지만 그러한 과정들 속에서 술에 대한 문제가 하나둘씩 불거져 나오기 시작했고 술로 세월을 보내는 날도 많아졌다. 술을 먹고는 싸움질을 하거나 길거리에서 자는 일이 허다했고 결국 이혼을 하기에 이르렀다. 그러니 노숙의 삶은 이혼을 하기 전부터 시작됐던 것 같다. 아이들이 하던 소리가 지금도 귀에 생생하게 들리는 것 같다. "아빠, 제발 친구들한테 너희 아빠 술 먹고 어디에 누워 있더라는 소리 듣지 않게 해줘. 창피해서 죽어버리고 싶어"라는 수없는 소리들, 아이들이 그때 했던 소리가 지금도 나의 귀에 들리는 듯하다. 이혼을 하게 되니 인생은 막판으로 접어들면서 자포자기 상태가 됐다. 일상적인 사회인의 모습은 물론이고 사람다운 모습을 찾아볼 수가 없게 돼 버린 것이다.

　아내와 자식, 부모, 형제, 친구, 이 세상 모든 이에게 처절하게 버림을 받게 되고 혼자 거리로 나뒹굴게 됐다. 시쳇말로 '쪽팔리는' 이야기지만 알코올중독에 노숙자가 아닌 노숙자가 돼 술에 취해 험한 몰골로 거리를 누비고 다녔다. 그러다가 쓰러져 119에 실려 가기를 수차례, 몸은 망가질 대로 망가졌다. 결국 목에 넘어가는 것이라고는 술밖에 없는데 나중에는 그 술마저도 가지러 갈 힘이 없어 바라만 보는 지경에 이르러, 병원에 입원을 하게 됐다.

　급성간염에 복수가 차서 올챙이배와 같이 배가 볼록 나왔다. 숨이 가쁘고 부황으로 온몸이 부어오르고 담낭을 떼어 냈다. 이러한 상황에 더해 급성저혈압, 악성빈혈, 평소에는 없었던 알코올성 당뇨까지 찾아왔다. 그러나 알코올중독자인 나에게는 한 잔의 술 외에는 어떤 것도 소용이 없었으며 앓던 와중에도 술 한 잔이 나에게는 신이요, 부모요, 부인이요, 자식이요, 친구요, 애인이었다.

　그러한 술을 마시기 위해 구멍가게에 들어가면 물과 소금에 얻어맞는 것이 다반사였다. 그래도 그 술을 마셔야 살 수 있었다. 이렇게 반복되는 것이 바로 지독하고 악질적인 '알코올중독'이라는 병이다.

　나는 이렇게 지독하고 악질적인 알코올중독자였다. 그러나 아이러니하게도 나는 너무나 행운아였다. 병원에 입원을 하게 되고 치료공동체라는 치료시설로 입소를 하게 돼 제대로 된 치료를 받을 수 있었던 것이 바로 내게 찾아온 큰 행운이었다. 그 과정에서 나는 새로운 삶에 대한 눈을 뜨는 계기도 찾았다.

내게 더 큰 행운은 그렇게 무엇인가를 찾고 있던 중에 인문학을 만났다는 것이다. 나는 소위 새로운 삶을 위한 '굳히기'로 들어갔다. 인문학 공부를 하면서 중독과 노숙에서 벗어날 수 있는 계기를 찾게 된 것이다. 또한 노숙과 알코올중독에서 벗어나려면 공부를 해야겠다는 생각이 들어서 중독전문가 2급 자격증을 획득했다. 이후 다시 사이버대학을 통해 사회복지사 공부를 시작해 올해 2월 28일 사회복지사 2급 자격증을 획득했다. 그렇게 전문학사학위를 수여받은 후 학사학위를 연계해 삶의 발판을 마련하고자 지금도 공부를 계속하고 있다.

그러나 노숙과 알코올중독에서 완전히 벗어났다고는 할 수 없다. 한번 알코올중독은 영원한 알코올중독이다. 그래서 알코올중독에서 벗어났다고 하는 것이 아니라 이제 회복돼 가고 있는 중이라고 말하는 것이 적절한 표현일지도 모른다. 내 인생에서 이러한 계기가 생길 것이라고 상상이라도 할 수 있었을까.

알코올중독으로 인해 이혼까지 하게 되면서 세상에서 버림받고 길거리에 나앉게 됐다. 길거리를 떠도는 거리의 천사가 돼 희망이라고는 눈곱만큼도 없이 자포자기 상태로 살았다. 그런데 이 과정들을 딛고 다시 한 번 일어서야 하겠다며 눈을 뜨게 됐다. 성프란시스대학에서 노숙인을 위한 인문학을 만나 인생이란 무엇인가, 왜 사람이 살아야 하고 산

다면 어떻게 살아야 되는가라는 질문을 스스로에게 던질 수 있었다. 나와 우리의 삶에 대해 눈을 뜨게 해 준 것이 바로 노숙인을 위한 성프란시스대학 인문학 과정이었다.

이제 내 나이 54살. 솔직히 이 나이에 공부를 하려니 머리에 쥐가 날 지경이다. 20대에 해야 할 공부를 이제야 하게 되니 정말 보통 일이 아니다. 하지만 인문학에서 배운 것이 있다면 공부는 나이에 관계가 없다는 것이다. 인문학 공부를 계속할수록 '인생이란 그런 것이 아니구나'라는 것을 어렴풋이 알게 됐다. 그렇기에 이제까지 살아온 인생은 어쩔 수 없는 것이지만 이제부터 남은 내 인생을 아무렇게나 보낼 수 없다는 생각이 들기 시작했다. 앞으로의 내 인생이 지금까지 살아온 인생보다 많지 않겠지만 하루를 살다가 죽어도 과거와 같은 삶이 아닌 후회되지 않을 삶을 살아야겠다는 의지가 생겼다. 행여 '그냥 죽어 버리는 것이 맞지 않은가'라는 생각이 머리를 스쳐 지나가다가도, 비록 헤어져 있지만 어디에선가 지켜보고 있을 나의 아이들이 우리 아버지가 늦게라도 철들어 사람답게 살다가 죽었다는 말이라도 해 줄 것을 상상하면서 스스로를 위로하곤 했다.

공부한 내용이 머리에 전혀 들어오지 않아도, 시험을 못 봐서 점수가 적게 나와도, 배운다는 것의 재미와 즐거움에 하루가 짧다는 생각이 자주 든다. 노숙과 알코올에 찌들어 살면서 삶에 대해 원망하고 세상에 대해 원망하며 남 탓, 세상 탓으로 하루하루를 보냈던 지겨운 세월을 떠올려 보면 지금의 변화된 내 모습, 내 생각이 놀랍기까지 하다.

중학교 2학년 때 가출해서 서울역에 올라왔던 새벽, 아주머니들을 따라가니 서부역 근처 어느 가발 공장에 취직을 할 수 있었다. 공장 근처 식당들이 쭉 늘어서 있던 그 자리에 지금은 성프란시스대학 인문학 강의실이 있다. 이제는 이곳에서 배운 풍물로 노숙을 하다가 돌아가신 분들을 기리는 추모 공연도 하고, 노숙을 하시는 분들을 위해서 서울역 광장에서 공연도 하며 살고 있다. 인문학 공부를 하면서 풍물도 배우면서 다시 시작하는 인생이 매우 바쁘기도 하다.

풍물이 사람들의 가슴에 맺힌 한을 조금이나마 달래 주는 역할을 하는 것이 분명하다. 하지만 내가 한 가지 하고 싶은 것이 있다면 알코올중독자가 되어 고통받는 분들, 또 그분들로 인해 아픔을 겪는 가족 분들에게 내가 노숙과 알코올중독으로 살아왔던 경험을 전하고 싶다는 것이다. 지금 매우 힘들고 고통받고 아픈 마음을 가지고 있는 분들에게 "저도 한때는 그러했던 사람이고 지금 가족과 헤어져 아픔을 겪고 있습니다"라고 함께 마음을 나누고 싶다.

인문학을 통해서 일도 공부도 열심히 하고 있다. 이 나이에 돈을 많이 벌어서 대단한 갑부가 될 것도 아니고, 공부를 해서 박사를 딸 것도 아니다. 소위 박사를 딴들 뭐 하겠는가. 그냥 남보다 좀 뒤처질지 몰라도 인간이 인간답게 살다가 죽는 것이 중요하다는 생각이 든다. 어떻게 사는 것이 인간다운 삶이고 어떻게 죽는 것이 인간다운 죽음이냐고 묻는다면 나는 "우리 인문학에서 말해 주고 있다"라고 말하고 싶다. 우리들 자신이 스스로에게 묻고 답하며 찾아내는 것이 인문학이 아닐까? 어떻게 살아야 하고 어떻게 죽어야 한다는 것은 스스로 찾아야 할 문제라고 말하고 싶다. 물론 나도 이제야 겨우 찾고 있는 과정에 들어섰음은 두말할 필요도 없다. 이 과정이야말로 단맛이요, 꿀맛이 아닐까. 이러한 맛을 다시 보게 해 주는 것이 바로 인문학이 아닌가 생각을 해 본다.

　인문학에 감사하고 인문학을 가르쳐 주신 교수님들께 감사하고 인문학을 운영하시는 학장 신부님, 실무자 선생님, 자원활동가 선생님, 그리고 무엇보다도 우리 인문학도 동문들께 감사하다. 성프란시스대학 풍물패 '두드림'에게도 진심으로 고마운 마음을 금할 길이 없다. 또한 지나가는 사람들의 손가락질을 받으며 살아가는 우리 노숙인들에게도 안타까운 마음과 함께 고마움을 전하고 싶다.

'앓음다워' 아름다운 당신과 함께하는 우리, 성프란시스대학!

박한용
성프란시스대학 한국사 교수

● 〈박한용의 노숙인과 인문학의 만남〉, 《함께걸음》 2011년 6월 16일 자.

인문학은 관계이다. 성프란시스대학은 다양한 관계들이 서로에게 영향을 주고 서로 의지하며 움직여 나간다. 대외적으로는 성프란시스대학, 다시서기센터(자활센터), 삼성코닝정밀소재(후원업체), 현장인문학조직(인문학을 교수하는 다양한 현장의 인문교육기관) 등이 서로 관련을 맺고 있다. 성프란시스대학 내부의 일상 운영에서는 교수진, 선생님(수업 참가자), 자원활동가들이 삼위일체 또는 세발 달린 자전거처럼 움직여 나간다. 특히 자원활동가들의 역할을 빼놓을 수 없다. 주로 20대의 젊은 대학생 또는 대학원생이나 직장인으로 구성되는 자원활동가들은 수업에 대한 조교 역할만이 아니라 방학 중 선생님들의 글짓기 첨삭, 선생님들과의 비공식 상담, 수업에 대한 평가 등 능동적이고 적극적인 역할을 한다. 교수운영위원회에도 참가할 만큼 사실상 인문교육의 일부를 담당하고 있다.

특히 자원활동가들이 아들과 딸 나이에 가까워서인지 선생님들은 보다 편안한 마음으로 이들과 소통한다. 때문에 선생님들과 교수진보다는 선생님들과 자원활동가 사이에 많은 대화가 이루어지기도 한다. 윤활유 역할을 넘어 소중한 참여자인 자원활동가의 눈에 비친 인문학 교육 현장은 어떠하며, 그리고 선생님들과 관계 맺기가 선생님과 자신의 생각과 삶에 어떤 영향을 끼쳤는지 자원활동가의 글을 통해 함께 공유하고자 한다.

최은정 성프란시스대학 자원활동가

차디찬 겨울바람이 불어오는 봄바람 앞에 자취를 감추더니, 살랑이던 봄바람은 여름의 뜨거운 태양에 조금씩 자신의 자리를 내어 줄 준비를 하고 있습니다. 변화하는 계절을 바라보며 순환하는 자연에 경탄하게 됩니다. 실상 시간이란 것은 존재하지 않는다고 하지요. 하지만 시간이 흐른다는 것, 그 변화를 바라볼 수 있다는 것이 순간순간 참 크나큰 위로가 되곤 합니다. 멈추어 버린 것만 같이 느껴지던 시간이 그러나 그럼에도 불구하고 흐른다는 것을 변화하는 계절을 보며 확인하게 되기 때문입니다.

성프란시스대학 선생님들과 함께 지나는 세 번째 5월을 맞이하였습니다. 세 번의 5월을 맞이하기까지 선생님들과 참 많이 웃고 울고 뛰고 소리쳤습니다. 웃기도 많이 웃었지만, 선생님들이 지어 주신 울보라는 별명이 부끄럽지 않을 만큼 많이 울기도 했습니다. 그런데 그 눈물들이 흐른 시간과 함께 애잔함이 아닌 미소로 채색되어 갑니다. "그때 그랬지" 하며, "하하 허허" 웃게 되네요.

대뜸 다시서기센터로 전화를 걸어, 여쭈어 보았습니다. 성프란시스대학이란 인문학 과정이 있다고 들었는데 혹시 자원활동가는 모집하지 않으시냐고, 제가 어떻게 함께할 수 있는 방법이 없겠느냐고. 제 이야기를 다 들으신 담당 실무자 선생님께서는 메일 주소를 알려 줄 테니 간단한 이력 사항과 본인이 생각하는 인문학과 지원 동기, 기대하는 바 등에 대해 서술하여 보내 달라고 말씀하셨습니다. 그렇게 시작되었습니다. 성프란시스대학과 최은정의 만남은. 궁금했습니다. 막연히 궁금했습니다. 인문학이 인간의 삶을 '앓음답게' 변화시키는 동력이 될 수 있을는지, 내가 꿈꾸는 행복에 다다르는 하나의 통로가 될 수 있을는지가 궁금했습니다. 그래서 성프란시스대학의 문을 두드렸습니다. 보고 싶고, 듣고 싶고, 알고 싶었기 때문입니다. 그런데 참으로 아이러니하게도 문을 두드리는 건 어렵지 않았는데, 그 문을 넘어 한 걸음 한 걸음 발을 내딛기까지는 많은 용기가 필요했습니다. 모든 것이 처음이었고, 모든 것이 낯설었으니까요. 일명 스파이란 오해와, 눈빛으로 손짓으로 전해지는 선생님들의 따가운 심문이 제 가슴에 생채기를 내기 시작했기 때문입니다.

"너는 이곳에 대체 왜 왔니? 너는 누구니?" 성프란시스대학이란 공간 안에서 제가 가장 많이 받은 질문이자, 나 자신을 향해 가장 많이 던진 질문입니다. 질문을 받게 되는 그 순간에는 제가 찾고 정리한 제 나름의 이유를 선생님들께 말씀드리곤 했습니다. "선생님들이랑 같이 공부하러 왔어요!" 제가 선생님들과 함께한 일이 선생님 곁에 앉아서 같이 책을 읽고, 간식도 먹고, 글을 쓰고, 축구도 하는 것이었으니까요. 그런데 돌아보면 우리가 가장 많이 함께 나눈 것은 공부도, 밥도, 운동도 아닌 서로의 이야기입니다. 여태껏 나 자신이 써 온 나의 이야기, 세상 단 하나뿐인 내가 살아온 나의 삶의 역사. 누구에게도 말할 수 없었던 내 가슴속 진짜 이야기를 서로에게 털어놓으면서, 서로를 향해 쌓여 있던 보이지 않는 벽은 조금씩 허물어지기 시작했습니다. "당신 스파이 아니야?"라는 오해가 "그때 그렇게 말해서 참 미안했어요. 그날 선생님이 화장실에서 우는 걸 봤었는데, 얼마나 마음이 아프던지……. 내가 선생님을 잘 몰라서 그랬던 거예요. 정말 미안합니다"라는 이해로 바뀌어 가기 시작했으니까요.

선생님들께선 제게 참 많은 이야기를 들려주셨습니다. 더불어, 최은정의 이야기도 참 많이 들어주셨습니다. 우리는 그렇게 서로의 고운 기억뿐만 아니라 아픈 기억까지도 아무 말 하지 않고 거부하지 않고, 그저 그냥 묵묵히 받아들여 주었습니다. 그저 그냥 받아들여 주며, 깊은 침묵으로 고개를 끄덕이거나, 살포시 등을 토닥여 주곤 했습니다. "괜찮아, 괜찮아, 네 잘못이 아니야."

선생님들과 1년이란 시간을 함께하다 보면, 다른 곳을 향해 있던 각자의 시선이 서로를 향하며 마주 바라보게 되는 순간을 만나게 됩니다. 그 경계에서부터 우리는 서로를 향해 서고, 서로를 바라봅니다. "선생님 머리를 멋지게 자르셨네요? 선생님 오랜만이에요. 어떻게 지내세요? 선생님 대체 술을 어디서 이렇게 많이 드셨어요?" 혹은 "최 선생 식사는 했어요? 최 선생 몸이 안 좋아요? 안색이 안 좋네. 최 선생 학교는 잘 다니고 있어요?"와 같은 물음을 서로를 향해 묻습니다. 서로에게로 점차 다가서는 것이지요. 그렇게 우리는 서로에게 움직입니다. 그 움직임은 나 자신을 부드럽고 따스한 어딘가로 이끕니다.

　처음 만나 뵈었을 땐 눈을 마주치는 것조차도 어려워하시던 선생님께서 저녁 식사 시간에 받은 바나나를 본인이 드시지 않고, 제 생일 선물로 챙겨다 주셨습니다. 그 바나나를 먹지 않고 오래도록 간직하고 싶었지만, 선물하신 선생님을 위하여 먹지 않을 수가 없었습니다. 선생님들께서 제게 전해 주시는 마음들을 받고 있을 때면, 내가 과연 이런 큰 사랑을 받을 만한 자격이 있을까를 되묻곤 했었습니다. 자격 요건에 대해 꼼꼼히 따지곤 했었지요. 그러나 마음을 주고받는 데에 자격 같은 건 필요치 않습니다. 사람과 사람 사이에 자격이 존재한다는 것에 오히려 의문을 품는 것이 마땅합니다. 그래서 그저 그냥 감사히 받고 있습니다. 저를 향해 있는 선생님들의 시선을 감사히 받으며, 저 역시도 제 시야가 허락된 만큼 선생님을 끊임없이 바라보려 하고 있습니다. 우리 선생님들께서 언제, 어디서, 어떻게, 무엇을, 어떤 눈짓과 몸짓으로 하고 계시는지를.

　2009년 겨울의 어느 날, 서울역을 지나가다가 ○○○ 선생님을 만

났습니다. 선생님께서는 술에 거나하게 취해 계셨지요. 선생님을 향해 "선생님" 하고 이름을 크게 부르며 달려갔습니다. 달려가 선생님 손을 꼭 붙잡았지요. 그런데 선생님께선 화들짝 제 손을 뿌리치시더니, 급히 발걸음을 옮기셨습니다. 순간 저는 어찌할 바를 몰라, 멀어져 가는 선생님의 뒷모습을 망연히 바라보고 서 있었습니다. 그런데 그로부터 며칠 후부터 틈이 날 때면, ○○○ 선생님께서는 다른 선생님들께 제 이야기를 하셨습니다. 선생님을 향해 달려가던 제 동작까지 똑같이 흉내 내시면서. "내가 술을 잔뜩 먹고 서울역을 지나가는데, 최은정 선생님이 '선생님' 하면서 달려오는 거야. 나 같으면 이런 내가 창피해서 못 왔을 텐데 얼마나 반갑게 달려오던지……. 그런데 최선생님이 날 향해 달려오니까 오히려 내가 창피해지더라고……. 그래서 도망가 버렸지. 도망가면서 많이 미안했어. 정말 고맙고……." 그날 우리의 만남이 선생님께 대체 어떠한 의미였을까요?

제게 숨이 허락되어 있는 순간까지, 제가 성프란시스대학의 모든 선생님들과 함께할 수 있는 유일한 한 가지는 "선생님" 하며 선생님이 부끄러우실 만큼의 큰 목소리로 선생님을 향해 달려가는 것입니다. 그리고 선생님을 마주 서서 바라보며, 함께 웃고 우는 것입니다. 선생님들께서 어떠한 모습일지라도, 저는 선생님을 그냥 지나칠 수 없습니다. 혼자 계시도록 하고 싶지 않습니다. 아주 잠깐이라도 좋으니, 선생님을 마주 바라보고 싶습니다.

사람과 사람이 늘 서로를 향해 있다는 것, 어떤 표정으로든 서로가 서로를 바라보고 있다는 것. 어떠한 이름표도 붙이지 아니하고, 서로를 있는 그대로 그 존재 자체로 받아들여 주는 것. 저는 이것이 우리의 인문학이요, 성프란시스대학의 숨이라고 생각합니다. 또한 그것이 사랑이라고 생각합니다.

사람은 사랑한 만큼 산다.
저 향기로운 꽃들을 사랑한 만큼 산다.
저 아름다운 목소리의 새들을 사랑한 만큼 산다.
숲을 온통 싱그러움으로 만드는 나무들을 사랑한 만큼 산다.

이글거리는 붉은 태양을 사랑한 만큼 산다.
외로움에 젖은 낮달을 사랑한 만큼 산다.
밤하늘의 별을 사랑한 만큼 산다.

사람은 사람을 사랑한 만큼 산다.
예기치 않은 운명에 몸부림치는 생애를 사랑한 만큼 산다.
사람은 그 무언가를 사랑한 부피와 넓이와 깊이만큼 산다.

그만큼이 인생이다.

성프란시스대학 구성원으로 함께하면서 내가 사랑하고 있는 많은 것들을 발견했고, 더불어 사랑할 수 있는 것들을 찾았으며, 나아가 내

가 사랑하고 싶은 것들을 가슴에 품게 되었습니다. 우리가 지금처럼 무언가를 향한 사랑의 시선을 잃지만 않는다면, 우리의 생명력은 끊임없이 무엇인가를 향해 움직이겠지요? 그 움직임이 우리를 어떠한 순간으로 이끄는지를 기대하고 기다립니다. 고맙습니다.

인문학은 손을 서로 내미는 것이다

박한용
성프란시스대학 한국사 교수

● 〈박한용의 노숙인과 인문학의 만남〉, 《함께걸음》 2011년 6월 16일 자.

인문학은 관계이다. 인간과 인간이 수단이 아니라 목적으로 만나는 관계이다. 양만승 선생님의 글에 나오듯 서로를 향해 내미는 손이고, 서로의 길을 밝혀 주는 손전등이다. 더구나 외로운 사람에게 있어 인문학 동반자는 가족과 같은 것이다. 가족이 없기에 가족이 되고 싶고 그러나 가족이 아니기에 가슴이 아픈 것이다. 솔직히 말해 1년간의 인문학 과정으로 어떤 성과나 획기적인 변화를 끌어 낼 수 있다는 것은 거짓말이다. 성과의 기준이나 지표도 제시하기 어렵고 인문학이란 그런 사업 실적으로 진행되어서는 안 되는 것이기도 하다. 양만승 선생님은 마음이 섬약한 스타일이다. 가장 어려웠던 것은 서로가 상처를 안고 한곳에 모이면서 무심코 던지는 말이 당사자에게는 커다란 상처로 덧나는 일이었다. 한곳에 모이기 때문에, 서로 무관심할 수 없기 때문에 일어나는 일이지만, 이러한 상처 주고받기는 반드시 부정적이지만은 않다. 때로는 면역력이 생기기도 하고, 때로는 타인에게 올바로 배려하는 태도를 갖게 하는 계기가 되기도 한다. 인문학적 사회화라고나 할까.

양민승 선생님의 체험을 통해 수련회나 축구팀 창단 등이 뜻밖의 활력소가 되는 것을 확인할 수 있다. 교실 안의 수업만으로 모든 것이 이루어지지 않으며, 각자가 의미 있게 받아들이는 지점도 차이가 있음을 알 수 있다. 그러나 그러한 다양한 계기성(繼起性)의 궁극적 도달점은 나를 돌아보면서도 타인에게 시선을 확대하는 것이다.

양만승 성프란시스대학 6기

작년 3월 어느 날, 성프란시스대학 인문학 과정 6기 입학과 함께 나의 인문학 생활이 시작됐다. 그 전에 여러 가지 문제로 우여곡절이 많았던 끝에 인문학을 시작했기 때문에 누구보다 더 열심히 하자고 다짐하고 또 다짐했다. 그러나 25명이 함께하는 인문학은 나에겐 결코 쉽지 않았다. 각자의 개성이 뚜렷했고, 이전에 서로 알지 못했던 낯선 사람들과 낯선 분위기 등, 시작부터 벌써 여러 문제들이 생겼다.

함께 모이다 보니 각자의 생활고 문제들이 얽혀 여러 가지 문제들이 터졌다. 동기들 서로 간의 갈등이 비단 나만이 아니라 다른 사람들에게도 일어났다. 서로가 힘들어하는 모습을 보이고, 때로는 그 문제로 인해 강의실에 나오지 않았다. 그로 인해 힘들어하는 여러 실무진 선생님들 볼 때면 괜히 나 자신이 못나 보여 고개 숙인 적이 많았다. 1학기 때 우리 성프란시스대학 6기의 출석은 거의 20퍼센트 정도밖에 되지 않았다. 동기들과 여러 자원활동가 선생님에게 많이 미안하고 죄송할 따름이다.

그런데 나에게 보약과도 같은 희소식이 날아들었다. 그것은 바로 축구팀을 창단한다는 소식이었다. 비록 운동 실력은 보잘것없었지만 누구보다 더 열심히 뛰고 달렸다. 그 힘의 원동력은 우리 축구단 모두가 인문학 과정 5,6,7기생으로 이루어졌다는 데 있다.

우리 축구팀은 정말 의지가 남달랐다. 물론 인문학도 그랬지만 첫 경기부터 열심히 깨지고 또 깨졌다. 하지만 우리 인문학과 축구팀은 물러서는 법이 없었다. 그러던 어느 날 나에게겐 생각하기도 싫은 사고가 발생했다. 남들이 보면 웃을 일이지만 나는 정말 아팠다. 자전거 타고 가다가 앞에 툭 튀어 나온 돌을 보지 못하고 그대로 내 몸이 3미터 정도 날랐다. 바닥으로 곤두박질쳤다. 아무 생각도 나지 않았다. 순간 왼쪽 팔이 짜릿했다. 팔을 들어 보니 손목 윗부분이 밑으로 꺾였다가 부러진 것이다.

지금도 고맙다고 생각나는 사람이 정 아무개 군(이름을 밝힐 수 없음, 인문학 과정 6기 동기생)이다. 정 군이 나와 함께 진료소에 갔고, 나는 간단히 응급처치를 한 후 병원으로 가서 치료받고 귀가했다. 함께 가 준 정 군에게 다시 한 번 고맙다는 말을 하고 싶다. 우리에게 인문학이란 바로 이런 것이 아닐까. 서로가 서로를 껴안아 주고 넘어졌을 때 손 한 번 내밀어 주는 것, 우리 성프란시스대학 사람들은 비록 남들보다 가진 것은 없지만 따듯한 가슴과 뜨거운 열정이 있다.

난 지난해 여름방학 수련회에서 그것을 확인했다. 나는 그때 왼팔에 깁스를 한 채로 2차 후발대로 세 명과 함께 출발해서 밤 열한 시가 다 되어서 수련회 장소에 도착했다. 모두들 따뜻하게 맞아 주었다. 모두가 반가이 맞아 준다는 것. 그것이 기뻤다. 하지만 우리가 도착하기 전에 내가 좋아하는 바비큐를 다 먹어 버려서 조금은 아쉬웠다(울고 싶었다).

이튿날 아침을 먹고 단양의 한 초등학교 운동장에서 축구를 했다. 나는 여전히 팔에 깁스를 한 채로 나름 열심히 뛰었다. 깁스를 한 채 뛰는 모습이란…… 상상을 한번 해 보시라. 그날은 비가 많이 내렸다. 다들 맨발로 열심히 공을 찼다. 장마가 막바지일 때 수련회를 갔는데도 단양은 비가 많이 내렸다. 산이 많은 지역이라 그랬는지 모르겠다. 마지막 소백산 등정은 비 때문에 취소되어서 아쉬움을 뒤로 한 채 용인 에버랜드로 향했다.

에버랜드에서 처음 타 본 청룡열차. 두 번 다시는 타지 말아야겠다고 다짐 아닌 다짐을 했다(엄청나게 무서웠다). 그 무서웠던 마음은 사파리 관광에서 싹 씻겨 나갔다. 지금까지 텔레비전으로만 보았던 사자, 호랑이, 곰을 실제로 직접 보니 엄청 신기했다.

동료들과 웃고 즐기는 사이 어느새 아쉬운 수련회가 끝나고 서울역 옆의 우리 보금자리로 돌아왔다. 성프란시스대학 강의실 앞에서 헤어지고 나니 교수님과 동료들 그리고 자원활동가 선생님들께 그동안 너무 죄송했다는 마음만 들었다. 그 전에 제대로 수업을 듣지 못하거나 잘못했던 나의 행동을 뉘우쳤다.

6기 인문학이 끝나고 새로 들어오신 7기 인문학 선생님들을 먼발치에서 바라보면, 우리 때보다 더 열정이 많은 것 같다. 하고자 하는 모습이 정말 대단하다. 요즘 강의실을 가다 보면 7기 선생님들이 오셔서 책을 보면서 공부하는 모습이 자주 보이는데 참 보기 좋다. 우리 때는 거의 낮 시간에는 동기들 보기가 힘들었는데……. 그 모습 때문에 요즘 내가 전보다 더 책을 많이 보는 것 같다.

나는 반성과 각성이란 단어를 좋아한다. 두 단어 모두 자기 자신을 뒤돌아보게 하는 마력을 가지고 있다고 생각한다. 확실히 책을 보니 내가 여태껏 알지 못했던 것, 느끼지 못했던 것, 생각하지 못했던 것을 나 자신도 모르게 제공해 주고 있다고 생각된다.

우리 성프란시스 인문학 과정 동문 선생님들, 축구팀 선생님들, 그리고 이 책을 읽으시는 독자 분들도 책을 많이 보시길 바란다. 책을 읽다 보면 자신도 모르게 많은 것이 달라져 있다. 요즘 우리 축구팀이 슬럼프를 겪는 것 같다. 이럴 때 책을 보는 것이 한 줄기 희망이 될 수 있지는 않을까 생각해 본다.

그리고 꿈을 가지는 것이 중요하다. 꿈은 바라기만 하는 자에겐 오지 않는 것이다. 용기를 가지고 달리는 자만이 꿈을 이룰 수 있다. 나는 인문학을 시작하기 전과 그 중간에는 꿈을 꾸지 못했다. 인문학이 끝난 지금에 와서 그것을 뼈저리게 느끼고 후회하고 있다.

또! 동료를 사랑하시길 바란다. 그러면 그 동료들도 나를 사랑할 수 있다. 성프란시스대학 인문학 과정은 각자 다른 사연과 환경, 그리고 성격 등 여러 다양한 요소를 지닌 사람들이 모인 곳이기 때문에 그 사람들과의 호흡을 맞춰 가는 것이 중요하다. 그리고 여러 명이 하나의 공동체로 형성되기 위해서 많은 노력과 '나 혼자가 아닌 우리를 위하는' 마음가짐이 필요하다는 것을 강조하고 싶다.

이 모든 것들을 난 인문학 과정을 졸업하고서야 절실하게 느꼈다. 지금 이 글을 쓰고 있는 시간에도 지나간 인문학 과정 시절을 이번 7기 학생들을 통해서 생각해 보고 또 생각해 본다. 지나간 6기 시절은 이제 돌아오지 않는다. 하지만 사람들은 누구나 지나간 과거나 추억을 한 번쯤은 생각은 해 보았으리라. 나 자신이 살아온 인생을 뒤돌아보거나 후회도 해 보고, 앞으로 어떻게 살아갈 것인가에 대해 고민을 하면서, 때론 나를 이해해 주는 동료에게 허심탄회하게 속내를 털어 내기도 한다.

이 글을 쓰는 나 자신도 인문학을 하면서 겪었던 여러 가지 갈등과 고민, 동료들과의 문제와 성프란시스대학 시절의 추억을 나 자신이 앞으로 살아갈 앞날을 위한 밑거름으로 생각하고 또 그렇게 살아가려고 노력할 것이다.

인간은 태어나는 순간부터 남들과 공동체를 이루고 살아간다. 이 세상은 절대로 혼자서는 살아갈 수 없다고 생각한다. 태어나는 순간 가장 먼저 엄마와 눈을 맞추게 된다. 엄마도 어쩌면 나와 다른 사람일 수 있다. 물론 같은 피를 물려받았지만. 그렇게 관계는 태어나면서 시작한다.

인문학을 경험한 나 자신도 때로는 동료를 미워하기도 했다. 지금

와서는 그때 그 시절이 가장 기억에 남고 우리 동료들을 좋아하게 됐다. 물론 다른 기수의 우리 동문들도 좋아한다.

인문학은 나와 다른 사람을 연결해 주는 연결 고리라고 생각한다. 또한 인연의 고리다. 그 고리가 중간에 끊어지지 않도록 더욱 단단히 걸어야 한다. 인문학은 또 희망의 연결 고리다. 절망으로 변질되지 않도록 희망이라는 이름으로 단단히 뭉친 고리다. 그 희망의 고리를 잘 잡고 놓지 않길 바란다.

그리고 인문학은 손전등이다. 어둠에 휩싸인 내 앞을 환하게 밝혀 주는 손전등이다. 그 전등을 떨어뜨리지 말아야 한다.

성프란시스대학 인문학 과정은 가족을 만들어 가는 과정이다. 사실 나는 가족이라는 단어가 조금은 낯설다. 어려서 가족과 함께한 시간이 별로 없었기 때문이다. 아버지는 내가 열일곱 살 때 바다에서 사고로 돌아가시고, 어머니는 내가 군 입대하기 전날에 돌아가셨다. 형과 누나들은 서울에서 직장에 다녀서 나와 부모님을 돌아볼 시간적 여유가 없었다. 형제들과 함께한 날들이 손에 꼽을 정도여서 다른 사람들처럼 가족들 사이의 정은 없다시피 하다. 그런 면에서 성프란시스대학에서 함께 공부하고 졸업한 학생들은 나에게 가족이고 형제다. 성프란시스대학이라는 커다란 테두리 안에서 각자가 내가 아닌 우리 가족이 되도록 더 큰 뜻을 품고 앞길을 헤쳐 나가는 그런 성프란시스대학인이 되기를 간절히 기대한다.

우린 꿈이 있다.
우리에겐 희망이 있는 것이다.

제5부 〈함께걸음〉 글 모음

제6부

옆에서 본 인문학
자원활동가들의 이야기

대 담

왜 희망인가

김의태 박혜진 최은정

이 글은 '성프란시스대학 인문학 과정'에 함께 했던 자원활동가들이 2009년 12월 31일부터 2010년 1월 1일까지 이틀에 걸쳐 진행한 '자원활동가 간담회'의 녹취록을 바탕으로 재구성한 내용입니다.

김의태_ 자, 그럼 대담을 시작하도록 하겠습니다. 우리가 오늘 나누게 될 대화의 주제는 '성프란시스대학 인문학 과정'입니다. 이렇게 말하고 보니 다소 거창해 보이는데, 지난 1년 동안 프로그램에 참여하면서 보고 듣고 생각했던 것들을 풀어 놓는 자리라 생각하면 됩니다. 그러고 보니 창밖으로 제법 많은 눈이 내리고 있습니다. 지난 시간을 회상하고 내면의 고민을 꺼내 놓기에는 더없이 좋은 분위기가 아닐까 싶은데요. 성프란시스대학 인문학 과정에 대한 다양한 관점들이 이야기되길 기대해 봅니다.

우리는 누구인가

김의태_ 구체적인 논의에 앞서, 우리가 어떤 연유로 성프란시스대학에 오게 됐는지부터 독자들에게 소개하는 것이 어떨까 싶네요. 저부터 하겠습니다. 저는 교육학 중에서도 평생교육을 전공하고 있어서 학교 밖에서의 교육 프로그램들에도 관심이 많아요. 최근 들어 '홍수'라고 표현할 정도로 평생교육 프로그램들이 양적으로 늘어났는데요. 프로그램 제공자와 학습자들의 관심이 직업교육이나 취미·예술·교양 교육에 치우친 것 같습니다. 그래서 인간의 삶을 지속적으로 성장시키고 발전시키는 원동력을 제공할 수 있는, 그 기회 또는 실마리를 제공할 수 있는 프로그램들에 관심을 가지게 됐어요. 더불어 현재 평생교육 프로그램들이 좋은 취지임에도 불구하고 경제적인 이유 때문에 그 접근성이 떨어지는 경우가 많았어요. 특히 시혜적 차원이 아닌, 취약계층과 소외계층을 위한 임파워먼트(empowerment) 프로그램은 어떤 것이 가능할까 고민했습니다. 그런 와중에 성프란시스대학을 알게 됐어요.

박혜진_ 저는 좀 더 개인적인 이유에서 출발했어요. 이따금 힘든 순간이 있을 때 문학과 철학의 도움을 많이 받았어요. 그런 경험을 통해 인문학이 삶을 구원할 수 있다는 믿음을 갖게 됐죠. 그런데 제가 갖고 있는 믿음이 다른 사람들과도 공유할 수 있는 것인지에 대한 확신이 없었어요. 말하자면 인문학에 대한 개인적 체험이 일반화될 수 있는가 하는 질문이 있었던 건데요. 그런 생각을 하던 무렵 성프란시스대학 인문학 과정을 알게 됐어요. 답을 구할 수 있는 곳을 발견한 셈이죠. 운인지 인연이었는지는 모르겠지만 마침 그때가 입학식을 앞두고 자원활동가를 모집하던 시기였고요.

최은정_ 저는 2008년 겨울에 사회적기업 관련 공부를 하면서 인턴 활동을 했던 것이 계기가 됐어요. 그때 현장 경험을 하면서 사회적기업에 대한 많은 회의가 들었죠. 현장에 가 보니 끝 없는 붕어빵처럼 사회적 약자를 위해 복지가 어떤 식으로 행해져야 하는지에 대한 고민은 전혀 없고 기업이 추구하는 경제적 이윤만 난무하더라고요. 눈으로 볼 수 있는 숫자밖에 없었어요. 아무리 사회적기업이 많이 만들어진다 해도 이런 방식은 아니다 싶었어요. 더 본질적인 것이 필요하다고 생각하던 와중에 고병헌 교수님을 통해 희망의 인문학, 클레멘트코스를 알게 됐어요. 제가 바라는 이상적인 복지사회는 더불어 살아가는 것인데, 인문학이 복지사회의 방향을 제시해 줄 수 있을 것 같았어요. 제가 꿈꾸는 이상을 실현할 수 있는 길을 하나 발견했다고나 할까.

우리는 왜 모였는가

김의태_ 각자 '시작'을 이야기하는 가운데 오늘 대화할 내용들이 여기저기 눈에 띕니다. 자원활동을 결심하고 참여하면서 각자 가졌던 질문들이 있을 텐데요. 그 질문들에 앞서 우리가 마련한 이 대담의 의미를 먼저 짚고 진행하는 것이 좋겠다는 생각이 듭니다.

박혜진_ 양적으로 팽창하는 '거리 인문학' 또는 '시민 인문학'에 많은 관심이 집중되어 있어요. 관심 속에는 의심의 눈초리도 분명히 있는 것 같고요. 그 효용성이나 의도에 대해 의문을 가진 사람들이 많다고 느끼거든요. 그에 대한 대답은 우리 몫이라는 생각이 들어요. 노숙인 선생님들을 비롯해 교수, 자원활동가 등 직접 이 프로그램에 참여하는 사람들의 발언이 중요하다는 이야기이죠. 여기서 자원활동가는 여러 역할들 사이사이에 서 있는 경계인 같아요. 경계인이라 함은 성프란시스대학 안에서 외부인이면서 동시에 내부인인 성격도 가지기 때문이에요. 시스템화되지 않은 일반 시민의 참여라는 점에서요. 그런 점에서 새로운 시선이죠. 기존에는 없었던 시각으로 성프란시스대학의 프로그램을 평가할 수 있다는 점에서 의미가 있다고 생각해요. 일반 시민들과 프로그램을 공유하는 시초도 될 것 같고요.

최은정_ 성프란시스대학 말고도 지금 곳곳에서 이뤄지는 인문학 과정들이 우리가 고민하는 것들을 그대로 가지고 있을 거예요. 그런데 그 내용이 공론화되기보다는 각자의 틀 속에서 이루어질 수밖에 없는 고립된 상태로 있다는 생각이 들어요. 각각의 고민들을 모아서 좀 더 발전적인 고민으로 바꿀 수 있다면 좋겠어요. 자원활동가라는 역할은 시민 인문학 과정에서 아직 일반화되지 않았으니까, 자원활동가의 성찰이 비단 성프란시스대학뿐 아니라 다른 곳에서 이뤄지는 인문학 과정에도 긍정적인 도움이 될 수 있지 않을까 기대해요.

김의태_ 덧붙이자면, 우리가 자원활동가라는 이름으로 같이 활동했지만 선생님들과 만나는 과정이나 그 속에서 품었던 질문들은 개별적으로만 가지고 있었던 것 같아요. 각자의 질문을 나눌 기회가 없었죠. 1년 동안 어떤 문제에 부딪히면 그때그때 각자 혼자서 대처했던 경우가 많았어요. 그럼 점에서 오늘 대화는 지난 1년 동안의 과정을 포함해 성프란시스대학이 걸어온 5년의 과정과 그 의미를 생각해 볼 수 있는 자리가 될 수 있지 않을까 하는 생각이 듭니다. 이를 통해 이후 노숙인의 인문 학습 과정에 참여하는 모든 분들과, 성프란시스대학과 같이 시민 인문학·실천 인문학을 고민하고 운영하는 분들께 실질적인 도움이 됐으면 좋겠습니다. 그럼 지난 1년 동안 겪은 사건(?)들로 이야기를 풀어 나가 볼까요?

자원활동가의 정체성

최은정_ 제일 먼저 떠오르는 일은 이른바 '스파이' 사건이에요. 3월 말 철학 수업 때 일어난 일이에요. 선생님들을 열 번 정도 만났을 무렵이었어요. 출결 상황을 점검하고 수업 내용을 기록하는 것이 자원활동가의 주된 역할이었잖아요. 그런데 그때는 수업 내용만 적은 건 아니었어요. 실무자 선생님께서 제가 알아야 될 부분이라 생각되는 내용은 모두 기록하라고 하셨거든요. 예컨대 선생님들이 수업 시간에 던지는 질문들이나 눈에 띄는 반응들 같은 것이요. 그러다 보니까 본의 아니게 관찰자 입장에서 누가 무슨 이야기를 했고 어떤 대답을 했다는 내용들을 전부 적게 되더라고요. 그렇잖아도 선생님들에게는 이방인으로 느껴졌을 제가 수업 시간에 뭔가를 자꾸 적으니 선생님들 입장에서는 불편하셨겠지요. 그걸 참고 있다가 한 분이 화를 분출하신 거예요.

김의태_ 수업 시간 중에요?

최은정_ 1교시 끝나고 쉬는 시간이었어요. 한 분이 "뭐하는 거냐. 뭘 적는 거냐. 지금 우리를 감시하는 스파이냐"라고 말씀하셨어요. 옆에 계시던 선생님도 거들면서 "거기 우리 이야기를 다 적고 있지 않냐. 같이 공부한다고 하더니 일일이 우리를 감시하고 관찰하는 것 아니냐" 이런 말씀들을 하셨어요. 심지어 주변에 계시던 다른 선생님들마저 동조하는 분위기가 되어 버리는 바람에 무척 당황했던 걸로 기억해요. 전 절망에 빠졌어요. 마침 교수님께서 들어오셔서 무슨 일이냐고 물으시기에 이러저러한 일이 있었다고 말씀드렸죠. 그러던 중에 선생님들이 2교시 수업을 위해 강의실로 들어오셨고, 해명할 기회도 없이 수업이 시작됐어요. 결국 교수님께 양해를 구하고 수업이 끝나자마자 사정을 말씀드렸죠. 일지와 관련된 것부터 제가 이곳에 오게 된 이유, 선생님들과 함께 나누고 싶은 것들에 대해 구구절절 이야기했어요. 당시로서는 그것이 제가 할 수 있는 최선의 방법이라고 생각했거든요. 이 정도의 진정성은 갖고 왔다는 걸 보이면 선생님들도 이해해 주시리라고 믿었던 거예요. 그렇게 말하고 나니 어느 정도 납득한다는 반응을 보이셨어요. 그때 화내셨던 선생님이랑 졸업여행 가서 그 얘기를 했는데, 사정을 듣고 나서 가슴이 많이 아프고 미안했다고 말씀하시더라고요. 나름 훈훈하게 마무리된 셈이죠.

박혜진_ 학기가 시작할 때 자원활동가의 존재와 우리가 수업을 함께 듣는 이유가 제대로 공유되지 않았기 때문에 필연적으로 일어난 일 같아요. 그래서 처음에 이 이야기를 전해 들었을 때 충분히 그럴 수 있겠다는 생각도 들었고요. 사실 일지 작성의 목적은 공식적인 프로그램들을 문서화하는 의미만 있는 것 같지는 않아요. 선생님들이 수업에 참여하는 태도를 파악함으로써 개인의 상태를 보다 정확하게 알고자 하는 실무자 선생님의 노력의 일환이죠. 그것은 필요한 일이기도 하고요. 다만 실무자 선생님이 일지를 작성하는 모습과 자원활동가가 그것을 담당하는 모습이 선생님들 입장에서는 달리 인식될 수 있다는 점을 생각하지 못한 건 아쉬운 부분이에요.

김의태_ 우리를 처음 소개할 때도 "이번에 자원활동가로 함께하게 된 누구누구 선생님입니다. 인사하시죠" 그러면 "네, 저는 누구누구입니다. 한 해 동안 어떻게 잘하겠습니다" 이 정도로 끝나다 보니까 선생님들과 너무 모르는 상태로 시작을 했습니다. 낯선 사람에 대한 경계심은 누구나 가지고 있지만, 특히 선생님들의 경우 더 민감하게 반응하는 부분들이 분명히 있는 것 같습니다. 중간중간에도 선생님들이 계속해서 물어보셨잖아요. 어떻게 오게 됐느냐, 무슨 생각으로 왔느냐. 무심해 보이지만 사실은 우리에 대해서 많이 궁금해하셨던 거죠. 경계심도 있었지만 관심도 컸다고 봅니다. 하나의 사례지만, 노숙인의 특성을 간과했던 우리의 태도도 반성하게 되고요. 그런데 처음 왔을 때 각자 따로 교육을 받지 않았나요? 어떤 역할을 해야 하는지에 대해서 말이에요.

최은정_ 수업을 같이 듣고 선생님들의 글쓰기를 도와주라는 정도의 내용이었어요. 그 설명이 다소 추상적이었던 반면 우리가 마주하게 되는 상황은 아주 현실적이고 구체적이었어요. 수업을 듣는다는 것은 일지 작성이라는 역할까지 포함하는 것이지만, 실제로 그것 때문에 선생님들과 부딪치고 오해를 푸는 과정은 예상하지 못했던 부분들이었으니까요.

박혜진_ 제가 느끼기에 실무자 선생님이 기대했던 자원활동가의 역할은 선생님들이 수업에 집중하도록 독려하는 역할이었던 것 같아요. "박혜진 선생님은 김 선생님 옆자리보다 이 선생님 옆자리에 앉는 게 좋겠어요. 김 선생님은 자원활동가의 도움이 없어도 수업에 적극적으로 참여하니까요. 자원활동가들이 선생님들 사이사이에서 보석처럼 빛나는 역할을 해 주셔야 해요." 이런 말씀을 종종 하셨거든요. 그런데 이런 내용들이 자원활동가 개개인에게 개별적으로만 소통되고 자원활동가 전체와 공유되지 못했다는 점이 문제라면 문제였겠죠. 물론 선생님들과도 소통됐어야 할 부분이고요.

최은정_ 그러면서도 실무자 선생님은 선생님들과 저희가 개인적인 관계를 맺는 것에는 부정적이었어요. 걱정과 염려로 보였는데, 자유롭게 관계를 맺는 것에 대한 조심스러움을 표현하셨어요. 개인적인 관계를 차단하려고 하셨던 여러 가지 일들이 있었어요. 예컨대 제가 이 선생님과 어떤 이야기를 했다면, 우리가 나눈 이야기를 실무자 선생님에게 보고해야 하는 식으로요. 1학기가 끝나 갈 무렵, 선생님들께서 자원활동가들과 강의실 밖에서 식사를 함께하고 싶다고 한 적이 있었잖아요. 그동안 수고했다는 감사의 의미로요. 저희들은 당시에 별로 대수롭지 않은 일이라고 생각했는데, 실무자 선생님은 웬만하면 강의실이라는 틀 안에서 관계와 만남이 이뤄지길 바라셨어요.

박혜진_ 미묘한 차이일 수 있는데, 저는 오히려 반대로 생각했어요. 글쓰기 같은 경우에도 일대일로 지도해 주길 바라셨잖아요. 저는 선생님들 개인에게 많이 침투해 주길 바란다는 생각을 했었거든요. 1학기가 끝날 무렵 "이 정도면 1단계는 넘어선 것 같다. 그러면 더 나아가서 다음 단계로 들어가야 한다"라는 말씀을 하셨어요. 1단계가 경계심을 없애고 친근한 관계를 맺는 것이었다면, 2단계는 글쓰기 같은 구체적인 작업을 통해 더 깊은 대화를 하고 더 깊은 관계를 맺는 것이었죠.

김의태_ 두 분의 이야기를 들으면서 제 경험을 비춰 보니, 실무자 선생님은 자원활동가와 선생님들 사이에 깊은 관계를 요구하긴 했지만 그 관계라는 것이 수업의 틀을 벗어난 개인적인 것이 되는 것—예를 들면 개인적인 이유로 만난다거나 술자리를 갖는 것—까지는 원하지 않으셨어요. 실무자 선생님 입장에서는 예상하지 못한 상황이 벌어질까 봐 걱정하셨던 것이 아닐까 싶어요. 우리가 좀 더 잘해 줬으면 하는 부분은 선생님들이 인문학 공부에 집중할 수 있도록 선생님들과 가까워지는 차원이었죠. 이를테면 일대일로 글쓰기를 함께한다든지 책 읽기를 같이 한다든지 하는 차원에서요.

박혜진_ 그렇게 볼 수 있겠네요.

김의태_ 지금까지 구체적인 역할에서 비롯된 갈등에 대해 이야기를 나눠 봤는데요. 혹시 자원활동가의 역할이 뚜렷하지 않은 데서 겪은 내면적인 고민들은 없었나요? 사실 자원활동가는 이런 것을 해야 한다는 구체적인 역할 규정이 없어서 우리가 하는 것이 곧 역할이 되는 상황이었잖아요. 자원활동가라는 역할이 시스템화되어 있지 않은 시기였으므로 당연한 일이었지만, 그것 때문에 고민이 많았던 것도 사실이었습니다. 다른 분들은 어떠셨나요?

박혜진_ 지난 1년은 제 진심을 계속 의심하는 시간이었어요. 한번은 선생님 한 분이 병원에 입원을 하신 적이 있었어요. 핑계겠지만, 가기로 했던 날이 한번 어긋나기 시작하니까 자꾸 미루게 되더라고요. 그러면서 마음이 아니라 의무감이 앞서는 거예요. 그런 생각들을 했으니 병문안 가는 내내 발걸음이 가벼웠을 리가 없죠. 이건 일례에 불과하고요. 전체적으로 '도대체 내가 여기서 뭘 하고 있는 것인가, 내가 하고 싶은 건 뭔가. 내 진심은 뭔가' 하는 생각들을 많이 했어요. 명확하게 주어지는 역할이 없다 보니까 '슬럼프'에 빠지는 시기가 주기적으로 찾아왔다고나 할까요. 스스로 의무와 역할을 규정지어 놓고 그 역할을 하기가 힘들면 이리저리 흔들렸죠. 의미를 부여하려고 인위적인 노력도 많이 했던 것 같고요. 그런 과정들을 통해서 저는 제 안의 혼란스러움을 많이 겪었어요.

2학기가 시작되기 전에 자원활동가들이 모여서 '자원봉사자'라는 명칭에 대해 회의한 것은 그런 고민들을 해결하는 데 도움이 됐어요. 과연 우리가 어떤 활동을 하고 있는가. 거기서 우리가 내린 결론은 '도우미'였는데, 선생님들의 학습과 성프란시스대학 프로그램 운영에 도움을 주는 것이 우리의 역할이라는 데 생각이 모였죠. '도움'이란 말이 다소 추상적이긴 해도, 그때는 '봉사'라는 말이 몸에 맞지 않는 옷처럼 부담스러웠던 걸로 기억해요. 우리가 주는 것보다 받는 게 더 많고 배우는 게 더 많다는 의견들이 자원봉사자들 사이에서 나왔으니까요.

인문학과 밥

김의태_ 돌이켜 보면 안팎으로 흔들렸던 우리들처럼 성프란시스대학 안에서의 인문학 역시 여러 방식으로 의심당하고 흔들렸던 것 같아요. 일례로 희망근로 사건을 이야기할 수 있겠지요. 성프란시스대학 인문학 과정에 참가하는 노숙인들에게는 자활근로 참여를 우선적으로 보장해 주었는데요. 정부 정책의 일환이었던 희망근로 일자리가 제공되면서 논란이 일었습니다. 그중에서 강의실로 일자리를 배치받은 경우, 특별한 업무가 주어지지 않아 '학습근로'라는 식의 개념이 공론화되었어요. 그러나 강의실에서 공부하거나 독서하는 것은 다른 업무에 비해 노동 강도가 약하다는 불만이 제기됐고, 심지어는 강의실에 잘 나오지 않는 분들도 있어서 선생님들 사이에서 그 공정성이 문제가 됐습니다. 결국 '학습근로' 형식의 업무를 전면 무효화하고 강의실에 배치된 노숙인들의 일자리를 다른 곳으로 배치함으로써 사건은 일단락됐는데요. 여러분은 이 일을 어떻게 기억하고 계시는지 궁금합니다.

박혜진_ 희망근로 사건은 선생님들의 잘잘못이라기보다 다시서기센터 측에서 구체적인 역할을 규정하지 않은 채 일단 자리에 사람을 배치시키는 데에만 집중했다는 점이 문제였어요. 얼마 전에 이 선생님한테 들은 이야기예요. 희망근로 때부터 서로를 욕하기 시작했다고요. 그 전까지는 데면데면한 사이였고 특별히 부딪힐 만한 일도 없었는데 희망근로 때부터 눈에 보이는 갈등이 생긴 거죠. 같은 돈을 받는데 누구는 일을 많이 하고 누구는 일을 하지 않는다는 식의 험담이, 희망근로라는 사건을 계기로 오고가기 시작했나 봐요. 기존에도 39만 원 상당의 자활근로비가 제공되긴 했지만, 희망근로비는 그 두 배가 넘을 만큼 금액 차이가 컸어요. 그러다 보니 그 문제가 선생님들에게 좀 더 민감하게 다가왔을 테고요. 또 한편으로는 노동의 강도도 문제가 됐죠. 그런데 불똥이 암묵적으로는 어느 정도 인정하던 깊은 곳으로 튄 거예요. 가령, 선생님들 일부는 돈 때문에 인문학을 공부한다는 식으로요. 수면 밑에 있던 이야기들이 선생님들 사이에서, 그리고 성프란시스대학 안에서 공론화됐어요. 사실 부정할 수 없는 측면이 있죠. 기존에 공부하는 선생님들에 대한 지원책으로서 자활근로가 있었지만 희망근로는 그 지원비가 훨씬 많았으니까요.

 '나 자신에게 이렇게 많은 의미를 부여하게 만드는 인문학이 정작 선생님들에게는 노력을 덜 들이고 돈을 벌 수 있는 수단에 불과한가'라는 질문으로 당시의 고민을 요약할 수 있을 텐데요. 이 사건은 선생님들 사이에 불화를 일으키기도 했지만 한편으로는 인문학의 의미에 대해 생각하고 또 구체적인 삶에 이를 적용해 볼 수 있었던 시간이었다고 정리하고 싶어요. 다툼과 해결의 과정을 반복하면서 우리 집단이 수업 공동체에서 생활 공동체로 질적인 변화도 일으키지 않았나 생각합니다. 관계가 다소 진전된 것이죠. 뒤로 주춤했지만 크게 봤을 때에는 한 발짝 앞으로 간 게 아닌가. 그런 점에서 긍정적인 면도 찾아볼 수 있지 않을까요?

김의태_ 독립된 공간이 생겼다는 것도 큰 이유였습니다. 다시서기센터 지하 강의실과 비교했을 때 새롭게 독립한 인문학 강의실은 그만큼 서로의 모습과 생각이 쉽게 노출되는 곳이었지요. 독립된 공간은 선생님들에게 '우리만의 강의실이 생겼다'는 긍정적인 의미를 부여함과 동시에 외부와의 단절 또는 내부에서의 갈등을 야기한 물리적 조건이 되기도 했습니다.

종전부터 실시되던 자활근로제도와도 연결해서 생각해 볼 수 있습니다. 미국의 클레멘트코스를 보면 노숙인 선생님에게 어떤 경제적 지원이 제공되는지에 관한 설명은 찾아볼 수가 없습니다. 굳이 경제적 지원을 따진다면 수업할 때 간식이나 식사 정도가 나왔던 것 같은데, 그게 어떻게 보면 클레멘트코스와 성프란시스대학의 차이점입니다. 이 프로그램을 누가 제공하느냐에 따라 달라지는 거죠. 클레멘트코스 같은 경우에는 사회학자이자 언론학자인 얼 쇼리스가 제안을 했고 그의 뜻에 동의하는 대학들이 결합해 인문학 과정을 제공하기 때문에 노숙인에 대한 경제적 지원보다는 인문학이라는 학문 자체를 어떻게 만나 갈 것인지에 대한 고민이 더 많았습니다. 그런데 성프란시스대학 같은 경우에는 어쨌든 다시서기센터라는 사회복지시설이 주체가 됐습니다. 복지기관에서 이 프로그램을 기획하다 보니 자연스럽게 경제적인 지원에 대한 배려가 들어갔다고 생각합니다. 초대 학장이었던 임영인 신부님도 노숙인들에게 인문학이 필요하다는 생각은 드는데, 경제적인 족쇄에서 좀 더 자유로운 상태에서 인문학에 집중할 수 있는 방편을 고민하셨던 것 같고요. 희망근로가 문제가 된 것은 성프란시스대학 인문학 과정에서 경제적 지원이 어느 정도 중요하게 다뤄졌다는 구조적인 문제에서 비롯된 것일지도 모릅니다.

아까 박혜진 선생님이 이야기한 것처럼 저도 희망근로가 중요한 위기이자 기회였다고 봅니다. 우리가 일상생활에서 겪는 다양한 갈등을 어떻게 해소하고, 나를 어떻게 규정하고, 다른 이들과 어떻게 관계를 맺어 갈지 연습하고 경험하는 것. 저는 이것이 성프란시스대학 인문학 과정의 의도이자 목표라고 이해했습니다. 교수님들이나 신부님 같은 경우도 이런 부분들을 더 많이 생각하셨던 것 같고요. 그런 면에서 희망근로 사건은 갈등을 야기했지만 다른 한편으로는 인문학을 실천하는 중요한 기회였습니다. 그런데 해결되는 과정에 대해서는 어떻게 생각하세요?

박혜진_ 희망근로 사건이 해결되는 과정에서 갈등의 중심에 있던 당사자들은 정작 해결의 의지를 보이지 않았어요. 스스로 문제를 해결하려 하기보다는 외부의 힘을 강하게 요구했던 것 같아요. 이때 외부의 힘이라 함은 교수님이나 다시서기센터 측의 중재가 될 수 있겠지요. 그런 점에서 이 공동체가 가지고 있는 특성들, 의존적이고 개인적인 특성들이 보였죠.

최은정_ 갈등을 스스로 해결하도록 서로 대화해서 합의 지점을 찾아가는 것까지 인문학의 목표 내지는 효과로 생각한다면, 선생님들의 적극적인 노력이나 의지로 이 문제가 해결된 것이 아니었다는 점을 간과하면 안 될 것 같아요. 외부에서 누군가 와서 해결해 주길 바라는 상황이었다는 건 어떻게 보면 반성할 부분이겠죠. 이는 1학기 동안의 인문학 과정이 그만큼 선생님들한테 많이 녹아들지 않았다는 얘기일 테니까요.

언젠가 임영인 신부님께 왜 인문학을 공부해야 하느냐고 여쭤 봤던 적이 있어요. 시간이 지나면 지날수록 저한테는 그게 너무 어려운 질문이었어요. 물질적인 것들이 전혀 충족되지 않는, 경제적인 위기에 처한 상황에서 인문학을 공부한다는 것이 점점 비현실적으로 인식됐다고나 할까요. 제 질문에 대한 임영인 신부님 특유의 대답은 이것이었어요. "가난하기 때문에 공부하는 거야." 계속 생각해도 잘 모르겠어요. 매슬로우의 욕구 단계 이론을 보면, 맨 밑에 있는 생리적 욕구가 해결돼야만 상위 단계에 있는 욕구들을 실현할 수 있다고 하잖아요. 맨 위에 있는 단계의 욕구가 자아실현의 욕구고요. 선생님들 역시 저와 같은 질문을 늘 가지고 있을 것 같아요. 39만 원을 받더라도 쪽방에서의 삶을 영위하면서 저녁에 인문학을 공부하러 오는 일이 쉽지는 않았을 거예요. 선생님들한테는 그게 1년 과정 내내 가지고 있는 질문이자 고민이지 않을까 싶어요. 어느 날인가 센터에 왔다가 저녁에 핫팩 나누어 드리는 걸 도와 드린 적이 있어요. 그때 저녁 식사를 하러 장 선생님이 오셨더라고요. 오늘 저녁은 여기서 먹고 점심은 교회에서 먹었다고 이야기를 하시는데, 이거야말로 우리가 마주해야만 하는 현실이 아닐까 하는 생각이 들었어요.

제6부 옆에서 본 인문학
: 자원활동가들의 이야기

박혜진_ 저도 비슷한 경험이 있어요. 저는 선생님들이 학습 과정에서 별다른 의미를 못 느낄 때, 왠지 모를 불안감을 느끼곤 했어요. 한동안 수업에 안 나오시던 선생님이 오랜만에 강의실에 오셨던 날이었어요. 그동안 왜 안 보였느냐고 물었더니 "공부를 하는 게 좋지만, 내가 먹고살기 위해 일자리에 대해 생각하다 보면 여기에만 집중하기가 어렵다"라고 말씀하시더라고요. 이어서 의미를 못 찾겠다는 이야기를 하셨지요. 이런 경우가 여러 번 있었어요. 이럴 때마다 저는 불안감을 느꼈는데, 이내 저 자신한테 묻게 되더라고요. 내가 느끼는 불안감의 실체가 도대체 뭔가 하고. 생각해 보니 제가 선생님들에게 던지는 질문 대부분이 이 프로그램을 통해 선생님들이 무언가를 느끼고 의미를 발견해야 한다는 전제를 깔고 있다는 걸 알게 됐어요. 그래야 인문학이 저뿐만 아니라 다른 사람들에게도 희망이 될 수 있다는 사실을 확인할 수 있었을 테니까요. 정작 선생님들의 상태는 아랑곳하지 않고 제가 생각하는 인문학에만 집중했던 거죠. 제가 듣고 싶은 이야기를 듣기 위해 선생님들의 삶과 반응을 계속 해석하려 들었어요. 그리고 예상대로 독해되지 않으면 문제점으로 인식했고요. 그런 태도가 있었다는 걸 부정할 수 없어요. 분명히 존재했던 선생님들의 질문에 대해서는 정작 관심을 가지지 않았던 거죠.

누구를 위한 인문학인가

김의태_ 다른 한편으로는 인문학을 공부하면서 이곳 선생님들이 나름의 의지를 가지게 되는 건 아닐까라는 생각도 듭니다. 제가 몇몇 분을 인터뷰할 때 어떤 분은 자신은 오히려 1년을 쉬러 왔다고 하셨어요. 돈을 빨리 벌어서 어떻게 해야 한다는 각박한 상황을 좀 내려놓고 도대체 인문학이 뭐기에 저렇게 공부하는 건지 궁금해서 말이죠. 1년은 아예 경제적인 부분을 포기하고 왔다는 분들이 좀 있었거든요. 그리고 인문학 공부를 하면서 지원받는 39만 원이 생활하는 데 부족할 수도 있지만 자신이 어떻게 사느냐에 따라서 1년 정도는 참을 수 있을 만큼의 상황이라는 식이었어요. 자신이 술 좀 덜 먹고, 도박 같은 거 안 하면 참을 수 있다는 거죠. 이분들이 여기 참여할 때, 경제생활과 관련해서 계속 부딪칠 수 있는 상황임을 처음부터 감안하셨을지 모른다는 생각이 들었습니다.

최은정_ 그런 마음으로 오신 분도 있고, 그렇지 않은 분도 있고, 다양한 이유로 오셨겠죠? 저 또한 다양한 이유로 왔고요. 하지만 삶을 살아가면서 그런 고민들을 마주하게 될 때가 있잖아요. 당장은 저부터 지금 교통비가 없어도 자원활동을 하러 와요. 그러면서 생각했어요. 난 여기 왜 오려고 하는 거지? 내가 지금 이렇게 막 쫓기는데 지금 여기에 선생님들을 만나러 오는 이유가 뭘까, 그 안에서 내가 가지는 의미는 대체 뭘까? 왜 오려고 하는 걸까? 경제적인 것들을 넘어서게 하는 힘이 있었기 때문에 열심히 왔고 1년 동안 자원활동을 했지만, 경제적인 것을 고민하는 순간도 있었다는 거예요. 중간에 오랜 시간 안 나오셨던 분도 계시고, 일주일이나 때로는 몇 주씩 안 보이시던 분도 계시는데, 아마도 선생님들에게 그런 순간들이 찾아왔던 게 아닐까 싶어요.

김의태_ 오늘 선생님 한 분이랑 이야기를 나눴는데, 자신의 가장 큰 변화는 '의지'라고 하셨어요. 예전에는 '그냥 이렇게 살다 죽지 뭐, 그냥 대충 빌어먹다 말지 뭐' 이랬는데 자신에 대한 애착이 생겼다는 거예요. 뭔가 일을 해야겠다는 생각 자체가 왜 생겨났는지 물을 수 있지 않을까요? 물론 선생님들 중에는 당장 39만 원이 필요했고, 그게 가장 큰 유인책이라고 말씀하신 분도 계시지만, 그 이후 경제적인 영역에서 의지가 생긴 것은 의미가 있다고 봐요. 사람과의 관계에 대한 의지는 나중에 이야기하더라도 그런 생각을 가지게 된 배경에는 무언가가 작용하지 않았나 싶어요.

최은정_ 그런데 선생님들에게 인문학이 가지는 의미를 생각하다 보면 떠오르는 사건이 하나 있어요. 한번은 선생님 한 분이 술을 있는 대로 드시고는 저한테 이렇게 말씀하셨어요. "나는 서울역을 평생 떠나지 않겠다. 여기 있는 사람들이랑 서로 도우면서 리어카 끌고 살아갈 거다." 이 말을 들었을 때 저는 정말 절망적이었어요. 그건 제가 생각하는 아름다운 인문학이 아니었거든요. 제 기대대로라면 선생님은 서울역을 벗어나서 더 행복한 삶을 살고 싶다고 이야기하셔야 했으니까요. 당시가 10월이었는데, 이 말을 듣고 나서 며칠 동안 '우리가 그동안 뭘 한 걸까'라는 생각을 했어요. 그러다 문득 내가 정말 오만한 건 아닐까 하는 생각이 들더라고요. 이 사람은 이렇게 해야 하고, 저 사람은 저기서 벗어나야 한다고 요구하면서 그 뜻대로 안 되니까 답답해하고 있더라고요. 제 모습이 말이에요.

박혜진 저도 그 비슷한 이야기를 듣긴 했는데, 제가 들었을 때는 그분의 생각이 한결 정리된 다음이었을 거예요. "내가 노숙인이 아니었다면 힘들게 살아가는 사람들의 삶을 어떻게 알았겠느냐. 내가 나를 과거처럼 절망으로만 보지 않게 된 건 인문학을 공부했기 때문이다." 정확하진 않지만 이런 맥락이었어요. 그냥 여기 드러눕겠다는 것이 아니라 과거와 다른 태도로 있겠다는 거니까 분명 변화였죠. 그게 자존감일지도 모르겠고요. 사회로 다시 복귀하는 것만이 인문학의 목적은 아닐 테고, 자기가 처한 상황에 대해서 어떻게 만족하는 방식을 찾아가느냐, 어떻게 행복할 수 있는 근거들을 찾아가느냐 하는 것이 이 과정의 목표라면 그걸 충실히 성취한 게 아닐까요?

김의태 그와 비슷하게 따끈따끈한 이야기가 있어요. 한 선생님이 오늘은 무슨 말씀을 하시냐면, 요즘 목표가 생겼대요. 제가 앞으로 선생님의 삶은 어떤 모습일 것 같은지, 상상하는 모습이 있으신지 여쭸더니 지금 두세 가지 정도를 생각한다고 하시더라고요. 하나는 대학에 가는 것이었어요. 사회복지 쪽을 공부해서 약자들을 위해 자신이 할 수 있는 일을 하고 싶대요. 예전 같으면 사회과학 서적을 읽으면서 왜 밑바닥 인생이 존재할 수밖에 없는지 분노하거나 술에 의지하면서 그 분노를 누를 뿐 자신이 뭘 해야 할까를 생각하지는 못했는데, 지금은 할 수 있는 것들에 대한 고민과 더불어 자신은 무슨 일을 하면서 자신의 밥벌이를 할 수 있을까 하는 생각을 한다는 이야기였어요. 예전처럼 그냥 주는 대로 받기만 하고, 돈을 좀 벌면 술 마시면서 다 써 버리는 게 아니라 지속적인 삶을 영위하려고 굉장히 고민하고 계시더라고요. 그래서 이번 2010년에는 학자금을 마련하는 것이 첫 번째 목표래요.

사실 그 목표가 언제 또 바뀔지 모르긴 해요. 또다시 어떤 현실의 벽에 부딪혀 완전히 좌절하고 어렵게 세운 새로운 목표를 폐기할 수도 있지만, 어쨌든 인문학 속에서 일련의 과정들이 사람들의 삶이나 생각을 흔들어 놓지 않았나 하는 생각이 들었어요. 인문학 과정을 마치고 나니 뭘 해야 할지 고민이라는 반응 역시 '흔들림'에서 나온 거라고 생각해요. 어떻게 보면 '위기를 만드는 것'이 우리가 하는 인문학의 목표인 것 같아요. 흔들림으로써 원래 서 있던 자리에서 약간 비켜나는 상황이 생길 텐데, 그래야만 자신을 돌아볼 수 있으니까요. 흔들리다가 다시 제자리로 돌아오기도 하겠지만 돌아온 나는 이전의 나와 분명히 다르잖아요. 이런 순간들을 만드는 것이 지난 시간 동안 우리가 했던 인문학이 아닐까요.

이런 인문학 과정에서 자원활동가로서 각자가 느꼈던 어려움들은 어떻게 해결했는지, 혹은 해결하지 못해서 계속 힘들어하고 계신 건 아닌지 궁금한데요?

글쓰기, 상처를 치유하다

박혜진_ 저는 앞서 말했듯이 자원활동가로서의 정체성에 대해서 고민을 많이 했어요. 여기 와서 큰 노력도 안 들이고 앉아 있는데 다들 의미가 있다, 좋은 역할을 하고 있다고 말씀하시는 거예요. 정작 저는 만족을 못하겠는데 사람들은 그렇게 이야기를 하니까 그사이에서 괴리가 오더라고요. 솔직히 말하면 다른 자원활동가들과 저를 비교하면서 주눅이 들었던 경험도 있고요. 이래저래 겉돌다가 제자리를 찾게 된 건 선생님들 덕분이었어요. 당시에 힘든 상황을 보내던 선생님이 계셨어요. 저는 그냥 무심코 편지를 드렸는데, 나중에 말씀하시길 그걸 코팅해서 보관해 두고 있다는 거예요. 힘을 많이 얻었다는 그 말에 제가 오히려 힘을 얻었던 경우죠. 거기서 길을 찾았어요. 선생님들을 만나러 왔는데 정작 그 초심을 잃지 않았나 반성도 했고요. 그때부터는 제가 좋아하는 글쓰기, 그러니까 편지로 소통을 시도했어요.

김의태_ 이곳에 계신 선생님들께서 자원활동가들을 비교하는 경우도 있었어요. 어떤 자원활동가는 일주일에 몇 번 온다더라, 글쓰기 숙제를 얼마나 내주고, 뭐는 어떻게 해 주고, 당장 2학기가 시작해도 어떻게 한다더라. 그런 말씀이 저에게는 일종의 압박감으로 다가오기도 했고요.

방학 중 진행된 글쓰기 프로그램도 계속해야 하는지 혼란스러웠어요. 왜냐하면 글쓰기 프로그램이 처음에 여름방학에 기획된 과정이나 의도도 저에게는 명확하게 다가오지 않았고, 실무자 선생님도 저희에게 그걸 명확하게 설명해 주지 않았거든요. 그냥 일로 생각하게 된 거죠. 2학기에도 선생님들이 계속 수업에 참여하도록 유도하는 목표가 달성되고 나서는, 당장 무엇을 더 해야 하나 고민했어요. 사실 하고 싶은 프로그램들이 있었지만 이런저런 이유로 2학기 때 시작하지 못했고, 실무자 선생님과 의견 조율도 잘되지 않았어요. 저 스스로도 갈등이 많아서 제 역할이 어디까지인지 고민이 많았죠. 이왕 이야기가 나왔으니 그럼 구체적인 역할이 주어졌던 글쓰기 프로그램부터 이야기해 보도록 하죠. 선생님들과 함께한 글쓰기는 얼마만큼 의미가 있었나요?

최은정_ 개인적으로 상처를 가슴속에만 품고 있으면 병이 되고 만다는 걸 경험한 적이 여러 번 있어요. 이야기를 들어 보면 선생님들은 말하고 들어 줄 사람이 없어서 상처를 고스란히 안고 살아오셨던 것 같아요. 그런 선생님들이 글쓰기 과정을 통해 고통을 치료한다는 느낌을 많이 받았어요. 글의 내용은 주로 상처를 꺼내고 그것을 되돌아보는 것이었죠. 자신이 가진 고통들을 이전과는 다른 방식으로 마주하는 것인데, 저마다 방식도 다르고 변화의 정도도 달랐지만 아팠던 과거에서 의미를 찾으려 했다는 점은 공통적이었어요. 스스로 삶을 반추해 보는 과정이었다는 점에서 의미가 있었다고 생각해요.

박혜진_ 여름방학 동안 글쓰기를 함께했던 선생님 가운데 숙제를 안 해 오시면서도 늘 당당하셨던 분이 계세요. 이유를 물으면 "나는 누구에게 보여 주기 위한 글은 쓰지 않는다"라고 답하시곤 했죠. 아무리 솔직하게 쓴다고 하더라도 자원활동가에게 보여 줘야 하는 글이니 그렇게 생각하시는 것도 무리는 아니었고요. 저도 뭐라 설득할 필요성을 못 느껴서 글쓰기는 아예 제쳐 두고 이야기만 나눴던 걸로 기억해요. 그렇게 학기가 끝날 때까지 글을 안 쓰시더니 1년 과정이 다 끝나갈 무렵에 스스로 글을 써서 인터넷 카페에 올리시는 걸 봤어요. 이전에는 글쓰기를 타인을 향한 것이라고만 생각하고 거부 반응을 보였다면, 지금은 자신을 향한 글쓰기를 체험하신 게 아닐까 싶어요. 이런 변화 역시 선생님들에게 글쓰기가 의미 있는 것으로 인식됐음을 보여 주는 사례겠죠?

김의태_ 방학 동안 했던 글쓰기 프로그램을 시작으로 인터넷 카페 활동이나 문집 작업을 통해 글쓰기를 계속했잖아요. 1년 동안 이뤄졌던 다양한 종류의 글쓰기를 통해 선생님들의 변화나 흐름을 이야기해 볼 수 있지 않을까요?

박혜진_ 방학 동안 글쓰기 프로그램을 진행하면서 느낀 점은 선생님들이 글쓰기를 정말 힘들어하신다는 거였어요. 그래서 글쓰기보다 그간 나누지 못했던 대화를 하는 데 더 집중했죠. 그렇게 사이가 조금 가까워졌다고 생각될 무렵부터 간간이 편지 쓰기를 시도했어요. 편지라는 형식이 주는 편안함 때문인지, 짧은 문장으로나마 몇몇 분의 답장을 받았어요. 인터넷 카페를 통해 마음을 표현하시는 분도 계셨고, 말씀으로 전하시는 분도 계셨어요. 주고받는 소통을 하기 시작한 건 이때부터

였던 것 같아요. 겨울방학 때는 독서 모임을 진행하면서 편지 쓰기를 프로그램으로 만들었어요. 그날그날 한 사람을 정해서 모두가 그 사람에게 편지를 쓰는 방식이었는데, 연예인이 팬레터 받는 걸 흉내 낸 거죠. 다들 즐거워하셨어요. 글이라면 일단 손사래를 치던 것과는 사뭇 다른 모습이었어요.

김의태_ 마음을 공유하는 기회였다는 점에서 편지 쓰기는 좋았던 것 같아요. 더군다나 자원활동가하고만 주고받는 것이 아니라 돌아가면서 특정 동료에게 혹은 쓰고 싶은 사람에게 썼다는 점이 선생님들 사이에 끈을 만들어 줬어요. 저는 겨울방학 동안 진행된 토론 프로그램인 '난장'에서 문집에 실을 글을 다뤘어요. 편지와 달리 장문의 글이었고, 대상이 있는 글이 아니라 자신에게 쓴 글이었죠. 예술사 수업에서는 그림에 대해 조별로 토론하는 시간이 있었고 글쓰기 수업에서도 각자 짧은 글을 쓰고 낭독했던 시간이 있었는데, 그때와 비슷한 느낌을 받았어요. 글쓰기는 대화를 통해서는 잘 정리되지 않는 생각들을 다듬는 과정이잖아요. 실제로 "짧은 거 같지만 이거 하나 쓰는데 진짜 오래 걸렸다"라고 말씀하시는 분들이 계셨어요. 더군다나 두 손가락으로 컴퓨터 자판을 다뤄야 했으니 글 쓰는 과정에서 곱씹는 과정을 엄청나게 거쳤을 거예요. 그런 의미에서 상처를 치유하는 과정일 수 있겠다는 생각이 들고, 글을 혼자 쓰는 순간뿐 아니라 같이 나누는 자리를 통해서도 치유가 가능했겠다는 생각이 들어요. 심리적인 지지와 공감을 받았기 때문인데, 어찌 보면 그게 또 자존감을 높이는 방법이었을 수도 있겠죠.

글쓰기에서는 자원활동가들의 역할이 큰데, 우리는 씨줄과 날줄처럼 빈 틈을 계속 메우는 역할을 하는 것 같아요. 성프란시스대학 안에 있는 큼 지막한 프로그램들 사이, 교수와 다시서기센터 혹은 교수와 실무자 사이의 빈틈과 간극을 자원활동가가 채워 나가는 것이 아닐까요. 물론 여전히 빈틈은 존재하겠지만 말이죠. 방학 동안 이뤄진 글쓰기 과정이 그런 틈을 메워 나가는 역할을 했던 것 같아요.

최은정_ 그런데 각자의 고통을 꼭 글쓰기를 통해서만 드러낸 것은 아니었어요. 다른 계기는 없었을까요?

박혜진_ 수업에서도 아프고 불편한 이야기들이 자연스럽게 오고 가게 된 시점이 있었어요. 이런 분위기가 글쓰기로 자연스럽게 연결됐어요. 그런 분위기가 형성되는 데는 수업에서 교수님의 영향이 컸던 것 같고요. 수업 중에 교수님이 자신이 가진 내면의 고통들을 먼저 보여 주셨잖아요. 그런 모습이 선생님들로 하여금 속에 있는 이야기를 꺼내는 데 긍정적인 영향을 주지 않았나 하는 생각이에요. 예술사 수업 시간에 교수님께서 본인이 겪었던 사적인 아픔을 말씀하시자 이 선생님이 한동안 실어증 상태에 빠졌던 자신의 고통을 꺼내 놓으셨던 날은 지금도 생생하게 기억나요.

김의태_ 2학기 예술사 수업 때 조별로 이야기할 수 있는 기회를 주고, 교수님께서 먼저 이야기함으로써 '아, 나도 이야기할 수 있겠다'라는 분위기가 형성됐죠. 선생님들도 그 점이 좋았다고 말씀하세요. 예전에는 질문을 해도 교수님에게 하고 이야기를 해도 교수님에게 했지, 같이 있는 사람들과 가까운 이야기를 할 기회가 없었다는 거죠. 또 1학기 글쓰기 수업이 이론 중심이었다면 2학기 글쓰기 수업은 직접 쓰는 것 중심으로 이뤄져서 더 효과적이었던 것 같기도 해요.

최은정_ 글쓰기의 또 다른 공간으로 5기 인터넷 카페도 중요했어요. 수업 시간에 말하지 못한 생각을 그곳에서 표현할 수 있었고, 댓글을 통해 친분 관계를 쌓기도 했지요. 특히 교수님들과 온라인을 통해서 만날 수 있었다는 점은 카페가 원활하게 운영되는 이유이기도 했어요. 자신의 생각이나 이야기를 읽어 줄 사람들이 있다는 건 선생님들을 글을 쓰도록 만드는 가장 큰 힘이었죠. 이런 점에서는 긍정적이었지만, 활동하는 사람들이 제한되어 있었다는 한계도 있었어요. 양적으로 보면 활발했지만 그 내용을 보면 모두에게 긍정적인 공간이었다고 말하기는 힘들지 않을까 싶어요. 여담이지만, 카페에 글을 올리려고 독수리 타법으로 글을 입력하시는 모습이 너무 안쓰러웠어요. 반면 그렇게라도 표현하려는 모습이 감동적이기도 했고요.

김의태_ 글, 말, 편지, 댓글, 동아리 등 정말 다양한 방식의 소통이 이뤄졌어요. 참여하는 사람이 고정되어 있었다는 점은 저도 동의하고요. 인터넷 카페에서 활동하는 사람, 방학 중 모임에 참여하는 사람, 동아리 활동하는 사람이 대부분 겹쳤죠. 삶의 과정에서 인문학과 서로 접촉할 수 있는 면들을 많이 만들면 이탈되는 사람이 적을 것이라고 기대했는데 실제로는 그렇지 않았던 거예요. 물론 한 사람이 여러 경로를 통해 접촉면을 늘려갔다는 것도 의미는 있지만요. 6기를 위해 좀 더 고민이 필요한 부분이라 생각해요.

글쓰기와 인문학

김의태_ 글쓰기 자체보다 글쓰기의 내용이 무엇이었고 거기서 공유됐던 의미가 무엇이었는지 돌아보는 것이 중요하다는 생각이 듭니다. 그 의미나 내용들, 거기서 던져지는 질문들이 인문학과 관련 있지 않을까 하는 거죠. 예컨대 저소득층을 위한 자활 프로그램 등에서 자기성찰을 위한 글쓰기와 같은 형식이 있을 수 있는데요. 이는 인문학이라는 틀 안에서 이루어진 것이 아니라 말 그대로 '성찰적 글쓰기'를 진행한 것이죠. 그렇다면 인문학 안에서의 글쓰기는 과연 어떠한 의미를 가질 수 있느냐라는 질문입니다.

박혜진_ 자신을 돌아보고 삶의 상처를 치유한 것이 글쓰기라는 형식 때문인지 인문학 때문인지를 묻는 질문 같은데, 결론부터 말하자면 인문학 때문이라고 생각해요. 인문학이라는 상징적 의미와 인문학의 본질에 대해 생각해 볼 수 있을 것 같아요. 선생님들에게는 제도권 속에서 교육받지 못한 학력과 학벌에 대한 콤플렉스가 크다고 생각해요. 인문학은 쉽게 말해 '공부'죠. 공부를 못한 사람들에게 공부를 통해 변화를 주려는 것이 노숙인 인문학이라고도 말할 수 있다면, 그 과정에서 오는 자존감 회복이 있을 거예요. 이건 자활로는 안 된다고 봐요. 직업훈련 같은 자활 프로그램에서도 글쓰기를 하겠지만, 인문학 과정에서 하는 글쓰기는 지향하는 가치가 다르기 때문이에요. 자활 프로그램에서는 결코 배움에 대한 자신의 콤플렉스를 극복하지 못해요. 실질적으로 배우는 내용이 같더라도 자신의 정신을 치유해 주는 것은 공부에 대한 체험이죠. 개인의 자유로운 답을 가장 이상적으로 추구한다는 점이야말로 인문학 자체가 가지는 힘일 거예요. 어떤 객관적 근거나 인과관계에 따라서가 아니라 자신에게 가장 솔직해지는 것이 가장 훌륭한 답이 될 수 있는 것이 인문학이니까요. 개인을 짓누르는 억압에서 벗어나 스스로 자유로워지길 추구하는 것은 다른 무엇보다 '인문학 때문'이라고 말할 수 있죠. 말하자면 인문학이라는 '공부'가 갖는 상징적 의미와, 인문학이 추구하는 본질이 선생님들을 치유하는 힘이 된다는 생각이에요.

김의태_ 그럼 그 인문학이 선생님들에게는 어떻게 받아들여졌을까요? 인문학의 의미를 파악하려면 선생님들이 인문학이라는 말과 인문학의 의미에 대해 곱씹었던 대목들을 생각해 보는 것도 나쁘지 않겠죠. 대표적인 사건으로 알코올중독증에 시달리던 선생님과 다른 선생님 사이의 갈등을 꼽을 수 있어요. 그때 술을 먹고 수업에 들어와 문제를 일으킨 선생님과 그 선생님께서 보여 준 모습으로 인해 다른 몇몇 선생님들마저 "더 이상 이곳에서 인문학을 하지 않겠다"라고 말하며 한동안 수업에 불참하셨죠. 그때 강의실 안에 있던 선생님들이 말한 인문학과 술을 먹고 들어오신 선생님이 말하는 인문학은 좀 달랐던 걸로 기억해요. 이 문제를 해결하기 위해 교수님들께서도 '인문학적' 방법을 찾으셨고, 자원활동가들 역시 도대체 인문학이 무엇인가를 심각하게 고민했었고요. 저마다 생각하던 인문학적 가치가 충돌했던 사건이라고 봐요. 2학기가 시작되고 얼마 지나지 않아 발생한 일이었으니, 우리에게는 지나온 시간을 돌이켜 보고 나아갈 시간을 준비하는 기회가 되기도 했죠.

최은정_ 당시에 문제의 원인이 됐던 선생님을 받아들이기 힘들어했던 선생님들이 이야기하는 인문학은 언행일치였어요. 단순히 공동체에 피해를 주는 것이 문제가 아니라 말과 다르게 행동하는 것 때문에 문제를 일으킨 선생님을 끌어안을 수 없다는 입장이었죠. 반면 문제의 당사자가 느꼈던 분노는 "내가 왜 그렇게 할 수밖에 없었는지 이해하려 들지 않고 이렇게 외면할 수 있는가" 하는 것이었어요. 그러면서 말씀하시기를 "서울역에 있는 노숙인들은 내가 술을 먹고 심한 행동을 해도 이튿날 아무렇지 않게 나를 품어 준다"라고 하셨죠. 그럴 수밖에 없던 상황을 이해하기 때문이라고요. "그런데 함께 공부하는 너희들은 내가 왜 그랬는지를 알려고 했는가. 나는 그럴 수밖에 없었는데, 그걸 이해하고 같이 가려고 노력해야 하는 것 아닌가." 이것이 그 선생님 입장에서의 인문학이었던 거예요.

교수운영회의에서 이 문제를 다룰 때, 사실 답답한 심정이 가득했어요.

교수님들이 인문학적으로 해결해야 한다고 이야기하실 때도 답답하긴 마찬가지였어요. 인문학적 해결이 뭔지 저는 알 수가 없었거든요. 심지어는 이런 생각도 했었어요. 이분들이 얼마나 아픈지를 모르고 있기 때문에 '인문학적 방법' 같은 말을 이야기하시는 것 아닌가 하고요. 다행히 교수님들의 중재와 선생님들의 노력으로 선생님들을 놓치지 않고 여기까지 올 수 있었지만, 우리가 인문학적으로 해결했는가에 대해서는 여전히 의문이이에요.

박혜진_ 사실 저는 현재에 만족하는 법을 배우는 것이 노숙인 인문학의 목표라 생각했어요. 그것이 노숙인 인문학이 도달할 수 있는 가장 완성적인 모습이라는 생각이었죠. 자신이 가진 콤플렉스를 해결하는 정도의 인문학인 셈인데, 노숙을 탈피하겠다는 것과는 분명 달라요. 그런데 함께 공부하고 생활하다 보니 개인이 아니라 공동체에 초점을 맞춘 관점도 있더라고요. 개인과 공동체 그 둘이 충돌하는 걸 목격하기도 했고요. 앞에서 언급됐던 사건이 발생했을 때 술 마신 선생님 편에 섰던 사람들은 그분을 비난하는 사람들을 향해 "왜 저렇게 술을 마셨는지 알지도 못하면서 쉽게 말하지 말라"라고 하셨어요. 반면 그 선생님을 받아들이기 힘들어했던 분들은 한 사람이 전체에게 주는 피해와 그분이 보여 준 언행 불일치에 실망하는 기색이 역력했죠. 이런 과정을 겪으면서 개인을 위한 인문학과 공동체를 위한 인문학이 함께 가야 한다는 생각에 자연스럽게 동의하게 됐어요. 강의실에 있는 식당에서 같이 밥을 해 먹는 게 얼마나 중요한 인문학 과정인지 알게 된 거죠.

김의태_ 인문학의 영향도 있겠지만, 처음에 여기 올 때 어떤 사람은 사람들과의 관계에 방점을 둔 반면 어떤 사람은 개인의 배움에 방점을 두었던 것 같아요. 그런데 후자의 경우, 공부를 하고 사람들과 함께 지내다 보니까 저 사람들과 같이 가야 한다는 걸 느끼게 됐죠. 일례로, 배움 자체에만 관심을 가졌던 장 선생님이 요즘은 자신의 목표 가운데 하나가 "진짜 '똘아이' 같은 사람 하나 만나서 그 사람이랑 같이 사는 것"이라고 해요. 그런 사람들마저 보듬고 같이 가야 한다는 생각이 든다면서요. 처음에는 인문학과 나만 생각했다가 시간이 지날수록 전체와 나를 생각하는 방향으로 변하더라고요.

변화를 목격하다

김의태_ 이처럼 선생님들의 변화를 직접 확인한 경우가 있으면 말해 보도록 하죠. 우리가 느끼거나 해석한 다분히 주관적인 것들 말고 선생님들께서 직접 표현한 것을 바탕으로요. 예컨대 "내가 생각해도 눈빛과 표정이 달라졌다. 가끔씩 거울을 보면서 나 스스로도 많이 편해졌다는 느낌을 가진다" 같은 말을 직접 하신 선생님이 있었잖아요. 이런 건 우리가 확인할 수 있는 변화죠. 한 가지가 더 생각나네요. 1학기 때, 장 선생님께서 서점에 구경을 가셨대요. 서점에 어떤 철학책들이 있는지 궁금해서 갔다가 찜해 두고 온 책이 있다는 거예요. 웃으면서 말씀하시기를 "내가 지금은 돈이 없어서 못 사지만 나중에 돈 생기면 꼭 사고 싶은 책"이었다고요. 서점에 간다는 것, 읽고 싶은 책이 생겼다는 것 자체를 변화로 볼 수 있을 것 같아요.

박혜진　저 같은 경우는 자원활동가로서 저의 역할 변화를 경험했어요. 처음에는 제가 늘 질문하고 선생님에게 대답을 요구하는 모습이었는데, 여름방학을 지나고 나서는 주로 제가 고민이나 겪고 있는 문제를 털어놓고 선생님들께서 상담해 주시는 방식으로 바뀐 거예요. 어떻게 보면 나이 어린 사람과 나이 많은 사람이 으레 가질 수 있는 평범한 관계지만 처음에는 그렇지 않았잖아요. 노숙인이라는 규정이 있었기 때문에. 그런데 시간이 지날수록 남들에게 평범한 것이 우리 사이에서도 평범해지더라고요. 이런 식의 역할 바뀜이 제가 보기에는 큰 변화 가운데 하나였어요.

또 방학 중 독서 모임에 항상 참여하던 선생님과 관련된 일도 있었어요. 마지막 모임 날이었을 거예요. 한 번도 제 휴대폰으로 전화를 한 적 없는 김 선생님께서 저한테 전화를 하셨더라고요. 무슨 일이냐고 했더니 오늘 집안에 일이 있어서 못 갈 것 같다는 이야기였어요. 그때 얼마나 놀랐는지 몰라요. 그냥 소모임일 뿐인데, 그렇게 미리 알려 주시는 걸 보고 이 선생님이 형식적으로 인문학을 하는 게 아니라는 확신을 가졌어요. 그게 꼭 책이나 공부에 대한 게 아니라 사람에 대한 것일지라도요. 어쩌면 사람을 향한 변화야말로 가장 인문학적인 변화일 수도 있겠지요.

김의태_   수업 때 느껴졌던 변화 같은 건 무엇일까요?

최은정_   아무래도 분위기가 점점 부드러워졌죠. 처음에는 아슬아슬할 때가 많이 있었잖아요. 서로가 서로에게 많이 긴장했기 때문일 거예요. 특히나 선생님들의 경우 자신이 체험한 경험에 대해 확신이 매우 강하다는 느낌을 받곤 했어요. 그 경험을 근거로 하는 주장은 거의 진리라고 생각하시는 듯 보였죠. 그래서인지 상대방이 자신의 생각에 반하는 이야기를 했을 때 적대적으로 부딪쳤던 것 같아요. 그런데 수업이 진행될수록, 특히 2학기로 넘어가면서, 자기와 다른 의견에 대해서도 인정해 주는 발언을 하시더라고요.

김의태_   긍정적으로 볼 수도 있는데, 서로에 대한 이해가 아니라 부딪혀 봐야 피곤하다는 뜻으로 해석되지는 않을까요?

박혜진_   그런 걸 수도 있겠죠. 하지만 그런 것도 자신의 주장만 강조함으로써 전체의 분위기를 고려하지 않았던 이전에 비해서는 긍정적 변화로 볼 수 있지 않을까요. 우리가 같이 토론을 하는 이유가 생각을 하나로 모으기 위해서가 아니고, 토론장은 서로 다른 생각을 확인하는 자리라는 생각이 보편화됐음을 보여 주기도 하는 것 같아요.

최은정_   저는 감동받았던 순간이 있었는데, 이걸 변화라고 이야기할 수 있을지는 모르겠어요. 어느 날, 한 선생님이 바나나를 안 드시고는 그것을 챙겨다가 저에게 주신 적이 있었거든요. 그 선생님은 감정 표현이 능숙하지는 않은 분이셨는데 말이에요. 엄청 멋쩍어하면서 이거 먹으라고 바나나를 딱 주고 가셨는데, 그때 그 바나나를 보면서 무척이나 행복했어요. 바나나가 맛있기도 했지만 그 바나나는 선생님이 저한테 주는 마음 같았거든요.

김의태_ 학생회의에서 모금함을 설치하자는 이야기가 나왔던 때도 생각나요. 자신들도 스스로 밑바닥 인생이라고 말씀을 하시는데 그럼에도 자기보다 더 못한 사람들이 있다는 생각을 하면서 그 사람들을 돕기 위한 일을 하자는 이야기가 나왔죠. 누가 그런 제안을 했을 때 "나는 별로 생각 없는데", "나도 힘든데" 이런 말보다는 "좋은 생각인 것 같다"라는 말이 나오는 그런 상황 자체가 변화겠죠.

또 하나는 글쓰기를 하면서 초기에는 자원활동가가 선생님들을 일방적으로 끌고 가는 상황이었잖아요. 필사를 하게 하고, 어쨌든 조금이라도 써 오시라고 하고. 그런데 2학기 들어 문집을 만드는 과정에서는 선생님들이 알아서 글을 써 와서 "내가 이렇게 썼는데 와서 좀 봐 달라" 하고 말씀하시곤 했어요. 글은 다분히 자신의 이야기였어요. 자기 이야기 꺼내 놓는 것에 대해 예전보다는 부담을 덜 느끼시는 것 같았고, 또 한편으로는 글쓰기에 대해서도 예전보다는 거부감이 줄어든 것처럼 보였죠.

최은정_ 얼마 전에 4기 졸업생 선생님과 이야기를 나눴던 적이 있어요. 그분께서는 "인문학을 공부하면서 가장 크게 배운 건, 나만 잘 먹고

잘 살면 된다는 옛날의 생각을 바꾸게 됐다는 점"이라고 말씀하셨어요. "빌어먹을, 교수님들께서 다른 사람을 바라볼 수 있는 눈을 만들어 주셨다"라면서요. 그래서 그때부터 선생님 집에 어렵고 힘드신 다른 선생님들 데리고 가서 돌봐 주면서 살고 있다고요. "젠장, 이렇게 되고 보니 내가 살기 힘들어졌다"라는 볼멘소리를 하셨지만 얼굴은 전혀 싫지 않은 표정이었어요.

김의태_ 아까 강의실 앞을 지나다가 그 선생님과 인사를 했어요. 그러더니 대뜸 저를 보시니까 생각이 난 건지 "오늘 수업 있어요? 특강 같은 거 있어요?" 그러면서 막 나설 기세인 거예요. 그래서 아니라고 하니까 아쉬워하시더라고요.

그 불편함에 대해서는 몇몇 분이 이야기하셨는데요. 좋아서 그렇게 말씀하시는 것 같았어요. "불편해졌다, 예전에는 생각 안 하고 살았는데 괜히 신경 쓰게 됐다." 그것은 어떤 짜증이나 부정적 감정이 아니라 어떻게 보면 자존감이라고 할 수도 있어요. 자신이 왜 사는지, 왜 존재해야 하는지, 남들한테 자신이 어떤 의미인지, 자신의 주위에 있는 사람들을 어떻게 생각해야 하는지에 대해서 예전에는 별로 신경을 안 쓰고 살았는데 그게 자꾸 눈에 계속 들어와서 피곤하다는 것일 테니까요. 자존감이란 말이 뜻하는 바가 잘 와 닿지는 않는데, 이런 변화들이 자존감과 연결되지 않나 하는 생각이 드네요.

대담을 마치며

김의태_ 저는 자원활동을 처음 생각했을 때를 떠올려 보면 부끄러운 부분이 있네요. 왜냐하면 서두에 이야기했듯이 제가 궁금했던 것들이 있었고, 궁금한 것들을 좀 자세히 보려면 그 현장에 들어가야 한다고 생각했거든요. 이분들이 구체적으로 어떤 공부를 하고 어떻게 스스로 의미 부여를 하는지를 알려면 거기서 같이 공부하고 관계를 돈독하게 하지 않는 이상 표피적인 것밖에 모르잖아요. 그런데 자원활동가의 역할에 대해서는 크게 생각하지 못했어요. 구체적으로 제가 수업을 어떻게 같이 들을지, 어떤 이야기를 나눌지에 대한 고민은 없었어요. 그러다 여름이 되기 전에 문득 제가 선생님들의 경험, 이분들이 스스로 생각하는 의미를 알아보려고 왔는데 그것을 알 수 있으리라는 마음이 욕심이지 않았나, 내가 오만한 것이 아니었나 하는 생각도 많이 들었어요. 그러면서 차츰차츰 제 역할을 고민한 것 같아요.

특히 글쓰기 프로그램을 진행했던 여름부터 희망근로 사건이 일어나던 시기까지 많은 갈등이 있었잖아요. 당시에 갈등을 가장 현장감 있게 느낄 수 있던 사람은 자원활동가들이었다는 생각이 드는데, 그 과정에서 '가교 역할을 해야 되겠다'는 생각이 들었어요. 실무자나 교수님들 또는 선생님들 사이에서 말이에요. 사실 교수님들이 여기에 계속 상주해 계시는 상황이 아니기 때문에 어떤 일이 벌어지는지 상세히 알기 어려운 부분들이 있었거든요. 불거지는 문제들을 자원활동가가 해결하지 않으면 당장 선생님들이 여기서 인문학 공부하는 데 너무 많은 영향을 미칠 것 같은 사건들이 많이 보였어요. 그러면서 어떻게 해서든 이걸 좀 해결 해야겠다, 내가 해결하지 못하는 부분은 교수님들하고 이야기를 해서라 도 고민을 같이해야겠다는 생각을 나름대로 집요하게 가지고 갔어요. 희망근로 문제가 불거져 나왔을 때가 대표적인 사례인데요. 사실 초기 에는 자원활동가뿐 아니라 교수님들과 다시서기센터 쪽에서도 문제의 심각성을 예민하게 받아들이지 못했던 것 같아요. 이곳에서 늘 존재하 는 사건 정도로 생각했는데 시간이 지날수록 그게 아니더라고요. 우리 자신도 어느새 이런 상황이 주는 자극에 대해 반응의 정도가 약화된 것 은 아닌가 하는 반성을 하기 시작했죠. 실제로 희망근로 문제는 단순한 사건이 아니었기도 하고요. 바로 이런 부분에서 자원활동가들은 교수 님과 선생님들 사이에 가교 역할과 함께 지속적인 자극으로서의 역할 을 할 수 있겠다는 생각을 하게 됐어요.

박혜진_ 특히 수업에서 '다리' 역할이 중요하다고 봐요. 앞으로도 더 활성화되어야 할 부분인 것 같고요. 수업 내용과 선생님들의 반응에 대 해서는 실무자가 이야기하기 힘든 부분이에요. 업무 문제 등으로 실무 자가 실제로 참여하기 어려운 상황이니까요. 문학 시간이면 문학 시간, 철학 시간이면 철학 시간. 그냥 담당 교수님과 학습하는 선생님들의 공 간이다 보니 학습 내용이 구체적으로 어떤 의미로 다가왔는지가 소통 되기 힘든 구조예요. 또 교수님 앞에서는 다들 좋은 이야기들만 하고요. "좋았다", "많이 배웠다" 같은 상투적인 반응일 수도 있죠. 그런 면에서 자원활동가는 선생님들을 가깝게 만나 가면서 이야기할 수 있는 좋은 통로였어요. 올 한 해 동안에는 수업과 관련된 대화를 선생님들과 많이 하지 못했고 그 내용을 교수님에게 전달하는 기회도 부족했지만, 앞으로 이런 대화를 더 활발하게 한다면 좋을 것 같아요. 선생님들은 수업을 듣고 다시 정리해 보고 동료 선생님들은 어떻게 생각하는지도 알 수 있을 거예요. 또 교수님도 수업을 구성하고 운영하시는 데에 도움을 받을 수 있지 않을까 싶어요. 여름방학 때는 수동적으로 했지만 겨울방학에는 자원활동가가 능동적으로 꾸렸던 프로그램들의 경우, 인문학 과정에 활력소 역할을 했던 것 같아요. 사실 효과를 예측하기 힘든 대책 없는 프로그램일 수도 있지만, '이런 걸 하면 좋지 않을까' 하는 생각들이 실질적인 움직임으로 실현되는 상황이 매우 재미있고 창의적이었어요. 어쨌든지 시도하고 같이 노력한다는 건 좀 감동적인 부분도 있고요.

최은정_ 선생님들과 이야기하다 보면, 선생님들에게 우리는 하나의 문화라는 생각이 들어요. 일종의 젊은 세대의 문화일 수도 있고, 노숙인과는 다른 삶의 문화일 수도 있고요. 그런 다른 문화를 만나 가는 의미도 있겠더라고요. 교수님들도 마찬가지로 단순히 지적인 권위와는 다르게 새로운 문화를 만나는 경험으로 받아들이는 분들이 많았어요. "어디 가서 우리가 이렇게 젊은 사람들하고 이야기를 해 보겠느냐. 어디 가서 우리가 이렇게 관심 가져 주는 사람을 만나겠느냐." 어찌 보면 이것 또한 우리의 역할일지 모른다는 생각이 들어요. 이런 게 인격적 만남이 아닐까, 혹은 인문학적 만남이 아닐까 하는 생각도 하게 돼요. 인문학이란 결국 만남, 그리고 관계인 것 같아요.

김의태_ 지난 1년을 돌이켜 보면, '인문학'이라는 열쇠로 서로의 닫힌 마음을 열어 보려고 애썼던 한 해가 아니었나 싶어요. 열쇠가 잘 들어가지 않아서 이게 아닌가 싶은 적도 많았고 문을 열고 보니 여기가 아닌 것 같은 기분이 들 때도 있었지만, 그 모두가 소중한 경험이었습니다. 다들 그 문을 열었는지, 혹 열었다면 그곳은 어떤 곳이었을지 더 궁금하지만 각자의 마음속에만 담아 두고 싶은 이야기들도 있겠지요. 오랜 시간 수고 많으셨습니다. 이상으로 대담을 마치겠습니다.

| 저자 소개 |

얼 쇼리스 Earl Shorris

미국의 소외 계층을 위한 정규 대학 수준의 인문학 교육 과정인 클레멘트코스의 창립자이다. 시카고대학교에서 공부했으며, 2012년 세상을 떠날 때까지 언론인, 사회비평가, 대학 강사, 소설가로 활동하였다. 1972년부터 《하퍼스 바자(Harper's Bazaar)》 편집자로 일했다. 지은 책으로는 《뉴 아메리칸 블루스(New American Blues: A Journey Through Poverty to Democracy)》, 《위대한 영혼의 죽음(The Death of the Great Spirit: An Elegy for the American Indian)》, 《희망의 인문학(Riches for the Poor: The Clemente Course in the Humanities)》 등 다수가 있다.

임영인

대학 시절 광주학살에 대한 유인물을 살포한 혐의로 징역을 살았다. 이후 천주교 노동사목협의회에서 일하다가 부천에서 공장 노동자 생활을 했으며, 수원 세류동에서 10여 년간 빈민사목을 하기도 했다. 2005년부터 2009년까지 5년간 서울역에서 노숙인 사목을 했으며, 일본성공회에서 일본 현지인들을 대상으로 목회를 하고 돌아와 현재는 가족 노숙인 쉼터를 섬기고 있다.

박경장

한국외국어대학교 영어과를 졸업하고 서강대학교에서 「제임스 조이스의 대영제국주의 비판을 중심으로 영혼의 식민화로부터 자유를 위한 예술」이란 논문으로

영문학 박사 학위를 취득했다. 20년 비정규직 대학 강사 생활을 청산하고 늦깎이 비평가로 정규적(?) 삶을 살고 있다. 영어를 가르치다 한국말을 다시 배웠고, 영문학을 가르치다 한국문학을 다시 읽었다. 40대 중반에 처음 비행기 타고 낯선 땅 돌아다니다 우리 강산을 다시 봤고, 40년 동안 교회를 다니다 10년은 사찰 문화에 푹 빠졌다. 5년 전 서울역에서 내 눈 먼 인문학 구세주를 만나 성프란시스대학에서 선생님들과 함께 신명 난 삶을 꿈꾼다. 저서로는 《사춘기를 위한 아름다운 영미 성장》, 《이야기 고물상》, 《한국 생태공동체의 실상과 전망》(공저), 《독일문학, 그리고 생태주의》(공저), 《지리산에 길을 묻다》(공저), 역서로는 《굿바이 관타나모》, 편역으로는 *JEM Book Series*가 있다.

안성찬
서강대학교 독어독문학과와 동 대학원을 졸업하고 독일 레겐스부르크대학교에서 독문학, 철학, 예술사를 연구했다. 서강대학교에서 숭고의 미학에 대한 연구로 문학 박사 학위를 취득한 후 경원대학교, 서강대학교, 연세대학교, 인하대학교, 중앙대학교에서 강의했고, 현재는 서울대학교 인문학연구원 교수로 재직 중이다. 2007년부터 성프란시스대학 인문학 과정에서 문학 강의를 해 왔다. 문학이론, 미학, 독일문화 등이 중점 연구 분야이다. 《이성과 감성의 평행선》, 《숭고의 미학》, 《문명 안으로》(공저) 등 저서 10여 권과 《즐거운 학문》, 《나와 카민스키》, 《이야기 윤리학》 등 번역서 10여 권이 있고 논문 수십 편을 발표했다.

박한용
고려대학교 사학과를 마치고 동 대학원 한국사학과 박사 학위를 극히 최근에(18년 만에!) 취득했다. 대학 시절 야학과 농촌활동, 1980년 5월 '서울의 봄'과 '광주민주항쟁'을 접하면서 우리 사회 현실에 대한 고민이 싹텄다. 대학원에 들어가서 정작 공부보다는 1987년 6·10 민주항쟁 때 명동성당에서 농성을 하거나 대학원 총학생회를 만드는 데 참여하면서 나름의 파란을 겪었다. 대학 강사로 지방대학과 이른바 '시중(市中)대학'에서 교양 과목을 강의하다가 '학대받는 오늘날의 청춘'을 목격하고 가슴앓이를 했다. 현재 민족문제연구소 교육홍보실장으로 재직 중이며, 2009년 11월에 출간된 《친일인명사전》 편찬위원으로도 활동했다. 팟캐스트 〈라디오반민특위〉와 국민TV 〈박한용의 백년전쟁〉에 출연하는 등 친일 청산만이 아니라 한일 과거사 문제 해결 및 한국 사회의 진정한 민주화를 위해 많은 사람들과 대화를 하고 싶어 한다. 《통일지향 우리 민족해방운동사》(공저), 《밀양독립운동사》(공저) 등 역사 관련 저작을 출간했으며, 《시와 이야기가 있는 우리역사》(공저)라는 역사 대중서도 펴냈다. "인간적으로 나와 무관한 것은 없다"라는 경구를 좋아한다.

김동훈

서울대학교 법과대학, 총신대학교 신학대학원, 서울대학교 미학과를 거쳐 독일 브레멘대학교 철학과에서 근대 철학의 주체 개념에 대한 하이데거의 비판을 다룬 「주체냐 현존재냐」라는 논문으로 철학 박사 학위를 취득했다. 서울대학교, 덕성여자대학교, 홍익대학교, 한국예술종합학교 등에서 예술철학, 존재론 등을 강의해 왔으며 현재 한국예술종합학교 예술교양학부 강의전담교수, 성프란시스대학 예술사 담당교수로 재직 중이다. 저서로는 《행복한 시지푸스의 사색: 하이데거 존재론과 예술철학》 외에 《발터 벤야민: 모더니티와 도시》(공저), 《현대도시와 공간》(공저), 《현대문화 이해의 키워드》(공저) 등이 있고, 「행복한 시지푸스와 마지막 삶의 그리움: 하이데거 예술철학 소고」, 「세계의 몰락과 영웅적 멜랑콜리: 독일 바로크 비극, 보들레르, 그리고 발터 벤야민」 등 다수의 논문을 발표했으며, 《숭고와 아름다움의 이념의 기원에 대한 철학적 탐구》, 《헤겔의 눈물》, 《독일음악미학》(공역) 등을 번역했다.

박남희

가다머의 해석학으로 연세대학교 철학과에서 박사 학위를 취득한 이래로 평생교육과 철학의 생활화에 관심을 기울이고 있다. 이를 위해 연세대학교, 중앙대학교, 감리교신학대학교를 포함한 여러 대학에서 강의를 할 뿐 아니라, 실제로 철학아카데미를 비롯한 다양한 시민 철학교육활동에도 참여하고 있다. 성프란시스대학에서는 2기부터 철학을 담당하고 있으며 현재 한국해석학회 부회장과 철학상담 치료학회 부회장을 맡고 있다. 저서로는《세기의 철학자들은 무엇을 묻고 어떻게 답했나》,《작은 목소리로 나누는 큰 대화》,《천천히 안아주는 중》,《내 마음에게 물어봐요》가 있으며, 역서로는《가다머의 과학시대의 이성》이 있다. 공저로는《독일 현대철학》과《이성의 다양한 목소리》,《삐뚤빼뚤해 생각해도 괜찮아》등 다수가 있다.

이종만
세종대학교 교육학과를 졸업했다. 수원 나눔의 집, 포천 자활후견기관, 고성 노인복지센터 등에서 근무했고 현재는 대한 성공회 노숙인 다시서기종합지원센터 현장실장으로 근무 중이다.

이선근
감리교신학대학교에서 신학을 공부하고, 노숙인 다시서기종합지원센터에서 성프란시스대학 인문학 과정을 전담하는 활동가로 재직했다. 현재는 감리교신학대학교 대학원을 다니며 가난한 사람과 가난한 지구, 가난한 하느님을 위한 공부에 매진하고 있다.

조영근
성프란시스대학 5기.

이홍렬
성프란시스대학 2기.

김대영
성프란시스대학 5기.

이대진
성프란시스대학 4기.

저자 소개

권일혁

성프란시스대학 4기.

유창만

성프란시스대학 4기. 2010년 작고.

김영조

성프란시스대학 6기. 2012년 작고.

서은미

성프란시스대학 6기.

온종국

성프란시스대학 6기.

이재원

성프란시스대학 7기.

이기복

성프란시스대학 7기.

양태욱

성프란시스대학 7기.

문재식

성프란시스대학 5기. 2012년 작고.

고형곤

성프란시스대학 5기.

이덕형

성프란시스대학 5기.

정상복

성프란시스대학 5기.

문점승

성프란시스대학 4기.

양만승

성프란시스대학 6기.

김의태

서울대학교 대학원 교육학과 석사 졸업 후 동 대학원에서 평생교육 전공 박사 과정을 수료했다. 2009년부터 2012년까지 성프란시스대학에서 자원활동을 했으며, 「비형식 인문교양교육프로그램 참여 노숙인의 학습에 관한 연구: 〈성프란시스대학 인문학과정〉 사례를 중심으로」라는 논문으로 석사 학위를 취득했다. 시민교육과 성인학습, 교육복지, 학습생애, 지역사회 네트워크 등에 관심을 갖고 있으며, 현재는 사회적 경제와 평생학습이라는 주제를 공부하고 있다. 논문으로는 「노숙인 자립을 위한 인문교양교육의 가능성: 〈성프란시스대학 인문학과정〉을 중심으로」, 「한-일 노숙인 지원 단체의 교육지원활동 비교연구」가 있고, 저작으로는 《한국의 노숙인, 그 삶을 이해한다는 것》(공저)이 있다.

박혜진

이화여자대학교에서 국어국문학과 철학을 전공했다. 세상엔 수많은 사람이 있는 것 같은데 주위 사람은 다 거기서 거기, 들리는 얘기도 다 고만고만. 새로움이 간절해 성프란시스대학 자원활동가에 지원했다. 그곳은 기대 이상의 새로움이었다. 나에게만 새로웠을지도 모르지만, 2년 동안 함께하며 전에 없던 희로애락을 느꼈다. 기쁘고 즐거울 권리와 슬프고 분노할 의무에 대해 배웠다. 그때 그 시간은 마르지도 닳지도 않는 인생의 충전지. 많은 것이 덜 무서워졌다. 현재 민음사에서 한국문학 편집자로 근무 중이다.

최은정
이 세상에는 수많은 만남이 존재한다. 기억조차 나지 않거나 짧은 기억으로 자리하는 밋밋한 만남이 있는가 하면, 삶을 뒤흔들어 놓는 의미 깊은 만남도 있다. '거리의 인문학'과의 만남은 평생 잊히지 않을 '강렬한' 만남이다. 나는 20대의 3분의 1을 성프란시스대학에서 지내며 생명과 인연, 함께함의 소중함을 머리가 아닌 몸과 삶으로 깨닫게 된 '행복한' 사람이다. 성프란시스대학 자원활동을 하던 중 암을 진단받아 암흑 같은 시간을 맞이해야만 했지만, 포기하지 않고 나아갈 수 있는 힘을 '인문학'으로 배운, '감사'하며 살아야 하는 사람이기도 하다. 인간의 삶이 언젠가 맞이할 죽음을 향해 나아가는 여정이라면, 거리의 인문학이 함께 나아가고 있는 이 길은 평생의 '도반'이 되는 아름다운 길일 것이다. 삶의 화두로 안은 '통일'도, 사랑하는 '인문학'도 매일의 여정 속에서 반짝반짝 빛나기를 간절히 바라며 오늘 하루도 있는 힘껏 최선을 다해 삶을 이어 가고 있다.

| 성프란시스대학 인문학 과정 연혁 |

연도	월	일	내용	비고
2005	6	27	한국형 학습형 자활 모델	
			성프란시스대학 인문학 과정을 위한 첫 회의	
	7	4	클레멘트코스에 관한 다시서기 직원 전체 교육 및 워크숍	
	8	12	성프란시스대학 강사진 확정	
	9	1	삼성코닝정밀소재(현재 코닝정밀소재) 예산 지원 확정	
	9	8	성프란시스대학 인문학 과정 운영을 위한 교수 워크숍 개최	
	9	21	초대 학장 임영인 신부를 주축으로 성프란시스대학 인문학 과정 개교. 다시기센터 지하프로그램실에서 강의(용산구 갈월동 14-30)	1기 입학(21명)
2006	1	17 ~20	클레멘트코스 창시자 얼 쇼리스(Earl Shorris) 초청 국제 세미나 및 인문학 워크숍(다시서기센터, 경기문화재단, 광명평생학습원, 성공회대학교)	
	4	28	성프란시스대학 인문학 과정 첫 수료생 배출	1기 수료(13명)
	5	30	성프란시스대학 인문학 과정 2기 입학식	2기 입학(17명)
2007	1	23	성프란시스대학 인문학 과정 2기 수료식	2기 수료(11명)
	3	21	성프란시스대학 인문학 과정 3기 입학식	3기 입학(20명)
	9	18	3기 학생 4명 추가 모집	
	12	1	시민인문학과정 지원 단체 선정 (한국학술진흥재단 시민인문학교육과정)	
2008	2	13	성프란시스대학 인문학 과정 3기 수료식 (3학기제)	3기 수료(13명)
	3	27	성프란시스대학 인문학 과정 4기 입학식 (2학기제)	4기 입학(24명)
	12	17	현장 인문학 학술제 (다시서기센터, 인권연대, Wing, 수유너머, 노들야학)	
2009	1	21	풍물패 동아리 풍물 연습 시작	
	2	18	성프란시스대학 인문학 과정 4기 수료식	4기 수료(16명)
	3	18	성프란시스대학 인문학 과정 5기 입학식	5기 입학(25명)
	4	2	성프란시스대학 독립 강의실 이전 개소(용산구 동자동 43-71 3층)	임대 기간: 2009. 4.20.~2011.4.19.
	4	29	서울대학교 인문학연구원 심화강의 협약 체결	
	9	1	성프란시스대학 2대 학장 여재훈 신부 취임	
	11	21	성프란시스대학 공식 첫 동아리 풍물패 '두드림' 창단 (유은하 풍물강사)	
2010	2	24	성프란시스대학 인문학 과정 5기 수료식	5기 수료(21명)
	3	10	성프란시스대학 인문학 과정 6기 입학식	6기 입학(23명)
	8	29	풍물패 두드림 〈한일시민공동선언 한국대회 폐막식 길놀이와 축하 공연〉	성균관대학교 600주년기념관
	11	4	풍물패 두드림 〈거리 노숙인 동절기 발대식 축하 공연〉	서울역 광장
	11	19	풍물패 두드림 〈정기 발표회〉	서울역 광장
	12	22	풍물패 두드림 〈노숙인 추모제 초청 공연〉	서울역 광장

연도	월	일	내용	비고
2011	1	3	인문학 강의실 임대 재계약서 작성 (임영인 신부에서 여재훈 신부로 대표자 변경)	
	2	16	성프란시스대학 인문학 과정 6기 수료식	6기 수료(14명)
	2	18	성프란시스대학 7기 운영위원회 워크숍(1박 2일)	경기도 남양주시 15명 참석
	3	4	성프란시스대학 인문학 과정 7기 입학식	7기 입학(25명)
	5	21	성프란시스대학 동문 제1회 체육대회	경기도 장흥
	9	22	한국연구재단 인문주간 성프란시스대학 문화행사 개최	서울역 광장
	10	8	성프란시스대학 총동문회 발족	초대 회장 김황호
2012	2	15	성프란시스대학 인문학 과정 7기 수료식	7기 수료(19명)
	2	29	성프란시스대학 인문학 과정 8기 입학식	8기 입학(27명)
	3	9	성프란시스대학 8기 운영위원회 워크숍(1박 2일)	경기도 양평군
	5	12	성프란시스대학 총동문회 제2회 체육대회	경기도 장흥
	6	8	성프란시스대학 공식 동아리 등산동아리 '메아리' 창단(박경장 교수)	등산 활동 연 5회 진행(북한산, 도봉산 등)
	6	12	풍물패 '두드림' 문화활동: 용산구 자전거나눔행사 공연, 빅드림콘서트 초청공연, 채움터 예방접종행사, 거리의 인문학을 노래하다 초청공연, 노숙인추모제 추모공연	연 5회 진행
	11	3	성프란시스대학 총동문회 정기 총회(2기 출범)	2대 회장 문점승
	11	13	《거리의 인문학》 발간	
	12	5	〈거리의 인문학을 노래하다〉 성프란시스대학 후원 북콘서트 개최	한국교회 백주년기념관
2013	2	13	성프란시스대학 인문학 과정 8기 수료식	8기 수료(17명)
	3	6	성프란시스대학 인문학 과정 9기 입학식	9기 입학(23명)
	5	25	성프란시스대학 총동문회 제3회 체육대회	성공회대학교 운동장
	10	30	〈인문학, 거리에서 눈을 뜨다〉 한국연구재단 인문주간 성프란시스대학 문예한마당 개최	서울역 광장
2014	2	12	성프란시스대학 인문학 과정 9기 수료식(성공회대학교)	9기 수료(20명)
	2	27	성프란시스대학 총동문회 정기 총회(3기 출범)	3대 회장 이종국
	3	5	성프란시스대학 인문학 과정 10기 입학식(대성당)	10기 입학(27명)
	4	19	소외계층을 위한 인문학 심포지엄 개최	서울시청 서소문별관
	5	11	복합문화공간(성프란시스대학 및 문화카페) 창작프로젝트 〈PROJECT DASSI〉 추진	
	10	17	'문화공간 길' 완공 및 성프란시스 대학 입주 (용산구 후암동 105-73번지 3층)	'문화공간 길' (3층 인문학, 2층 문화카페)
	11	1	인문주간 행사 개최	'문화공간 길' 2층
2015	2	11	성프란시스대학 인문학 과정 10기 수료식(성공회대학교)	10기 수료(17명)